本教材第 3 版为"十四五"职业教育国家规划教材
国家卫生健康委员会"十四五"规划教材
全国高等职业教育专科教材

U0644071

供护理、助产专业用

母婴护理学

第 4 版

主　编　简雅娟　陈志美

副主编　袁　征　孙　会　马荣华

编　者　（以姓氏笔画为序）

马荣华（苏州卫生职业技术学院）

王　吉（承德护理职业学院）

王　敏（聊城职业技术学院）

尹　斐（哈尔滨医科大学大庆校区）

孙　会（南阳医学高等专科学校）

李　娜（甘肃卫生职业学院）

李改娟（山西卫生健康职业学院）

陈志美（重庆医科大学附属第二医院）

袁　征（郑州卫生健康职业学院）

曹　宏（天津市滨海新区塘沽妇产医院）

简雅娟（天津医学高等专科学校）

新形态教材

人民卫生出版社
·北京·

图书在版编目（CIP）数据

母婴护理学 / 简雅娟，陈志美主编. -- 4 版.
北京：人民卫生出版社，2025. 6. --（高等职业教育
专科护理类专业教材）. -- ISBN 978-7-117-37612-9

Ⅰ. R473. 71；R174

中国国家版本馆 CIP 数据核字第 2025TG7027 号

人卫智网	www.ipmph.com	医学教育、学术、考试、健康，
		购书智慧智能综合服务平台
人卫官网	www.pmph.com	人卫官方资讯发布平台

母婴护理学
Muying Hulixue
第 4 版

主　　编：简雅娟　　陈志美
出版发行：人民卫生出版社（中继线 010-59780011）
地　　址：北京市朝阳区潘家园南里 19 号
邮　　编：100021
E - mail：pmph @ pmph.com
购书热线：010-59787592　　010-59787584　　010-65264830
印　　刷：人卫印务（北京）有限公司
经　　销：新华书店
开　　本：850 × 1168　1/16　印张：17
字　　数：480 千字
版　　次：2005 年 9 月第 1 版　　2025 年 6 月第 4 版
印　　次：2025 年 7 月第 1 次印刷
标准书号：ISBN 978-7-117-37612-9
定　　价：56.00 元

打击盗版举报电话：010-59787491　E-mail：WQ @ pmph.com
质量问题联系电话：010-59787234　E-mail：zhiliang @ pmph.com
数字融合服务电话：4001118166　　E-mail：zengzhi @ pmph.com

高等职业教育专科护理类专业教材是由原卫生部教材办公室依据原国家教育委员会"面向21世纪高等教育教学内容和课程体系改革"课题研究成果规划并组织全国高等医药院校专家编写的"面向21世纪课程教材"。本套教材是我国高等职业教育专科护理类专业的第一套规划教材,于1999年出版后,分别于2005年、2012年和2017年进行了修订。

随着《国家职业教育改革实施方案》《关于深化现代职业教育体系建设改革的意见》《关于加快医学教育创新发展的指导意见》等文件的实施,我国卫生健康职业教育迈入高质量发展的新阶段。为更好地发挥教材作为新时代护理类专业技术技能人才培养的重要支撑作用,在全国卫生健康职业教育教学指导委员会指导下,经广泛调研启动了第五轮修订工作。

第五轮修订以习近平新时代中国特色社会主义思想为指导,全面落实党的二十大精神,紧紧围绕立德树人根本任务,以打造"培根铸魂、启智增慧"的精品教材为目标,满足服务健康中国和积极应对人口老龄化国家战略对高素质护理类专业技术技能人才的培养需求。本轮修订重点:

1. **强化全流程管理。**履行"尺寸教材、国之大者"职责,成立由行业、院校等参与的第五届教材建设评审委员会,在加强顶层设计的同时,积极协同和发挥多方面力量。严格执行人民卫生出版社关于医学教材修订编写的系列管理规定,加强编写人员资质审核,强化编写人员培训和编写全流程管理。

2. **秉承三基五性。**本轮修订秉承医学教材编写的优良传统,以专业教学标准等为依据,基于护理类专业学生需要掌握的基本理论、基本知识和基本技能精选素材,体现思想性、科学性、先进性、启发性和适用性,注重理论与实践相结合,适应"三教"改革的需要。各教材传承白求恩精神、红医精神、伟大抗疫精神等,弘扬"敬佑生命、救死扶伤、甘于奉献、大爱无疆"的崇高精神,契合以人的健康为中心的优质护理服务理念,强调团队合作和个性化服务,注重人文关怀。

3. **顺应数字化转型。**进入数字时代,国家大力推进教育数字化转型,探索智慧教育。近年来,医学技术飞速发展,包括电子病历、远程监护、智能医疗设备等的普及,护理在技术、理念、模式等方面发生了显著的变化。本轮修订整合优质数字资源,形成更多可听、可视、可练、可互动的数字资源,通过教学课件、思维导图、线上练习等引导学生主动学习和思考,提升护理类专业师生的数字化技能和数字素养。

第五轮教材全部为新形态教材,探索开发了活页式教材《助产综合实训》,供高等职业教育专科护理类专业选用。

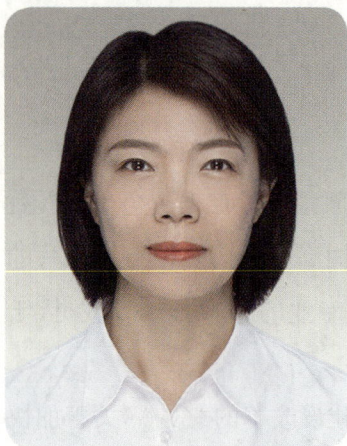

简雅娟

教授

现任天津医学高等专科学校教学督导。医学硕士，主要专业方向为护理教育、妇产科护理、新生儿护理。2001 年任全国医学高职高专教育研究会护理教育分会、全国医护专业高职教学研究会委员；2009 年任教育部高等学校高职高专相关医学类专业教学指导委员会助产专业分委会委员；全国高职高专医药类专业教学资源建设专家委员会委员。任《护理研究》《中华护理教育》等杂志编委。

从事护理专业教学工作 30 余年，在国内率先开始实施并讲授母婴护理课程，是首批国家级精品资源共享课母婴护理的课程负责人，主持或主要参与完成 10 余项教学改革课题，发表教学改革论文 30 篇。编写教材与书籍 16 本，其中作为主编或副主编教材 11 本。获得高等教育国家级教学成果奖二等奖 2 次，获得天津市教学成果奖一等奖 2 次。

母婴健康是家庭的希望，也是社会进步的基石。在这充满挑战和机遇的时代，让我们一同回到生命诞生的起点去探索护理的奥秘，愿《母婴护理学》助你关爱生命，热爱护理。

陈志美

副主任护师

现任重庆医科大学附属第二医院审计工会党支部副书记、工会办公室主任。护理学本科,工商管理硕士,主要研究方向为妇产科护理、新生儿护理及医院感染管理。现任中国标准化协会卫生健康专委会委员、四川省和重庆市等级医院评审专家、重庆市市场监督局标准化专家、重庆市妇幼卫生学会妇幼护理专委会副主任委员、《现代医药卫生杂志》审稿专家等。

主持完成厅局级以上课题3项、实用新型专利1项,牵头重庆地方标准《母婴同室病区医院感染预防与控制规范》1项,参与专家共识3个,参编专著6部,以第一作者或通讯作者发表论文40余篇。先后被评为重庆市向上向善好青年、重庆市优质护理先进个人、重庆市腾讯大渝网最美护士等。在第五届高等医学院校大学生临床技能比赛指导重庆医科大学代表队获西南西北片区赛特等奖和全国总决赛一等奖。

《母婴护理学》——爱的启航之书。当你们在阅读这本书时,不仅能够收获知识与技能,还能感受到母爱的伟大与温暖。为即将或正在踏上母婴护理旅程的你,指引方向,守护健康,传递爱与温暖,共同期待并见证每一个生命的奇迹与成长。

　　为全面贯彻党的二十大精神，立足新发展阶段卫生健康职业教育高质量发展和推进健康中国建设对护理类专业技术技能人才培养需求，本轮教材修订编写以习近平新时代中国特色社会主义思想为指导，紧紧围绕立德树人根本任务，不断增强教材实用性、科学性、先进性，培养德智体美劳全面发展的社会主义建设者和接班人。本教材在广泛调研的基础上，遴选国内护理、助产专业专兼职骨干教师组成编写小组，遵照"三基、五性、三特定"的教材编写基本原则，坚持基础理论知识适度、技术应用能力强、知识面宽、综合素质高，具有一定的创新能力和可持续发展能力。本教材可供高职护理、助产专业学生使用，也可供在职护士、助产士及各层次护理专业教学人员参考。

　　本教材是依据生命周期理论设置临床课程系列教材之一，突出"以人的健康为中心"和"以家庭为中心"的现代护理理念，内容编排按照妊娠期、分娩期、产褥期和"先正常后异常"的顺序排列，将正常新生儿护理与高危儿护理调整至集中排列，根据临床工作实际情况对孕产妇、新生儿护理的相关内容进行更新。本教材为纸数融合教材，读者可通过纸质教材各章节所附的二维码扫描获取数字资源。数字资源部分同样围绕护士执业资格考试大纲要求，建设了与本教材各章节重点内容相对应的课件、思维导图、病例与解析思路、测试题与答案解析以及彩图和视频，可供教师课堂教学和学生课后复习使用。此外，遵照国家《关于在院校实施"学历证书＋若干职业技能等级证书"制度试点方案》要求遴选常用相关技能项目建设了操作流程并拍摄了视频，希望有助于学习者备考。

　　本教材共分十六章。建议正常孕产褥期护理28学时，异常孕产褥期护理22学时，其他相关疾病护理6学时，相关诊疗技术2学时，相关护理技术2学时，理论与实践累计组织授课60学时。

　　本教材编写过程中得到全体编者及其所在单位的大力支持，保证了教材编写、数字资源拍摄制作工作顺利完成。本教材第1~3版所有编委为本轮教材修订打下了良好的基础，第3版教材2023年入选教育部首批"十四五"职业教育国家规划教材。编写前广泛征求了有关学校（院）任课教师与学生们的使用意见，得到了大家的热情支持。我们在各位编者齐心努力下呈现本书，希望借此平台与同行们切磋，在此一并谨表诚挚谢意！

　　教材内容和编排难免存在不妥之处，殷切希望广大师生和同行给予指正，以便再次修订时纠正和改进。

教学大纲（参考）

简雅娟　陈志美
2025年6月

第一章 | 绪 论

学习目标

1. 掌握：母婴护理工作中护士的角色与功能。
2. 熟悉：母婴护理理念。
3. 了解：母婴护理发展历程。
4. 了解：母婴护理常用统计指标和本领域发展趋势。

一、母婴护理概念与范畴

随着护理学的发展，与产科学相关联的内容逐渐形成产科护理学。20 世纪中叶人文科学快速发展，新生儿孕育过程越发引起专业人士的关注，妊娠与分娩普遍被认为是最具情绪化和戏剧化的人生阶段，与整个家庭的存在和发展密切相关。母婴护理概念应运而生，由于涉及母亲、胎儿、新生儿及其家属，因此更加强调"以家庭为中心"的护理，重视家庭中人际关系的重要性。

对孕妇、产妇、胎儿、新生儿及家庭成员的全面护理构成母婴护理的狭义内涵。而广义的母婴护理还包括：青少年健康促进、适时进行性教育、指导成人早期为人父母、制订家庭发展计划和选择合适的妊娠时机、保持孕期健康和促进产后家庭健康成长等。

二、母婴护理发展历程

（一）20 世纪以前

20 世纪以前，受生活条件和医学科学技术水平限制，虽然女性妊娠与分娩被丈夫与其他家庭成员重视，但是在妊娠分娩过程中所得到的照顾只能依靠女性长辈或朋友的经验。随着社会的发展，有接产经验的妇女成了职业的接生员，她们拥有经验，但不具备科学的知识与技能。因此，20 世纪前，女性妊娠与分娩过程具备一定的家庭支持，但缺乏科学的指导方法和处理措施。

（二）20 世纪初至 20 世纪 70 年代

20 世纪初至 20 世纪 70 年代医学科学突飞猛进，女性妊娠与分娩过程得到深入研究，医院产科病房日趋发展与完善，女性开始选择住院分娩，由经过医学专业培训的产科医师和助产士进行专业观察与处理，使孕产妇、胎儿与新生儿死亡率大幅度下降。但是，伴随着住院分娩的不断普及，产妇与病人的界限被日趋混淆，分娩过程逐渐被视为"病理过程"，分娩往往与疼痛、焦虑及恐惧相伴随，产科诊疗越来越多地依赖于发达的技术和先进的仪器。肛查、灌肠、缩宫素催产等产时干预措施被广泛使用，会阴切开术常规使用，剖宫产率显著上升，所有这一切使产妇逐渐丧失了自然分娩的权利。

（三）20 世纪 70 年代以后

20 世纪 70 年代以来，大量研究证明：肛查、灌肠、禁食、常规静脉输液、早期人工破膜等许多产时常规干预措施是缺乏科学依据的。20 世纪 80 年代初，美国 M.Klans 提出让分娩更自然的主张，先后在美国和危地马拉开展导乐陪产的研究。接着，发达国家开始普及药物和非药物镇痛等分娩镇痛措施，使分娩过程变得更加轻松和健康。1996年世界卫生组织针对"过多的医疗干预和剖宫产率上升"这一世界性的趋势，提出了以保护促进自然分娩为核心内容的"爱母分娩行动（mother-friendly birthing care）"计划。突出强调保护母亲，在分娩过程中加强陪伴，给予产妇生理、心理及情感上的持续支持，以增强产妇分娩信心与力量，促进自然分娩顺利完成，避免不必要的产时医疗干预和手术给母亲造成的伤害。

"爱母分娩行动"制订了以下十个实施要点：①为所有产妇提供分娩陪伴者。②为公众提供并普及有关产时服务的操作和程序等知识。③为产妇提供适合当地风俗文化的监护；④为临产妇提供自由走动和活动的场所，同意产妇自由选择分娩体位，第一产程不提倡采用平卧位或截石位。⑤在加强各级妇幼保健机构以及社区服务方面，有明确的规定和程序，以提供良好的围生保健服务。⑥不宜常规使用缺乏科学依据的操作，如：灌肠、静脉输液、禁食、早期人工破膜、电子监护等；其他干预措施应有一定限制，如：为引产或催产使用的静脉滴注缩宫素率≤10%，会阴切开率≤20%，争取≤5%；此外，社区医院剖宫产率≤10%，接收高危孕妇的医院剖宫产率≤15%，剖宫产史后阴道分娩率≥60%，争取≥75%。⑦教育医护人员用非药物性镇痛，不鼓励使用镇痛剂和麻醉；具体包括营造家庭分娩环境、音乐陪伴分娩、自由体位、按摩与深呼吸、热敷与温水浴等非药物镇痛措施。⑧鼓励所有母亲和家庭，对待那些疾病、早产及有出生缺陷或先天畸形的婴儿，在情况许可下都要接触、搂抱、母乳喂养和照顾自己的孩子。⑨不主张非宗教性的男婴包皮环切。⑩力争达到WHO/UNICEF（united nations children's fund，联合国儿童基金会）倡导的促进母乳喂养成功的10项措施。

自20世纪90年代以来，传统的产科病房设置逐渐被"爱婴医院"新型病房替代，病房布置得温馨舒适，富有家庭氛围，临产以后准父亲等家属可以陪伴产妇待产和分娩。新生儿出生后尽早开始哺乳，很快被送回到母亲身边以便按需哺乳，医院里开设"孕妇学校"，由护士、助产士担任主要的教育者和咨询者角色。医院鼓励家属探视，鼓励纯母乳喂养。新的母婴护理模式大幅提高了母乳喂养率，孕产妇与家庭对产房医护人员的满意度逐年上升，而剖宫产率呈现出逐年下降趋势。

三、母婴护理理念

20世纪70年代末以来，经过几十年的研究和临床实践，母婴护理临床服务实现了以母婴为主体，以保护支持自然分娩为中心的转变，不仅关注母婴死亡率和病死率，更加致力于促进母婴生理与心理健康及良好的社会适应能力，提高家庭生活质量。母婴护理工作的理念主要包括：①妊娠分娩是一个正常、自然、健康的过程。健康的产妇和胎儿有能力完成分娩过程，自然分娩是大多数产妇最适合的分娩方式，要重视、支持和保护分娩的正常性。分娩可以在医院或保健中心安全进行。②维护产妇自主权。分娩是产妇应有的权利，产妇有权选择她认为安全、满意的分娩场所，有权得到关于妊娠与分娩的科学知识，有权得到产时各种干预措施及用药利弊的最新信息，并有权选用或拒绝各种产时干预措施，有权经历一个愉快、健康的分娩过程。③妊娠分娩过程中人性化服务。分娩过程中，医护人员应根据产妇的个性需求以提供相应服务，减少使用各种不必要的产时干预措施，坚持以产妇为中心，加强产时保健工作，倡导自然分娩。④胎儿与婴儿同样需要被尊重。母婴在妊娠、分娩过程中和婴儿期，既相对独立又紧密相连，均应受到同样的尊重。分娩过程中，产妇的各种不良精神、心理状态可导致神经体液变化，从而影响子宫的血液灌注，使胎儿缺血、缺氧；同时还会影响子宫收缩，造成产程延长、难产等不良后果。

四、母婴护理工作中的护士角色与功能

近年来，护理学已经发展成为一门独立的学科，民众对健康服务的需求不断提高，母婴护理服务对象不断扩大，不仅包括孕妇与胎儿、母亲与新生儿，还应包括家庭其他成员；母婴护理服务场所不断拓展，不仅包括医院的产科门诊与病房，还包括社区卫生保健机构、产妇家庭及月子会所等

场所。与此同时，在母婴护理工作中，护士也被赋予了多元化的角色与功能。①健康照顾者：作为一名母婴护士，需要通过专业的知识与技能，综合评估服务对象的生理、心理及社会需求，运用护理程序给予全面照顾，帮助孕产妇及其家庭在整个妊娠分娩过程中身、心得到健康发展，顺利娩出健康的下一代，并使其感到温馨、愉快和充满希望。②管理者：护士担任管理者的角色主要包括两方面含义，一方面是管理服务对象，全面评估各种护理对象的不同需求，分清轻重缓急，有次序而又全面地帮助其作出正确的决策，及时解决各种问题与困扰，满足其生理、心理及社会等多方面需求；另一方面是通过有效协调与沟通，做好与主管医生、社区妇幼保健人员及其他医务工作者的团结合作，确保母婴护理质量全面提高。③资源协调者：为不断提高母婴护理的质量，其服务范畴必须由医院向社区延伸。作为资源协调者，母婴护理专业人员须熟悉有关机构所提供的服务内容及社区可利用的人力、物质资源，这样才能更好地与他们相互合作，促进母婴健康。④健康教育者：孕妇或产妇大多数是健康人，她们在孕期、产褥期的多数时间都在家中或工作单位度过，远离医院或保健机构，因此教会她们自我护理与保健十分重要。我国医院或保健机构提供的产前课程、孕期远程监测、母婴热线咨询、产褥期家庭访视中，护理人员都在通过健康宣传或健康咨询扮演着教育者的角色，以提高孕产妇的生活质量和新生儿的健康水平。⑤权益保护者：美国医院协会曾在1972年制定了《病人权利章程》，我国也根据我国国情对病人权利作出了明确的规定，这些规定同样适合孕妇与产妇。护理人员应教育和鼓励她们明确自己的权利与义务，维护自己的合法权益。⑥研究者：研究指的是从事护理科研工作，通过论文或书籍传播相关知识和科研成果，从而拓展母婴护理专业知识，提高母婴护理专业水平。早在19世纪，南丁格尔通过日常工作总结所著的《医院札记》与《护理札记》，就是这方面的经典著作。今天，针对母婴领域实施护理仍然需要专业人员进行研究、总结，使之不断地发展和充实。

五、母婴护理统计指标

1. **人口出生率**（birth rate）　是指人类在一定时期内（通常为一年）平均每千人所出生的人数的比率，一般用千分率表示。

$$人口出生率=\frac{同一年内同一地区出生人数}{同一年内同一地区平均人数}\times1\,000‰$$

由于政策因素、社会因素、经济因素以及心理因素等多方面影响，世界各国人口出生率差别很大，比如从经济方面来看，工业化比较发达、城市化程度比较高的国家和地区，出生率比较低，与其相对应的工业比较后进、农业经济落后并占主导地位，以及城市化程度不高的非洲、西亚与拉丁美洲的发展中国家和地区的出生率比较高。世界范围内，非洲的人口出生率最高，全世界人口出生率最高的国家排行前十位者大多数国家位于非洲，其次是东南亚、南亚地区，再次是欧洲与北美洲、俄罗斯与澳大利亚，最低是东亚的韩国、日本、中国，人口出生率低于13‰，韩国全球垫底，且仍然不断刷新下限。

我国是人口大国，近年来人口增长一直处于较低水平（表1-1）。2013年和2016年分别实施"单独两孩"和"全面两孩"生育政策，根据国家统计局的数字，2017年我国出生人口与人口出生率分

表1-1　中国人口出生率（2000—2022年）

年份	出生率/‰	年份	出生率/‰	年份	出生率/‰	年份	出生率/‰
1991	19.68	1999	14.64	2007	12.10	2015	11.99
1993	18.09	2001	13.38	2009	11.95	2017	12.64
1995	17.12	2003	12.41	2011	13.27	2019	10.41
1997	16.57	2005	12.40	2013	13.03	2022	6.77

别为 1 723 万人和 12.43‰,远低于国家卫计委的预测数值。为进一步促进我国人口长期均衡发展,2021 年开始实施一对夫妻可以生育 3 个子女政策及配套支持措施。2022 年全年出生人口 956 万人,人口出生率为 6.77‰,这是 1950 年以来年出生人口首次跌破 1 000 万,近 61 年来的首次人口负增长,我国人口出生率连续 3 年跌破 1%(即 10‰)。

2. 婴儿死亡率(infant mortality rate,IMR) 是指婴儿出生后不满周岁死亡人数同出生人数的比率。

$$婴儿死亡率 = \frac{同一时期同一地区婴儿死亡人数}{同一时期同一地区总出生人数} \times 1\,000‰$$

一般以年度为计算单位,以千分比表示。婴儿死亡率既反映一个国家和民族的居民健康水平和社会经济发展水平,也是反映妇幼保健工作的重要指标。各国的婴儿死亡率有很大差异(表 1-2)。我国的婴儿死亡率在 1949 年以前约 200‰,2000 年为 28.38‰,2018 年为 6.1‰,2022 年是 4.9‰,婴儿死亡率呈现持续下降趋势。

表 1-2　世界婴儿死亡率概况列表(2020 年)

国家或地区	婴儿死亡率 /‰	国家或地区	婴儿死亡率 /‰
挪威	1.6	新西兰	3.6
芬兰	1.7	加拿大	4.0
日本	1.7	斯洛伐克	4.2
韩国	2.3	美国	4.9
德国	2.9	中国	5.4
澳大利亚	2.9	智利	5.3
瑞士	3.2	土耳其	7.6
拉脱维亚	3.2	墨西哥	10.6

3. 孕产妇死亡率(maternal mortality rate) 是指每万例或每 10 万例活产中孕产妇的死亡人数。孕产妇死亡指女性从妊娠开始到产后 42d 内,因各种原因(除意外事故外)造成的孕产妇死亡均计在内。活产数指妊娠满 28 周及以上(孕周不清楚者,参考新生儿出生体重≥1 000g),娩出后有心跳、呼吸、脐带搏动和随意肌收缩 4 项生命体征之一的新生儿数。孕产妇死亡率是衡量一个国家或地区的经济、文化和医疗保健水平以及社会发展和文明程度的重要指标。根据千年发展目标,各国承诺在 1990 年到 2015 年期间将孕产妇死亡率减少 3/4。1990 年至 2008 年,世界各地的孕产妇死亡率下降了约 34%。我国孕产妇死亡率呈现逐年下降趋势(表 1-3)。

表 1-3　中国孕产妇死亡率(1991—2020 年)

单位:1/10 万

年份	死亡率	年份	死亡率	年份	死亡率	年份	死亡率
1991	80.0	1999	58.7	2007	36.6	2015	20.1
1993	67.3	2001	50.2	2009	31.9	2017	19.6
1995	61.9	2003	51.3	2011	26.1	2019	17.8
1997	63.6	2005	47.7	2013	23.2	2022	15.7

根据一项针对导致 2020 年孕产妇死亡原因的研究,城乡死因构成比见表 1-4。2020 年我国孕产妇死亡率 16.9/10 万(城 14.10/10 万,乡 18.50/10 万),相比于 2000 年 53.00/10 万(城 29.30/10 万,

乡 69.60/10 万)、2005 年 47.70/10 万（城 25.10/10 万，乡 53.80/10 万）和 2012 年 24.50/10 万（城 22.20/10 万，乡 25.60/10 万），城乡数据显示差异不大，反映了近年我国农村孕产妇保健的发展水平。

表 1-4　中国孕产妇主要疾病死亡率与城乡死因构成（2020 年）

疾病名称	整体	城市	乡村
产科出血	25.3	20.9	27.0
妊娠期高血压疾病	10.8	14.0	9.6
心脏病	12.7	7.0	14.8
羊水栓塞	7.0	11.6	5.2
产褥感染	3.2	2.3	3.5
肝病	1.3	2.3	0.9

（简雅娟）

思考题

1. 母婴护理的概念与范畴是什么？
2. 如何为母婴提供高质量的护理服务？
3. 请说明母婴护理统计指标的意义。

第二章 | 女性生殖系统解剖与生理

ER 2-1
教学课件

ER 2-2
思维导图

学习目标

1. 掌握：女性内外生殖器官组成及解剖特点；卵巢功能和卵巢周期的概念；子宫韧带的位置和作用；雌激素及孕激素的生理作用。
2. 熟悉：女性生殖器官与邻近器官的关系及临床意义；女性骨盆的组成、分界与骨盆标志。
3. 了解：骨盆底的结构。
4. 具备开展经期保健健康教育的能力；具备关爱女性的职业道德。

第一节 女性生殖系统解剖

一、骨盆

骨盆（pelvis）是支持躯干和保护盆腔脏器的重要器官，同时又是胎儿娩出的骨性产道，其大小、形状对分娩过程有直接影响。

（一）骨盆的组成

1. 骨骼 骨盆由骶骨、尾骨及左右两块髋骨组成。骶骨由5~6块骶椎构成，其上缘明显向前突出称为骶岬；尾骨由4~5块尾椎构成；每块髋骨又由髂骨、坐骨和耻骨融合而成（图2-1）。

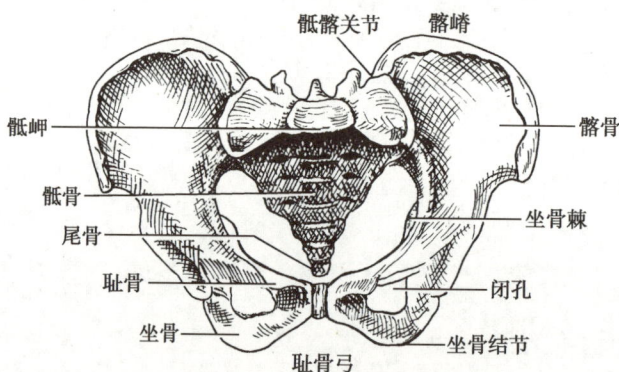

图 2-1 正常女性骨盆（前上观）

2. 关节 包括骶尾关节、左右骶髂关节和耻骨联合。骶骨与尾骨的连接处为骶尾关节；骶骨与髂骨之间的连接处为骶髂关节；两耻骨之间的纤维软骨形成耻骨联合。

3. 韧带 有两对重要的韧带：一对是骶骨、尾骨与坐骨棘之间的韧带为骶棘韧带，其宽度即坐骨切迹宽度，为判断中骨盆是否狭窄的重要标志；一对是骶骨、尾骨与坐骨结节之间的韧带为骶结节韧带。妊娠期受激素的影响，韧带松弛，各关节的活动性略有增加，有利于分娩。

（二）骨盆的分界

以耻骨联合上缘、髂耻缘及骶岬上缘的连线为界，将骨盆分为假骨盆和真骨盆两部分。

1. 假骨盆 又称大骨盆，位于骨盆分界线以上。临床上通过测量假骨盆径线可间接了解真骨盆的大小。

2. 真骨盆 又称小骨盆，位于骨盆分界线以下，是胎儿娩出的骨产道。真骨盆上口为骨盆的入口，下口为骨盆的出口，骨盆入口和出口之间为骨盆腔。

（三）骨盆标志

1. 骶岬（sacral promontory） 第1骶椎向前凸出形成骶岬，是骨盆内测量对角径的重要依据点。

2. 坐骨棘（ischial spine） 坐骨后缘突出的部分，可通过肛诊或阴道检查触到，坐骨棘间径是判断中骨盆大小的重要径线，也是分娩时胎头下降程度的重要标志。

3. 耻骨弓（arcus pubis） 两耻骨降支的前部相连构成耻骨弓，正常两夹角大于90°。

（四）骨盆的类型

1. 女型 正常女性骨盆，最常见类型，占我国女性52%~58.9%。骨盆入口呈横椭圆形，入口横径较前后径长，耻骨弓较宽，坐骨棘间径≥10cm。

2. 男型 较少见，仅占我国女性1%~3.7%。骨盆入口略呈三角形，两侧壁内聚，坐骨棘突出，耻骨弓较窄，坐骨切迹窄，呈高弓形，骶骨较直而前倾，致出口后矢状径较短。骨盆腔呈漏斗形，往往造成难产。

3. 类人猿型 占我国女性14.2%~18%。骨盆入口呈长椭圆形，入口前后径大于横径，骨盆两侧壁内聚，坐骨棘突出，坐骨切迹宽，耻骨弓窄，骶骨向后倾斜，故骨盆前部较窄而后部较宽，骨盆有6节骶骨，因此比其他类型骨盆深。

4. 扁平型 较常见，占我国女性23.2%~29%。骨盆入口呈扁椭圆形，入口横径大于前后径，耻骨弓宽，骶骨失去正常弯度，变直向后翘或呈深弧形，故骶骨短骨盆浅。

临床上多见四种骨盆类型的混合型，骨盆的形态和大小具有种族差异，骨盆生长发育受遗传、营养与性激素等多方面的影响。

ER 2-3

女性骨盆的四种类型

二、外生殖器

女性外生殖器（external genitalia）是生殖器官外露部分，又称为外阴，位于两股内侧间及耻骨联合至会阴间区域，包括阴阜、大阴唇、小阴唇、阴蒂和阴道前庭（图2-2）。

图2-2 女性外生殖器

（一）阴阜

阴阜（mons pubis）为耻骨联合前面富含脂肪组织的皮肤隆起。青春期开始阴阜皮肤阴毛开始生长，呈倒三角形分布，阴毛为女性第二性征之一。

（二）大阴唇

大阴唇（labium majus）为两股内侧一对纵行隆起的皮肤皱襞，起于阴阜，止于会阴。青春期开始大阴唇外侧面长出阴毛，内侧面湿润似黏膜。大阴唇皮下为疏松结缔组织和脂肪组织，富含血管、淋巴管和神经。外伤时易形成大阴唇血肿。

（三）小阴唇

小阴唇（labium minus）位于大阴唇内侧的一对薄皮肤皱襞。表面湿润、色褐、无毛，富含神经末梢，极敏感。两侧小阴唇前端融合，再分为前后两叶，前叶形成阴蒂包皮，后叶形成阴蒂系带。

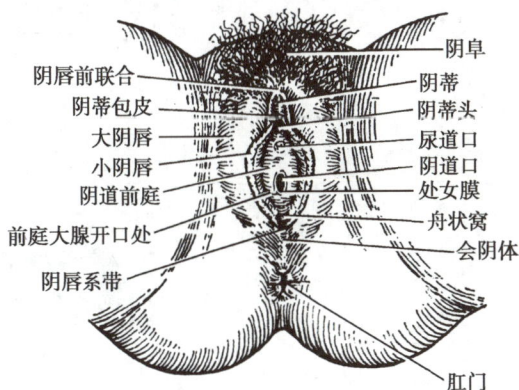

大小阴唇后端汇合，在正中线形成一条横皱襞，称为阴唇系带。

（四）阴蒂

阴蒂（clitoris）位于两侧小阴唇之间顶端的联合处，它与男性阴茎海绵体组织相似，可勃起。阴蒂富含神经末梢，极为敏感。

（五）阴道前庭

阴道前庭（vaginal vestibule）为两侧小阴唇之间的菱形区。其前为阴蒂，后为阴唇系带。此区域包含以下结构：

1. **前庭球**（vestibular bulb）　又称球海绵体，位于前庭两侧，由具有勃起性的静脉丛组成。其前端与阴蒂相接，后端膨大，与同侧前庭大腺相邻，表面被球海绵体肌覆盖。

2. **前庭大腺**（major vestibular gland）　又称巴氏腺，位于大阴唇后部，如黄豆大，左右各一，开口于阴道前庭后方小阴唇与处女膜之间的沟内。性兴奋时分泌黏液，起润滑作用。正常情况下不能触及此腺，闭塞时可形成前庭大腺囊肿，感染时可形成前庭大腺脓肿。

3. **尿道外口**（external orifice of urethra）　位于阴蒂头的后下方，其后壁上有一对尿道旁腺，尿道旁腺开口小，易有细菌潜伏。

4. **阴道口**（vaginal orifice）**和处女膜**（hymen）　阴道口位于尿道外口后方的前庭后部。覆盖在阴道口一层有孔的薄膜，为处女膜，内含结缔组织、血管及神经末梢。处女膜中央有一孔，其厚薄和孔的大小形状因人而异，处女膜多于初次性交或剧烈运动时破裂，分娩后仅留有处女膜痕。

三、内生殖器

女性内生殖器（internal genitalia）位于真骨盆内，包括阴道、子宫、输卵管和卵巢，后两者又称为子宫附件（图 2-3）。

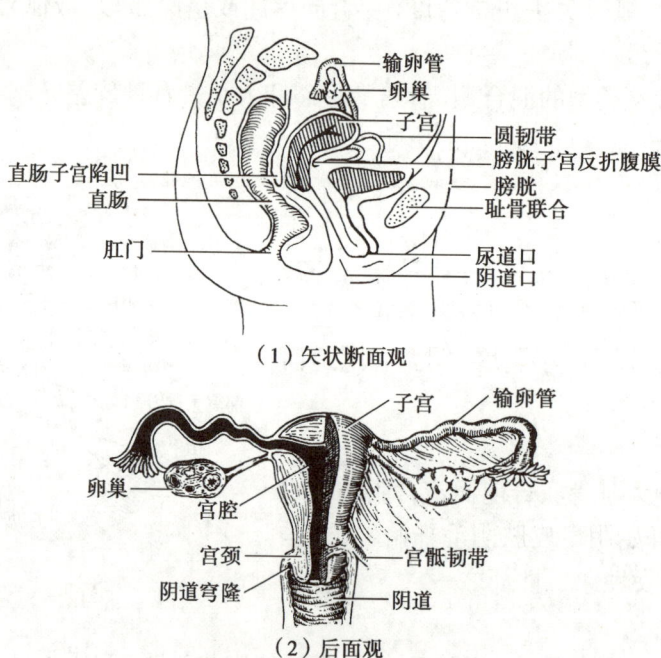

（1）矢状断面观

（2）后面观

图 2-3　女性内生殖器

（一）阴道

阴道（vagina）为性交器官，也是月经血排出及胎儿娩出的通道。

1. **位置和形态**　阴道位于真骨盆下部中央，上宽下窄的管道，前壁长 7~9cm，后壁长 10~12cm。上端环绕宫颈阴道部，形成舟状隐窝，称为阴道穹隆，分为前、后、左、右 4 部分，其中后穹隆最深，与盆腔最低处，即直肠子宫陷凹相邻，临床上可经此穿刺或引流。下端开口于阴道前庭后部。

2. 组织结构 阴道壁由黏膜、肌层和纤维组织膜构成。黏膜由非角化复层鳞状上皮覆盖，无腺体，淡红色，阴道上部 1/3 黏膜受性激素影响发生周期性变化。生育年龄妇女阴道富含横纹皱襞，故伸展性大，有利于分娩。幼女、绝经后妇女阴道黏膜上皮菲薄，易感染。阴道壁富有静脉丛，损伤后易出血或形成血肿。

（二）子宫

子宫（uterus）是产生月经和孕育胚胎、胎儿的器官。

1. 位置和形态 子宫位于骨盆中央，前为膀胱，后为直肠，宫颈外口位于坐骨棘水平上方。子宫外形呈倒置的扁梨形。成人非孕时子宫长 7~8cm，宽 4~5cm，厚 2~3cm，宫腔容量约 5ml，重约 50g。子宫上端隆突部分为子宫底，其两侧为子宫角，与输卵管相通。子宫上部较宽为子宫体，其下部较窄呈圆柱形为子宫颈。子宫体与子宫颈的比例，青春期前为 1:2，生育期为 2:1，绝经后为 1:1。

宫腔呈上宽下窄的三角形。宫体与宫颈间形成最狭窄的部分，称子宫峡部，在非孕期长约 1cm，其上端为解剖学内口；其下端为组织学内口（图 2-4）。子宫峡部在妊娠期逐渐伸展变长，在妊娠末期可达 7~10cm，形成子宫下段，是软产道的一部分，也为剖宫产术常用切口部位。子宫颈内腔呈梭形，称宫颈管，成年女性长约 2.5~3cm，下端称宫颈外口，通向阴道。未产妇的宫颈外口呈圆形，已产妇的宫颈外口呈"一"字形横裂。

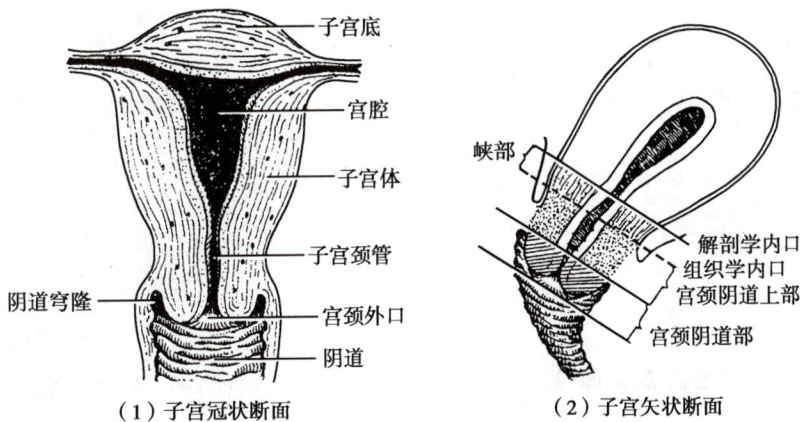

（1）子宫冠状断面　　（2）子宫矢状断面

图 2-4　子宫各部

2. 组织结构

(1) **子宫体**：子宫体壁由内向外分为子宫内膜层、子宫肌层和子宫浆膜层。

子宫内膜层：即子宫黏膜。子宫内膜自青春期开始受卵巢激素的影响发生周期性变化。其表面 2/3 发生周期性变化的内膜，称为功能层（包括致密层及海绵层），其余 1/3 靠近子宫肌层的无周期性变化的内膜，称为基底层。

子宫肌层：较厚，由大量平滑肌束、少量弹力纤维与胶原纤维组成。肌束纵横交错如网状，分为 3 层：内层环行，中层肌纤维交错，外层纵行。子宫收缩时贯穿于肌纤维之间的血管被压迫，有效地控制子宫出血。

子宫浆膜层：即覆盖宫体表面的脏腹膜，与肌层紧贴。子宫前面，近子宫峡部处的腹膜向前反折覆盖膀胱，形成膀胱子宫陷凹；子宫后面，腹膜沿子宫壁向下至子宫颈后方及阴道后穹隆再折向直肠，形成直肠子宫陷凹（也称道格拉斯陷凹）。

(2) **子宫颈**：主要由结缔组织构成。子宫颈管黏膜为单层高柱状上皮，有腺体，能分泌碱性黏液，形成黏液栓堵塞子宫颈管。黏液栓成分及性状受性激素影响，发生周期性变化。宫颈阴道部由复层鳞状上皮覆盖，表面光滑。宫颈外口柱状上皮与鳞状上皮交接处是宫颈癌的好发部位。

3.子宫韧带 共有4对。子宫韧带、骨盆底肌肉和筋膜共同维持子宫于盆腔正常位置。

（1）圆韧带（round ligament）：起自两侧子宫角的前面、输卵管近端的下方，向前下方伸展达骨盆壁，穿过腹股沟管止于大阴唇前端。其作用是保持子宫前倾位置。

（2）阔韧带（broad ligament）：由覆盖子宫前后壁的腹膜自子宫侧缘向两侧骨盆壁延伸而成，分前后层，呈翼状。阔韧带延伸至盆壁为骨盆漏斗韧带；卵巢与子宫角之间稍增厚的阔韧带为卵巢固有韧带。阔韧带作用是维持子宫于盆腔正中的位置。

（3）主韧带（cardinal ligament）：又称宫颈横韧带。自宫颈两旁延伸达骨盆壁，由结缔组织和平滑肌构成。其作用为固定宫颈位置，防止子宫下垂。

（4）宫骶韧带（utero-sacral ligament）：自相当于组织学内口处的子宫后侧壁开始，绕过直肠两侧，附着于第2、3骶椎前面的筋膜，将宫颈向后向上牵。其作用为间接维持子宫前倾位置（图2-5）。

（三）输卵管

输卵管（fallopian tube）是一对细长弯曲的肌性管道，全长8~14cm，内侧与子宫角相连，外端游离呈伞状，并与卵巢相近，是精子与卵子结合的场所。输卵管壁由外向内分为3层，即浆膜层、平滑肌层、黏膜层。输卵管自内向外分为4部分，即间质部、峡部、壶腹部和伞部，伞部有"拾卵"作用。输卵管依靠肌层蠕动和黏膜纤毛摆动将受精卵运送到宫腔。输卵管黏膜受卵巢激素的影响发生周期性的变化（图2-6）。

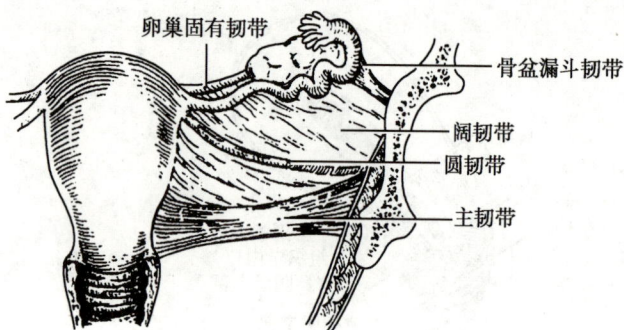

图2-5 子宫各韧带（前面观）

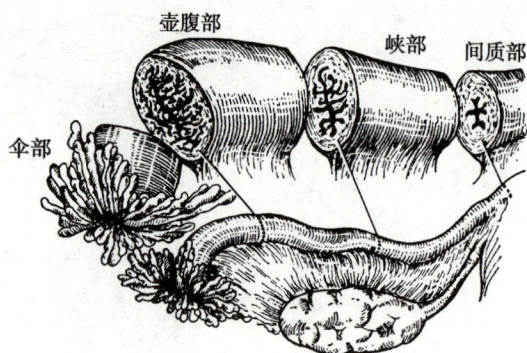

图2-6 输卵管各部及其横断面

（四）卵巢

卵巢（ovary）为一对扁椭圆形的性腺，是产生和排出卵子，并分泌性激素的性器官。青春期前卵巢表面光滑，青春期开始排卵后表面逐渐凹凸不平。性成熟期女性卵巢约4cm×3cm×1cm大小，重5~6g，灰白色，绝经后萎缩。

卵巢表面无腹膜，由一层生发上皮覆盖。上皮下为卵巢白膜。卵巢实质分为皮质和髓质两部分。皮质由数以万计的始基卵泡及致密结缔组织组成，是卵巢的主体；髓质无卵泡，由疏松的结缔组织及丰富的血管、神经和淋巴管和少量与卵巢韧带相延续的平滑肌纤维构成（图2-7）。

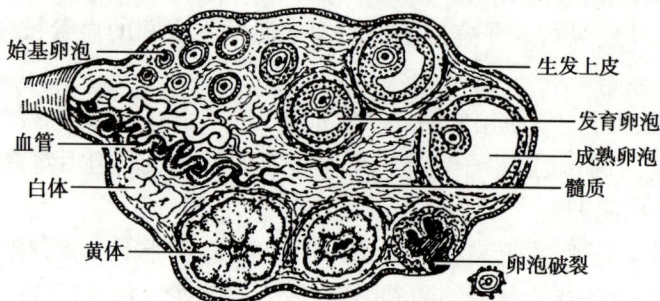

图2-7 卵巢的构造模式图

ER 2-4 女性生殖系统血液供应

ER 2-5 女性生殖系统淋巴循环

四、骨盆底

骨盆底由多层肌肉和筋膜组成,封闭骨盆出口,承托盆腔脏器并保持其正常位置。如骨盆底结构和功能发生异常,可影响盆腔脏器的位置与功能,甚至引起分娩障碍;若分娩处理不当,可不同程度地损伤骨盆底。

1. 骨盆底(pelvic floor) 由外层、中层、内层组成。外层由会阴浅横肌、球海绵体肌、坐骨海绵体肌、肛门外括约肌及会阴浅层筋膜组成;中层即泌尿生殖膈,由上、下两层坚韧的筋膜及其间的会阴深横肌、尿道括约肌组成;内层即盆膈,由肛提肌及其筋膜组成,是骨盆底最坚韧的一层。

2. 会阴(perineum) 狭义的会阴是指阴道口和肛门之间的软组织,即临床所指会阴,也是骨盆底的一部分,厚3~4cm,由外向内逐渐变窄呈楔形,又称会阴体。由皮肤、皮下脂肪、筋膜、部分肛提肌和会阴中心腱组成。会阴中心腱由部分肛提肌及其筋膜、会阴浅横肌、会阴深横肌、球海绵体肌、肛门外括约肌的肌腱共同交织而成。会阴伸展性大,妊娠期会阴组织变软,有利于分娩。分娩时需保护会阴,避免发生组织裂伤。

五、邻近器官

女性生殖器官与尿道、膀胱、输尿管、直肠及阑尾相邻。当女性生殖器官发生病变时,如创伤、感染、肿瘤等,易累及邻近器官。

1. 尿道(urethra) 长4~5cm,位于阴道前面,耻骨联合后方。由于女性尿道短而直,与阴道邻近,易引起泌尿系统感染。

2. 膀胱(urinary bladder) 排空的膀胱位于耻骨联合后与子宫之间。空虚时位于盆腔内,充盈时可上升至腹腔。膀胱充盈时影响子宫的位置,故盆腔检查和术前必须排空膀胱。

ER 2-6

输尿管与子宫
动脉的关系

3. 输尿管(ureter) 全长约30cm,起自肾盂,进入膀胱前,在距子宫颈约2cm处与子宫动脉交叉,故行子宫切除术时应注意勿损伤输尿管。

知识拓展

妇科手术易导致泌尿系统损伤

临床妇产科手术时,容易导致泌尿系统损伤,常见的原因有:①术前膀胱未排空、导尿管引流不畅或宫颈肌瘤压迫膀胱致术中膀胱充盈、扩张、壁变薄,易造成膀胱损伤。②由于膀胱与宫颈形成瘢痕性粘连,或与腹壁粘连,导致盆腔病变复杂,术者无法正确辨认生殖系统与泌尿系统的位置,导致泌尿系统直接损伤。③在子宫全切术中,膀胱分离度不够或与阴道壁分界不清,阴道断端缝合或止血时穿透膀胱壁,可导致膀胱阴道瘘。④某些癌性病变如卵巢肿瘤或子宫肌瘤累及输尿管,使输尿管移位造成解剖关系发生改变,易造成输尿管损伤。⑤若手术持续时间长,使输尿管游离时间过长,从而损伤输尿管鞘膜,导致血供减少,造成输尿管的缺血坏死或手术剥离时损伤神经导致缺血而形成尿瘘。

---

4. 直肠(rectum) 位于盆腔后部,其前面与阴道后壁紧贴,之间相隔一层结缔组织和筋膜。直肠下部和肛门括约肌、会阴体相邻,故分娩时会阴裂伤可累及肛门和直肠。

5. 阑尾(vermiform appendix) 位于右髂窝内,末端可接近右侧输卵管及卵巢部,故阑尾炎时易累及输卵管和卵巢。妊娠后,阑尾的位置可随妊娠子宫的增大向外上方移位。

六、血管、淋巴及神经

（一）血管

女性生殖器官的血液供应主要来自卵巢动脉、子宫动脉、阴道动脉及阴部内动脉。

1. 卵巢动脉 来自腹主动脉的分支，沿腰大肌前下行至盆腔，进入卵巢内，供应卵巢和输卵管。

2. 子宫动脉 来自髂内动脉的前干分支，在距宫颈内口水平约 2cm 处，横跨输尿管至子宫侧缘，分为上、下两支。

3. 阴道动脉 来自髂内动脉前干分支，与宫颈 - 阴道支和阴部内动脉分支吻合。

4. 阴部内动脉 来自髂内动脉前干终支，分为痔下动脉、会阴动脉、阴唇动脉和阴蒂动脉 4 支。

各部位的静脉均有同名动脉伴行，但静脉在数量上较动脉多，并在相应的器官及周围形成静脉丛，且互相吻合，故盆腔静脉感染易于蔓延。

（二）淋巴

女性生殖器官和盆腔具有丰富的淋巴管及淋巴结，均有相应的血管伴行，分为外生殖器淋巴和盆腔淋巴两组。淋巴液首先汇集进入髂动脉的各淋巴结，然后注入腹主动脉周围的腰淋巴结，最后汇入第 2 腰椎前方的乳糜池。当内外生殖器发生感染或恶性肿瘤时，可引起相应淋巴结肿大。

（三）神经

女性生殖器官由躯体神经和自主神经共同支配。支配外生殖器的神经主要是阴部神经。临床上行阴部手术时，常行阴部神经阻滞麻醉，达到止痛目的。支配内生殖器的神经主要为交感神经和副交感神经，子宫平滑肌有自主节律性活动，完全切断其神经后仍能有节律性收缩。临床上可见低位截瘫的产妇能顺利自然分娩。

第二节　女性生殖系统生理

一、女性一生各阶段生理特点

女性从胎儿形成到衰老是一个渐进的生理过程。女性一生根据年龄和生殖内分泌变化，共分为 7 个阶段，但并无明显界限，可因遗传、环境、营养等因素影响而有个体差异。

（一）胎儿期

从受精卵形成到分娩前为胎儿期（fetal period），精子与卵子结合时已决定了胎儿的性别，即 XX 合子发育为女性，XY 合子发育为男性。胚胎 6 周后原始性腺开始分化，性腺分化缓慢，胚胎 8~10 周性腺组织出现卵巢的结构，16 周后可辨别出胎儿的性别。

（二）新生儿期

出生后 4 周内为新生儿期（neonatal period）。出生后女性新生儿由于受母体女性激素的影响，出现乳房略增大或少量乳汁分泌，少量阴道流血均属正常生理现象，数日内自然消退。

（三）儿童期

从出生 4 周后到 12 岁左右为儿童期（childhood period）。在 8 岁前，儿童身体持续发育，生殖器为幼稚型，抗感染能力弱，容易发生炎症；8 岁后受卵巢激素的影响，女性特征开始出现，乳房及生殖器官开始发育，逐渐向青春期过渡。

（四）青春期

从月经初潮至生殖器官逐渐发育成熟为青春期（puberty or adolescence），世界卫生组织（WHO）规定青春期为 10~19 岁。主要生理特征有：

1. 第一性征发育 即生殖器官的发育。阴阜隆起；大、小阴唇肥厚；阴道黏膜变厚并出现皱襞；子宫增大，尤其是宫体明显增大；输卵管变粗；卵巢增大，卵巢皮质内有不同发育阶段的卵泡。生殖器官从幼稚型变为成人型。

2. 第二性征出现 包括音调变高，乳房发育，出现阴毛及腋毛，胸、肩、髋部皮下脂肪增多，形成女性特有体态。其中乳房发育是女性第二性征的最初特征，为女性青春期发动的标志。

3. 生长加速 青春期少女体格加速生长，月经初潮后增长速度减缓。

4. 月经来潮 女性第一次月经来潮，称为月经初潮，是青春期的重要标志。由于此时中枢系统对雌激素的正反馈机制尚未成熟，即使卵泡发育成熟也不能排卵，可发生异常子宫出血。

（五）性成熟期

性成熟期（sexual maturity period）又称生育期，自18岁开始持续约30年。该期是卵巢功能最旺盛的时期，卵巢有周期性排卵和分泌性激素，生殖器官和乳房在卵巢分泌的性激素作用下发生周期性变化。

（六）绝经过渡期

绝经过渡期（menopausal transition period）指开始出现绝经趋势直至最后一次月经的时期。始于40岁，历时1~2年，甚至长达10~20余年。由于卵巢功能逐渐衰退，卵泡不能成熟及排卵，因而常出现无排卵性月经。月经永久性停止，称为绝经。世界卫生组织（WHO）将卵巢功能开始衰退直至绝经后1年内的时期称为围绝经期。此期雌激素水平降低，可出现血管舒缩障碍和神经精神症状，表现为潮热、出汗，情绪不稳定、不安，抑郁或烦躁，失眠等绝经综合征。

（七）绝经后期

女性在60岁以后进入绝经后期（postmenopausal period）。此期卵巢功能已完全衰竭，体内雌激素明显下降，整个机体发生衰老，常引起骨质疏松，发生骨折；生殖器官萎缩，易发生萎缩性阴道炎。

二、卵巢的功能及其周期性变化

（一）卵巢的功能

卵巢为女性的性腺，具有生殖功能和内分泌功能。

（二）卵巢的周期性变化

从青春期开始至绝经前，除妊娠期和哺乳期外，卵巢在形态和功能上发生周期性变化，称为卵巢周期（ovarian cycle）。卵巢的周期性变化如下：

1. 卵泡的发育及成熟 卵巢的基本生殖单位是始基卵泡，新生儿出生时卵巢内约有200万个始基卵泡。青春期后，在促性腺激素的作用下，始基卵泡开始发育，每个月经周期一般只有一个卵泡发育成熟，称为成熟卵泡。女性一生大约仅有400~500个卵泡发育成熟并排卵。

2. 排卵 卵细胞及其周围的卵冠丘结构一起从卵巢排出的过程称为排卵（ovulation）。排卵多发生在下次月经来潮前14d左右。一般两侧卵巢轮流排卵，排出的卵细胞被输卵管伞部捡拾进入输卵管。

3. 黄体形成及退化 排卵后卵泡壁塌陷，卵泡颗粒细胞和卵泡内膜细胞向内侵入，周围有卵泡外膜包围，共同形成黄体（图2-8），在排卵后的7~8d黄体体积和功能达到最高峰，直径为1~2cm。若卵子受精，继续发育成妊娠黄体；若卵子未受精，黄体在排卵后的9~10d开始退化，逐渐形成白体，黄体寿命约14d。黄体功能衰退后月经来潮，此时卵巢中又有新的卵泡发育，开始新的周期。

（三）卵巢分泌的性激素及其生理功能

卵巢合成并分泌雌激素、孕激素及少量雄激素，均为甾体激素。

1. 卵巢性激素的周期性变化

(1)**雌激素**：卵泡开始发育时，分泌少量雌激素，随着卵泡的发育成熟分泌量逐渐增加，于排卵

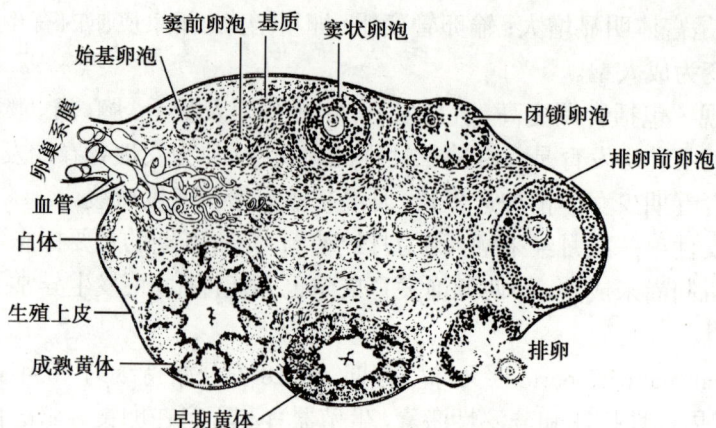

始基卵泡　窦前卵泡　基质　窦状卵泡
卵巢系膜
血管
白体　　　　　　　　　　　　　　　　闭锁卵泡
　　　　　　　　　　　　　　　　　　排卵前卵泡
生殖上皮
成熟黄体　　　　　　　　　　　　　　排卵
早期黄体

图 2-8　人类卵巢的生命周期

前达第一次高峰，以后稍减。黄体发育过程中分泌量再次增加，于黄体发育成熟时，分泌量达第二次高峰，此峰值低于第一次高峰。此后，黄体萎缩，雌激素水平急剧下降，在月经期达最低水平。

（2）孕激素：主要由黄体细胞分泌。排卵后黄体分泌孕酮逐渐增加，至排卵后 7~8d 黄体发育成熟时，分泌量达最高峰，以后逐渐下降，到月经来潮时降到卵泡期水平。

（3）雄激素：主要来自肾上腺，少量来源于卵巢。排卵前雄激素水平升高，可促进非优势卵泡闭锁。

2. 卵巢性激素的主要生理作用

（1）雌激素：①促进子宫肌细胞增生肥大，使肌层增厚；增进血运，促进和维持子宫发育；增加子宫平滑肌对缩宫素的敏感性；②使子宫内膜出现增生期的变化；③使宫颈口松弛、扩张，宫颈黏液分泌增加，拉丝度增长，涂片检查可见羊齿植物叶状结晶；④加强输卵管平滑肌节律性收缩的振幅；⑤促使阴道上皮细胞增生和角化，黏膜变厚；增加细胞内糖原含量，使阴道维持酸性环境；⑥促进卵泡发育；⑦促进阴唇发育，色素沉着；⑧促使乳腺腺管增生，乳头乳晕着色；促进其他第二性征发育；⑨对下丘脑、垂体正负反馈调节，控制促性腺激素分泌；⑩促进水钠潴留及骨钙的沉积。

（2）孕激素：①降低子宫平滑肌兴奋性和对缩宫素的敏感性，抑制子宫收缩，有利于胚胎和胎儿在宫腔内生长发育；②使子宫内膜由增生期转化为分泌期，为受精卵着床做准备；③使宫颈口闭合，黏液分泌减少、黏稠，涂片检查可见椭圆形的小体；④抑制输卵管平滑肌节律性收缩的振幅；⑤加快阴道上皮细胞脱落；⑥促进乳腺腺泡发育；⑦促进水钠排泄；⑧在月经中期增强雌激素对垂体 LH 排卵峰释放的正反馈作用，在黄体期对下丘脑、垂体负反馈调节，抑制促性腺激素分泌；⑨兴奋下丘脑体温调节中枢，使基础体温在排卵后上升 0.3~0.5℃。临床上以此作为判定排卵日期的标志之一。

ER 2-7

雌激素、孕激素
生理功能对比

（3）雄激素：促进阴蒂、阴唇和阴阜的发育，促进阴毛、腋毛的生长，蛋白质合成，肌肉生长，骨骼的发育和刺激红细胞生成。大量雄激素有拮抗雌激素的作用。

三、月经、月经周期及其调节激素

（一）月经

1. 月经的定义　月经是子宫内膜随卵巢的周期性变化发生的周期性脱落及出血。月经第一次来潮，称为初潮（menarche）。初潮年龄多在 13~14 岁，也可早至 11 岁或迟至 16 岁。月经初潮早晚主要受遗传、体重、营养等因素影响。

2. 月经血的特征　月经血呈碱性、暗红色，不凝固。除血液外还有子宫内膜碎片、宫颈黏液及脱落的阴道上皮细胞。

3. 正常月经的临床表现 正常月经具有周期性及自限性。两次月经第 1 天间隔的时间，称为月经周期（menstrual cycle），一般为 21~35d，平均 28d。月经持续的时间为经期，一般为 2~8d，多为 4~6d。一次月经出血量为 20~60ml，超过 80ml 称为月经过多。一般月经期无特殊症状，有些女性出现下腹部及腰骶部下坠不适或子宫收缩痛、腹泻等症状。

（二）月经周期的调节激素

月经周期的调节是一个非常复杂的过程，主要通过下丘脑、垂体、卵巢轴调节完成。下丘脑分泌促性腺激素释放激素（gonadotropin-releasing hormone，GnRH），通过调节垂体促性腺激素的分泌，调控卵巢功能。卵巢分泌的性激素对下丘脑及垂体又有反馈调节作用（图 2-9）。

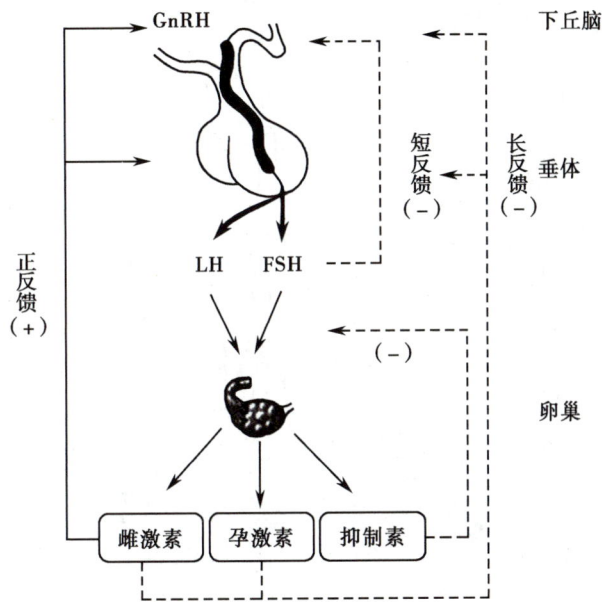

图 2-9 下丘脑 - 垂体 - 卵巢轴之间的相互关系

1. 下丘脑促性腺激素释放激素 下丘脑分泌的 GnRH 通过垂体门脉系统输送到腺垂体，调节垂体促性腺激素的合成和分泌。同时下丘脑分泌的 GnRH 受垂体促性腺激素和卵巢性激素的反馈调节，包括起促进作用的正反馈和起抑制作用的负反馈调节。

2. 垂体促性腺激素 垂体分泌的促性腺激素分别为卵泡刺激素（follicle stimulating hormone，FSH）和黄体生成素（luteinizing hormone，LH）。FSH 主要作用是促进卵泡发育；LH 主要作用是促使排卵及维持黄体功能。

3. 卵巢性激素 卵巢性激素对下丘脑 GnRH 和垂体 FSH、LH 的合成和分泌具有反馈作用。在卵泡发育初期，雌激素浓度低时，雌激素对下丘脑、垂体产生负反馈作用，即抑制 GnRH 和 FSH、LH 分泌。排卵前，当雌激素浓度高时，雌激素产生正反馈，刺激下丘脑 GnRH 和垂体 LH、FSH 大量释放，形成排卵前 LH、FSH 峰；排卵后，黄体分泌孕激素和雌激素，两者联合，对垂体产生负反馈作用，即抑制 FSH 和 LH 的合成和分泌。

（三）月经周期的调节

月经期，卵巢分泌雌孕激素降至最低水平，解除了对下丘脑及垂体的抑制。下丘脑开始分泌 GnRH，使垂体 FSH 分泌增加，促使卵巢中卵泡发育并分泌雌激素，此时子宫内膜开始出现增殖期变化，随着卵泡逐渐发育成熟，排卵前雌激素的分泌出现高峰时，刺激下丘脑 GnRH 和垂体 FSH、LH 大量释放，形成排卵前 LH、FSH 峰，大量的 LH 与一定量 FSH 协同作用，使成熟卵泡排卵。

排卵后，在 LH 及 FSH 作用下卵巢黄体形成并逐渐发育成熟，黄体主要分泌孕激素，使子宫内膜出现分泌期的变化；同时黄体也分泌雌激素，形成雌激素的第二次高峰。雌、孕激素联合对下丘脑、腺垂体产生负反馈作用，使 FSH、LH 合成和分泌受到抑制，垂体分泌的 FSH 及 LH 相应减少。卵子未受精，黄体逐渐萎缩，孕激素和雌激素分泌也减少，分泌期的子宫内膜失去雌、孕激素的支持萎缩、坏死、脱落及出血，促使月经来潮（图 2-10）。月经来潮时血液中的雌、孕激素水平均下降，解除了对下丘脑的抑制，再度分泌 GnRH，又开始一个新周期。月经来潮是一个性周期的结束，又是下一个新的性周期的开始。

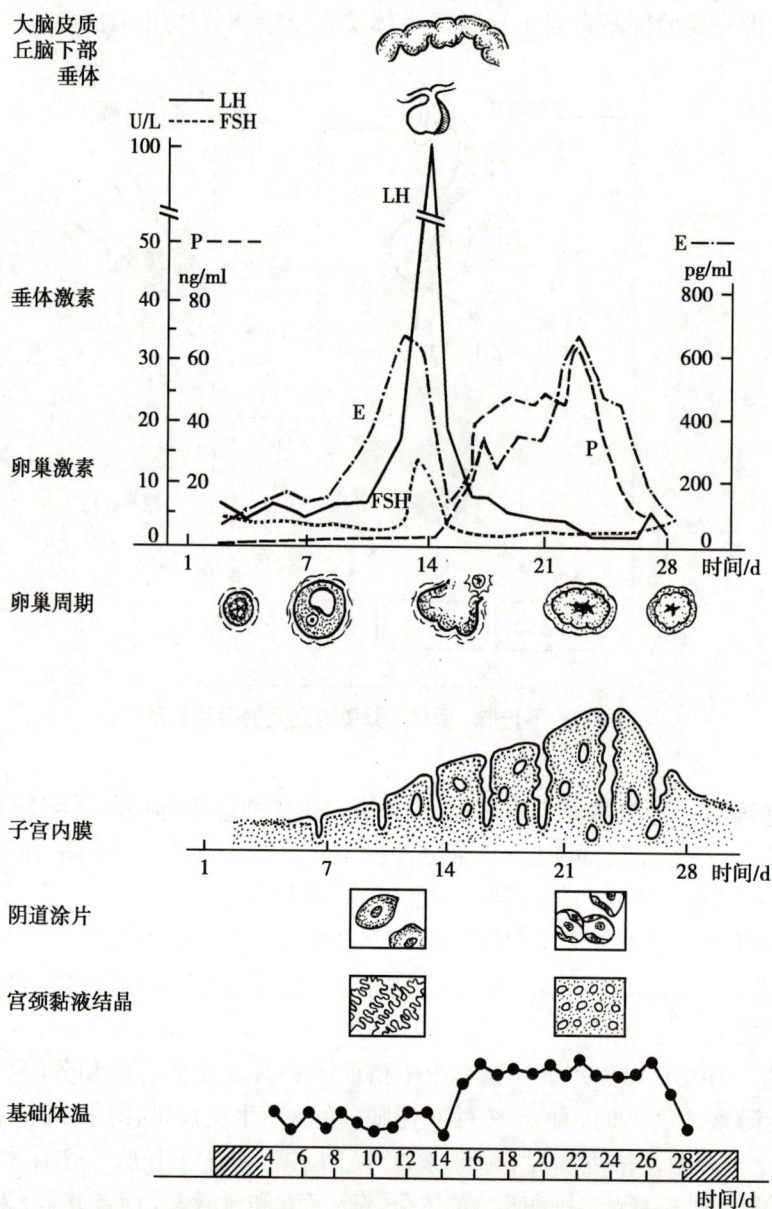

图 2-10　生殖激素、卵巢及子宫内膜、阴道涂片、宫颈黏液及基础体温的周期性变化

四、生殖器官周期性变化

（一）子宫内膜的周期性变化

子宫内膜分为基底层和功能层。基底层不受卵巢激素周期性变化的影响，在月经期不发生脱落；功能层由基底层再生而来，受卵巢性激素的影响出现周期性增殖、分泌和脱落性变化。正常一

个月经周期 28d，子宫内膜周期性变化分为 3 期：

1. 增殖期 月经周期的第 5~14 天。在雌激素作用下，子宫内膜腺体和间质细胞呈增生状态。增殖早期（第 5~7 天）内膜较薄，仅 1~2mm；增生中期（第 8~10 天）间质水肿明显，腺体增多；增殖晚期（第 11~14 天）内膜增厚至 3~5mm，腺体更长更弯曲，组织水肿明显，小动脉略呈弯曲状。

2. 分泌期 月经周期的第 15~28 天。在孕激素作用下，子宫内膜呈分泌反应。随着黄体的发育，子宫内膜厚度达 5~6mm，此时子宫内膜已为胚胎植入做好准备。临床上常以分泌期作为排卵的标志。

3. 月经期 月经周期第 1~4 天。子宫内膜功能层变性、坏死脱落，与血液相混排出，形成月经。

（二）宫颈黏液的周期性变化

随着雌激素水平升高，宫颈黏液分泌量增加，黏液稀薄，透明，拉丝度可达 10cm 以上，黏液涂片检查可见羊齿植物叶状结晶；排卵后受孕激素影响，黏液分泌量逐渐减少，黏稠，拉丝度差，易断裂，涂片检查可见椭圆体。临床上根据宫颈黏液检查，可了解卵巢功能。

宫颈黏液镜下羊齿植物叶状结晶

宫颈黏液镜下椭圆体排列

（三）输卵管的周期性变化

雌激素可促进输卵管发育及增加输卵管肌层的节律性收缩振幅；孕激素可增加输卵管的收缩速度，减少输卵管的收缩频率。雌、孕激素的协同作用，保证受精卵在输卵管内的正常运行。

（四）阴道黏膜的周期性变化

在雌激素的作用下，阴道上皮底层细胞增生，使阴道上皮增厚；表层细胞出现角化。在孕激素的作用下，阴道上皮表层细胞脱落。在阴道黏膜周期性变化中，阴道上段最明显。

（尹 斐）

思考题

1. 王女士，29 岁，婚后 3 年未孕，于 2023 年 5 月 1 日妇科门诊就医。婚后未采取避孕措施，平素月经规律，$13\dfrac{5\sim6}{28\sim30}$，末次月经时间为 2023 年 4 月 20 日，G_0P_0。既往身体健康，无手术史、家族遗传病史及过敏史。体格检查：神志清晰，体温 36.5℃，脉搏 82 次 /min，呼吸 16 次 /min，血压 123/70mmHg；乳房等第二性征发育正常，心、肺听诊无异常，腹部检查无异常。妇科检查：外阴发育正常，已婚未产型，阴毛分布正常；阴道通畅，分泌物不多，白色，无异味；宫颈正常大小、光滑，无宫颈抬举痛及摇摆痛；宫体前倾前屈位，正常大小，质中，活动度良好，无压痛；双侧附件区未触及异常。

请思考：

（1）根据该女士妇科检查结果，分析其不孕原因可能是什么？

（2）该女士的月经初潮年龄、月经周期及经期分别是多少？

（3）若该女士想知道是否排卵，最简便快捷的方法是什么？

2. 刘女士，已婚，31 岁，下腹剧痛，伴头晕、恶心 2h，半个月前开始阴道出血，量较少，色暗且淋漓不净，四天来常感头晕、乏力及下腹痛。体格检查：体温 36.4℃，脉搏 110 次 /min，血压 75/50mmHg，急性病容，面色苍白，冷汗。子宫左后方可扪及 9cm×7cm×7cm 不规则包块，压痛明显，右侧（－），后穹隆不饱满。临床诊断疑似"输卵管妊娠破裂"。

请思考：

（1）若发生异位妊娠破裂，血液最可能积聚在哪里？

（2）若进行诊断性穿刺，应选择哪个穿刺部位？为什么？

3. 张女士，已婚，27岁。于2023年5月1日妇科门诊就医，14岁月经初潮，平素月经周期规律，每隔30d月经来潮一次，末次月经时间是4月17日。

请思考：

（1）最近且可能发生妊娠的时间是哪一天？

（2）若未妊娠，此时子宫内膜应处于月经周期哪一期？

ER 2-10

练习题

第三章 | 妊娠期管理

教学课件　　　　思维导图

学习目标

1. 掌握：妊娠的概念及分期；胎儿附属物的结构与功能；妊娠期母体的生理特点；妊娠期评估的内容；胎产式、胎先露、胎方位的概念。
2. 熟悉：不同孕周胎儿的发育特点。
3. 了解：受精及受精卵发育、输送与着床的过程；妊娠期母体心理变化的特点。
4. 学会：对孕妇进行孕期监护；对孕妇的不适症状实施护理。
5. 具备对妊娠期妇女开展健康教育的能力。

妊娠（pregnancy）是指胚胎和胎儿在母体内发育成长的过程。卵子受精是妊娠的开始，胎儿及其附属物自母体娩出是妊娠的终止。

临床上，妊娠周数以末次月经来潮第一日开始计算，通常比排卵或受精时间提前2周，比着床提前3周；妊娠全过程约需40周（280d）。妊娠10周（受精8周）内的人胚称胚胎（embryo），为器官分化与形成的时期，妊娠11周（受精9周）后称胎儿（fetus），为生长与成熟的时期。

第一节　妊娠生理

一、受精与着床

（一）受精

受精（fertilization）指男女成熟生殖细胞（精子和卵子）结合形成受精卵的过程。受精多发生在排卵后数小时内，一般不超过24h。

精液射入阴道后，精子经子宫颈进入子宫腔，到达输卵管壶腹部完成"精子获能（capacitation）"。卵子从卵巢排出后，经"拾卵"作用进入输卵管内，停留在输卵管壶腹部与峡部连接处等待受精。获能的精子与卵子放射冠接触后，发生顶体反应。之后精子与次级卵母细胞融合，穿越放射冠与透明带，进入卵子。一旦精子穿过透明带后，卵子细胞质内的皮质颗粒释放溶酶体酶，引起透明带结构改变，阻止其他精子进入透明带，称为透明带反应，保证了人类的单精子受精。已获能的精子穿过次级卵母细胞透明带为受精过程的开始，精子进入卵子后，卵子迅速完成第二次减数分裂，精原核与卵原核融合，染色体相互混合，形成受精卵（zygote）。受精卵的形成标志着新生命的诞生。整个受精过程约需24h。

精子卵子结构

（二）受精卵的发育、输送与着床

受精卵形成后，借助输卵管蠕动和输卵管上皮纤毛推动，向宫腔方向移动，同时进行卵裂，细胞数量增多，但总体积并没增加；约在受精后第3天，受精卵分裂成16个细胞的实心细胞团，称桑

甚胚（morula）；受精后第 4 天，实心细胞团进入子宫腔，称早期囊胚（early blastocyst）；受精后第 5~6 天，早期囊胚透明带消失，体积迅速增大，继续分裂发育，形成晚期囊胚（late blastocyst）。

晚期囊胚侵入子宫内膜的过程称为受精卵着床（implantation）。着床包括定位、黏附和穿透 3 个阶段。受精卵着床必须具备的条件有：①透明带消失；②囊胚细胞滋养细胞分化出合体滋养细胞；③囊胚和子宫内膜同步发育且功能协调；④孕妇体内有足够数量的雌激素和孕酮（图 3-1）。

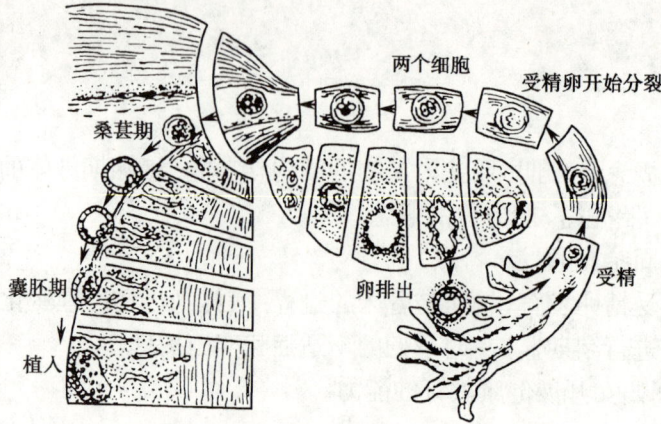

图 3-1 受精卵的发育与着床（植入）

（三）蜕膜

受精卵着床后的子宫内膜称为蜕膜（decidua），具有保护和营养胚胎的作用。根据其与囊胚的关系，分为 3 个部分（图 3-2）：①底蜕膜（basal decidua）：指与囊胚及滋养层接触的子宫肌层之间的蜕膜，以后发育成胎盘的母体部分；②包蜕膜（capsular decidua）：指覆盖在囊胚表面的蜕膜，在妊娠 14~16 周因羊膜腔明显增大，使包蜕膜和真蜕膜逐渐融合；③真蜕膜（true decidua）：又称壁蜕膜，指除底蜕膜和包蜕膜以外覆盖子宫腔表面的蜕膜。

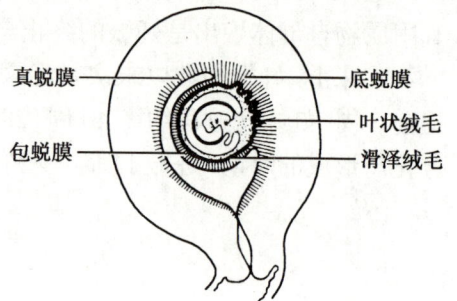

图 3-2 早期妊娠子宫蜕膜与绒毛的关系

二、胎儿附属物的形成与功能

胎儿附属物包括胎盘、胎膜、脐带和羊水。

（一）胎盘

1. 胎盘（placenta）**的形态** 足月胎盘为圆形或椭圆形，中间厚、边缘薄，直径 16~20cm，厚 1~3cm，重 450~650g。

2. 胎盘的构成 胎盘由羊膜、叶状绒毛膜和底蜕膜构成，分胎儿面和母体面。

（1）**羊膜**（amnion）：构成胎盘的胎儿部分，是胎盘的最内层，随着妊娠被覆于胎盘胎儿面及整个胎膜的内面，与平滑绒毛膜紧贴。羊膜为半透明薄膜，光滑、无血管、神经及淋巴管，有弹性，厚 0.02~0.05mm。

ER 3-4

胎儿-胎盘循环

（2）**叶状绒毛膜**（chorion frondosum）：构成胎盘的胎儿部分，为足月胎盘的主体部分。绒毛膜由滋养层细胞与滋养层内面的胚外中胚层共同组成，胚胎发育 3~21d，为绒毛发育分化最旺盛的时期，绒毛的形成要经历 3 个阶段，即：一级绒毛、二级绒毛和三级绒毛（图 3-3）。随着绒毛不断分支并在其中长出血管，约在受精后 3 周开始建立胎儿血液循环。

（3）**底蜕膜**：构成胎盘的母体部分。底蜕膜表面覆盖的蜕膜板向绒毛膜方向伸出蜕膜间隔，可将胎盘母体面分成肉眼可见的 20 个左右的胎盘小叶。底蜕膜的子宫螺旋动脉和子宫静脉破裂，开

口于绒毛间隙，动脉通过压力作用将母血射入绒毛间隙，再扩散至四周，因而绒毛间隙充满了母血。绒毛内部有脐动脉和脐静脉分支形成的毛细血管，与绒毛间隙母血进行物质交换后再经脐静脉回到胎儿体内。母血与胎儿血进行物质交换的过程中，两者并不直接相通。

3. 胎盘的功能 胎盘具有物质交换、防御、合成与免疫等功能。

(1) 物质交换功能

1) 气体交换：可以替代胎儿呼吸系统的功能。在母体和胎儿之间，O_2 与 CO_2 以简单扩散的方式进行交换。由于胎儿血对氧有较强亲和力，故仍能获得充足的氧气；而胎盘屏障对 CO_2 的扩散度是氧的 20 倍，故胎儿向母血排出 CO_2 较摄取氧容易得多。

2) 供应营养物质：可以替代胎儿消化系统功能。各种营养物质以不同的方式通过胎盘，如葡萄糖以易化扩散方式通过胎盘；游离脂肪酸，钠、钾、镁，脂溶性维生素 A、维生素 D、维生素 E、维生素 K 等以简单扩散方式通过胎盘；氨基酸、钙、铁、碘、磷，维生素 B 族和维生素 C 等水溶性维生素以主动转运的方式通过胎盘。

3) 排出胎儿代谢产物：可以替代胎儿泌尿系统功能。胎儿的代谢产物如尿素、尿酸、肌酐、肌酸等，可经胎盘进入母血，由母体排出体外。

(2) 防御功能：胎盘屏障功能十分有限。许多病毒（如风疹病毒、流感病毒、巨细胞病毒等）可通过胎盘侵袭胎儿；细菌、弓形虫、支原体、衣原体、梅毒、螺旋体等可在胎盘形成病灶，破坏胎盘屏障后感染胎儿；分子量小、对胎儿有害的药物可通过胎盘影响胎儿。上述不利因素均可导致胎儿畸形、流产、早产甚至死亡。母血中的免疫球蛋白（特别是 IgG 和 IgA）可通过胎盘，使胎儿在出生后获得短时间的被动免疫。

(3) 合成功能：胎盘主要合成激素、酶、神经递质和细胞因子，对维持正常妊娠有重要作用。

1) 人绒毛膜促性腺激素（human chorionic gonadotropin, hCG）：受精卵着床后 1d 即可用放射免疫法自母体血清中测出，是诊断早孕的敏感方法之一。妊娠第 8~10 周时分泌达高峰，之后迅速下降，正常情况下产后 2 周消失。

hCG 作用：延长黄体寿命；促进雄激素转化为雌激素，增加孕激素分泌；抑制淋巴细胞免疫活性，保护滋养层不受母体的免疫攻击；刺激男性胎儿睾丸分泌睾酮及男性性分化；与母体甲状腺的促甲状腺激素受体结合，刺激甲状腺活性。

2) 人胎盘生乳素（human placental lactogen, HPL）：妊娠第 5 周用放射免疫法可在母血中测出，妊娠期分泌量持续增加，妊娠 39~40 周达高峰，维持至分娩。产后迅速下降，约 7h 后则无法测出。

HPL 作用：促进乳腺腺泡发育，刺激乳腺上皮细胞合成蛋白质，为产后泌乳做准备；促进胰岛素生成；促进蛋白质合成和糖原合成，刺激脂肪分解，促进胎儿生长；抑制母体对胎儿排斥作用。

3) 雌激素和孕激素：妊娠早期由卵巢妊娠黄体产生，妊娠 10 周后，由胎儿胎盘单位合成。妊娠末期，孕妇雌三醇值是非孕妇女 1 000 倍，雌二醇及雌酮是非孕妇女 100 倍。

4) 其他：胎盘还能合成缩宫素酶，耐热性碱性磷酸酶，细胞因子和生长因子等物质，对妊娠的维持有一定作用。

(4) 免疫功能：胎儿是同种半异体移植物，正常的妊娠母体并不排斥胎儿。具体机制尚不明确，可能与胎盘产生的许多激素和细胞因子抑制母体出现免疫排斥反应有关。

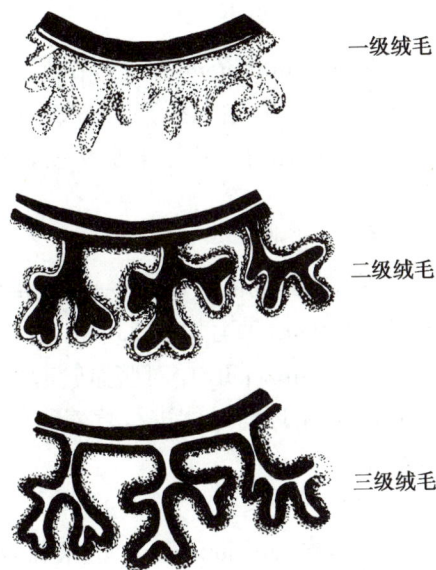

一级绒毛

二级绒毛

三级绒毛

图 3-3 绒毛发育三阶段模式图

（二）胎膜

胎膜（fetal membranes）由绒毛膜和羊膜组成。囊胚表面非着床部位的绒毛膜在发育过程中因缺乏营养供应而逐渐退化成平滑绒毛膜（chorion laeve）。胎膜作用：构成羊膜腔，保持羊水不外流，保护胎儿；参与羊水交换，协助保持羊水平衡；参与前列腺素合成，在分娩发动上有一定作用。

（三）脐带

脐带（umbilical cord）一端连接胎儿腹壁脐轮，另一端附着在胎盘的胎儿面。足月胎儿的脐带长 30~100cm，直径 0.8~2.0cm，内有 1 条脐静脉和 2 条脐动脉，血管周围的胚胎结缔组织，称为华通胶（Wharton jelly），对脐血管起保护作用。脐带较长，常呈弯曲状，表面由羊膜覆盖。胎儿通过脐带血液循环与母体进行营养和代谢物的交换，脐带受压会导致血流受阻可致胎儿缺氧，甚至危及生命。

（四）羊水

1.羊水（amniotic fluid）**的来源与吸收**　羊水为充满在羊膜腔内的液体。妊娠早期，羊水的主要来源为母体血清经胎膜生成的透析液；妊娠中期以后，主要由胎儿尿液组成。羊水吸收的主要途径有：胎儿吞咽每日可吸收 500~700ml，脐带每小时吸收 40~50ml。此外，胎肺、胎儿皮肤、羊膜等也参与羊水生成或吸收。

2.母体、胎儿、羊水三者间的液体平衡　羊水在羊膜腔内不断进行液体交换，以保持羊水量相对稳定，始终处于动态平衡状态。母儿间的液体交换主要通过胎盘完成，约 3 600ml/h；母体与羊水交换，主要通过胎膜，约 400ml/h；羊水与胎儿的交换量较少，主要通过胎儿的消化道、呼吸道、泌尿道以及角化前皮肤进行交换；大约每 3h 羊膜腔内的羊水全部更换一次。

3.羊水量、性状及成分

（1）**羊水性状及成分**：妊娠早期羊水为无色透明液体，足月妊娠时羊水略混浊、不透明；呈中性或弱碱性，pH 约为 7.20；比重为 1.007~1.025；除 98%~99% 水分外，羊水中还含有 1%~2% 无机盐及有机物，胎脂、胎儿脱落上皮细胞、毳毛、毛发、少量白细胞、白蛋白、尿酸盐及大量激素和酶。

（2）**羊水量**：随妊娠周数增加而增加，个体差异很大。妊娠 8 周时为 5~10ml，妊娠 38 周时达高峰，约为 1 000ml，而后减少，孕 40 周时约为 800ml，过期妊娠羊水量可减至 300ml 以下。

4.羊水功能

（1）**保护胎儿**：羊水在胎儿发育中起重要作用，主要是使胎儿自由活动，防止胎体粘连引起的畸形；有利于维持胎儿体液平衡；保持羊膜腔内恒温；平衡子宫内外压力，防止胎儿受直接损伤；临产后，羊水可使宫缩压力均匀分布，避免胎儿直接受压引起胎儿窘迫。胎儿吞咽或吸入羊水可以促进胎儿消化道和肺的发育。

（2）**保护母体**：羊水可减轻胎动给母体带来的不适感；临产后帮助扩张子宫颈口及阴道；破膜后羊水对产道起润滑和冲洗作用，有利于分娩和减少感染。

知识拓展

胎盘形态异常

胎盘在发育阶段由于部分蜕膜发育不良、胎盘供血不足或使绒毛发育异常，均可使其形态异常。胎盘形态异常可影响母儿健康。胎盘形态异常的常见类型有：①单胎多叶胎盘：孕卵着床后，底蜕膜血管供应障碍，呈局灶状分布，仅血管丰富的底蜕膜处才有叶状绒毛膜发育，故形成的胎盘可呈多叶状；②副胎盘和假叶胎盘：副胎盘是一个或多个分出的胎盘叶，与主胎盘有一定的距离（至少 2cm），且借胎膜、血管与主胎盘相连。如果其间无血管相连，即为假叶胎盘；③轮廓胎盘和有缘胎盘：胎盘的胎儿面中央凹陷，周边为一层白色、不透明的厚膜环（由双层反折的绒毛膜及羊膜组成，其间含有变性的蜕膜与纤维素），称为轮廓胎盘或轮状胎盘。当此环紧靠胎盘边缘，则称有缘胎盘。

三、胚胎、胎儿的发育及生理特点

(一) 胚胎及胎儿的发育特点

以妊娠 4 周为一孕龄单位，来描述胚胎胎儿发育的特征。

4 周末：可辨认出体蒂与胚盘。

8 周末：胚胎初具人形，头的大小约占整个胎体的一半。可以分辨出眼、耳、口、鼻，四肢，超声显像可见早期心脏已形成。

12 周末：胎儿身长约 9cm，顶臀长（crown-rump length，CRL）6~7cm。胎儿外生殖器已发育可分辨性别，胎儿四肢可活动。

16 周末：胎儿身长约 16cm，顶臀长 12cm，体重约 110g。从外生殖器可确定性别。皮肤薄，深红色，头皮已长出毛发，体毛开始出现。胎儿开始有呼吸运动。部分孕妇自觉胎动。

20 周末：胎儿身长约 25cm，顶臀长 16cm，体重约 320g。皮肤暗红，有毳毛与胎脂。胎儿出现排尿及吞咽功能，经孕妇腹壁可听到胎心音。

24 周末：胎儿身长约 30cm，顶臀长 21cm，体重约 630g。各脏器均已发育，皮下脂肪开始沉积，但皮肤仍呈皱缩状，眼部出现睫毛与眉毛。

28 周末：胎儿身长约 35cm，顶臀长 25cm，体重约 1 000g。胎儿有呼吸运动，四肢活动好，皮肤呈粉红色，皮下脂肪不多，皮肤表面有胎脂。出生后能啼哭，易患呼吸窘迫综合征。

32 周末：胎儿身长约 40cm，顶臀长 28cm，体重约 1 700g。皮肤深红色，生活力尚可。出生后加强护理可能存活。

36 周末：胎儿身长约 45cm，顶臀长 32cm，体重约 2 500g。皮下脂肪发育良好，毳毛明显减少，指（趾）甲已超过指（趾）尖，出生后能啼哭及吸吮，生活力良好，基本可以存活。

40 周末：胎儿已成熟，身长约 50cm，顶臀长 36cm，体重约 3 400g。体形外观丰满，皮肤粉红色，皮下脂肪多，足底皮肤有纹理，男性睾丸已下降至阴囊内，女性大小阴唇发育良好。出生后哭声响亮，吸吮力强，能很好存活。

妊娠前 20 周（即前 5 个妊娠月）的胎儿身长（cm）= 妊娠月数的平方。妊娠后 20 周（即后 5 个妊娠月）的胎儿身长（cm）= 妊娠月数×5。可依据新生儿身长判断胎儿月份。

(二) 胎儿的生理特点

1.循环系统

(1)胎儿循环系统的解剖学特点

1）脐静脉 1 条：带有来自母体氧含量较高、营养较丰富的动脉血自胎盘经脐静脉进入胎体，脐静脉的末支为肝的静脉导管。

2）脐动脉 2 条：带有来自胎儿氧含量较低的混合血，注入胎盘与母血进行物质交换。

3）动脉导管：位于肺动脉与主动脉弓之间，出生后 2~3 个月完全闭锁，成为动脉韧带。

4）卵圆孔：位于左右心房之间，出生后数分钟开始关闭，约在出生后 6 个月完全闭锁。

(2)血液循环特点：来自胎盘的血液经胎儿腹前壁分 3 支进入胎儿体内：一支直接入肝、一支与门静脉汇合入肝，这两支血液最后由肝静脉入下腔静脉。还有一支经静脉导管直接注入下腔静脉。故进入右心房的下腔静脉血是混合血，有来自脐静脉含氧较高的血，也有来自下肢及腹部盆腔脏器含氧较低的血，以前者为主。

由于卵圆孔的存在，下腔静脉入右心房的血液绝大部分通过卵圆孔进入左心房。从上腔静脉入右心房的血液，在正常情况下很少或不通过卵圆孔而是直接流向右心室进入肺动脉。由于肺循环阻力较高，肺动脉血大部分经动脉导管流入主动脉，只有约1/3的血液通过肺静脉入左心房。左心房含氧量较高的血液迅速进入左心室，继而入升主动脉，先直接供应心、脑及上肢，小部分左心室的血液进入降主动脉至全身，后经腹下动脉，再经脐动脉进入胎盘，与母血进行交换。可见胎儿体内无纯动脉血，而是动静脉混合血，各部分血液的含氧量不同，进入肝、心、头部及上肢的血液含氧量和营养物质较高以适应需要。注入肺及身体下部的血液含氧和营养较少（图3-4）。

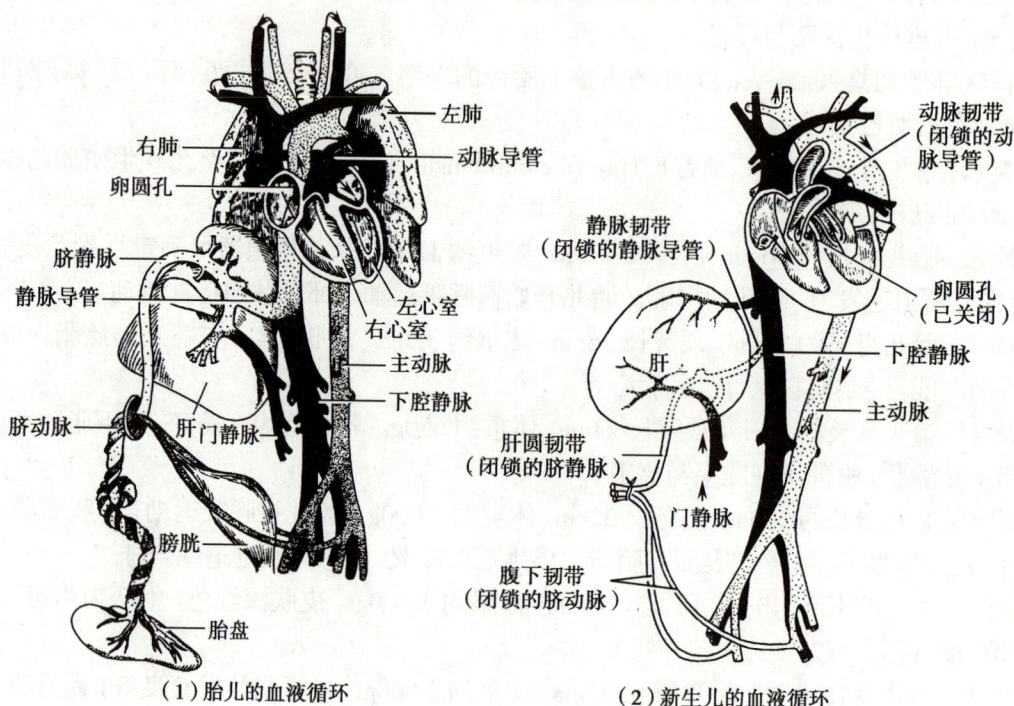

（1）胎儿的血液循环　　　　（2）新生儿的血液循环

图 3-4　胎儿及新生儿血液循环

胎儿出生后开始自主呼吸，肺循环建立，胎盘循环停止，循环系统血流动力学发生显著变化。左心房压力升高，右心房压力降低，卵圆孔在胎儿出生后数分钟开始闭合，大多数在生后6~8周完全闭锁（图3-4）。肺循环建立后，肺动脉不再流入动脉导管，动脉导管闭锁为动脉韧带。脐静脉闭锁为肝圆韧带，脐动脉闭锁，并与闭锁之腹下动脉相连成为腹下韧带。

2. 血液系统

（1）**红细胞**：妊娠早期红细胞的生成主要来自卵黄囊；妊娠10周，红细胞生成主要在肝，以后脾和骨髓逐渐具有造血功能，妊娠足月时至少90%的红细胞由骨髓产生。红细胞总数无论是早产儿或足月儿均较高，约6×10^{12}/L。在整个胎儿期，红细胞体积较大，红细胞寿命约为成人的2/3。

（2）**血红蛋白**：胎儿血红蛋白从结构和功能上可分为三种，即原始血红蛋白、胎儿血红蛋白和成人血红蛋白。随着妊娠的进展，血红蛋白的合成不只是数量的增加，其种类也从原始类型向成人类型过渡。

（3）**白细胞**：妊娠8周，胎儿的血液循环中即出现粒细胞，形成防止细菌感染的第一道防线，妊娠足月时可达$(15~20) \times 10^9$/L。白细胞出现不久，胸腺及脾脏发育，两者均产生淋巴细胞，成为机体内抗体的主要来源，构成对抗外来抗原的第二道防线。

3. 呼吸系统　胎儿的呼吸功能由母儿血液在胎盘进行气体交换完成，但胎儿在出生前必须完成呼吸道（包括气管直至肺泡）、肺循环及呼吸肌的发育。胎儿胸壁运动最早在妊娠11周即可经

B 超观察到，妊娠 16 周时可见胎儿的呼吸运动，其强度能使羊水进出呼吸道，使肺泡扩张及生长。正常胎儿呼吸运动是不规则的，频率为 30~70 次 /min，但发生胎儿窘迫时，正常呼吸运动可暂时停止或出现大喘息样呼吸。

4. 消化系统　妊娠 11 周时小肠开始有蠕动，妊娠 16 周时胃肠功能已基本建立。胎儿可吞咽羊水，排出尿液以控制羊水量。胎儿肝脏功能不够健全，特别是葡糖醛酸转移酶、尿苷二磷酸葡萄糖脱氢酶的缺乏，以致不能结合红细胞破坏后产生的大量游离胆红素。胆红素主要经过胎盘由母体肝脏代谢后排出体外，仅有小部分在胎儿肝内结合后形成胆绿素经肠道排出。胆绿素的降解产物使胎粪呈黑绿色。

5. 泌尿系统　妊娠 11~14 周肾脏有排泄的功能，妊娠 14 周胎儿膀胱内已有尿液。妊娠后半期，胎尿成为羊水的重要来源之一。

6. 内分泌系统　胎儿的甲状腺是胎儿期发育的第一个内分泌腺。胎儿肾上腺的发育最为突出。胎儿肾上腺皮质是活跃的内分泌器官，产生大量的甾体激素尤其是脱氢表雄酮，与胎儿肝脏、胎盘、母体共同完成雌三醇的合成与排泄。因此，测定孕妇血、尿雌三醇值已成为临床上了解胎儿、胎盘功能最常见的有效方法。

7. 生殖系统　胚胎 6 周后，原始性腺开始分化，男性胎儿形成睾丸；胚胎 12 周左右，女性胎儿原始性腺分化并发育形成卵巢。男性内生殖器于胚胎第 8 周后开始分化发育；女性内生殖器于胚胎第 9 周后开始分化发育。内生殖器官分化的同时，外生殖器也同步发育。

8. 神经系统　妊娠 24~26 周胎儿已经能听见一些声音，妊娠 28 周胎儿眼睛开始出现对光反应，对形象和色彩的识别需要到出生后才逐渐形成。

第二节　妊娠期孕妇与家庭成员变化

情景导入

于女士，34 岁，高中文化，服装店销售员，第 1 胎，妊娠 36 周，近 1 个月上楼时感到心悸、气短来院就诊。检查血压 115/70mmHg，脉搏 90 次 /min，呼吸 17 次 /min。叩诊心浊音界无明显增大，心尖部闻及 I 级柔和吹风样收缩期杂音，听诊无异常发现，踝部轻微水肿。既往体健。于女士目前仍未请产假，工作中却总是担心身体变化将不能适应工作强度而焦虑。

请思考：
1. 请对于女士进行护理评估。
2. 针对于女士的焦虑状态请实施心理护理？

妊娠是一个正常生理过程，为了满足胎儿生长发育的需要，在胎盘产生激素和神经内分泌的影响下，孕妇身体、心理和社会状况均会发生一系列的适应性变化。

一、妊娠期母体生理变化

(一) 生殖系统

1. 子宫　妊娠后子宫变化最明显，宫体逐渐增大变软。

(1) 体积与形态：子宫体积非孕时为 (7~8) cm × (4~5) cm × (2~3) cm，妊娠足月时可增至 35cm × 25cm × 22cm；子宫形态由倒置的梨形变为球形或椭圆形。妊娠 12 周后，增大的子宫可在耻骨联合上方触及。妊娠晚期子宫呈长椭圆形且轻度右旋，与乙状结肠和直肠在盆腔左后侧占据有关。

(2) 重量与容积：子宫重量从非孕时的 50g 可增至妊娠足月的约 1 000g，增大约 20 倍；宫腔容量由非孕时的5ml增至妊娠足月约5 000ml，改变近1 000倍。自妊娠12~14周起，子宫出现不规则无痛性收缩，其特点为稀发和不对称，无疼痛感觉。

（3）**子宫峡部**：位于宫体与宫颈之间最狭窄的部位，非孕时长约1cm，临产后可伸展至7~10cm，成为产道的一部分，称子宫下段。

（4）**子宫颈**：妊娠后宫颈血管增多，黏膜充血，组织水肿，外观肥大、呈紫蓝色，变软，宫颈腺体增生，宫颈管组织外翻呈假性糜烂。宫颈黏液增多，形成黏稠的黏液栓，阻止细菌入侵。接近临产时，宫颈管变短并出现轻度扩张。

（5）**子宫血流量**：妊娠早期子宫血流量为50ml/min，供应子宫基层和蜕膜；足月时子宫血流量为450~650ml/min，其中80%~85%供应胎盘。

2. 卵巢　妊娠期略增大，停止排卵，妊娠黄体于妊娠10周前产生雌激素及孕激素，维持妊娠，于妊娠10周后由胎盘取代。

3. 输卵管　妊娠期输卵管伸长，肌细胞没有肥大故肌层增厚不明显，黏膜上皮细胞变扁平，可出现蜕膜细胞。

4. 阴道　黏膜着色、增厚、皱襞增加，伸展性增加，周围结缔组织变软。阴道黏膜上皮增生及脱落细胞增加，分泌物增多呈白色糊状。阴道上皮细胞含糖原增加，乳酸含量增多，使阴道分泌物pH降低，不利于一般致病菌生长，但易受白念珠菌感染。

5. 外阴　局部充血，表皮增厚，大小阴唇色素沉着，结缔组织变软，伸展性增加。由于增大的子宫压迫导致盆腔与下肢静脉回流受阻，部分孕妇可出现外阴或下肢静脉曲张，产后多自行消失。

（二）乳房

妊娠早期，在垂体催乳素、雌激素、孕激素、胎盘生乳素、胰岛素、生长激素等激素协同作用下，乳房增大，孕妇自觉乳房发胀或偶有刺痛。乳房浅静脉明显可见。乳头、乳晕增大，着色，乳晕外围的皮脂腺肥大形成散在的结节状小隆起，称蒙氏结节（Montgomery tubercles）。妊娠末期，尤其在接近分娩期挤压乳房时，可有数滴稀薄黄色乳汁溢出，称初乳（colostrum），乳汁正式分泌于分娩后。

ER 3-5

妊娠期乳房的变化

（三）循环系统

1. 心脏　妊娠后期膈肌升高，心脏向左、向上、向前移位，心尖搏动向左移1~2cm，心脏容量从妊娠早期至妊娠末期约增加10%，心浊音界稍扩大。心脏移位使大血管轻度扭转，加之血流量增加及血液流速加快，半数孕妇心尖区可闻及Ⅰ~Ⅱ级柔和的吹风样收缩期杂音，产后逐渐消失。心率于妊娠晚期每分钟增加10~15次。

2. 心输出量　心输出量的增加是妊娠期循环系统最重要的改变。心输出量自妊娠10周逐渐增加，妊娠32~34周达高峰，增加40%~45%。临产后，特别在第二产程产妇屏气用力心输出量显著增加，胎儿娩出后，回心血量剧烈增加，产后1h内心输出量可增加20%~30%，持续至产后3~4d。

3. 血压　妊娠早期及中期血压偏低，妊娠晚期血压及脉压均轻度升高。孕妇体位影响血压，坐位高于仰卧位。当孕妇长时间处于仰卧位时，增大的子宫压迫下腔静脉，回心血量减少，心输出量随之减少，迷走神经兴奋，出现血压下降、轻微头痛、头晕和心悸等现象，称仰卧位低血压综合征。侧卧位时能解除子宫压迫，减轻症状。

4. 静脉压　由于增大的子宫压迫下腔静脉使血液回流受阻，加之血容量的增加，孕妇股静脉压多升高，可出现下肢酸胀、水肿，且易发生下肢、外阴静脉曲张和痔，也增加了深部静脉血栓（DVT）发生的风险。

（四）血液系统

1. 血容量　孕妇血容量自妊娠6~8周开始增加，中期增加较快，妊娠32~34周达高峰，约增加40%~45%，约1 500ml，其中血浆增加约1 000ml，红细胞增加约500ml，血浆增加多于红细胞增加，出现血液稀释，称为生理性贫血。妊娠期血液生理稀释有助于增加子宫和其他器官的血流量，利于胎儿宫内生长发育。

2. 血液成分

（1）**红细胞**：由于血液稀释，妊娠期红细胞计数、血红蛋白值和血细胞比容均较非妊娠期妇女低。妊娠期红细胞计数约为 3.6×10^{12}/L，血红蛋白值约为 110g/L，血细胞比容为 0.31~0.34。

（2）**白细胞**：白细胞自妊娠 7~8 周开始轻度增加，至妊娠 30 周达高峰，为 $(5\sim12) \times 10^9$/L，有时可达 15×10^9/L，主要为中性粒细胞增多。产后 1~2 周白细胞恢复正常。

（3）**凝血因子**：妊娠期血液处于高凝状态，凝血因子 II、V、VII、VIII、IX、X 均增加，血液处于高凝状态。凝血因子 XI、XIII 及血小板计数稍下降。部分孕妇于妊娠晚期可见凝血酶原时间及凝血活酶时间稍缩短，但凝血时间改变不明显。产后 2 周凝血因子水平恢复正常。

（4）**血浆蛋白**：因血液稀释，血浆蛋白减少，主要是白蛋白，约为 35g/L。

（五）泌尿系统

妊娠期肾血浆流量增加 35%，肾小球滤过率增加 50%，排尿量增加，夜尿量多于日尿量。肾小球对葡萄糖的滤过能力加强，而肾小管的重吸收能力不能相应增加，尿中有少量糖排出，称妊娠生理性糖尿，需注意与真性糖尿病的区别。

妊娠早期，增大的子宫压迫膀胱，易出现尿频；中期妊娠以后，子宫体高出盆腔，压迫膀胱的症状消失。受雌、孕激素影响，输尿管增粗、变长、弯曲且泌尿系统平滑肌张力降低，蠕动减弱，尿流缓慢，肾盂及输尿管轻度扩张，导致尿液引流不畅，故孕妇易患急性肾盂肾炎，以右侧多见。妊娠末期胎头入盆后，膀胱受压，再次出现尿频，甚至尿失禁。

（六）呼吸系统

妊娠中期，孕妇耗氧量增加 10%~20%，肺通气量约增加 40% 以满足孕妇本身及胎儿氧的需要。妊娠期，子宫增大，膈肌上升，肋膈角增宽，肋骨外展，胸腔周径增加，膈肌活动幅度减少，胸廓活动加大。孕妇以胸式呼吸为主，呼吸次数约 20 次/min，但呼吸较深。呼吸道黏膜充血、水肿，易发生上呼吸道感染。

（七）消化系统

1. 口腔 牙齿易松动、患龋齿；齿龈肥厚，充血、水肿，易出血，可出现妊娠龈瘤；孕妇常有唾液增多感甚至流涎。

2. 胃肠道 孕激素降低胃肠道平滑肌张力；胃部受压，贲门括约肌松弛，胃内酸性内容物可反流至食管下部产生"灼热"感；胃肠蠕动减弱，加之胃酸及胃蛋白酶分泌量减少，易导致上腹部饱胀感，便秘等。盆腔静脉受压、静脉回流障碍，肠道充血等常引起痔疮或原有痔疮加重。

3. 肝脏 体积、组织结构和血流量均无明显变化，肝功能方面有白蛋白下降、球蛋白上升、碱性磷酸酶升高，其余无明显变化。

4. 胆囊 受孕激素影响，胆道平滑肌松弛，胆囊排空时间延长，胆汁淤积，易并发胆囊炎及胆石症。

（八）内分泌系统

1. 垂体 妊娠期间腺垂体增大 1~2 倍。受雌孕激素负反馈的影响，垂体促性腺激素分泌减少，卵泡不再发育成熟。垂体催乳激素增加，分娩前达高峰，为产后泌乳做准备。促甲状腺激素与促肾上腺皮质激素分泌增多。促黑色素细胞刺激素增加。

2. 甲状腺 中度增大，但无甲状腺功能亢进表现。甲状旁腺增生肥大，利于对胎儿钙供应和维持母体钙的内环境稳定。

3. 肾上腺 妊娠期肾上腺皮质醇分泌增多，10% 具有活性，孕妇无肾上腺皮质功能亢进表现；醛固酮分泌增加，但大部分与蛋白质结合，不会引起严重水、钠潴留；睾酮轻微增加，可表现为阴毛、腋毛增粗及增多。

　　4. 胰腺　胰腺功能亢进,自妊娠中期开始,β细胞分泌胰岛素增加,至分娩前达到高峰。

(九) 皮肤

　　孕妇体内促黑色素细胞激素增加,黑色素分泌增加,使孕妇面颊部、乳头、乳晕、腹白线、外阴等处出现色素沉着。颜面部出现蝶状褐色斑,称妊娠黄褐斑(chloasma gravidarum),产后可减退。孕妇腹壁、大腿、乳房等部位,因肾上腺皮质激素分泌增多及子宫增大,可引起皮肤弹性纤维断裂,呈紫色或淡红色不规律平行略凹陷的条纹,称妊娠纹(striate gravidarum),产后呈银白色或灰白色。雌激素使皮肤毛细血管扩张,孕妇面部、颈部、胸部、手掌等可有红斑或蜘蛛痣。汗腺活动亢进,孕妇易出汗。

ER 3-6

妊娠期皮肤的
变化

(十) 骨骼、关节及韧带

　　妊娠期骨盆各关节松弛,具有一定活动性,利于分娩。部分孕妇自觉腰骶部及肢体疼痛不适,可能与松弛素使骨盆韧带及椎骨间的关节、韧带松弛有关。妊娠晚期由于重心前移,为保持身体平衡,孕妇脊柱前凸,背伸肌群过度活动,腰腹部向前,胸部向后,颈部向前,形成典型的孕妇姿势。

(十一) 其他变化

　　1. 新陈代谢　基础代谢率在妊娠中期逐渐增高,至妊娠晚期可提高 15%~20%。

　　2. 体重　整个妊娠期体重平均增加 12.5kg,主要来自子宫及其内容物、乳房、增加的血容量、组织间液及少量母体脂肪和蛋白的储存。妊娠晚期体重每周增长一般不超过 0.5kg。

　　3. 碳水化合物代谢　妊娠期胎盘产生大量抗胰岛素物质,降低胰岛素降糖效果。孕妇空腹血糖值稍低于非孕妇女;餐后则易出现高血糖、高胰岛素血症;糖耐量试验可见血糖增高幅度大且恢复延迟。妊娠期糖代谢的特点和变化可致妊娠糖尿病的发生。

　　4. 脂肪代谢　血脂增高 50%,但妊娠期能量消耗多,体内动用大量脂肪使血中酮体增加,易发生酮血症。

　　5. 蛋白质代谢　孕妇需要大量蛋白质,以满足母体及胎儿的需要,若蛋白储备不足,可出现显性或隐性水肿。

　　6. 水代谢　妊娠期机体水分平均约增加 7L,一般水钠潴留与排泄成适当比例不引起水肿。但在妊娠末期因组织间液增加 1~2L 可导致水肿发生。

　　7. 矿物质代谢　胎儿生长发育需要大量钙、磷、铁,而妊娠末期胎儿体内所含的钙、磷绝大部分是最后 2 个月内积累,因此,妊娠最后 3 个月应补充维生素 D 及钙。妊娠早期母体及胎儿每日需要铁 1mg、中期 4mg、晚期 12~15mg。故妊娠期要补充足量的铁,以满足胎儿及母体造血的需要,为分娩和哺乳做准备。

二、妊娠期母体心理变化

　　妊娠是妇女一生中极其重要的阶段,是一种挑战,会伴随不同的压力和焦虑。

(一) 妊娠期母体的心理社会反应

　　1. 妊娠早期　无论是否是计划妊娠,孕妇都会惊讶或震惊。刚获知妊娠时,孕妇通常会认为自己尚未做好准备,加之妊娠后生活、角色、人际关系等变化,可能会出现矛盾心理。这种矛盾心理可因暂时不想要孩子或妊娠前接触致畸环境或服药所致,也可因初为人母,缺乏抚养孩子的知识和技能及可利用的社会支持,经济负担过重,或初次妊娠,对恶心、呕吐等生理性变化无所适从所致。孕妇多专注于自己的身体,如一日三餐、乳房的改变、体重的增加等。

　　2. 妊娠中期　随着妊娠进展,尤其在胎动出现后,孕妇真正感受到"孩子"的存在,开始接受妊娠的事实,出现"筑巢反应",计划为孩子买衣服、床等,学习喂养和生活护理等知识,给孩子起名字、猜性别等。此期,孕妇显得较为内向、被动,注意力集中于自己和胎儿身上,可能会使配偶及其他家庭成员感受冷落。

3. 妊娠晚期 子宫明显增大,孕妇行动不便,社交活动减少,出现睡眠障碍、腰背痛等,大多数孕妇都盼望分娩日期的到来,也有部分孕妇因惧怕分娩而不想结束妊娠过程。随着预产期的临近,孕妇焦急地等待临产发动,常因婴儿将要出生感到高兴,却又担心能否顺利分娩、胎儿有无畸形,部分孕妇担心婴儿的性别能否为家人接受。

(二)妊娠期母体的心理调节

美国学者鲁宾(Rubin,1984年)认为孕妇为接受新生命的诞生,维持个人及家庭的功能完整,必须完成4项心理发展任务。

1. 确保孕产期安全 孕妇关注胎儿和自己的健康,寻求良好的产科护理知识,如阅读书籍、观察其他孕产妇,讨论相关话题;遵守医生的建议,使整个妊娠期保持最佳的健康状况;补充维生素,均衡饮食,保证足够的休息和睡眠等。

2. 家庭重要成员对母儿的接受 随着妊娠的进展,尤其是胎动出现后,孕妇逐渐接受孩子并开始寻求家庭重要成员的接受和认可,特别是其配偶,这样孕妇才能完成孕期心理发展任务并顺利进入母亲角色。如果家中已有孩子,孕妇也要努力确保其接受新生儿。

3. 情绪上与胎儿一体 随着妊娠的进展,特别是胎动出现后,孕妇对胎儿有更真实的感受,常借助抚摸、对着腹部讲话等行为表现对胎儿的情感,为孕妇日后与新生儿建立良好情感奠定基础。

4. 学习为孩子而奉献 生育过程包含许多给予行为。孕妇必须发展自制能力,学习延迟自己的需要以迎合他人需要,以便顺利担负起产后照顾孩子的重任。

三、家庭成员心理-社会变化

1. 准父亲 妊娠是整个家庭都会特别关注的事情,准父亲也会经历不同的心理变化。如果妊娠是夫妇双方共同期望或计划的,准父亲会表现出异常的兴奋,反之,则会感到震惊。无论妊娠是否在期望中,准父亲均有压力感。妊娠早期,准父亲多无法体会孕妇的心情,以致不能真正参与到妊娠过程中。由于准父亲多存在心理距离而无法满足孕妇的需要,易出现婚姻压力与沟通不良现象。当孕妇腹部明显膨隆后,准父亲会因妻子的身心变化感到惊讶和困惑,也会因妻子怀孕时多变的情绪而不知所措。

2. 祖(外祖)父母 家庭成员特别是祖父母、外祖父母,一般都会注意孕妇的身体及心理改变。主动学习与妊娠、分娩有关的保健知识;以孕妇为中心,调整睡眠和饮食习惯;创造良好的生活空间,改变抽烟习惯或不在孕妇旁边抽烟,避免或减少电磁及噪声污染;宽容孕妇情绪化的反应和行为;参与孕妇的"筑巢行为",一起为孩子的到来进行物质准备等。

3. 新生儿兄姐 家庭的第一胎孩子会经历一系列心理变化,如有了弟弟或妹妹后,自己从独享家庭的爱护变成了分享,或是家长过多关注幼小的新生命而对第一胎孩子的成长有所忽视,从而使其感觉从家庭的"核心"被转移到"边缘",受到关注的程度明显下降等,都会使第一胎孩子感觉身心疲惫。故父母良好的心态和合适的处理问题的方式,对新生儿兄姐心理建设十分重要,有了二胎、三胎后,需要特别关注新生儿兄姐的身心变化,陪同其一起度过适应期,营造良好的家庭氛围,顺利度过这一家庭成长阶段。

第三节 妊娠期评估

依据胎儿生长发育的特点和母体的变化,临床上将妊娠全过程(平均40周)分为3个时期:①早期妊娠:妊娠未达14周;②中期妊娠:妊娠第14~27^{+6}周;③晚期妊娠:妊娠第28周及以后。

一、早期妊娠评估

(一)症状与体征

1. 停经(cessation of menstruation) 生育年龄有性生活史的健康妇女,平时月经周期规则,一旦月经过期 10d 以上,可疑为妊娠。若停经已达 8 周,则妊娠的可能性更大。停经是妊娠最早最重要的症状,但停经不一定就是妊娠,如内分泌失调、产后哺乳期、口服避孕药等也可有停经现象,需注意鉴别。

2. 早孕反应(morning sickness) 有 60% 的妇女约在妊娠 6 周出现畏寒、头晕、乏力、嗜睡、食欲下降、喜食酸物或厌恶油腻、恶心、晨起呕吐等症状,称为早孕反应,多于妊娠 12 周左右自行消失,可能与 hCG 增多,胃酸分泌减少,胃排空时间延长等有关。

3. 尿频(frequency of urination) 妊娠早期子宫增大压迫膀胱所致。妊娠 12 周后,子宫逐渐增大超出盆腔,尿频症状自然消失。

4. 乳房的变化 受雌、孕激素影响,乳房逐渐增大。孕妇自觉乳房胀痛,初孕妇较明显。乳头、乳晕皮肤着色加深,乳晕周围有蒙氏结节出现。哺乳的孕妇妊娠后乳汁会明显减少。

5. 生殖器官的变化 于妊娠 6~8 周行阴道窥器检查,可见阴道壁及宫颈充血,呈紫蓝色。双合诊检查宫颈变软,子宫峡部极软,感觉宫颈与宫体似不相连称黑加征(Hegar sign),是早期妊娠特有的体征变化。妊娠 8 周时全子宫增大变软,子宫约为非孕时的 2 倍,妊娠 12 周约为非孕时的 3 倍,宫底可在耻骨联合上方触及。

6. 其他 一些孕妇有雌激素增多的表现,如皮肤色素沉着等,还有的孕妇出现不伴有子宫出血的子宫收缩痛,以及腹胀、便秘等不适。

(二)辅助检查

1. 妊娠试验(pregnancy test) 受精卵着床后不久,即可用放射免疫法测出孕妇血液中 hCG 水平升高。临床常采用早早孕试纸检测孕妇的尿液,结果阳性结合临床表现,可诊断妊娠。如需确定是否为宫内妊娠,尚需超声检查。

2. 超声检查 是目前临床确定早孕最快速、准确的方法。阴道超声较腹部超声诊断早孕可提前 1 周,最早于妊娠 35d 可见圆形或椭圆形的妊娠囊;妊娠 6 周,妊娠囊内可见胚芽与原始心管搏动。妊娠 11~13^{+6} 周可测量胎儿顶臀长,能比较准确估计孕周,校正预产期。同时测胎儿颈后透明层厚度(nuchal translucency, NT),可以作为早孕染色体疾病筛查指标。妊娠 9~13^{+6} 周可排除严重胎儿畸形,如无脑儿。

ER 3-7

早孕超声检查

二、中、晚期妊娠评估

请思考:
1. 请对王女士的身体状况进行评估。
2. 判断王女士目前身体状况是否存在异常。

孕妇有早期妊娠经过,且子宫明显增大,自感胎动,触及胎体,听诊有胎心。

(一) 症状及体征

1. 子宫增大 随着妊娠周数的增加,孕妇腹部隆起,手测宫底高度或尺测耻骨联合上子宫高度可初步估计胎儿大小及孕周(表3-1)。

表 3-1 不同妊娠周数的子宫底高度及子宫长度

妊娠周数	手测子宫底高度	尺测耻上子宫底高度 /cm
满 12 周	耻骨联合上 2~3 横指	—
满 16 周	脐耻之间	—
满 20 周	脐下 1 横指	18(15.3~21.4)
满 24 周	脐上 1 横指	24(22.0~25.1)
满 28 周	脐上 3 横指	26(22.4~29.0)
满 32 周	脐与剑突之间	29(25.3~32.0)
满 36 周	剑突下 2 横指	32(29.8~34.5)

2. 胎动(fetal movement,FM) 是监测胎儿宫内安危的重要指标之一。孕妇多于妊娠 20 周开始自觉胎动,妊娠周数越多,胎动越活跃,但至妊娠 38 周后胎动逐渐减少。妊娠 28 周后,正常胎动次数每 2h≥10 次。

3. 胎心音 妊娠 12 周后用多普勒胎心听诊仪可听到胎心音,妊娠 18~20 周用听诊器可经孕妇腹壁听到胎心音。胎心音呈双音,似钟表"嘀嗒"声,速度较快。正常值为 110~160 次 /min,应与子宫杂音、腹主动脉音、脐带杂音相鉴别。

4. 胎体 妊娠 20 周以后,经腹壁可触到子宫内的胎体,至妊娠 24 周后,用四部触诊法可区分胎体不同部分。胎头圆而硬,有浮球感;胎背宽而平坦饱满;胎臀软而宽,形状多不规则;胎儿肢体小且有不规则的活动。

(二) 辅助检查

1. 超声检查 显示胎儿数目、胎产式、胎先露及胎方位、胎心搏动情况及胎盘位置、分级,测量胎头双顶径、头围、腹围、股骨长等多条胎儿径线,并可测量羊水量,观察胎儿有无明显体表畸形等。超声多普勒法能探出胎心音、胎动音、脐带血流音及胎盘血流音。

2. 胎儿心电图 在胎儿心脏异常的诊断中有较重要价值。于妊娠 12 周后能显示较规律的图形,于妊娠 20 周后检出的成功率高。

三、胎产式、胎先露、胎方位

1. 胎产式(fetal lie) 指胎儿身体纵轴与母亲身体纵轴的关系(图 3-5)。两纵轴平行者称纵产式(longitudinal lie),占足月妊娠分娩总数的 99.75%;两纵轴垂直者称横产式(transverse lie),仅占足月分娩总数的 0.25%;两纵轴交叉者称斜产式,属暂时性胎产式,在分娩过程中多转为纵产式,偶尔转成横产式。

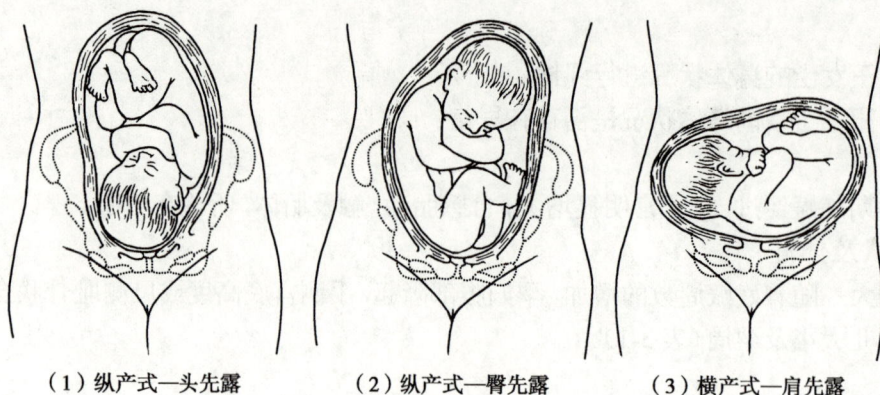

（1）纵产式—头先露　　　（2）纵产式—臀先露　　　（3）横产式—肩先露

图 3-5　胎产式

2. 胎先露（fetal presentation）　指最先进入骨盆入口的胎儿部分。纵产式有头先露（head presentation）及臀先露（breech presentation），横产式为肩先露（shoulder presentation）。头先露因胎头屈伸程度不同又分为枕先露、前囟先露、额先露及面先露（图 3-6）。臀先露因入盆的先露部分不同，又分为混合臀先露、单臀先露、单足先露和双足先露（图 3-7）。偶见头先露或臀先露与胎手或胎足同时入盆，称复合先露（compound presentation）。

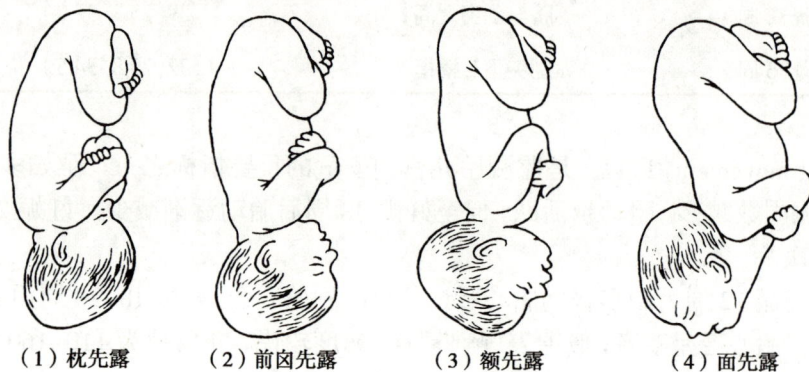

（1）枕先露　　　（2）前囟先露　　　（3）额先露　　　（4）面先露

图 3-6　头先露种类

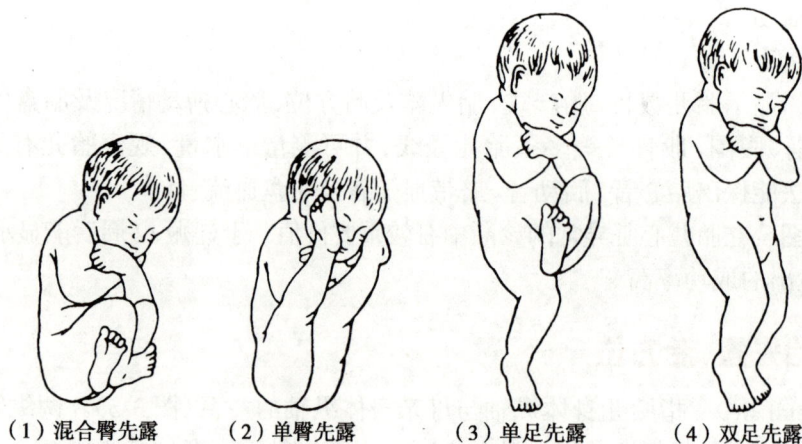

（1）混合臀先露　　　（2）单臀先露　　　（3）单足先露　　　（4）双足先露

图 3-7　臀先露种类

3. 胎方位（fetal position） 指胎儿先露部的指示点与母体骨盆的关系（简称胎位）。枕先露以枕骨、面先露以颏骨、臀先露以骶骨、肩先露以肩胛骨为指示点。根据指示点与母体骨盆左、右、前、后、横的关系而有不同的胎位（表 3-2）。如：枕先露时，胎头枕骨位于母体骨盆的左前方，应称之为枕左前位（LOA），余依此类推。

表 3-2 胎产式、胎先露及胎方位的种类与发生率

纵产式（99.75%）	头先露（95.75%~97.75%）	枕先露（95.55%~97.55%）	枕左前（LOA）、枕左横（LOT）、枕左后（LOP） 枕右前（ROA）、枕右横（ROT）、枕右后（ROP）
		面先露（0.2%）	颏左前（LMA）、颏左横（LMT）、颏左后（LMP） 颏右前（RA）、颏右横（RMT）、颏右后（RMP）
	臀先露（2%~4%）		骶左前（LSA）、骶左横（LST）、骶左后（LSP） 骶右前（RSA）、骶右（RST）、骶右后（RSP）
横产式（0.25%）	肩先露（0.25%）		肩左前（LScA）、肩左后（LScP） 肩右前（RScA）、肩右后（RScP）

第四节 产前检查

情景导入

宋女士，30 岁，妊娠 32 周。检查：子宫底位于脐与剑突之间，四步触诊结果为宫底是宽而软、形态不规则的胎儿部分，耻骨联合上方是圆而硬的胎儿部分，胎背位于母体腹部右侧。胎心率 150 次/min，胎动每小时 4 次。

请思考：

1. 产前检查还应包括哪些内容？
2. 宋女士想知道目前妊娠是否正常？

围产医学（perinatology）又称围生医学，是研究在围产期内加强对围产儿及孕产妇卫生保健的科学。国际上对围产期的规定有 4 种：①从妊娠满 28 周（即胎儿体重≥1 000g 或身长 35cm）至产后 1 周；②从妊娠满 20 周（即胎儿体重≥500g 或身长 25cm）至产后 4 周；③从妊娠满 28 周至产后 4 周；④从胚胎形成至产后 1 周。我国采用第一种方法计算围产期相关统计指标。

产前检查通过对孕妇、胎儿开展全面健康评估与指导，及时发现并处理异常情况，确定分娩时机与方式，保障围产期母儿健康。合理的产前检查次数及孕周不仅能保证妊娠期保健的质量，也能节省医疗卫生资源。根据我国《孕前和孕期保健指南（2018）》推荐产前检查孕周是：妊娠 6~13^{+6} 周、14~19^{+6} 周、20~24 周、25~28 周、29~32 周、33~36 周、37~41 周（每周一次）。有高危因素者，酌情增加次数。每次产前检查包括：详细询问健康史、全身体格检查和产科检查、辅助检查和健康教育及指导（详见表 3-3），全部完成后预约下次复诊时间。本方案适用于单胎妊娠、无妊娠并发症和合并症的孕妇。

表 3-3　产前检查方案

检查次数及孕周	健康教育及指导	常规保健内容	辅助检查项目	
			必查项目	备查项目
第一次检查（6~13⁺⁶ 周）	1. 流产的认识和预防 2. 营养和生活方式指导 3. 避免接触有毒有害物质和宠物 4. 慎用药物 5. 改变不良生活习惯 6. 保持心理健康 7. 继续补充叶酸	1. 建立孕期保健手册 2. 确定孕周并推算预产期 3. 评估孕期高危因素 4. 测血压、体重及体重指数 5. 胎心率测定（妊娠12 周左右） 6. 常规妇科检查	1. 血常规 2. 尿常规 3. 血型 4. 空腹血糖 5. 肝功能 6. 肾功能 7. 乙肝表面抗原筛查 8. 梅毒血清抗体筛查及 HIV 筛查 9. 地中海贫血筛查 10. 超声检查（确定宫内妊娠与孕周）	1. HCV 筛查 2. 抗 D 滴度检测 3. 75g OGTT 4. 甲状腺功能检测 5. 血清铁蛋白 6. PPD 试验 7. 宫颈细胞学检查 8. 宫颈分泌物检测淋病奈瑟球菌和沙眼衣原体 9. BV 检测 10. 胎儿染色体非整倍体异常孕早期母体血清学筛查（妊娠 10~13⁺⁶ 周） 11. 超声检查（妊娠 10~13⁺⁶ 周）测胎儿颈后透明层厚度（NT）等 12. 绒毛穿刺取样术（妊娠 10~13⁺⁶ 周） 13. 心电图检查
第二次检查（14~19⁺⁶ 周）	1. 流产的认识和预防 2. 妊娠生理知识 3. 营养和生活方式的指导 4. 孕中期胎儿染色体非整倍体异常筛查的意义 5. 非贫血孕妇，若血清铁蛋白 <30μg/L，应补充元素铁 60mg/d，诊断明确的缺铁性贫血孕妇应补充元素铁 100~200mg/d 6. 常规补充钙剂 0.6~1.5g/d	1. 分析第一次产前检查结果 2. 询问阴道出血、饮食、运动情况 3. 测血压、体重（体重增加是否合理）、宫底高度 4. 测胎心率	无	1. 无创产前基因检测（12~22⁺⁶ 周） 2. 胎儿染色体非整倍体异常孕中期母体血清学筛查（15~20 周，16~18 周最佳） 3. 羊膜腔穿刺术检查胎儿染色体核型（16~22 周）
第三次检查（20~24 周）	1. 早产的认识和预防 2. 营养和生活方式的指导 3. 胎儿系统超声筛查的意义	1. 询问胎动、阴道出血、饮食和运动情况 2. 体格检查同妊娠14~19⁺⁶ 周	1. 胎儿系统超声筛查 2. 血常规 3. 尿常规	阴道超声测量宫颈长度，进行早产预测（早产高危）
第四次检查（25~28 周）	1. 早产的认识和预防 2. 妊娠糖尿病筛查的意义	1. 询问胎动、阴道出血、宫缩、饮食和运动情况 2. 体格检查同妊娠14~19⁺⁶ 周	1. 75g OGTT 2. 血常规 3. 尿常规	1. 抗 D 滴度复查（Rh 阴性者） 2. 宫颈阴道分泌物胎儿纤维连接蛋白检测（宫颈长度为 20~30mm 者）
第五次检查（29~32 周）	1. 分娩方式指导 2. 开始注意胎动或计数胎动 3. 母乳喂养指导 4. 新生儿护理指导	1. 询问胎动、阴道出血、宫缩、饮食和运动情况 2. 体格检查同妊娠14~19⁺⁶ 周 3. 胎位	1. 产科超声检查 2. 血常规 3. 尿常规	无

检查次数及孕周	健康教育及指导	常规保健内容	辅助检查项目	
			必查项目	备查项目
第六次检查（33~36周）	1. 分娩前生活方式指导 2. 分娩相关知识指导 3. 新生儿疾病筛查 4. 抑郁症的预防	1. 询问胎动、阴道出血、宫缩、皮肤瘙痒、饮食、运动和分娩前准备情况 2. 体格检查同妊娠29~32周	尿常规	1. B族链球菌筛查（35~37周） 2. 肝功能及血清胆汁酸检测（32~34周怀疑妊娠肝内胆汁淤积症的孕妇） 3. 无应激试验（34周以后） 4. 心电图复查
第七至十一次检查（37~41周）	1. 分娩相关知识指导 2. 新生儿免疫接种指导 3. 产褥期指导 4. 胎儿宫内情况监护 5. 超过41周住院并引产	1. 询问胎动、宫缩、见红等 2. 体格检查同妊娠29~32周	1. 产科超声检查 2. 无应激试验（每周一次）	

一、健康史

1. 年龄　年龄过小容易发生难产；年龄过大，特别是 35 岁以上的初孕妇，容易并发妊娠期高血压疾病、产力异常，难产及生育先天缺陷儿机会增加。

2. 职业　孕妇接触不良理化因素，如放射线、高温、铅、汞、镉等可能会导致胎儿畸形、出生缺陷。

3. 本次妊娠情况　了解本次妊娠后是否有感冒发热等不适，用药情况，早孕反应出现时间、严重程度，自觉胎动时间，有无发热、腹痛、阴道出血、头痛、头晕、心悸、呼吸困难、水肿、阴道流血、异常阴道分泌物等表现。有无烟酒嗜好、放射线接触，病毒感染与疫苗接种情况，是否养宠物等。了解妊娠有关的日常生活情况，如营养与排泄、活动与休息、工作、娱乐、旅行、家庭经济情况等。

4. 推算并核对预产期（expected date of confinement，EDC）　根据末次月经（last menstrual period，LMP）推算预产期，从末次月经来潮第 1 日算起，月份减 3 或加 9，日数加 7。对于记不清末次月经日期或于哺乳期无月经来潮而受孕者，应采用超声检查来协助推算预产期。如果根据 LMP 推算的孕周与超声检查推算的孕周时间间隔超过 5d，应根据妊娠早期超声结果对预产期进行校正，B 超测量胎儿的顶臀长（CRL）是估计孕周最准确的指标。

5. 月经史与孕产史　了解初潮年龄、月经周期及经期、经量，有无痛经及末次月经日期等。了解经产妇既往的孕产史及分娩方式，有无流产、早产、难产、死胎死产史等，有无产后出血，新生儿情况等。

6. 既往史及手术史　了解孕妇有无高血压、心脏病、糖尿病、结核病、血液病、肝肾疾病、骨软化症等，注意其发病时间及治疗情况，并了解有无腹部外伤史或手术史。

7. 家族史　询问孕妇有无高血压、糖尿病、精神病、双胎妊娠及其他遗传性疾病。若有遗传病家族史，应及时进行遗传咨询及产前筛查。

8. 配偶健康状况　了解配偶年龄、职业、教育程度；询问血型、有无遗传性疾病及烟酒嗜好；了解用药情况及其对妊娠的态度。

二、全身体格检查

观察孕妇发育、身高、营养、步态、精神状态，身材矮小者（145cm 以下）常伴有骨盆狭窄，跛行者可能有脊柱或下肢的畸形。了解心肺功能有无异常。检查乳房发育状况、乳头有无凹陷及皲裂。

测量血压、体重和身高,计算体重指数。正常血压不应超过 140/90mmHg,若超过 140/90mmHg,或比基础血压高 30/15mmHg,需密切观察;孕妇每周体重增加超过 500g,需警惕病理性水肿。

三、产科检查

产科检查包括孕妇腹部检查及产道检查。

(一)腹部检查

孕妇排空膀胱后仰卧于检查床上,头部稍垫高,露出腹部,双腿略屈曲分开,放松腹肌,检查者站在孕妇右侧。

1. 视诊 注意腹形及大小,腹部有无妊娠纹、手术瘢痕和水肿。腹部过大者,考虑有无双胎、巨大胎儿、羊水过多或合并子宫肌瘤的可能;腹部过小者,可能有胎儿生长受限(FGR)、孕周推算错误、羊水过少的情况;腹部两侧向外膨出、宫底位置较低者,肩先露的可能性大;腹部向前突出(尖腹,多见于初产妇)或腹部向下悬垂(悬垂腹,多见于经产妇)者,可能存在骨盆狭窄或头盆不称。

2. 触诊 用软尺测子宫长度和腹围,子宫长度指耻骨联合上缘至子宫底的距离。腹围指过脐绕腹一周的数值。发现异常需要重新核对预产期、超声检查结果等。妊娠中晚期用四步触诊法(four maneuvers of leopold)检查子宫大小、胎产式、胎先露、胎方位以及胎先露部是否衔接(图 3-8)。前三步,检查者面向孕妇;第四步,检查者则面向孕妇足端。

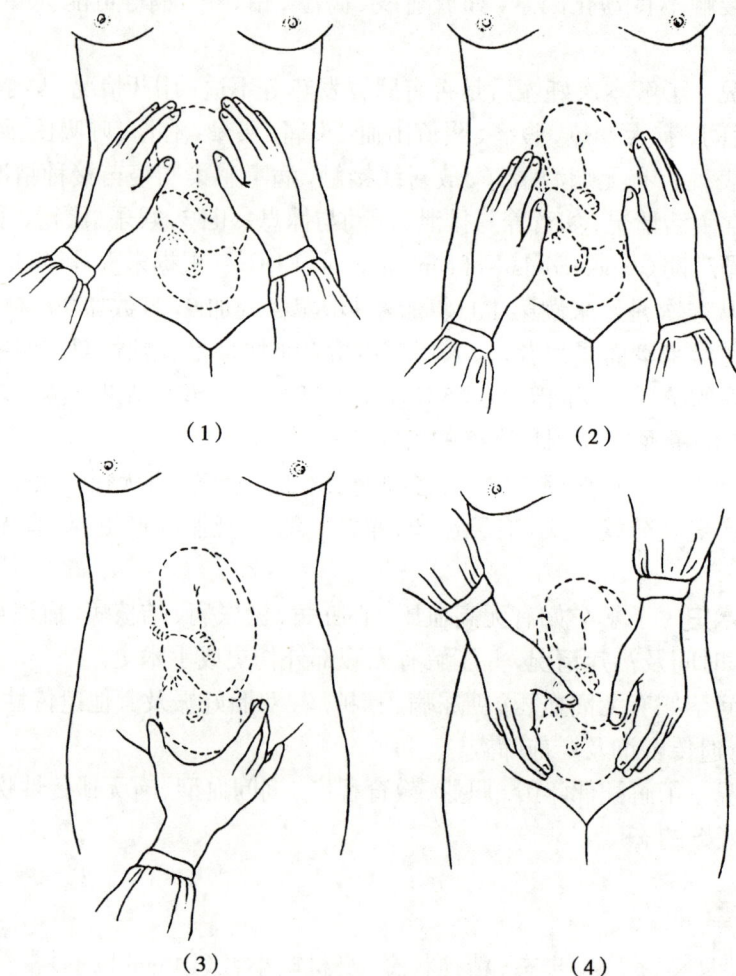

(1)

(2)

(3)

(4)

图 3-8 胎位检查的四步触诊法

第一步手法：检查者两手置于宫底部，了解子宫外形并触摸宫底高度，估计胎儿大小与妊娠周数是否相符。然后，以双手指腹相对轻推，判断宫底部的胎儿部分，若为胎头则硬而圆，有浮球感；若为胎臀则软而宽，略不规则。

第二步手法：检查者双手分别置于孕妇腹部左右侧，一只手掌固定，另一只手指指腹稍用力深按检查，两手交替，分辨胎背及胎儿四肢部分。平坦且饱满者为胎背，可变形的高低不平部分为胎儿肢体，如感到胎儿肢体活动，更易诊断。

第三步手法：检查者右手拇指与其余4指分开，置于孕妇耻骨联合上方，握住胎先露部，进一步查清是胎头或胎臀，并左右推动以确定是否衔接。若胎先露部仍浮动，表示尚未衔接；若胎先露部不能被推动，则已衔接。

第四步手法：检查者面向孕妇足端，左右手分别置于胎先露部两侧，向骨盆入口方向往下深按，再次判断胎先露部的诊断是否正确，并确定入盆程度。

3. **听诊** 妊娠24周前，胎心音多在脐下正中或稍偏左、右能听到；妊娠24周后，胎心在靠近胎背上方的孕妇腹壁上听得最清楚。枕先露时，胎心在脐下左（右）方；臀先露时，胎心在脐上左（右）方；肩先露时，胎心在靠近脐部下方听得最清楚（图3-9）。胎心听诊部位取决于先露部和其下降程度。当腹壁紧、子宫较敏感、确定胎背位置困难时，可借助胎心及胎先露部综合分析判定胎位。

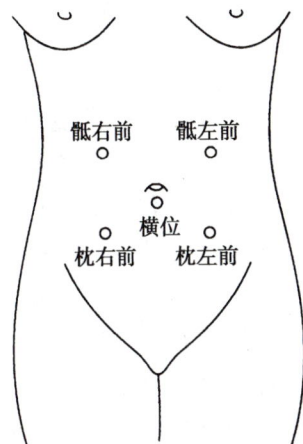

图 3-9　不同胎位胎心音听诊部位

（二）产道检查

产道检查包括骨盆测量与阴道检查。

1. **骨盆测量** 骨盆大小及其形态是决定胎儿能否经阴道分娩的重要因素之一。主要方法有骨盆外测量和骨盆内测量两种：

（1）**骨盆外测量**：测量多采用骨盆测量器，操作简便。主要径线有：髂棘间径（interspinal diameter，IS）（正常值为23~26cm）（图3-10）、髂嵴间径（intercrestal diameter，IC）（正常值为25~28cm）（图3-11）、骶耻外径（external conjugate，EC）（正常值为18~20cm）（图3-12）、坐骨结节间径（intertuberous diameter，IT）或称出口横径（transverse outlet，TO）（正常值为8.5~9.5cm）以及耻骨弓角度（angle of pubic arch）（正常值为90°）。

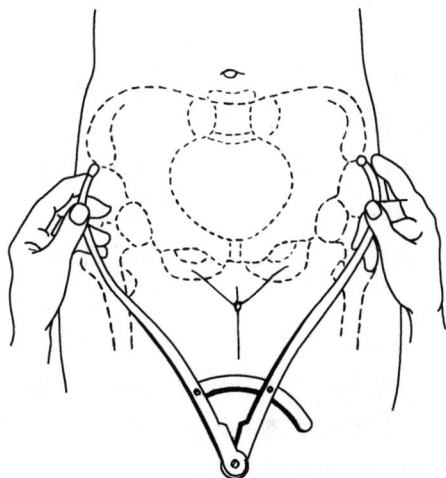

图 3-10　测量髂棘间径

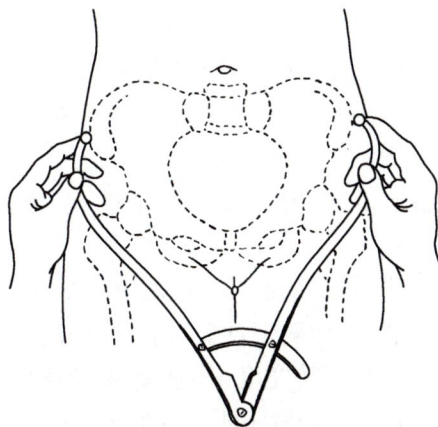

图 3-11　测量髂嵴间径

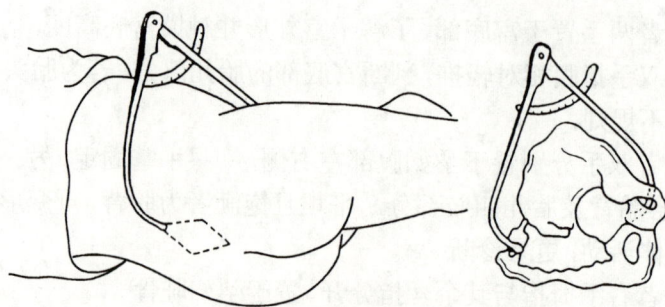

图 3-12　测量骶耻外径

目前临床无须常规测量髂棘间径、髂嵴间径和骶耻外径，可疑骨盆出口狭窄时需要测量坐骨结节间径和耻骨弓角度。

1）测量坐骨结节间径：孕妇取仰卧位，两腿弯曲，双手紧抱双膝，测量两坐骨结节内侧缘间的距离（图 3-13），正常值为 8.5~9.5cm。若此径线小于 8cm 时，应加测出口后矢状径（坐骨结节间径中点至骶骨尖端的长度）。若出口后矢状径值与坐骨结节间径值之和＞15cm 时，表明骨盆出口狭窄不明显。

2）测量耻骨弓角度：检查者双手拇指指尖斜着对拢，放置于耻骨联合下缘，左右两拇指平放在耻骨降支上面，两拇指间角度即为耻骨弓角度（图 3-14），正常值为 90°，小于 80° 为异常。耻骨弓角度反映骨盆出口横径的宽度。

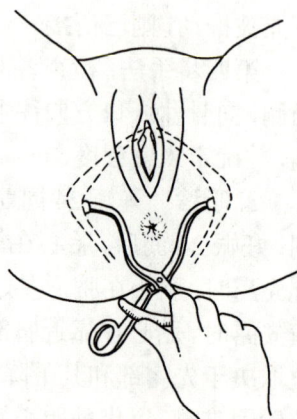

图 3-13　测量坐骨结节间径

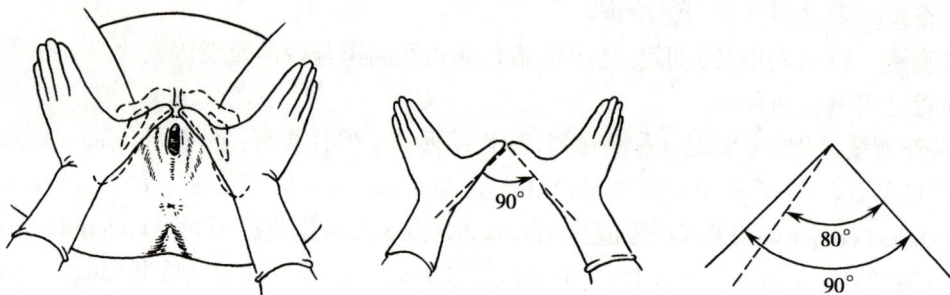

图 3-14　测量耻骨弓角度

（2）骨盆内测量：阴道分娩前或产时，需要明确骨产道情况可进行测量。测量时，孕妇取截石位，外阴部消毒。检查者戴无菌手套，动作轻柔。主要径线有：

1）对角径（diagonal conjugate，DC）：也称骶耻内径，是耻骨联合下缘至骶岬前缘中点的距离，正常值为 12.5~13cm。对角径值减去 1.5~2cm 即为骨盆入口前后径长度，又称真结合径（conjugate vera），正常值约为 11cm。方法是检查者将一手的示、中指伸入孕妇阴道，用中指尖触及骶岬前缘中点，示指上缘紧贴耻骨联合下缘，用另一手示指正确标记此接触点，抽出阴道内的手指，测量中指尖至此接触点的距离，即为对角径，若测量时阴道内的中指尖触不到骶岬，表示对角径值＞12.5cm（图 3-15）。

2）坐骨棘间径（bi-ischial diameter）：测量两坐骨棘间的距离，检查者将一手示、中指放在阴道内，分别触及两侧坐骨棘，估计其间的距离（图 3-16），正常值约为 10cm。此径线代表中骨盆横径。

3）坐骨切迹宽度：即骶棘韧带宽度，为坐骨棘与骶骨下部间的距离，代表中骨盆后矢状径（图 3-17）。检查者将阴道内的示指置于骶棘韧带上移动，若能容纳 3 横指（5.5~6cm）为正常，否则属中骨盆狭窄。

(1)   (2)

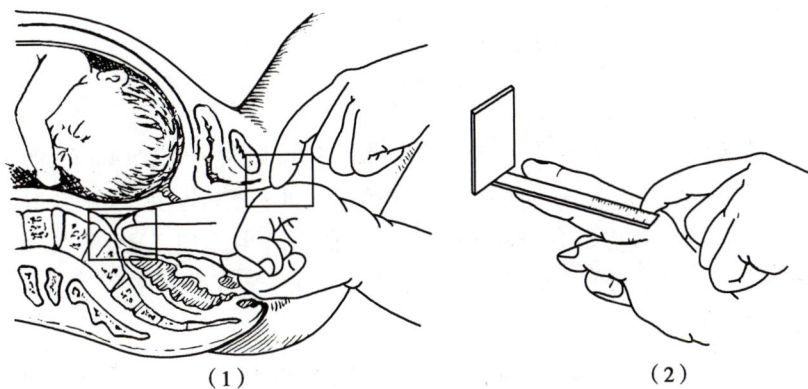

图 3-15　测量对角径

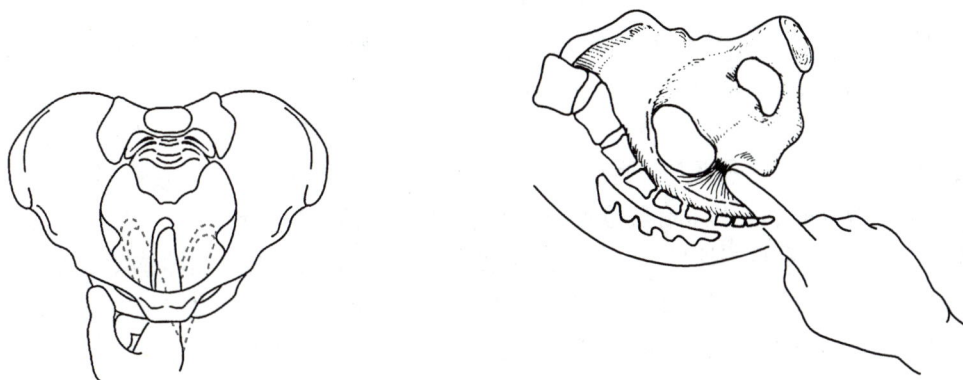

图 3-16　测量坐骨棘间径

图 3-17　测量坐骨切迹宽度

2.阴道检查　了解有无先天畸形、囊肿、赘生物等可能影响妊娠和分娩的因素。分娩前协助确定骨盆大小，进行宫颈 Bishop 评分。

四、辅助检查

每次产前检查需要根据不同的孕周进行相应的辅助检查（详见表 3-3）。辅助检查项目包括必查项目和备查项目，必查项目适用于所有孕妇，备查项目适用于有条件的医院或有指征时开展。

五、健康教育

每次产前检查需要根据不同的孕周进行相应的健康教育及指导，具体内容详见表 3-3。

六、绘制妊娠图

将各项检查结果，包括血压、体重、宫高、超声检查测得的胎头双顶径值、尿蛋白、尿雌激素 /肌酐（E/C）比值、胎位、胎心率、水肿等项，填于妊娠图中。将每次产前检查时所得的各项数值，分别记录于妊娠图上，绘制成曲线，观察其动态变化，及早发现孕妇和胎儿的异常情况。

第五节　胎儿健康状况评估

一、胎儿状况监护

胎儿状况监护包括确定是否为高危儿和胎儿宫内状况的监护。本节主要介绍胎儿宫内状况的监护方法。

高 危 儿

高危儿包括:孕妇孕龄＜37周或≥42周的新生儿;出生体重＜2 500g的新生儿;小于孕龄儿或大于孕龄儿;出生后1min Apgar评分0~3分的新生儿;产时感染的新生儿;高危妊娠产妇的新生儿;手术产儿;新生儿兄姐有严重的新生儿病史或新生儿期死亡。

(一)妊娠早期

妇科检查可确定子宫大小以及是否与孕周相符。超声检查在妊娠6周可见妊娠囊和原始心管搏动,妊娠11~13^{+6}周产科超声可以测胎儿颈后透明层厚度(NT)和了解胎儿发育情况。

(二)妊娠中期

产前检查测量子宫长度和腹围,判断胎儿大小是否与妊娠周数相符。超声检查测量胎头双顶径值估计胎儿大小,核对孕周。产前检查听取胎心率。

(三)妊娠晚期

1. 产前检查 测子宫长度和腹围、听胎心可以了解胎儿生长发育情况。超声检查在了解胎儿发育情况的同时,还可判断胎方位、胎盘位置及胎盘成熟度,估计羊水量等。

2. 胎动监测 这是最简便的评价胎儿宫内状况的方法。妊娠20周孕妇即感觉到胎动,并逐渐增加,至足月时,胎动又因为羊水量的减少和空间的减小而逐渐减少。妊娠28周以后,正常胎动计数若＜10次/2h或减少50%者提示胎儿缺氧可能。

胎动存在较大个体差异。影响的因素有:胎儿活动量、羊水量、胎盘位置、腹壁厚度、药物,孕妇的性格、敏感程度、工作性质及其是否认真计数等。近年来有学者提出胎动的规律及方式比胎动计数更有意义。

3. 电子胎心监护(electronic fetal monitoring,EFM) EFM能连续观察并记录胎心率(fetal heart rate,FHR)的动态变化,同时描记子宫收缩和胎动,反映三者的关系。近年来广泛应用于产科临床,目的在于及时发现胎儿缺氧,以便采取进一步措施。对EFM图形的完整描述应包括5个方面:基线、基线变异、加速、减速及宫缩。正弦波形往往预示着胎儿已存在严重缺氧,需要特别重视。

ER 3-9

胎心监护

(1)胎心率基线(FHR baseline):指在无胎动、无宫缩影响时,持续10min以上的胎心率平均值。正常胎心率为110~160次/min,＞160次/min或＜110次/min分别称为胎儿心动过速或胎儿心动过缓。

(2)基线变异:指每分钟胎心率自波峰到波谷的振幅改变。根据振幅波动程度可分为:①变异消失:振幅波动完全消失;②微小变异:振幅波动≤5次/min;③正常变异:振幅波动6~25次/min;④显著变异:振幅波动＞25次/min;⑤短变异:每一次胎心搏动至下一次胎心搏动瞬时的胎心率改变;⑥长变异:指1min内胎心率基线肉眼可见的上下摆动的波形,此波形由振幅和频率组成,振幅是波形上下摆动的高度,频率是1min内肉眼可见的波动的频数,以周期/min表示,正常波形的频率是3~5周期/min。

(3)加速:指基线胎心率突然显著增加,开始到波峰时间＜30s。从胎心率开始加速至恢复到基线胎心率的时间为加速时间。①妊娠＜32周,加速在基线水平上≥10次/min,持续时间≥10s,但＜2min。②妊娠≥32周,加速在基线水平上≥15次/min,持续时间≥15s,但＜2min。③延长加速:胎心加速持续2~10min。④胎心加速持续＞10min则考虑胎心率基线变化。

(4)减速:可出现早期减速、变异减速和晚期减速等情况。

1)早期减速:指伴随宫缩出现的减速,胎心减速对称性地、缓慢地下降到最低点再恢复到基线。

减速开始到胎心率最低点的时间≥30s，减速的最低点常与宫缩的峰值同时出现；减速的开始、最低值及恢复与宫缩的起始、峰值及结束同步（图3-18）。

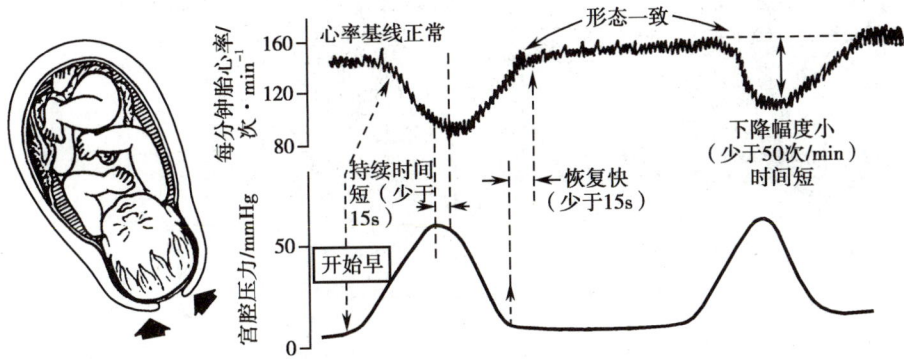

图3-18　胎心率早期减速

单纯早期减速发生机制可能与宫缩导致的胎头受压，脑血流量一时性减少（一般无伤害性）有关，但临床单纯早期减速并不常见，更为常见的是合并有其他图形特征的早期减速，此时要考虑病理因素。

2）变异减速：指突发的显著的胎心率急剧下降。减速的开始到最低点的时间＜30s，胎心率下降≥15次/min，持续时间≥15s，但＜2min。伴随宫缩出现时，减速的起始、深度和持续时间与宫缩之间无固定规律（图3-19）。变异减速可分为复杂变异减速和非复杂变异减速，非复杂变异减速可能与宫缩导致的脐带一过性受压兴奋迷走神经有关，复杂变异减速常提示胎儿氧储备不足，可能存在胎儿缺氧和酸中毒。

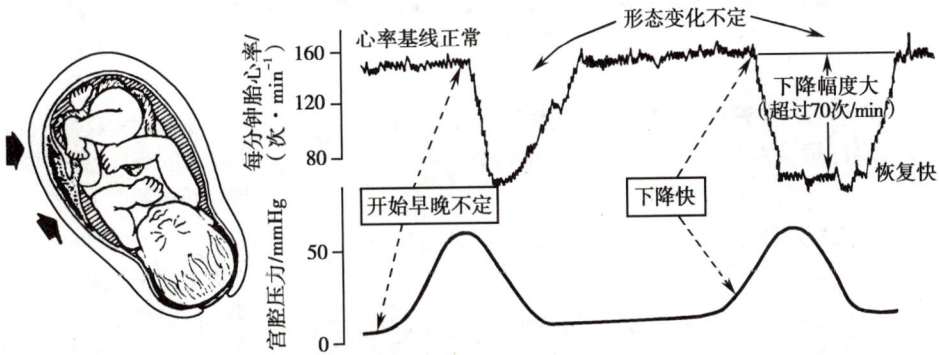

图3-19　胎心率变异减速

3）晚期减速指伴随宫缩出现的减速，减速呈对称性地、缓慢地下降到最低点后再恢复到基线。减速开始到胎心率最低点的时间≥30s，减速的最低点通常晚于宫缩的峰值；减速的开始、最低值及恢复分别延后于宫缩的起始、峰值及结束（图3-20）。常伴胎心率基线变异性减少或消失。

4）延长减速：指明显低于基线的胎心率下降。胎心率下降≥15次/min，持续时间≥2min，但＜10min。若胎心减速≥10min则考虑胎心率基线变化。延长减速提示胎儿出现缺氧或酸中毒。

5）反复性减速：指20min观察时间内，≥50%的宫缩均伴发减速。

6）间歇性减速：指20min观察时间内，＜50%的宫缩伴发减速。

（5）**正弦波形**：胎心率基线呈现平滑的、类似正弦波样摆动，频率固定，3~5次/min，持续≥20min。正弦波形提示胎儿贫血或严重缺氧可能，应立即采取处理措施。需注意产程中使用镇静药物、胎儿吸吮拇指与节律性呼吸样运动与假性正弦波形有关。

基线显示心动过速　　　形态一致

逐渐下降　　　逐渐恢复

开始晚

持续时间长（30~60s）

恢复慢 30~60s

下降幅度小（少于50次/min）

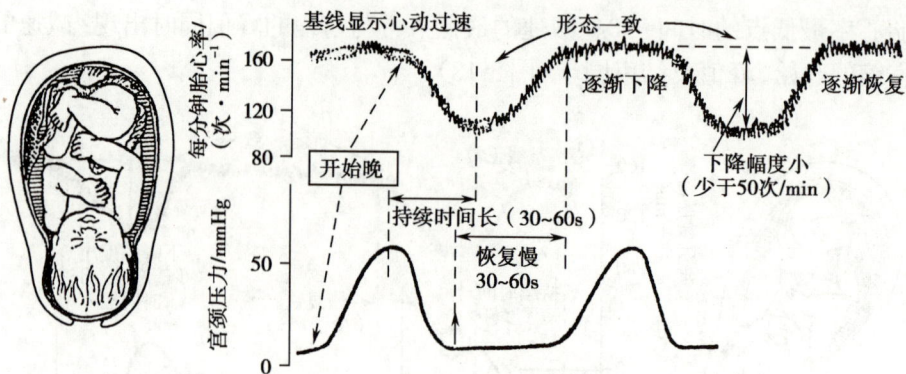

图 3-20　胎心率晚期减速

（6）宫缩：①正常宫缩指持续观察 30min，出现≤5 次 /10min；②宫缩过频指持续观察 30min，出现 >5 次 /10min。出现宫缩过频时应记录是否伴随胎心率变化。

4. 预测胎儿宫内储备能力

（1）**无应激试验**（non-stress test，NST）：用于产前监护，观察无宫缩、无外界负荷刺激情况下 FHR 的变化和胎动后的反应，以了解胎儿的储备能力。试验时，孕妇取半卧位，一个探头放在胎心音区，另一个宫缩压力探头放在宫底下 3 指处，在描记胎心率的同时，孕妇自觉有胎动时手按机钮在描记胎心率的纸上作出记号，至少连续记录 20min。NST 结果判读详见表 3-4，需注意 NST 结果假阳性率较高，必要时行生物物理评分。

基线变异及正弦波形

表 3-4　NST 结果判读与处理

类别	正常	不典型	异常
胎心率基线	110~160 次 /min	100~110 次 /min 或 >160 次 /min，< 30min	<100 次 /min 或 >160 次 /min，≥30min
基线变异	正常变异；变异消失及微小变异，持续 <40min	变异消失及微小变异，持续 40~80min 内	变异消失及微小变异，持续超过 80min；显著变异超过 10min；正弦波型
减速	无减速或偶发变异减速，持续 <30s	变异减速，持续 30~60s 内	变异减速，持续≥60s；晚期减速或延长减速
加速（≥32 周）	40min 内≥2 次加速，幅度 >15 次 /min，持续 15s	40~80min 2 次及以下加速，>15 次 /min，持续 15s	超过 80min，2 次及以下加速，>15 次 /min，持续超过 15s
加速（<32 周）	40min 内 2 次及以上加速，>10 次 /min，持续超过 10s	40~80min 内 2 次及以下加速，>10 次 /min，持续超过 10s	超过 80min，2 次及以下加速，>10 次 /min，持续超过 10s
处理方法	随访或进一步评估	进一步评估	复查；全面评估胎儿状况；生物物理评分；及时终止妊娠

（2）**缩宫素激惹试验**（oxytocin challenge test，OCT）：用于产前监护以及引产时胎盘功能评价。OCT 判读主要基于是否出现晚期减速和变异减速。没有晚期减速或重度变异减速为 OCT 阴性。≥50% 的宫缩伴随晚期减速为 OCT 阳性。OCT 可疑见于以下任何一种情况：间断出现晚期减速或重度变异减速、宫缩过频（>5 次 /min）、宫缩伴胎心减速 >90s 和出现无法解释的监护图形。

无应激试验　　　缩宫素激惹试验

三级电子胎心监护判读标准

级别	图形特征	意义	处理
I	需同时满足下列条件： 1. 胎心率基线 110~160/min 2. 基线变异为正常变异 3. 无晚期减速及变异减速 4. 存在或者缺乏早期减速 5. 存在或者缺乏加速	胎儿酸碱平衡正常	可常规监测，无须采取特殊措施
II	除了第I类和第III类电子胎心监护图形外的其他情况均归为II类	尚不能解读存在胎儿酸碱平衡紊乱，但是应该综合考虑临床情况、持续胎心监测、采取其他评估方法来判定胎儿有无缺氧，可能需要宫内复苏来改善胎儿状况	1. 寻找并纠正病因 2. 对孕妇进行全面查体和阴道检查 3. 进行宫内复苏，会诊，关注图形变化 4. 进一步评估 5. 无改善或恶化，考虑终止妊娠
III	有两种情况。 第一种是胎心率基线无变异，并且存在下面任何一种情况： 1. 复发性晚期减速 2. 复发性变异减速 3. 胎心过缓（胎心率基线<110次/min） 第二种是正弦波型	胎儿存在酸碱平衡失调，即胎儿缺氧。应立即采取相应措施纠正胎儿缺氧，包括改变孕妇体位、吸氧、停止缩宫素使用、抑制宫缩和纠正孕妇低血压等措施。如果这些措施均不奏效，应该紧急终止妊娠	1. 同II类图形1~4条处理 2. 排除产程中突发事件，如脐带脱垂、胎盘早剥、子宫破裂等 3. 通知新生儿科、麻醉科，做好准备 4. 必要时加速产程（阴道手术产或剖宫产），尽快终止妊娠

5. 胎儿生物物理监测 即综合胎心电子监护及 B 超检查所示某些生理活动，以判断胎儿有无急、慢性缺氧的一种产前监护方法。根据 Manning 评分法（表 3-5），共五项指标，每项 2 分，满分 10 分，总分 8~10 分无急慢性缺氧，6~8 分可能有急或慢性缺氧，4~6 分有急或慢性缺氧，2~4 分有急性缺氧伴慢性缺氧，0 分有急慢性缺氧。

表 3-5 Manning 评分法

项目	2 分（正常）	0 分（异常）
无应激试验 NST（20min）	≥2 次胎动伴 FHR 加速，振幅≥15 次/min，持续≥15s	<2 次胎动；FHR 加速，振幅<15 次/min，持续<15s
胎儿呼吸运动 FBM（30min）	≥1 次，持续≥30s	无或持续<30s
胎动 FM（30min）	≥3 次躯干和肢体活动（连续出现计 1 次）	≤2 次躯干和肢体活动
肌张力 FT	≥1 次躯干伸展后恢复到屈曲，手指摊开合拢	无活动，肢体完全伸展，伸展缓慢，部分恢复到屈曲
羊水量 AFV	最大羊水池垂直直径>2cm	无或最大羊水池垂直直径≤2cm

二、胎肺成熟度检查

除计算胎龄外，还可通过经腹壁羊膜腔穿刺抽取羊水，进行下列项目检测了解胎儿肺发育情况。

1. 羊水卵磷脂 / 鞘磷脂（lecithin/sphingomyelin，L/S）**比值**　L/S 比值随孕周而上升，该值≥2 提示胎儿肺成熟。

2. 羊水泡沫试验（foam stability test）**或震荡试验**　是一种快速而简便测定羊水中表面活性物质的试验。试验利用表面活性物质既亲水又亲脂的特点而设计。试验方法：在两支试管中，分别加入 95% 酒精 1ml，第一支试管加羊水上清液 1ml，另一支加羊水上清液 0.75ml 及生理盐水 0.25ml，加盖后垂直用力振荡 15~20s，放置 15min 后观察，若两管液面均有完整泡沫环，意味着 L/S 比值≥2。如仅一管有泡沫环，而另一管无，则为临界值。两管均未见泡沫，提示胎肺未成熟。

3. 磷脂酰甘油　在妊娠 35 周时可测出，提示胎肺成熟，准确率高于 L/S 值。

第六节　妊娠期营养

妊娠期间，母体的营养状况直接关系自身健康及胎儿生长发育。中国营养学会发布了《中国孕妇、乳母膳食指南（2022）》，在普通人群膳食指南的基础上，针对妊娠期妇女提出了相应的膳食指导意见。

膳食指南主要包括 6 点：①调整孕前体重至正常范围，保证孕期体重适宜增长。②常吃含铁丰富的食物，选用碘盐，合理补充叶酸和维生素 D。③早孕反应严重者，可少量多餐，保证摄入含必需量碳水化合物的食物。④妊娠中晚期适量增加奶、鱼、禽、蛋、瘦肉的摄入。⑤经常户外活动，禁烟酒，保持健康生活方式。⑥愉快孕育新生命，积极准备母乳喂养。中国备孕与孕期妇女平衡膳食宝塔见图 3-21、图 3-22。

叶酸补充剂0.4mg/d
贫血者在医生指导下补充铁剂
每天30min以上中等强度运动
监测体重，调整体重至适宜范围
愉悦心情，充足睡眠
饮洁净水，少喝含糖饮料
不吸烟，远离二手烟
不饮酒

加碘食盐	5g
油	25g
奶类	300g
大豆/坚果	15g/10g
肉禽蛋鱼类	130~180g
瘦畜禽肉	40~65g
每周一次动物血或畜禽肝脏	
鱼虾类	40~65g
蛋类	50g
蔬菜类	300~500g
每周至少一次海藻类	
水果类	200~300g
谷类	200~250g
——全谷物和杂豆	75~100g
薯类	50g
水	1 500~1 700ml

图 3-21　中国备孕妇女平衡膳食宝塔

图 3-22　中国孕期妇女平衡膳食宝塔

Left side annotations of the pyramid:
- 叶酸补充剂0.4mg/d
- 贫血严重者在医生指导下补充铁剂
- 适度运动，经常户外活动
- 每周测量体重，维持孕期适宜增重
- 愉悦心情，充足睡眠
- 饮洁净水，少喝含糖饮料
- 准备母乳喂养
- 不吸烟，远离二手烟
- 不饮酒

	孕中期	孕晚期
加碘食盐	5g	5g
油	25g	25g
奶类	300~500g	300~500g
大豆/坚果	20g/10g	20g/10g
鱼禽蛋肉类	150~200g	175~225g
瘦畜禽肉	50~75g	50~75g
	每周1~2次动物血或肝脏	
鱼虾类	50~75g	75~100g
蛋类	50g	50g
蔬菜类	400~500g	400~500g
	每周至少一次海藻类	
水果类	200~300g	200~350g
谷类	200~250g	225~275g
——全谷物和杂豆	75~100g	75~125g
薯类	75g	75g
	每天必须至少摄取含130克碳水化合物的食物	
水	1 700ml	1 700ml

★孕早期食物量同备孕期（见中国备孕妇女平衡膳食宝塔）

一、体重管理

1.体重控制　孕妇体重增长是母婴健康的重要基础，近年来，超重与肥胖孕妇有所增加。体重增长过多或过快可导致妊娠期高血压疾病、妊娠糖尿病、巨大儿、难产等风险，体重增长过少或过慢可存在早产、低体重儿等风险。可根据妊娠前的体质指数（body mass index，BMI）估算妊娠期体重增长总量和增重速率，体质指数（BMI）＝体重（kg）/ 身高^2（m^2），详见表3-6。

表3-6　妊娠期妇女体重增长范围和增重速率推荐值*

妊娠前 BMI/（kg·m^{-2}）	总增重范围 /kg	妊娠早期增重范围 /kg	妊娠中晚期增重速度 /（kg·周$^{-1}$）
肥胖（≥28.0）	5.0~9.0	0~2.0	0.22（0.15~0.30）
超重（24.0~27.9）	7.0~11.0	0~2.0	0.30（0.22~0.37）
正常体重（18.5~23.9）	8.0~14.0	0~2.0	0.37（0.26~0.48）
低体重（<18.5）	11.0~16.0	0~2.0	0.46（0.37~0.56）

*中国营养学会团体标准《中国妇女妊娠期体重监测与评价》（T/CNSS009-2021）。

（1）体重监测应从备孕期开始，每周至少测量一次。注意使用校准过的体重仪，在固定的时间测量，测量前需排空大小便、脱鞋和仅着单衣，以保证测量的准确性。

（2）备孕期应将体重控制在正常范围。

2.运动指导　孕期体重适宜增长需要合理膳食，配合健康生活方式，更需要适当运动，妊娠期妇女需要在专科医生或专科护士指导下，根据自己的身体状况和运动习惯，结合主观感觉选择熟悉的活动类型、运动方式和时长，量力而行。建议妊娠中晚期每天进行 30min 中等强度的身体活动，如快走、游泳、孕妇瑜伽、各种家务劳动等，但登高、跳跃、长途旅行、潜水、滑雪、骑马等具有一定风险的运动，孕妇不适宜开展。

二、妊娠期保障摄入物质

根据指南要求，妊娠期妇女需注意以下 4 种物质摄入：①铁：动物血、肝脏、红肉中含铁丰富，吸收率高，摄入瘦肉 50~100g/d，摄入动物血或肝脏 20~50g/ 周，可满足妊娠期妇女对铁的需求。②叶酸：富含叶酸的食物包括动物肝脏、蛋类、豆类、酵母、绿叶蔬菜、水果及坚果类，但生物利用率低，故从妊娠前 3 个月开始需补充叶酸 0.4~0.8mg/d，妊娠后继续服用，可预防胎儿神经管缺陷发生。③碘：除食用碘盐外，每周摄入 1~2 次富含碘的海产品可提供孕期所需碘的含量。④维生素 D：动物肝脏、蛋黄、奶油中维生素 D 含量较高，每天晒太阳 10~20min，所合成的维生素 D 基本能满足身体需要。

三、妊娠早期膳食

妊娠早期早孕反应不明显的妇女可继续妊娠期平衡膳食。早孕反应明显或食欲不佳者膳食原则上注意以下 3 点：①选择清淡、易消化的食物。②少量多餐。③尽可能摄入足量食物，尤其是富含碳水化合物的谷薯类食物。每天至少摄入含 130g 碳水化合物的食物才能保证基本能量供应，首选米饭、面条、烤面包、烤馒头片、苏打饼干等。

四、妊娠中、晚期膳食

妊娠中晚期妇女要适当增加富含优质蛋白质、钙、铁等营养的食物摄入，原则上注意以下 3 点：①每天饮奶量应增至 500g。②妊娠中期鱼、禽畜及蛋类合计摄入量增至每天 150~200g，妊娠晚期增至每天 175~225g。③建议每周食用 1~2 次动物血或肝脏、2~3 次海产鱼类。

第七节　妊娠期健康教育

情景导入

李女士，37 岁，大专文化，手机旗舰店销售员，G_2P_1，妊娠 36 周，每周体重增加 0.6kg，近两天感觉胎动异常来就诊。检查血压 125/75mmHg，脉搏 90 次 /min，呼吸 18 次 /min。叩诊心浊音界无明显增大，听诊无异常发现，踝部以下水肿。既往体健。平时重视胎教。此时李女士十分担心无法正常分娩。

请思考：
1. 请选择健康教育的方法？
2. 对李女士进行健康教育时需着重强调哪些内容？

妊娠期健康教育是通过一系列有组织、有计划的活动，为孕妇和家属提供围产期保健指导，使孕妇保持积极心态，适应妊娠所带来的各种身体、心理反应，并为分娩及产后康复做好准备，促进其更好适应母亲角色和进行新生儿护理。

一、健康教育对象

1. 健康孕妇　该人群占的比例最大，由各年龄段的人群组成。对健康孕妇，健康教育主要侧重于卫生保健知识的宣传教育。目的是帮助维护良好的生活方式并保持健康，远离疾病。

2. 高危孕妇　对孕产妇及胎婴儿有较高危险性，可能导致难产及或危及母婴者，称高危妊娠。具有高危妊娠因素的孕妇，称为高危孕妇。健康教育应侧重于预防性健康教育，帮助他们掌握自我保健技巧，自觉纠正不良的行为及生活习惯，积极消除致病隐患。

3. 患病孕妇　包括各种急、慢性疾病孕妇。健康教育应侧重于康复知识教育，帮助他们积极配合治疗，自觉进行康复锻炼，减少残障，加速康复。

4. 家属及照顾者　他们与接触时间最长，他们中的一部分人由于长期护理产生心理和躯体上的疲惫，厌倦。健康教育应侧重于养病知识、自我监测技能及家庭护理技能的教育。

二、健康教育方法

应根据教育的具体内容、教育对象的文化水平及认知、学习特点进行选择健康教育的形式。最常用的形式主要有以下几种。

1. 语言健康教育　通过语言交流和沟通，有技巧性地讲解健康知识，是健康教育最基本最主要的形式，包括交谈、健康咨询、专题讲座、小组讨论等。

2. 文字健康教育　通过各种文字传播媒介达到健康教育目的的方法，包括传单、手册、报刊等。

3. 形象化健康教育　常以照片、图片、标本、模型、演示等形式传递健康信息。其特点是生动、形象、直观、真实性强，与文字性健康教育形式结合使用，能加强健康教育的效果。

4. 视听健康教育　包括广播、电影、电视、录音、录像、幻灯等形式，尤其适合操作技能的演示。

5. 网络健康教育　是指通过计算机网络进行健康信息传播的形式。可以通过文字、声音、图像或将三者结合起来进行。其优点是传播速度快、信息资源丰富、范围广、效果好，可以随时为社区居民提供各种健康保健知识。

三、健康教育内容

（一）妊娠相关知识

1. 妊娠期安全

（1）**环境安全**：用药一定在医生指导下使用；戒烟、戒酒、戒毒；远离环境中各种可能有害的理化因素；根据妊娠周数和工作性质调整工作强度，适当休息；尽量不去人群拥挤、空气不佳的场所，避免接触传染孕妇；根据环境温度增减衣物，预防感染；指导孕妇外出驾车或坐车时正确使用安全带。

（2）**孕期自我监护**：妊娠 28 周起，指导孕妇用胎动计数监测胎儿宫内情况。要求孕妇每日早、中、晚固定时间测一次胎动，每次 1h，三次的数值相加乘以 4，即 12h 的胎动数。正常情况下 12h 的胎动数在 30 次以上。如果胎动过于频繁，或者 12h 的胎动次数 <10 次，说明胎儿缺氧，需要去医院做进一步检查。教会家庭成员听胎心并计数，胎心率正常是 110~160 次 /min，若胎心率超过 160 次 /min 或少于 110 次 /min，提示胎儿可能缺氧，应采取左侧卧位，并及时就医。

（3）**清洁和舒适**：孕妇养成良好的卫生习惯，勤洗澡，以淋浴为主，注意安全，特别妊娠中晚期，注意保持身体平衡，预防滑倒；勤换内衣，衣裤应宽松、柔软、透气，冷暖适宜；选择高度适宜、软底、防滑、大小合适的鞋；注意口腔卫生，选用软毛牙刷刷牙以减少牙龈出血。

（4）**活动和休息**：孕妇 28 周后应适当减轻工作量，避免重体力劳动；增加休息时间，每日应保证 8~10h 睡眠，取左侧卧位为宜；工作需久站者，应间断抬高下肢，穿着适宜的弹力裤或袜；需久坐者，需适时起立行走，抬高下肢。保持适度活动，如腰、腿部运动，日常家务活动、散步、孕妇体操、游泳等。

（5）**性生活指导**：妊娠前 3 个月及末 3 个月，应避免性生活，防止流产、早产及感染。

2. 胎教　是优生学的重要内容。根据不同孕期可选择适宜的胎教方法，如环境胎教、营养胎教、情绪胎教、语言胎教、音乐胎教、运动胎教、抚触胎教、光照胎教、意念胎教等。

（二）分娩相关知识

分娩相关知识（识别先兆临产与临产、常见分娩方法和分娩的准备）和妊娠期不适的护理组织内容。

1. 识别先兆临产与临产　分娩发动前，出现预示孕妇不久即将临产的症状，称为先兆临产

(threatened labor)，如：不规律宫缩（假临产）、胎儿下降感、见红。临近预产期的孕妇，如出现阴道血性分泌物或规律宫缩（间歇 5~6min，持续 30s）则为临产，应尽快到医院就诊。如阴道突然大量液体流出，嘱孕妇平卧抬高臀部，急诊入院，防止脐带脱垂而危及胎儿生命。

2. 常见分娩方法 ①阴道分娩：是自然的生理过程，其优点包括：出血少、不需麻醉、产后恢复快；子宫收缩可锻炼胎肺，为出生后建立自主呼吸创造有利条件；产道的挤压作用可防止新生儿吸入性肺炎；胎儿头部受盆底挤压而充血，为脑部的呼吸中枢提供良性刺激。②剖宫产术：是解决难产等高危妊娠的选择，有严格指征，且并发症的发生也较阴道分娩多。

3. 分娩的准备 ①精神准备：产妇应该要有信心，用愉快的心情迎接宝宝的诞生，丈夫应该给予孕妇充分的关怀和爱护，周围的亲戚朋友及医护人员也必须给孕妇一定的支持和帮助。②身体准备：分娩时体力消耗较大，因此分娩前必须充分休息。接近预产期的孕妇应尽量不外出和旅行，但也不要长时间卧床休息，可选择轻微的、力所能及的运动。临产前绝对禁忌性生活，以免引起胎膜早破和产时感染。住院前应洗澡，保持身体清洁，进浴室须有人陪伴，防止晕厥。在妻子临产期间，丈夫尽量不要外出或安排其他人陪伴。③物品准备：包括产妇用物和新生儿用物。如产妇的身份证、医保卡、孕妇保健手册及住院费用等。生活用品，如洗漱用品，消毒卫生巾，卫生纸，内衣，内裤等。分娩时需喝的饮料、吃的点心等。新生儿用品包括新生儿的衣服、包被、纸尿裤或经消毒的布尿片、小毛巾、垫被、婴儿护肤柔湿巾等。皮肤护理用品，如护臀霜、沐浴露、润肤油等。因医学指征需行人工喂养者应准备消毒好的奶瓶、奶嘴以及奶粉等。

（三）妊娠期不适症状护理知识

1. 恶心、呕吐 是常见的早孕反应症状，多在妊娠 6 周左右出现，12 周前后消失。指导孕妇避免空腹，清晨起床后可吃些饼干或面包，少量多餐，饮食清淡；给予孕妇精神支持和鼓励，减少心理担忧。症状严重或妊娠 12 周后仍继续呕吐者，应及时去医院检查。

2. 尿频、尿急、夜尿增多 尿频、尿急常发生在妊娠初 3 个月及末 3 个月，多因压迫引起，若无任何感染征象，可给予解释，不必处理，孕妇无须通过减少液体摄入量来缓解症状。卧床休息或睡眠时，肾血流量增加，尿液增多，若影响睡眠可合理调整晚餐后的饮水时间和饮水量。若出现尿痛、排尿困难、血尿等表现，需及时就医。

3. 白带增多 指导孕妇每日清洗外阴，减少分泌物刺激，但严禁阴道冲洗。宜选择透气性好的棉质内裤并经常更换。于妊娠初 3 个月及末 3 个月明显，但应排除滴虫、真菌、淋菌、衣原体等感染。

4. 水肿及下肢、外阴和直肠静脉曲张 妊娠期因下肢静脉压升高，易发生下肢水肿，下肢、外阴及直肠静脉曲张。应指导孕妇避免久站久坐，常变换体位；适当行走以收缩小腿肌肉或抬高下肢，按医嘱穿弹力裤或袜，促进静脉回流；指导孕妇休息时取左侧卧位。外阴部有静脉曲张者，可臀下垫枕，抬高髋部，保持外阴的清洁，避免感染。需注意，妊娠期生理性水肿，经休息后多可消退，若发生下肢明显凹陷性水肿或经休息后不消退，应警惕病理情况。

5. 仰卧位低血压综合征 指妊娠晚期孕妇仰卧位时，出现头晕、恶心、呕吐、胸闷、面色苍白、出冷汗、心跳加快及不同程度血压下降的一组综合征。嘱孕妇左侧卧位后症状自然消失，则不必紧张。

6. 便秘 是妊娠期常见症状，指导孕妇增加饮水量、进食富含纤维素的蔬菜水果，适当活动，养成定时排便的习惯，勿擅自使用缓泻剂等。

7. 腰背痛 指导孕妇穿坡跟软底舒适的鞋；站立、下蹲、托举物品及爬楼梯时保持良好姿势，上身直立，膝部弯曲，避免弯腰；坐位需站立时，身体应先挪至座椅边缘，而后身体前倾，待重力转移至双脚后站起，卧位时应先侧身移至床旁，利用手肘的力量慢慢坐起，待无头晕等不适时再站起。适当活动锻炼腰背肌、佩戴腰带、局部热敷或理疗，可减轻症状。疼痛严重者，须卧床休息时，宜睡硬床垫。

8. 下肢痉挛　多发生于妊娠晚期,夜间多见。指导孕妇避免腿部着凉、疲劳、伸腿时避免脚趾尖伸向前,走路时脚跟先着地;若考虑痉挛是因钙磷不平衡引起,应限制含磷饮食(如牛奶)的摄入,必要时补充钙剂。下肢肌肉痉挛发作时,应背伸脚部,拉伸抽搐肌肉,也可配合局部热敷和按摩缓解痉挛。

9. 失眠　每日坚持户外活动,规律作息,睡前梳头,温水泡脚,饮热牛奶等方式均有助于入眠。

10. 贫血　孕妇应适当增加含铁食物的摄入,如动物肝脏、瘦肉、豆类、蛋黄等。因病情需要补充铁剂时,宜饭后服用,饮用富含维生素 C 的水果汁,避免饮茶,以促进铁的吸收,服用铁剂后大便可能会变成黑色,或可能导致便秘或轻度腹泻,应向孕妇解释,嘱其不必担心。

（王　敏　简雅娟）

思考题

1. 孕妇肖女士,28 岁。主诉:停经 8 周,恶心、乏力 5d 就诊。平时月经规则,月经周期为 28d,末次月经为 2022 年 11 月 3 日(+)。体格检查:无异常。妇科检查:外阴已婚未产型;阴道畅;宫颈光滑,紫蓝色;子宫略增大,质柔软;双附件未见异常。辅助检查:尿妊娠试验(+),超声检查示宫内妊娠,见胎心搏动。

责任护士告知她已怀孕,处于妊娠早期。肖女士既惊讶又惊喜,丈夫非常高兴,随后他们咨询了"停经 8 周了,胚胎有多大""预产期是哪天"等一系列问题。

请思考:

(1) 肖女士的预产期是哪天?

(2) 请说明如何对肖女士开展健康教育及指导?

2. 孕妇刘女士,34 岁。主诉:停经 7⁺⁴ 周,恶心、呕吐 7d。现病史:平时月经周期 28d,经期 4~5d,量中等,无痛经,1 周前无明显诱因出现恶心、呕吐、疲倦嗜睡,晨起恶心、呕吐加重。体格检查:无异常。妇科检查:外阴已婚未产型;阴道通畅;宫颈光滑,紫蓝色;子宫增大如孕 50d 大小;双附件未发现异常。辅助检查:尿妊娠试验(+),B 超检查提示孕囊发育正常。责任护士告知刘女士已怀孕,现在处于妊娠早期。刘女士听后很惊讶、不敢相信,接受事实后很高兴,但恶心、呕吐让她感到紧张,担心会影响胎儿健康,询问责任护士:可否服用止吐的药物? 正常早期妊娠会出现哪些反应?

请思考:

(1) 该孕妇是否需要服用止吐药? 正常早期妊娠会出现哪些反应?

(2) 孕妇和家属应该做好哪些心理 - 社会方面的准备?

3. 孕妇王女士,31 岁。主诉:停经 32⁺⁴ 周,下肢痉挛 5d。妊娠期的产前筛查:未见异常。体格检查:均无异常。产科检查:宫高 31cm,腹围 92cm,胎心率 145 次 /min,胎位 LOA,无宫缩。孕妇告诉责任护士最近 5d 夜间出现多次小腿痉挛现象,影响了她的睡眠,孕妇担心会影响胎儿的健康。

ER 3-13

练习题

请思考:

(1) 如何缓解该孕妇诉说的孕期症状?

(2) 护士如何指导孕妇使用简便的方法监测胎儿宫内情况?

第四章 ｜ 分娩期妇女的护理

教学课件

思维导图

学习目标

1. 掌握：影响分娩的因素及其相互作用关系。
2. 熟悉：新生儿出生后的即刻护理。
3. 了解：枕左前位的分娩机制。
4. 具备：针对分娩期产妇实施整体护理的能力。

妊娠满 28 周及以后，胎儿及其附属物从临产发动至从母体全部娩出的过程，称为分娩（labor, delivery）。妊娠满 28 周至 36^{+6} 之间分娩者，称为早产（premature delivery）；妊娠满 37 周至 41^{+6} 周之间分娩者，称为足月产（term delivery）；妊娠满 42 周及以后分娩者，称为过期产（postterm delivery）。

情景导入

产科急症，晚 10:00，孕妇王女士在丈夫的搀扶下来医院就诊。

孕妇 27 岁，G$_1$P$_0$，宫内妊娠 39^{+2} 周，产前检查未见异常。大约 3h 前孕妇感觉间断腹痛，持续时间较短，未在意。21:30 左右疼痛持续时间越来越长，无法入睡，遂来院就诊。

请思考：

1. 请评价目前孕妇的一般情况是否正常？
2. 孕妇出现的间断腹痛是否可认为已经临产？
3. 孕妇能否正常分娩？

第一节　影响分娩的因素

发动分娩的原因至今尚未明确，一般认为是多种因素作用的结果。影响分娩的因素有产力、产道、胎儿及社会心理因素。分娩过程中，分娩各因素均正常并相互协调适应，胎儿顺利地经阴道自然娩出，即为正常分娩。

一、产力

将胎儿及其附属物从子宫腔内逼出的力量，称为产力。产力包括子宫收缩力、腹肌及膈肌收缩力和肛提肌收缩力。

（一）子宫收缩力

子宫收缩力（简称宫缩），是分娩的主要力量，贯穿于整个分娩过程。临产后的宫缩能迫使宫颈管缩短直到消失，宫颈口扩张，胎先露下降，胎儿及其附属物娩出。临产后的正常宫缩具有以下特点：

1. **节律性**　宫缩具有节律性是临产的重要标志之一。正常宫缩是子宫体部不随意、有规律的阵发性收缩。每次收缩总是由弱渐强（进行期），维持一定的时间（极期），随后再由强渐弱（退行期），直至消失进入间歇期（图 4-1）。间歇期子宫肌肉松弛。节律性宫缩如此反复出现直至分娩全过程结束。

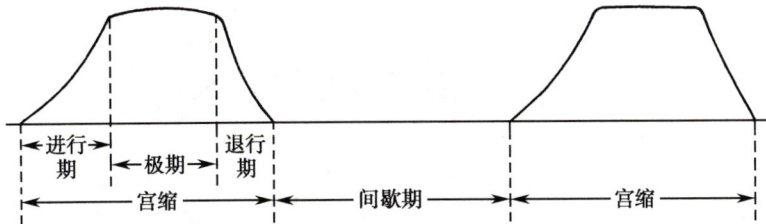

图 4-1　临产后正常宫缩节律性示意图

临产开始时，宫缩持续时间约 30s，间歇期 5~6min，宫腔内的压力 3.3~4.0kPa（25~30mmHg）。随着产程进展，宫缩持续时间逐渐延长，间歇期逐渐缩短。当宫口开全之后，宫缩持续时间可长达 60s，间歇期可缩短至 1~2min，宫腔内的压力可高达 13.3~20.0kPa（100~150mmHg）。宫缩时，子宫肌壁血管及胎盘受压，致使子宫血流减少。但于间歇期子宫壁放松，宫腔内压力仅为 0.8~1.6kPa（6~12mmHg），子宫血流量又恢复到原来水平，胎盘绒毛间隙血流重新充盈，胎儿又得到充分的氧气。宫缩的节律性对胎儿是有利的。

2. **对称性和极性**　正常宫缩起自子宫角部，迅速向子宫底中央集中，左右对称，然后以每秒约 2cm 的速度向子宫下段扩散，约 15s 后均匀协调地遍及整个子宫。此为子宫收缩的对称性（图 4-2）。

宫缩以子宫底部最强最持久，向下则逐渐减弱，子宫底部收缩力的强度几乎是子宫下段的两倍，此为子宫收缩的极性。

3. **缩复作用**　宫缩时，子宫体部肌纤维缩短、变宽，间歇时肌纤维虽又重新放松，但不能恢复到原来的长度而较前略短，经过反复收缩，肌纤维越来越短，这种现象称为缩复作用。缩复作用使子宫腔内容积逐渐缩小，迫使胎先露不断下降、宫颈管逐渐消失。

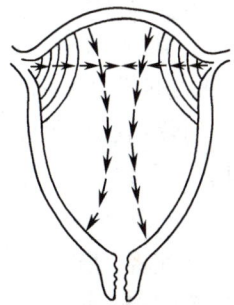

图 4-2　子宫收缩的对称性

（二）腹肌及膈肌收缩力

腹肌及膈肌收缩力（简称腹压），是第二产程中胎儿娩出的重要辅助力量。当宫口开全后，胎先露已下降至阴道。每当宫缩时，胎先露压迫盆底组织及直肠，反射性地引起排便动作，产妇用力屏气使腹内压增高。腹压在第二产程末配合宫缩最有效，可促使胎儿娩出，在第三产程可促使胎盘娩出。而过早用腹压易使产妇疲劳和宫颈水肿，导致产程延长。

（三）肛提肌收缩力

肛提肌收缩力有协助胎儿先露部在骨盆腔进行内旋转的作用，当胎头枕部露于耻骨弓下时，还能协助胎头仰伸及娩出。胎儿娩出后，胎盘降至阴道时，肛提肌收缩力有助于胎盘娩出。

二、产道

产道（birth canal）是胎儿娩出的通道，分为骨产道和软产道两部分。

（一）骨产道

骨产道指真骨盆，是产道的重要部分。骨产道的大小、形状与分娩关系密切。为了便于理解分娩时胎儿通过骨产道的过程，通常将骨盆分为以下 3 个假想平面。

1. **骨盆入口平面**（pelvic inlet plane）　即真、假骨盆的交界面，其前方为耻骨联合上缘，两侧为髂耻缘，后方为骶岬上缘。入口平面呈横椭圆形，共有四条径线（图4-3）。①入口前后径：又称真结合径。耻骨联合上缘中点至骶岬前缘正中间的距离，平均值为11cm，是胎先露进入骨盆入口平面的重要径线，与分娩关系密切；②入口横径：左右髂耻缘间的最大距离，平均值为13cm；③入口斜径：左骶髂关节至右髂耻隆突间的距离为左斜径；右骶髂关节至左髂耻隆突间的距离为右斜径，平均值为12.75cm。

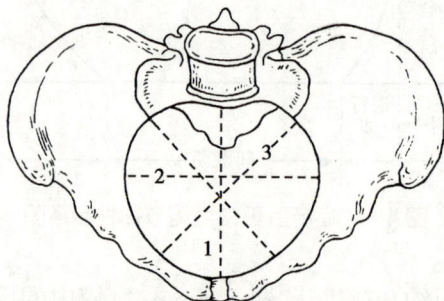

图4-3　骨盆入口平面各径线
1.前后径约11cm；2.横径约13cm；3.斜径约12.75cm。

2. 骨盆中骨盆平面（pelvic mid plane）　即骨盆最小平面，最狭窄。其前方为耻骨联合下缘，两侧为坐骨棘，后方为骶骨下端。此平面呈纵椭圆形，直接影响胎头入盆后的内旋转，与分娩关系密切。中骨盆平面共有两条径线（图4-4），分别为①中骨盆前后径：耻骨联合下缘中点经坐骨棘连线中点至骶骨下端的距离，平均值为11.5cm；②中骨盆横径：即坐骨棘间径。指两坐骨棘之间的距离，平均值为10cm，是胎先露部经过中骨盆的重要径线。

3. 骨盆出口平面（pelvic outlet plane）　由两个在不同平面的三角形组成。前三角形的顶端是耻骨联合下缘中点，两侧是耻骨降支；后三角形的尖端是骶尾关节，两侧为骶结节韧带。骨盆出口平面共有四条径线（图4-5）：出口前后径、出口横径、出口前矢状径和出口后矢状径。出口横径：即坐骨结节间径，指两坐骨结节间的距离，平均值为9cm，是胎先露部经过骨盆出口的重要径线，与分娩关系密切。出口后矢状径：骶尾关节至坐骨结节间径中点的距离，平均值为8.5cm。若出口横径稍短，则应测量出口后矢状径，两径线之和＞15cm时，一般大小的足月胎头可通过后三角区经阴道娩出。

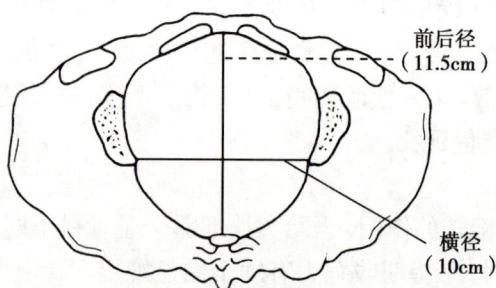

图4-4　中骨盆平面径线

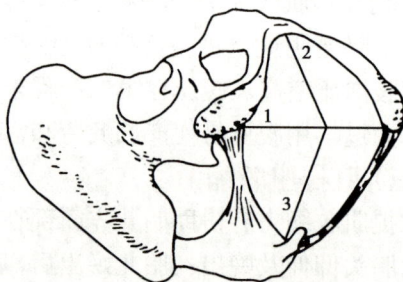

图4-5　骨盆出口平面径线
1.出口横径；2.出口前矢状径；3.出口后矢状径。

4. 骨盆轴（axis of pelvis）**与骨盆倾斜度**（inclination of pelvis）　连接骨盆各假想平面中心点的曲线为骨盆轴。该轴上段向下向后，中段向下，下段向下向前，分娩时胎儿沿此轴娩出（图4-6）。正常妇女直立时，骨盆入口平面与地平面所形成的角度为骨盆倾斜度，一般为60°（图4-7）。角度过大时会影响胎头衔接。

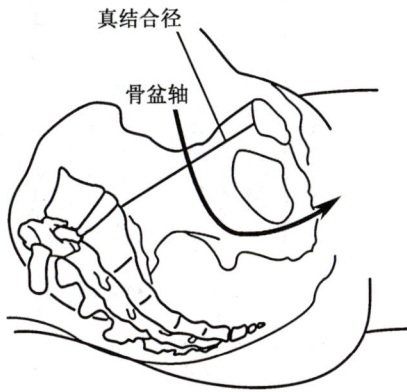

图 4-6 骨盆轴

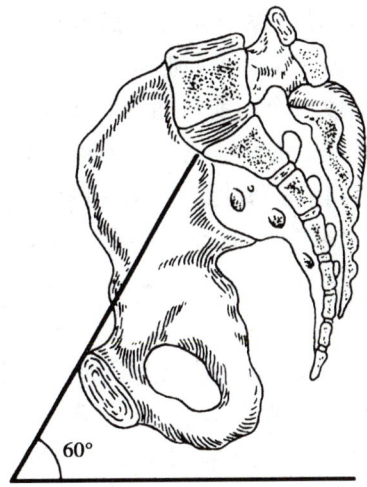

图 4-7 骨盆倾斜度

（二）软产道

软产道是由子宫下段、宫颈、阴道及盆底软组织构成的一弯曲管道。

1. 子宫下段的形成 由非孕时长约 1cm 的子宫峡部形成。子宫峡部于妊娠 12 周后逐渐扩展成为宫腔的一部分，至妊娠末期逐渐拉长形成子宫下段。临产后的规律宫缩进一步使子宫下段拉长达 7~10cm（图 4-8），肌壁变薄成为软产道的一部分。由于子宫肌纤维的缩复作用，子宫上段的肌壁越来越厚，子宫下段的肌壁被牵拉越来越薄。由于子宫上下段的肌壁厚薄不同，在两者之间的子宫内面有一环状隆起，称为生理性缩复环（physiologic retraction ring）（图 4-9）。

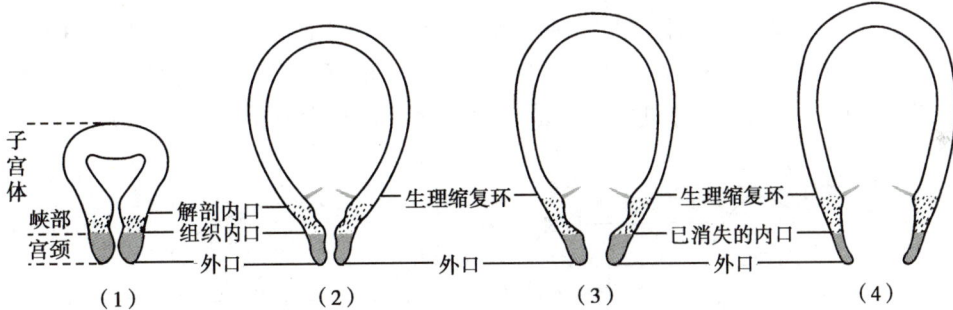

图 4-8 子宫下段形成及宫颈口扩张

2. 子宫颈的变化 临产后宫颈发生两种变化：宫颈管消失和宫颈口扩张。初产妇多是宫颈管先缩短、消失，宫颈外口后扩张；经产妇则多是宫颈管消失与宫颈外口扩张同时进行。临产后宫口扩张主要是子宫收缩和缩复向上牵拉的结果。

临产前宫颈管长 2~3cm，临产后的规律宫缩牵拉及胎先露、前羊水囊的直接压迫，致使宫颈内口向上向外扩张，宫颈管呈漏斗形，逐渐变短直到消失，成为子宫下段的一部分。胎先露部衔接后，宫缩时前羊水不能回流，子宫下段胎膜容易与该部位蜕膜分离，形成前羊水囊，有助于宫颈外口扩张。宫口扩张近开全时胎膜多自然破裂，破膜后胎先露部直接压迫宫颈，使宫颈外口扩张进一步加快，宫口开全后妊娠足月胎头方能通过（图 4-10）。

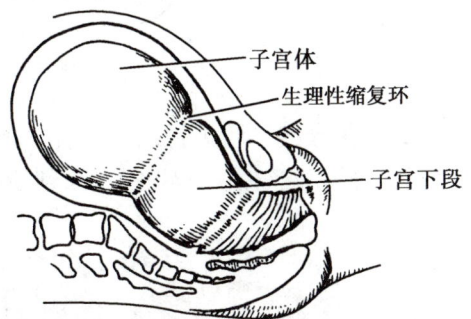

图 4-9 软产道在临产后的变化

3. 骨盆底、阴道及会阴的变化　临产后前羊水囊与胎先露部将阴道上部撑开，破膜后胎先露部直接压迫盆底时，软产道下段形成一个向前弯曲的筒状通道，阴道壁黏膜皱襞展平，肛提肌扩展，肌纤维拉长，会阴由 4~5cm 厚的会阴体被极度拉伸成 2~4mm 薄的组织，以利胎儿通过。临产后，会阴体虽能承受一定压力，但若产时处理不当，极易造成会阴体裂伤。

三、胎儿

胎儿大小、胎方位及有无畸形是影响分娩的重要因素之一。分娩时，即使骨盆大小正常，如胎儿过大或胎头径线过长，也可出现头盆不称导致难产。

（一）胎头

在分娩过程中，胎头是胎体的最大部分，也是胎儿通过产道最困难的部分，当胎儿过大导致胎头径线大时，或胎儿过熟致颅骨变硬而不易变形时，尽管骨盆大小正常，也可引起相对性头盆不称造成难产。

1. 胎头结构　胎儿头颅是由 2 块顶骨、2 块额骨、2 块颞骨及 1 块枕骨构成。颅骨之间的缝隙称为颅缝，缝与缝之间的空隙称为囟门（图 4-11）。颅缝共有 5 条，分别为①矢状缝：位于头顶部中央，两顶骨之间；②冠状缝：位于两顶骨与两额骨之间；③额缝：位于两额骨之间；④人字缝：位于两顶骨与枕骨之间；⑤颞缝：位于颞骨与顶骨之间。囟门有前囟门和后囟门，前囟门呈菱形，由额缝、冠状缝和矢状缝汇合而成，位于胎头前方，亦称大囟门。后囟门呈三角形，由矢状缝与人字缝汇合而成，位于胎头后方，亦称小囟门。囟门和矢状缝是产程进展中判断胎方位的重要标志。

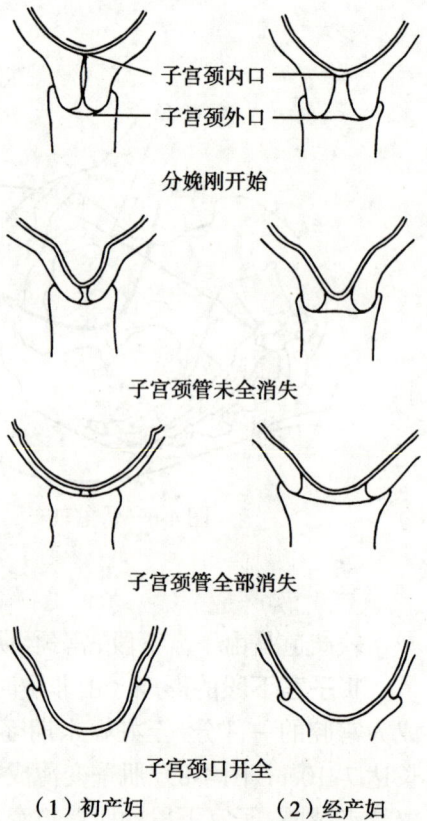

图 4-10　宫颈管消失与宫口扩张步骤

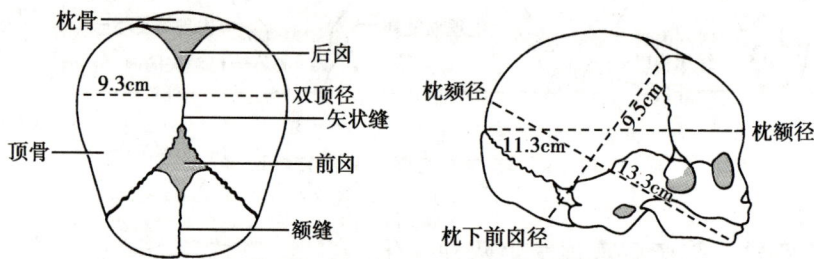

图 4-11　胎头颅骨、颅缝、囟门及径线

2. 胎头径线　胎头径线主要有 4 条（表 4-1），包括：双顶径（biparietal diameter，BPD）、枕额径、枕下前囟径和枕颏径。双顶径用来判断胎儿大小，胎儿一般以枕额径衔接，以枕下前囟径通过产道。

表 4-1　胎头径线的测量与长度

径线名称	测量方法	长度 /cm
双顶径（BPD）	两顶骨隆突之间的距离	9.3
枕额径	从鼻根至枕骨隆突的距离	11.3
枕下前囟径	从前囟门中央至枕骨隆突下方的距离	9.5
枕颏径	从下颏骨下方中央至后囟门顶部的距离	13.3

(二) 胎位

胎位是决定胎儿能否正常分娩的另一重要因素。因为产道是一纵形管道，所以以纵产式容易通过产道。头位时，在分娩过程中颅骨重叠，使胎头变形，周径变小，有利于胎头娩出。臀位时，胎臀先娩出，因胎臀较胎头周径小且软，软产道未经充分扩张即可娩出，再者胎头无变形机会，易造成后出胎头困难。横位时，胎体纵轴与骨盆轴垂直，足月活胎不能通过产道，对母儿威胁极大。

(三) 胎儿畸形

胎儿某一部分发育异常，如脑积水、连体儿等，由于胎头或胎体过大，常造成通过产道困难。

四、社会心理因素

近年来社会心理因素改变产妇精神心理状态对分娩过程的影响越来越受重视，与产力、产道、胎儿并列为影响分娩的第四大因素。尽管分娩是一正常的生理过程，但对于大多数产妇而言，强烈的宫缩痛、陌生的分娩环境以及对妊娠结局的不确定性依然会导致产妇出现一系列特征性心理应激反应，主要表现为过度焦虑、不安和恐惧。产妇过度的焦虑、不安和恐惧，又会使机体出现心率加快、呼吸急促，肺内气体交换不足，致使子宫缺氧而宫缩乏力、产程延长、宫口扩张缓慢、胎先露下降延缓甚至停滞，产妇体力消耗过多，显著增加胎儿窘迫、新生儿窒息、产后出血等不良妊娠结局的风险。

事实证明，日常生活中接触良好的自然分娩案例越多，分娩前通过孕妇学校、分娩课堂学习，充分了解妊娠分娩全过程，能够正确认识分娩的妇女，产时心理应激反应相对较小，更易接受自然分娩。此外，配偶产时的悉心陪伴、安静舒适的分娩环境、先进的医疗设备，助产人员精湛的专业技术与有效的沟通解释，教会产妇呼吸调整和躯体放松技术等都会增强产妇的分娩信心，减轻其焦虑程度，促使产妇顺利完成分娩过程。

第二节　正常分娩过程及护理

一、分娩机制

分娩机制 (mechanism of labor) 是指分娩过程中，胎儿先露部随着骨盆各平面的不同形态，被动地进行一系列适应性转动，以其最小径线通过产道的全过程。临床上枕先露占 95.75%~97.75%，又以枕左前位 (LOA) 最多见，故以枕左前位 (LOA) 为例进行说明 (图 4-12)。

1. **衔接** (engagement)　胎头双顶径进入骨盆入口平面，颅骨最低点接近或达到坐骨棘水平，称为衔接。正常情况下胎头半俯屈状态进入骨盆入口，以枕额径衔接。由于枕额径大于骨盆入口前后径，故胎头矢状缝衔接于骨盆入口的右斜径上，胎头枕骨在骨盆的左前方。经产妇多在分娩开始后胎头衔接，部分初产妇可在预产期前 1~2 周内衔接。若初产妇分娩已开始而胎头仍未衔接，应警惕有无头盆不称。

2. **下降** (descent)　胎头沿骨盆轴前进的动作称为下降。下降动作呈间断性，贯穿于分娩全过程并与其他动作相伴随。促使胎头下降的因素包括宫缩时通过羊水传导的压力、宫缩时子宫底直接压迫胎臀、胎体伸直伸长以及腹肌的收缩。胎头在下降过程中受到盆底的阻力，发生俯屈、内旋转、仰伸、复位和外旋转等动作。临床上常以胎头下降程度作为判断产程进展的重要标志之一。

3. **俯屈** (flexion)　胎头下降至骨盆底时，处于半俯屈状态的胎头枕部遇盆底肛提肌阻力，借杠杆作用进一步俯屈，使下颌接近前胸，由原来的枕额径 (11.3cm) 变为枕下前囟径 (9.5cm)，以最小径线适应产道继续下降。

4. **内旋转** (internal rotation)　胎头为适应中骨盆及骨盆出口前后径大于横径的特点，通过旋转

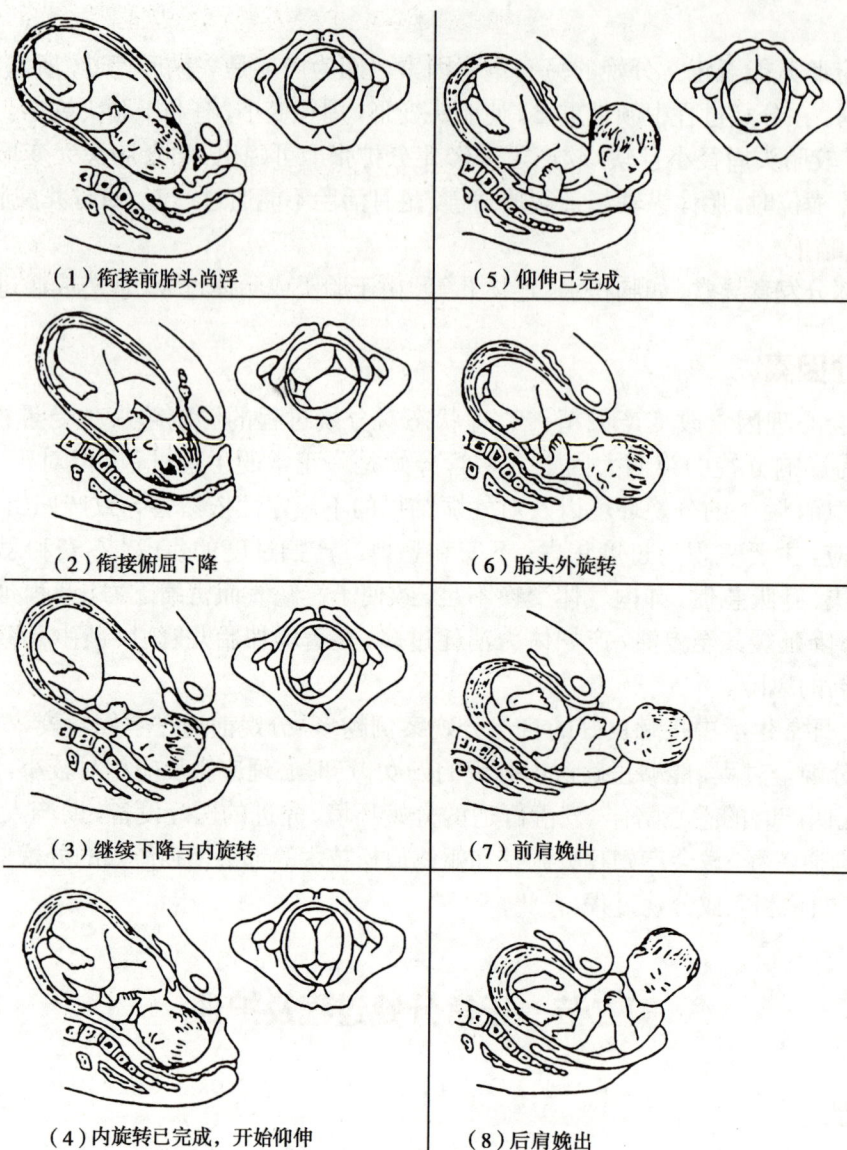

（1）衔接前胎头尚浮　　　　　　　　（5）仰伸已完成

（2）衔接俯屈下降　　　　　　　　　（6）胎头外旋转

（3）继续下降与内旋转　　　　　　　（7）前肩娩出

（4）内旋转已完成，开始仰伸　　　　（8）后肩娩出

图 4-12　枕左前位分娩机制示意图

使其矢状缝与中骨盆及骨盆出口前后径相一致，称为内旋转。枕先露时胎头枕部位置最低，到达骨盆底后肛提肌收缩将胎头枕部推向阻力小、空间相对较宽的前方，枕左前位的胎头枕部向前旋转45°，后囟转至耻骨联合下方。胎头于第一产程末完成内旋转动作。

5. 仰伸（extention）　完成内旋转后，胎头继续下降达阴道口时，宫缩和腹压迫使胎头下降，而肛提肌收缩力又将胎头向前推进，两者的合力使胎头发生仰伸。胎头枕骨下部达耻骨联合下缘时，以耻骨联合下缘为支点，使胎头顶、额、鼻、口、颏相继娩出。此时胎儿双肩径沿左斜径进入骨盆入口。

6. 复位（restitution）**及外旋转**（external rotation）　胎头娩出后，为使胎头与胎肩恢复正常关系，胎头枕部向左旋转45°，称为复位。胎肩在盆腔内继续下降，为适应骨盆出口前后径大于横径的特点，前（右）肩向前向中线旋转45°，胎儿双肩径转成与出口前后径相一致的方向，则胎头枕部需在外继续向左旋转45°，以保持胎头与胎肩的垂直关系，称为外旋转。

7. 胎肩及胎儿娩出　胎头完成外旋转后，前肩在耻骨弓下先娩出，随即后肩于会阴前缘娩出。双肩娩出后，胎体及下肢随之顺利娩出。

二、先兆临产、临产及产程分期

(一) 先兆临产

分娩发动前,出现预示孕妇不久即将临产的症状,称为先兆临产(threatened labor)。

1. 不规律宫缩　又称假临产(false labor)。孕妇在妊娠晚期出现不规律的子宫收缩,其特点是:①持续时间短,一般不超过 30s,也不恒定;宫缩间隔时间长且不规律。②宫缩强度不增加,只感到下腹部有轻微胀痛。③不伴有宫颈管缩短和宫口扩张。④常在夜间出现,清晨消失。⑤可被镇静药缓解。假临产是正常的生理现象,有助于宫颈的成熟,并为分娩发动作准备。但过频会干扰孕妇休息,使孕妇在临产前疲惫不堪。这种现象在精神紧张的初产妇比较多见。

2. 胎儿下降感(lightening)　又称"轻松感"。这是由于胎儿的先露部下降,入盆衔接,孕妇自觉呼吸较以前轻快,上腹部比较舒适。下降的先露部可压迫膀胱引起尿频。

3. 见红(show)　大多数孕妇在临产前 24~48h 内(少数一周内),因为在宫颈内口附近的胎膜与子宫壁分离,毛细血管破裂出现少量出血,与宫颈黏液相混经阴道排出,即为见红。见红是分娩即将开始的可靠征象,但如果阴道流血量较多,超过平时月经量,不应视为见红,而应考虑妊娠晚期出血。

(二) 临产诊断

临产(in labor)开始的标志是出现规律且逐渐增强的子宫收缩,持续 30s 及以上,间歇 5~6min,同时伴有进行性宫颈管消失、宫口扩张和胎先露下降。

(三) 产程分期

总产程(total stage of labor)即分娩全过程,是指从出现规律宫缩至胎儿胎盘娩出为止。临床通常将其分为三个产程。

1. 第一产程(first stage of labor)　又称宫颈扩张期,从出现间歇 5~6min 的规律宫缩开始到宫口开全(10cm)。按照宫口扩张的程度,第一产程又可分为潜伏期和活跃期。

(1) **潜伏期**(latent phase):为宫口扩张的缓慢阶段。初产妇一般不超过 20h,经产妇不超过 14h。

(2) **活跃期**(active phase):为宫口扩张的加速阶段,宫口开至 4~5cm,最迟 6cm 即进入活跃期,此期宫口扩张速度应≥0.5cm/h。

2. 第二产程(second stage of labor)　又称胎儿娩出期,从宫口开全到胎儿娩出。未实施硬膜外麻醉的初产妇不超过 3h,经产妇不超过 2h。实施硬膜外麻醉可在此基础上延长 1h,初产妇不超过 4h,经产妇不超过 3h。第二产程不应盲目等待时限,初产妇超过 1h 应关注产程进展,超过 2h 需要有经验的医生对母儿状态进行全面评估后决定下一步处理方案。

3. 第三产程(third stage of labor)　又称胎盘娩出期,从胎儿娩出到胎盘娩出,即胎盘剥离和娩出的过程,需 5~15min,不应超过 30min。

三、第一产程产妇的护理

(一) 护理评估

1. 健康史

(1) 核对产妇一般情况,包括:姓名、年龄、孕育史、末次月经、预产期、身高、体重等。

(2) 了解此次妊娠经过,包括:产前检查情况,妊娠期是否出现并发症及处理情况。

(3) 询问既往史,是否存在合并症及处理情况,有无过敏,既往妊娠与分娩情况等。

(4) 掌握此次就诊情况和当前状态,如胎动情况、宫缩情况,有无阴道出血或流液等。

2. 身体状况

(1) **一般情况**:测量体温、脉搏、呼吸和血压,评估产妇疼痛度。由于宫缩疼痛会导致血压上升，故测血压需要在宫缩间歇期进行。

（2）**胎儿情况**：可通过胎心听诊器、多普勒胎心听诊仪或胎儿监护仪监测胎心情况。由于宫缩会导致胎心波动，故需要在宫缩间歇期进行胎心听诊，记录胎心率。应用胎儿监护仪一般连续监测40min，了解胎心率的动态变化及与宫缩、胎动的关系，以评估胎儿宫内状况。

（3）**规律宫缩**：临产开始时，宫缩持续时间较短（约30s），间歇时间较长（5~6min）。随着产程进展，宫缩持续时间逐渐延长（50~60s），且强度不断增加，间歇时间不断缩短（2~3min）。当宫口近开全时，宫缩持续时间可长达1min，间歇期仅1~2min。

（4）**宫口扩张**（dilatation of cervix）：当宫缩渐频且不断增强时，宫颈管逐渐变软、展平、宫口不断扩大，宫口扩张速度先慢后快直到开全。当宫口开全（10cm）时，子宫下段、宫颈及阴道形成筒状软产道。

（5）**胎先露下降**：在宫口扩张的同时伴有胎先露的下降，其下降程度是决定能否经阴道分娩的重要观察项目。胎头于潜伏期下降不明显，于活跃期下降加快，平均每小时下降0.86cm，可作为估计分娩难易的有效指标之一。胎先露的下降程度是以胎头颅骨最低点与坐骨棘连线的关系标明，第一产程结束时，可降至坐骨棘平面下2~3cm。宫口开大4~6cm后快速下降，直到先露达到外阴及阴道口。

（6）**胎膜破裂**（rupture of membranes）：简称破膜。胎儿先露部衔接后将羊水分割为前后两部分，在胎先露前面的称前羊水，前羊水囊形成有助于扩张宫颈口。当宫缩时羊膜腔内压力增加到一定程度出现胎膜自然破裂，自然分娩破膜多发生在宫口近开全时。

3. 心理－社会支持状况　产妇由于环境陌生和宫缩所导致的疼痛等原因容易出现焦虑和恐惧，甚至生命体征会随之出现波动，随着产程进展越发加重，家属也随之明显出现不安，表现为反复询问产程进展情况。

4. 辅助检查

（1）**实验室检查**：血常规、血型，肝功能与乙肝检查，尿常规检查。

（2）**胎心监护**：可以连续监测宫缩情况及胎心变化，了解产程进展和胎儿安危。

（二）常见护理诊断／问题

1. 疼痛　与子宫收缩、宫颈扩张等因素有关。

2. 焦虑　与担心分娩能否顺利、胎儿及产妇是否安全有关。

3. 舒适度减弱　与子宫收缩、膀胱充盈、环境不适应等因素有关。

4. 知识缺乏：缺乏应对分娩各产程的有关知识。

（三）护理目标

1. 产妇痛感减轻，情绪稳定。

2. 产妇焦虑情绪缓解，舒适感增加。

3. 产妇能复述正常分娩的过程，积极参与分娩过程。

知识拓展

导乐分娩

　　导乐是希腊语"Doula"的音译，意为一个有分娩经验的妇女帮助一个正在经历分娩过程的妇女，20世纪90年代，导乐分娩理念被引入中国。提供帮助的妇女有过生育经历、富有奉献精神，她们以一对一的方式，持续地陪伴产妇，给予经验传授、心理安慰、情感支持、生活帮助，包括在妊娠后期与孕妇及其家人进行沟通、生产过程的陪伴和产后导乐，帮助产妇顺利愉快地度过分娩阶段。

（四）护理措施

1. 心理护理

（1）使用语言或非语言方式鼓励产妇，帮助产妇树立自然分娩的信心。

（2）关注妊娠期分娩期心理筛查，及时发现各种异常给予干预。

（3）各种操作轻柔，做好解释说明，减少心理压力。

（4）教会产妇减痛以缓解紧张焦虑。

2. 一般护理

（1）**清洁卫生**：待产室应保持安静整洁，光线柔和，温度适中。距分娩时间较长者，可进行沐浴或擦浴。频繁的宫缩使产妇疲劳、多汗，阴道分泌物及羊水外溢等使产妇不适，需要及时更换衣物，协助做好清洁护理等。

（2）**饮食**：应鼓励和帮助产妇在宫缩间歇期少量多次摄入无渣饮食，首选高热量易消化食物，并摄入足够水分，既保证体力充沛，又利于急诊剖宫产时的麻醉安全。

（3）**活动与休息**：临产后宫缩不强且胎膜未破，产妇可在室内适当活动，有助于产程进展。如胎位异常或有合并症者应卧床休息，取舒适体位，以利于身心放松。

（4）**排尿**：临产后应鼓励产妇每2~4h排尿一次，以免膀胱充盈影响子宫收缩及胎头下降。因胎头压迫引起排尿困难者，应警惕有无头盆不称，必要时予以导尿。

3. 产科监护

（1）**观察生命体征**：每4~6h测体温、血压、脉搏、呼吸1次并记录。在第一产程，宫缩时血压常升高5~10mmHg，间歇期恢复原状。所以血压应在宫缩间歇时测量，异常者应增加测量次数。

（2）**宫缩**：观察宫缩频率、持续时间、强度、间歇时间及子宫放松情况，并予记录。常用方法包括腹部触诊和仪器监护。

腹部触诊：将手掌置于产妇腹部，宫缩时可感到宫体隆起变硬、间歇时松弛变软。

仪器监护常用外监护，将胎儿电子监护仪的宫腔压力探头固定于孕妇宫底部，连续监测40min，可动态监测子宫收缩的频率与强度。10min内出现4~5次宫缩为有效产力，10min内宫缩>5次为宫缩过频。

（3）**胎心**：用听诊器听取胎心，每次听诊应在宫缩间歇时进行，时间为30~60s，注意胎心音频率、强弱、规律性。潜伏期每隔1~2h听胎心一次；进入活跃期后，宫缩频繁，应每15~30min听一次。此法简便，但仅能获得每分钟的胎心率，容易忽略胎心率的早期改变。电子胎心监护（EFM）可描记胎心曲线，又可观察胎心率的变异及其与宫缩、胎动的关系，判断胎儿在子宫内是否存在缺氧，故明显优于听诊器法。更多EFM图形解读参见本书第三章第五节相关内容。

（4）**宫口扩张与先露下降**：在严格消毒的条件下，通过阴道检查可了解产妇宫口扩张及先露下降程度。

检查方法：产妇仰卧，两腿屈曲分开，消毒外阴，检查者右手戴无菌手套，示指与中指轻入阴道直接触摸了解骨盆、产道情况，了解宫颈管消退和宫颈口扩张情况、胎先露高低、确定胎方位（图4-13）、胎先露下方有无脐带，并进行Bishop宫颈成熟度评分（表4-2）。

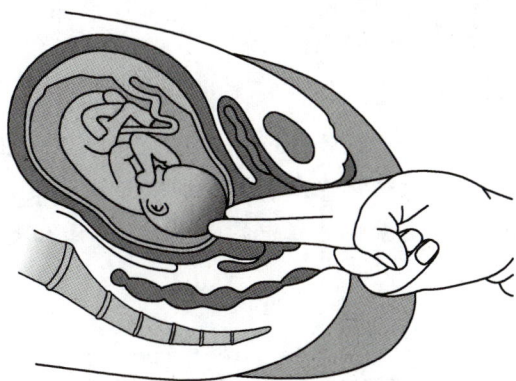

ER 4-3

检查宫缩情况

图4-13 阴道检查

表 4-2　Bishop 宫颈成熟度评分法

指标	分数			
	0	1	2	3
宫口开大 /cm	0	1~2	3~4	≥5
宫颈管消退 /%	0~30	40~50	60~70	≥80
先露位置	−3	−2	−1~0	+1~+2
宫颈硬度	硬	中	软	—
宫口位置	后	中	前	—

注：宫颈管未消退时为 3cm；先露平坐骨棘水平为 0，其以上为 −，以下为 +。

胎先露下降的程度以胎先露指示点的最低点与母体骨盆坐骨棘平面的关系为标志。头先露时胎头颅骨最低点平坐骨棘时以"0"表示，在坐骨棘平面上 1cm 时以"−1"表示，在坐骨棘平面下 1cm 时以"+1"表示，余以此类推（图 4-14）。胎头在潜伏期下降不明显，活跃期下降加快，胎头水平越低，越接近分娩。

（5）产程图：在分娩过程中，连续记录宫口扩张、先露下降程度并连成曲线，即构成产程图（partogram）。产程图以临产时间（h）为横坐标，以宫口扩张程度（cm）为纵坐标在左侧，先露下降程度（cm）在右侧画出宫口扩张曲线和先露下降曲线。

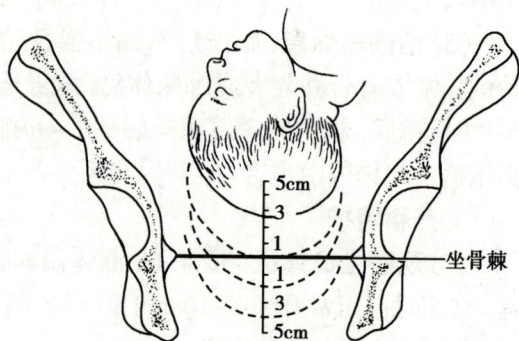

图 4-14　胎头高低的判定

（6）破膜：一旦胎膜破裂，应立即听胎心，以评估有无脐带脱垂，并记录破膜时间，观察羊水的性状、量和颜色。若先露为胎头，羊水混有胎粪呈黄绿色，应立即报告医生，需结合电子胎心监护（EFM）以判断是否存在胎儿缺氧。破膜后，要注意外阴清洁，垫上消毒垫并嘱产妇卧床。若破膜超过 12h 尚未分娩者，需遵医嘱给予抗生素预防感染。

（五）护理评价

经过治疗和护理达到：①产妇接受医护人员的指导，积极配合分娩过程，产程进展顺利；②产妇自述疼痛程度控制有效。

知识拓展

水中分娩

水中分娩（birth in water）是新生儿娩出时完全浸没在水中直到身体全部在水下娩出，随后立即将新生儿抱出水面。水中分娩是顺产的一种方式，也是产妇自然分娩的一种新选择。分娩是人类繁衍过程中的必经过程，让人类分娩过程减少医疗干预并回归自然，应该成为社会共识。

四、第二产程产妇的护理

第二产程的正确评估与处理对妊娠结局至关重要，由于第二产程时限过长与母胎不良结局密切相关，故第二产程既要考虑产程时限，更要关注胎心监护、宫缩、胎头下降以及是否存在头盆不称等情况，既要避免试产不充分，轻率改变分娩方式，也要避免评估不正确而盲目延长第二产程。第二产程处理的关键在于适宜的时间点采取正确的产程处理方案。

（一）护理评估

1. 健康史 了解第一产程进展与相关处理状况，了解产妇一般情况。

2. 身体状况

（1）**宫缩加强，先露下降**：进入第二产程后宫缩较前增强，每次持续1min或以上，间歇期仅1~2min。当胎头降至骨盆出口压迫骨盆底组织时，产妇有排便感，不自主地向下屏气。

（2）**胎头拨露**（head visible vulval gapping）：随着产程进展，会阴逐渐膨隆且变薄，肛门松弛。于宫缩时胎头露出阴道口，宫缩间歇时胎头缩回阴道内，随着一次次的宫缩，胎头露出部分不断增大，称为胎头拨露。

（3）**胎头着冠**（crowning of head）：经过几次拨露后，胎头双顶径越过骨盆出口，宫缩间歇时胎头不再回缩，称为胎头着冠（图4-15）。此时会阴极度扩张，胎头枕骨于耻骨弓下露出，出现仰伸动作，额、鼻、口、颏部相继娩出。胎头娩出后，接着出现胎头复位及外旋转，前肩和后肩相继娩出，胎体娩出，后羊水随之涌出。

经产妇的第二产程短，上述临床经过不易截然分开，有时仅需几次宫缩，即可完成胎头娩出。

3. 心理-社会支持状况 进入第二产程，多数产妇分娩的信心进一步加强。常由于运用腹压不当而出现急躁，有的产妇则出现筋疲力尽。

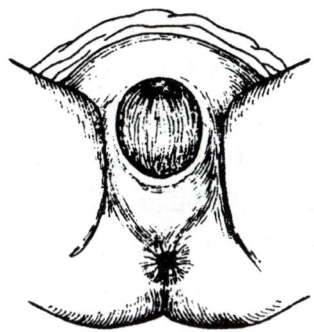

图4-15 胎头着冠

（二）常见护理诊断/问题

1. 疲乏 与产程中体力消耗过度有关。

2. 焦虑 与担心胎儿是否安全有关。

3. 潜在并发症：会阴裂伤。

（三）护理目标

1. 产妇能够表达焦虑情绪，积极参与产程。
2. 产妇精神好转，有效运用腹压。
3. 产妇未出现严重的会阴裂伤。

（四）护理措施

1. 心理护理 医护人员应陪伴在产妇身旁，及时向产妇提供产程进展信息并给予鼓励和安慰，使产妇消除焦虑情绪，积极配合分娩过程。

2. 产妇护理

（1）**一般护理**：随时了解产妇存在的不适感，为产妇做好生活护理。

（2）**监测宫缩与胎心音**：第二产程宫缩持续时间可达60s，间隔1~2min，宫缩的频率、强度与第二产程时限密切相关，必要时遵医嘱给予缩宫素加强宫缩。宫缩变得频而强，胎儿易缺氧，应勤听胎心，通常应每次宫缩过后或间隔5min听一次，应在宫缩间歇期听取，至少听诊30~60s，最好用EFM连续监测，观察每次宫缩后胎心率与宫缩的关系。若发现胎心异常，应立即行阴道检查，综合评估产程进展，尽快结束分娩。

（3）**指导产妇使用腹压**：宫口开全后，随着宫缩不断加强，产妇会不自主向下用力屏气，如果用力不当，无效消耗体力，容易引起子宫收缩乏力，影响产程进展而致第二产程延长，胎儿易发生宫内窘迫及颅内出血。所以应指导产妇正确使用腹压，以加速产程进展。

知识拓展

指导产妇仰卧位使用腹压

分娩可采取不同的体位，仍有产妇是在产床上取仰卧位分娩。对此体位指导产妇屏气的方法是：让产妇仰卧，双足蹬在产床上，两手握住产床上的把手，每当宫缩时，先深吸一口气，然后如解大便样向下用力屏气以增加腹压。于宫缩间歇时，产妇全身肌肉放松安静休息，等待下一次宫缩。

3. 接产准备

（1）**产妇的准备**：初产妇宫口开全、经产妇宫口扩张 4~6cm 且宫缩规律有力时，应将产妇送到产房作分娩准备，进行外阴部擦洗。

产妇取头高足低位仰卧于产床上，两腿屈曲分开，露出外阴部，先用生理盐水棉球或者婴儿湿巾，按照大阴唇→小阴唇→阴阜→大腿内上 1/3 →会阴及肛门周围的顺序（图 4-16），依次清洁外阴部的血迹和黏液及肛周粪便。然后用碘伏溶液按照上述顺序消毒外阴，最后铺无菌巾于臀下。

（2）**物品准备**：打开产包，检查包内用物，按需要添加物品，如麻醉用物、新生儿吸管等。准备新生儿床、衣服、包被、手腕系带等。

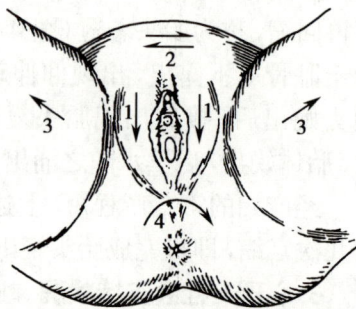

图 4-16　外阴部擦洗顺序

知识拓展

分娩准备

分娩前准备需要做好手卫生、环境（温度）、物品准备和药物准备。在物品准备前，使用七步洗手法做好手卫生。关闭门窗避免空气对流保持产房温度在 24~26℃，相对湿度 30%~60%。准备物品包括助产设备（监护仪、助步车、分娩椅、分娩球、靠垫等），新生儿复苏设备（复苏气囊、面罩和吸引装置）和产包（分娩接生包、会阴切开缝合包）。准备药物包括缩宫素（预防产后出血用）和肾上腺素、生理盐水（新生儿复苏用）。

（3）**接产者的准备**：接产者行外科手消毒，打开产包，穿手术衣、戴无菌手套，为产妇铺好无菌巾，准备接产。另有配合者台下协助观察产妇情况，向产台上递送物品，做好抢救新生儿的准备。

4. 接产

（1）**接产要领**：适度保护会阴，协助胎头俯屈，让胎头以最小径线（枕下前囟径）在宫缩间歇时缓慢通过阴道口，这是预防会阴撕裂的关键，产妇必须与接产者充分合作才能做到。胎肩娩出时也要注意保护好会阴。

（2）**接产步骤**：接产者站在产妇的右侧。当胎头拨露较大、阴唇后联合紧张时，应开始保护会阴。如有会阴水肿、会阴过紧或缺乏弹性、耻骨弓过低、胎儿过大、胎儿娩出速度过快等情况，均容易造成会阴撕裂，接产者在接产前应作出正确判断，必要时行会阴切开术。

接产的具体方法是：在会阴部盖上一块无菌巾，接产者右肘支在产床上，大拇指与其余四指分开，利用手掌大鱼际肌顶住会阴部，宫缩时右手向上内方托压，同时左手持纱布轻压胎头枕部，协助胎头俯屈。宫缩间歇时，保护会阴的手可稍放松，以免压迫过久引起会阴水肿。当胎头枕部在耻骨弓下露出、胎头即将仰伸时，嘱产妇在宫缩时张口哈气解除腹压的作用，在宫缩间歇时稍向下屏气，接产者左手协助胎头仰伸，缓慢娩出胎头。胎头娩出后，右手仍应注意保护会阴，左手自鼻根向下颏挤压，挤出口鼻内的黏液和羊水，然后协助胎头复位和外旋转，使胎儿双肩径与骨盆出口前后径相一致。继而左手轻轻下压胎儿头，使前肩自耻骨弓下先娩出；然后再上托胎头，使后肩从会阴前缓慢娩出。双肩娩出后，方可松开保护会阴的手，最后双手协助胎体及下肢相继以侧位娩出（图4-17），记录胎儿娩出时间。胎儿娩出后在产妇臀下放一弯盘接血，以计测出血量。

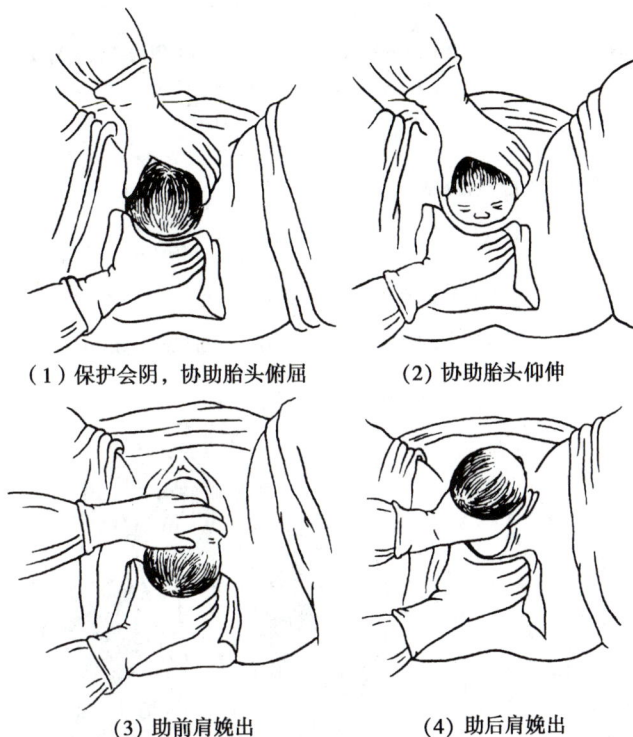

（1）保护会阴，协助胎头俯屈　　　　（2）协助胎头仰伸

（3）助前肩娩出　　　　（4）助后肩娩出

图 4-17　接产步骤

知识拓展

无保护会阴接生技术

无保护（或适度保护）会阴接生技术是指在产妇会阴条件允许前提下，产妇与助产士密切配合，均匀用力，助产士用左手控制胎头娩出速度，不对会阴进行人工保护干预而完成分娩。无保护会阴接生技术提倡人性化分娩，降低了会阴侧切率，体现了回归自然的分娩理念。

当胎头娩出有脐带绕颈一周且较松时，可用手将脐带顺胎肩推下或从胎头脱出。若脐带绕颈过紧或绕颈2周及以上，可用两把血管钳钳夹，在两钳之间剪断脐带，注意勿伤及胎儿。待脐带松解后再协助胎肩娩出（图4-18）。

5. 限制性会阴切开　不应该对初产妇实施常规会阴切开，但出现下列情况需要考虑：会阴过紧或胎儿过大、估计分娩时会阴撕裂不可避免或母儿出现有病理情况急需结束分娩者。一般在胎头着冠或决定手术助产时进行，以减少出血。

ER 4-4
剪断脐带

ER 4-5
脐带结扎
（脐带夹）

（五）护理评价

经过治疗和护理达到：①产妇情绪稳定，腹压运用得当，分娩过程正常；②产妇精神状态良好。

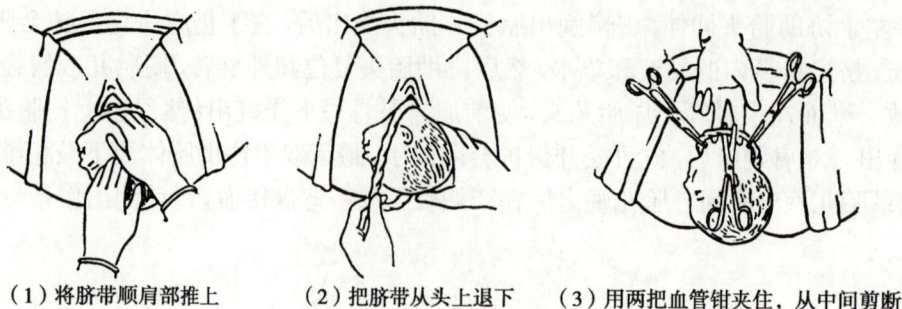

（1）将脐带顺肩部推上　　（2）把脐带从头上退下　　（3）用两把血管钳夹住，从中间剪断

图 4-18　脐带绕颈的处理

五、第三产程产妇与新生儿的护理

（一）护理评估

1. 健康史　了解第一、二产程经过及产妇一般情况。

2. 身体状况　胎儿娩出后，子宫腔容积突然明显缩小，胎盘不能相应缩小而与子宫壁发生错位、剥离而排出（图 4-19）。

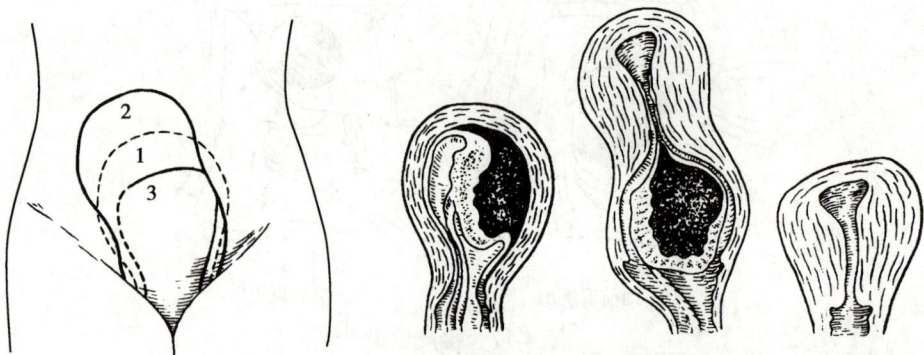

（1）胎盘剥离开始（2）胎盘降至子宫下段　（3）胎盘娩出后

图 4-19　胎盘剥离时子宫的形状

（1）**胎盘剥离征象**：①子宫体变硬呈球形，剥离的胎盘至子宫下段，下段被扩张，宫体呈狭长形被推向上，子宫底升高达脐上；②阴道少量流血；③阴道口外露的一段脐带自行延长；④用手掌尺侧在产妇耻骨联合上方轻压子宫下段时，子宫体上升而外露的脐带不再回缩。

（2）**胎盘剥离及排出方式**：①胎儿面娩出，即胎盘从中央开始剥离，而后向周围剥离，胎盘胎儿面先排出，其特点是胎盘先排出，随后见少量阴道流血，此种方式多见；②母体面娩出，即胎盘从边缘开始剥离，血液沿剥离面流出，胎盘母体面先排出，其特点是先有较多量阴道流血，胎盘后排出，少见。

（3）**新生儿状况**：新生儿出生后通过阿普加评分（Apgar score）判断有无新生儿窒息及窒息的严重程度。以新生儿出生后 1min 的心率、呼吸、肌张力、喉反射及皮肤颜色 5 项体征为依据，每项为 0~2 分（表 4-3），满分为 10 分。8~10 分属正常新生儿；4~7 分为轻度窒息；0~3 分为重度窒息。1min 评分反映在宫内的情况，是出生当时的情况，但新生儿存在窒息是不能等到 1min 后才开始复苏。5min 及以后评分则反映复苏效果，与预后关系密切。脐动脉血气分析结果较阿普加评分更客观和具有特异性。

3. 心理－社会支持状况　胎儿娩出后，产妇疼痛消失，绝大多数产妇有如释重负的轻松感；同时为能够顺利分娩见到新生儿而欣慰。少数产妇可能由于对新生儿的性别期待而失望。如新生儿出现异常产妇会焦虑、烦躁或抑郁。

表 4-3　新生儿阿普加评分

体征	应得分数		
	0分	1分	2分
心率	0	<100次/min	≥100次/min
呼吸	0	浅慢,不规则	佳
肌张力	松弛	四肢稍屈曲	四肢屈曲活动好
喉反射	无反射	有些动作	咳嗽、恶心
皮肤颜色	全身苍白	躯干红,四肢青紫	全身粉红

（二）常见护理诊断/问题

1. 组织完整性受损　与会阴切开或会阴裂伤有关。

2. 有组织灌注不足的危险　与分娩过程中失血过多有关。

3. 潜在并发症：新生儿窒息。

（三）护理目标

1. 产妇未出现严重会阴裂伤。

2. 产妇未发生产后出血。

3. 新生儿未出现窒息。

（四）护理措施

第三产程护理措施中,首先完成新生儿出生后即刻护理,待新生儿脐带结扎后交与台下完成其余新生儿护理措施,台上继续协助娩出胎盘等相应的措施。

1. 新生儿出生后即刻护理

(1) **清理呼吸道**：胎儿娩出后,立即清除口鼻腔内黏液及羊水,以免发生吸入性肺炎。可用新生儿洗耳球轻轻吸出新生儿咽部及鼻腔的黏液和羊水。当确认呼吸道已吸净而仍未啼哭时,可用手抚摸背部或轻拍新生儿足底,刺激啼哭。新生儿大声啼哭,表示呼吸道已通畅。

> **知识拓展**
>
> ### 新生儿生后口鼻吸引
>
> 有证据显示：新生儿娩出后用力过度吸引口鼻可导致喉痉挛,并刺激迷走神经,引起心动过缓和自主呼吸延迟出现。因此,不建议新生儿出生后常规进行口鼻吸引,但有胎粪污染且新生儿无活力时,需进行气管内插管,吸引胎粪。

(2) **保暖**：因产房环境和母体内温度的差异,新生儿出生时全身潮湿,加上新生儿体温调节功能未趋成熟,故在新生儿出生后,应立即保暖,以预防身体热量散失过速。护理人员在产妇进入第二产程时,预先将新生儿保暖处理台打开并预热,以备新生儿娩出后立即提供一个保暖的环境,并可在保暖处理台上进行所有的常规处理。新生儿娩出后,应先以无菌巾擦干其全身的羊水与血迹,并在完成常规处理时迅速包裹保暖。

(3) **脐带处理**：脐带处理应在擦干新生儿皮肤、保暖的情况下进行。用碘伏消毒脐带根部周围,然后进行脐带结扎。结扎脐带的方法有气门芯胶管套扎法、双重棉线结扎法等(图4-20)。

双重棉线结扎法：在距脐根部0.5cm处用粗棉线结扎第一道,再在结扎线上1cm处结扎第二道。必须扎紧防止脐部出血,也应避免用力过猛造成脐带断裂。在第二道结扎线上0.5cm处剪断脐带,挤净残血。如无渗血,可用碘伏消毒脐带断面,待干燥后用无菌纱布盖好,再用脐绷带包扎。

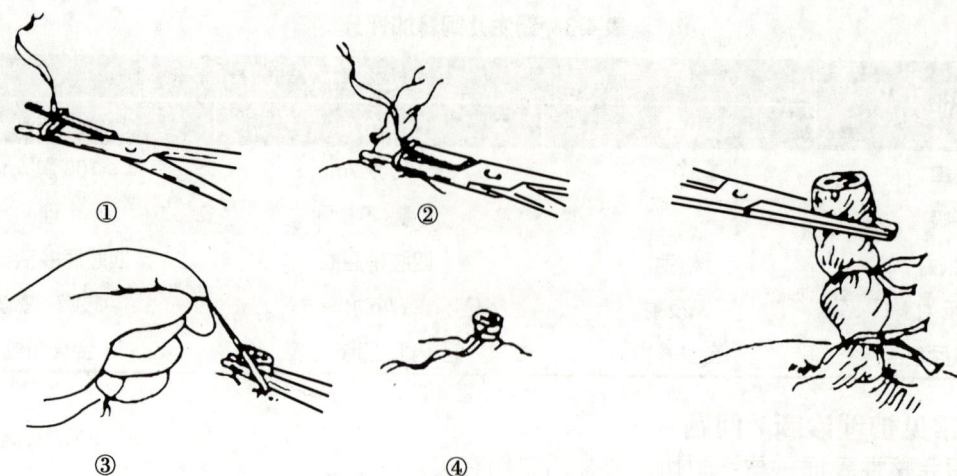

①　②

③　④

（1）气门芯胶管套扎法　　　　　（2）双重棉线结扎法

图 4-20　脐带结扎方法

气门芯胶管套扎法：取 3mm 长气门芯，系上手术用丝线，消毒备用。断脐后用一把已套上气门芯的血管钳，距脐根部 0.5cm 处钳夹脐带，在钳夹远端 0.5cm 处剪去余下脐带，牵引气门芯上丝线套于钳夹部位下的脐带上，取下血管钳，以后处理同双重棉线结扎法。

（4）一般护理：①接产者托起新生儿给产妇看，特别注意交代新生儿性别并让产妇看清外生殖器以确认新生儿性别；②接产者将新生儿交给台下巡回者，特别注意交接中的无菌操作；③巡回者接新生儿，擦净新生儿足底，在新生儿记录单上打足印及产妇手指印，并给新生儿系上手腕系带、脚腕系带，系带上标明母亲姓名、床号，新生儿性别、体重、出生时间，包被上系上同样的标记。

2. 新生儿检查　仔细检查新生儿全身情况，包括：发育情况，体重、身长、头围与胸围测量，五官描述，脊柱、四肢、外生殖器与肛门等是否正常，外观有无胎记，皮肤有无破损以及是否存在畸形。

3. 协助胎盘、胎膜娩出　当确认胎盘已完全剥离后，于宫缩时左手握住子宫底并按压，同时右手轻拉脐带，协助娩出胎盘。当胎盘娩至阴道口时，接产者用双手捧住胎盘，向一个方向旋转并缓慢向外牵拉，协助胎膜完整娩出（图 4-21）。若在胎膜排出过程中，发现胎膜部分断裂，可用血管钳夹住断裂上端的胎膜，再继续向原方向旋转，直到胎膜完全排出。

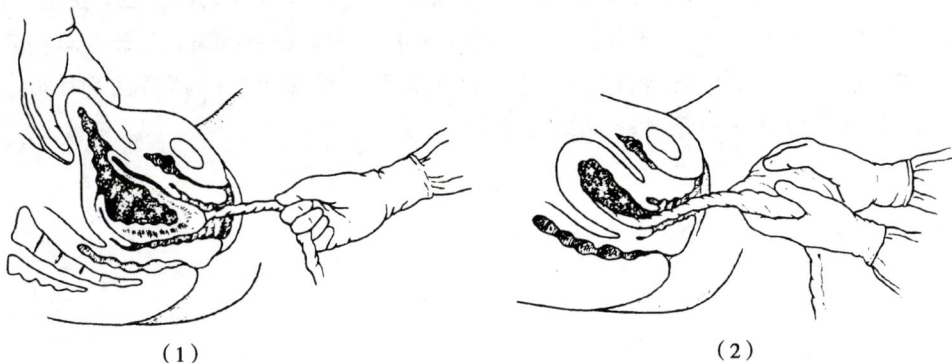

（1）　　　　　　　　　　　　　　　　　　（2）

图 4-21　协助胎盘胎膜娩出

胎盘胎膜娩出后，将胎盘铺平，接产者先检查胎盘母体面的胎盘小叶有无缺损；然后将胎盘提起，检查胎膜是否完整；再检查胎盘胎儿面边缘有无断裂的血管，可及时发现副胎盘，若有副胎盘、部分胎盘残留或大部分胎膜残留时，应在无菌操作下伸手入宫腔内取出残留组织。

4. 预防产后出血

（1）促进子宫收缩：在胎儿前肩娩出后，静脉注射或肌内注射缩宫素 10 单位，还可以在胎儿娩出后立即经脐静脉快速注入生理盐水 20ml 加缩宫素 10 单位，促使胎盘迅速剥离，减少出血。若胎盘未完全剥离而出血多时，应行手取胎盘术。若胎儿娩出已 30min，胎盘仍未娩出，应及时查找原因并处理。

（2）缝合会阴伤口：胎盘娩出后仔细检查会阴、小阴唇内侧、尿道口周围、阴道及子宫颈有无裂伤。若有裂伤，应立即缝合。行会阴切开术的产妇，需要及时缝合会阴。

（3）产后观察：产妇在产后应留产房观察 2h。协助产妇首次哺乳，注意子宫收缩、子宫底高度、阴道出血量、膀胱充盈情况、会阴及阴道有无血肿等，并测血压、脉搏。若阴道流血量虽不多，但子宫收缩不良、子宫底上升者，表示宫腔内有积血，应挤压子宫底排出积血，并给予子宫收缩剂。若产妇自觉有肛门坠胀感，多有阴道后壁血肿，应尽快明确诊断后给予及时处理。经过 2h 观察，无异常者连同新生儿送至母婴同室继续观察。

5. 产妇心理护理　进入第三产程，产妇焦虑情绪会明显减轻，大多数产妇表现为分娩后的喜悦和兴奋，但长时间的劳累使产妇变得十分疲劳，因此需要鼓励产妇注意休息，多亲近孩子，尽早开始母乳喂养。允许家属陪伴分娩，可发挥支持系统的作用。

6. 母乳喂养促进　产后新生儿若无异常，需要尽早开始母乳喂养。一般在娩出后 30min 内将裸体的新生儿抱给产妇，让其俯卧在母亲的胸前，要求皮肤相贴，进行首次吮吸乳头。

（五）护理评价

经过治疗和护理达到：①产妇未出现会阴重度裂伤；②产妇分娩过程中失血在正常范围；③新生儿呼吸正常。

知识拓展

无痛分娩

无痛分娩至今已有 100 余年的历史，目前国内很多医院已开展，是一项简单易行、安全成熟的技术。镇痛方法包括非药物性镇痛和药物性镇痛两大类。

非药物性镇痛包括精神安慰法、按摩法、呼吸法、水中分娩等，其优点是对产程和胎儿无影响，但镇痛效果较差；药物性镇痛包括笑气吸入法、肌内注射镇痛药物法、椎管内分娩镇痛法等。

　　椎管内分娩镇痛是迄今为止所有分娩镇痛方法中镇痛效果最确切的方法，在整个过程中，要考虑不影响产程和胎儿安全，麻醉药的浓度低，可控性强，安全性高，几乎不影响产妇的运动，产妇意识清醒，能主动配合、积极参与整个分娩过程。椎管内分娩镇痛也是目前各大医院运用最广泛、效果比较理想的一种分娩镇痛方式。

（简雅娟）

思考题

　　1. 产妇黄女士，30岁，G_1P_0，妊娠40周，规律宫缩3h，宫口开大1cm，胎心136次/min，宫缩5min左右出现一次，每次持续30s，产妇精神特别紧张，不停地大叫。

请思考：

（1）该产妇目前特别需要的护理措施是什么？

（2）此时分娩的主要产力是什么？

（3）产后2h观察内容应包括哪些？

（4）结合本病例，说明产妇精神心理状态对分娩过程的影响。

　　2. 产妇张女士，28岁，G_1P_0，宫内妊娠40周，产前检查未见异常。现阵发性腹痛4h急诊入院。检查：宫缩持续30~40s，间歇5~6min，胎心136次/min，宫口开大2cm，可扪及前羊水囊，枕左前位，胎先露S^{-2}，产妇精神特别紧张。

请思考：

（1）该产妇目前处于第几产程？

（2）母儿情况是否正常？产妇与家属希望了解根据目前情况是否能够顺利分娩？

（3）产妇与家属希望了解大约需要多长时间能够完成分娩过程？

　　3. 产妇刘女士，31岁，G_1P_0，宫内妊娠39^{+2}周，产前检查未见异常。孕妇大约3h前感觉间断腹痛，持续时间较短，未在意。来院前1h左右疼痛持续时间越来越长，导致无法入睡，遂来院就诊。检查：宫缩持续超过50s，间歇5~6min，胎心132次/min，PV：宫口开大1cm，可扪及前羊水囊，枕左前位，胎先露S^{-2}。

ER 4-6

练习题

请思考：

（1）孕妇出现的间断腹痛是否可认为已经临产？

（2）针对产妇情况，一般间隔多长时间听胎心、监测宫缩为宜？

（3）当前产妇的主要护理措施应该包括哪些？

第五章 | 产褥期管理

教学课件　　思维导图

学习目标

1. 掌握：产褥期妇女生殖系统的生理变化。

2. 熟悉：产褥期除生殖系统以外的其他器官生理变化；产褥期妇女的心理变化；产褥期妇女的常见护理问题及护理措施。

3. 了解：产褥期家庭成员的心理变化。

4. 具备针对产褥期妇女实施整体护理的能力。

　　产妇全身各器官除乳腺外，从胎盘娩出至恢复或接近正常未孕状态所需的时期称为产褥期（puerperium），一般为 6 周。

　　产褥期母体生理心理都会发生很大变化，新生儿出生使产妇和家庭成员都将经历心理和社会的适应过程，了解相关知识对做好产褥期的护理，保证母儿健康，促进家庭顺利成长甚为重要。

第一节　产褥期妇女生理变化

一、生殖系统

（一）子宫

　　产褥期变化最大的是生殖系统，其中又以子宫的变化最大。胎盘娩出后子宫逐渐恢复至未孕状态的过程称为子宫复旧（involution of uterus）。一般为 6 周，表现为子宫体肌纤维缩复、子宫内膜再生、子宫血管变化、子宫颈和子宫体下段的复原。

　　1. 子宫体肌纤维缩复　子宫复旧的机制是子宫体肌纤维缩复，即子宫平滑肌肌浆中蛋白质分解经肾脏排出到体外，使平滑肌细胞质减少，肌细胞缩小，而不是平滑肌细胞数目的减少。随着肌纤维缩复，子宫的体积和重量逐渐变小。产后第 1 日子宫底平脐，以后每日下降 1~2cm；产后 1 周，子宫缩小至约妊娠 12 周大小，在耻骨联合上方可扪及；产后 10d，子宫降至骨盆腔内，在腹部摸不到子宫底；产后 6 周子宫恢复至妊娠前正常大小。分娩结束时，子宫重量约 1 000g，产后 1 周约 500g，产后 2 周约 300g，产后 6 周子宫恢复到 50~70g。剖宫产产妇子宫复旧时间稍长。

　　2. 子宫内膜再生　胎盘胎膜娩出后，遗留在宫腔内的表层蜕膜逐渐变性、坏死、脱落，形成恶露的一部分自阴道排出，子宫内膜基底层再生出新的功能层，胎盘附着部位的子宫内膜修复约需 6 周，其余部位的子宫内膜修复约需 3 周。

评估子宫底高低的方法

　　3. 子宫血管变化　胎盘娩出后，子宫的胎盘附着面缩小为原来的一半。随着子宫收缩，螺旋动脉和静脉窦受压或血管闭合，出血量逐渐减少直到停止，最终被机化吸收。在新生的内膜修复期，若胎盘附着面因复旧不良出现血栓脱落，可引起晚期产后出血。

4. 子宫下段变化及子宫颈复原　由于产后子宫肌纤维的缩复作用,子宫下段逐渐恢复为未孕时的子宫峡部,胎盘娩出后子宫颈外口呈环状如袖口;产后 2~3d,宫口可容纳 2 指;产后 1 周,宫颈内口关闭、宫颈管复原;产后 4 周,子宫颈恢复至未孕时形态。由于分娩时子宫颈外口发生轻度裂伤(多在 3 点、9 点处),初产妇子宫颈外口由产前的圆形(未产型)变为产后的"一"字形横裂(已产型)。

(二) 阴道

分娩时,由于胎头下降,阴道腔扩大,阴道黏膜及周围组织水肿,黏膜皱襞减少甚至消失,导致阴道壁松弛、肌张力下降。产后,阴道壁肌张力逐渐恢复,阴道腔逐渐缩小,阴道黏膜皱襞在产后 3 周逐渐呈现。

子宫颈未产型　子宫颈已产型

(三) 外阴

分娩后,产妇外阴有轻度水肿,一般于产后 2~3d 消退。由于会阴部血液循环丰富,轻度会阴撕裂或会阴切口,一般在产后 3~4d 愈合。

(四) 盆底组织

分娩过程中,由于胎先露长时间压迫,盆底组织过度伸展导致弹性降低,且常伴有盆底肌纤维部分撕裂。因此,为了促进盆底组织的恢复,产褥期应避免过早进行较强的体力劳动。若盆底肌及其筋膜发生严重的断裂、产褥期过早参加重体力劳动或剧烈运动,分娩次数过多且间隔时间短等造成盆底组织松弛,可导致阴道壁膨出、子宫脱垂等,因此,产褥期应坚持做产后康复锻炼,有利于盆底肌的恢复。

二、乳房

乳房的主要变化是泌乳。分娩后产妇体内雌激素、孕激素水平急剧下降,对垂体催乳素的抑制作用降低,乳房开始泌乳,吸吮乳头可反射性促进垂体催乳素和缩宫素的分泌,从而促进乳汁的分泌和排出。因此,有效吸吮是刺激乳房不断泌乳的关键,不断排空乳房是维持乳腺不断泌乳的一个重要条件。此外,乳汁分泌还与乳房的发育,产妇的营养、休息、睡眠、情绪和健康状态密切相关。

初乳　　过渡乳　　成熟乳

产后 7d 内所分泌的乳汁,质稠、半透明称初乳(colostrum)。产后 7~14d 所分泌的乳汁为过渡乳。产后 14d 以后所分泌的乳汁为成熟乳,呈白色。初乳和成熟乳中均含大量免疫抗体,特别是 IgA 可以保护新生儿的胃肠系统。

三、血液循环系统

产褥早期血液处于高凝状态,有利于胎盘剥离创面迅速形成血栓,减少产后出血量。但高凝状态也可促进产后盆腔和下肢的静脉血栓形成。纤维蛋白原、凝血活酶、凝血酶原于产后 2~4 周内降至正常。

产后红细胞计数和血红蛋白值逐渐增高,白细胞总数可达 $(15~30) \times 10^9/L$, 1~2 周恢复至正常。中性粒细胞和血小板数增多,红细胞沉降率于产后 3~4 周恢复至正常。

由于分娩后子宫胎盘血液循环终止,大量血液从子宫进入母体血液循环,加之妊娠期潴留的组织液回吸收,产后 72h 内(特别是产后 24h 内)产妇的血液循环量增加 15%~25%,心脏的负担加重,因此,应注意预防心力衰竭的发生。循环血量于产后 2~3 周恢复至未孕状态。

四、消化系统

妊娠期胃肠道平滑肌张力减小及胃肠蠕动减弱,产后胃液中盐酸分泌量减少,产后 1~2 周逐渐恢复。分娩时,因大量能量消耗和体液丢失,产后 1~2d 产妇常感口渴,喜进流质或半流质饮食。因为产妇卧床多,运动少,肠蠕动减弱,腹直肌及盆底肌松弛,容易发生便秘和肠胀气。

五、泌尿系统

妊娠期体内潴留过多的水分在产后主要由肾脏排出,故产后 1 周尿量增多。妊娠期肾盂及输尿管生理性扩张,一般在产后 2~8 周恢复。分娩过程中由于膀胱受压,导致黏膜水肿、充血、肌张力降低,加之会阴伤口疼痛、不习惯卧床排尿,均可导致产后尿潴留。

六、内分泌系统

产后雌激素及孕激素水平急剧下降,产后 1 周已降至未孕时水平。胎盘生乳素于产后 6h 测不出。催乳素水平受哺乳的影响,不哺乳产妇催乳素于产后 2 周降至未孕时水平;哺乳产妇催乳素水平于产后下降,但仍高于未孕时水平。月经复潮及排卵恢复时间受哺乳影响,不哺乳产妇一般在产后 6~10 周月经复潮,产后 10 周左右恢复排卵;哺乳期产妇月经复潮延迟,在产后 4~6 个月恢复排卵。哺乳期妇女虽无月经来潮,但仍有受孕的可能。

七、腹壁

腹部皮肤受妊娠子宫增大影响,部分弹力纤维断裂,腹直肌呈不同程度分离,使产后腹壁明显松弛,于产后 6~8 周恢复。妊娠期出现的下腹正中线色素沉着,在产褥期逐渐消退。初产妇腹部紫红色妊娠纹变为银白色,而陈旧妊娠纹不能完全消退。

ER 5-9

妊娠纹

第二节 产褥期妇女与家庭成员心理变化

一、母亲心理变化

鲁宾(Reva Rubin)经过对产妇行为的研究认为,产褥期妇女对其成为母亲角色的心理调适过程可分为三个时期。

(一)依赖期(taking-in phase)

产后前 3d。 在这一时期产妇完全没有接受母亲角色,表现出被动和依赖,没有判断力,刚刚经历过分娩,十分疲倦,需要休息和睡眠。她们喜欢回忆分娩过程,谈论自己的妊娠、分娩感受与分娩经验,需要别人帮助来满足她的各种需求,对照顾新生儿不感兴趣。在此期,丈夫及家人的关心帮助,医护人员的悉心指导是极为重要的。

产妇接受孩子需要一个过程,可以先让产妇身体的某一个部分接触孩子,如用手指触摸孩子,让她们相互对望,进行"眼对眼"接触,逐渐发展到产生抱孩子的欲望;向产妇的家人和朋友解释这一阶段产妇的特点;鼓励丈夫谈论分娩经过和参与照顾新生儿的工作。这一阶段的产妇无法学习照顾新生儿,护士应主动指导家属学习;满足产妇的合理需求;耐心听取产妇的回忆,帮助产妇总结分娩经验;对产妇的积极行为予以肯定,使之认识到自我的价值,并进一步认识到孩子已经出生了,已经作为独立的个体存在了。总之,愉快的产后早期体验有助于产妇很快进入母亲角色。

（二）依赖-独立期（taking-hold phase）

产后 3~14d。是产妇从依赖到独立的过渡时期，分娩前准备充分和获得良性分娩体验可最大限度缩短这一时期。此期产妇身体开始恢复，绝大多数产妇已经能够完全控制自己的身体各部分功能，表现出较为独立的个性与行为，开始主动学习并积极参与护理自己的孩子，亲自喂奶而不需要帮助，尝试扮演母亲角色。由于诸多因素产妇这一时期容易产生压抑，压抑的情绪和护理新生儿的疲劳如果得不到及时的表达和家人的理解，产妇易出现哭泣、焦虑和烦躁等。

护士应该及时给予帮助，反复示范指导，这时产妇很愿意接受别人的建议、解释和说明，护士应鼓励和肯定产妇的行为。随着产妇照顾新生儿的技能提升，自信心倍增，护士还应该帮助丈夫调整和适应产后的新生活和新角色，并引导其家人共同参与，帮助产妇护理和喂养新生儿，鼓励产妇诉说自己的心理感受，与其他产妇交流，宣泄压抑等负面情绪，有助于提高产妇的自信心和自尊感，积极接纳孩子，适应新生活。

（三）独立期（letting-go phase）

产后 2 周以后。在这一时期，新家庭已经形成并运作。产妇形成了母亲角色的雏形，逐渐把注意力集中在孩子身上，根据孩子的需要调整自己的生活，身体完全恢复至未孕状态，与她的家庭结合成为一个整体，相互作用形成新的生活形态。家庭中，夫妇与孩子共同相互依赖，分享欢乐和责任。

二、父亲心理变化

在整个孕期，母子之间通过胎动、胎教等方式，逐步建立了非常亲密的依赖关系，这对父亲是没有的，在母子关系不断深化过程中，父亲经常被排斥在这种亲密的交流之外，因此，父亲会有莫名的隔离感。

近年来，由于核心家庭成为中国社会主要的家庭存在形式，在照顾培养下一代的过程中，父亲们正在扮演着越来越重要的角色，父亲的作用是绝对不可忽视的。因此，父亲在妊娠、分娩与产后的情绪变化应当引起专业人士的足够重视。

父亲常常从自身的幼儿体验和想象中为成为父亲做心理准备，在这个过程中，逐渐形成心目中想象的孩子。但现实与想象终究是有差距的，尽管每个父亲面对的差距各不相同，但他们都必须进行调整才能适应。当父亲们不能面对现实时，就出现了各种各样的负向情绪，养育的情绪可能会降低，甚至会拒绝和虐待孩子。此外，父亲的年龄、婚姻状态、社会经济状况、文化背景、教育水平、是否了解产妇妊娠需要和是否拥有育儿知识等也会影响父亲的情绪。

母婴护理专业人员应重视父亲的感受，及时发现和鼓励父亲表达自己的感受，鼓励和帮助父亲照顾新生儿，用抚摸、眼睛对视、与新生儿说话等方式与新生儿沟通，教会父亲认识和满足妻子的各种需要并照顾好妻子，勇敢地面对家庭的现实与发展。产妇在这个问题上也应该发挥重要作用，帮助丈夫成为一个合格的父亲，否则，父亲既希望成为一个心目中理想的父亲，又被情绪困扰无法自拔，必然要逃避或否认现实，陷入苦恼之中而呈现抑郁状态。

三、其他家庭成员心理变化

（一）祖父母

新生儿出生，祖父母特别高兴，想方设法看望和照顾新生儿并由此获得快乐。新生儿的父母一般情况下不愿意祖父母参与过多，希望自己的小家庭拥有单独的空间。但是，随着孩子的长大，小家庭需要祖父母的关怀和帮助。因此，祖父母应做好充分的思想准备，虽然有过育儿经历，但随着社会的发展，新生儿护理及产后护理的理念不断变化，祖父母也需要不断学习新生儿护理及产后康复的新理念，以便协助儿女带好孙辈。另外，祖父母应以自我为中心，不要将自己的全部精力用在照顾孙辈及儿女身上，新生儿父母也不要过分依赖祖父母，支持祖父母保持自己的工作与生活。

（二）新生儿兄姐

随着我国生育政策调整，兄弟姐妹之间适应和相处就成了一个重要问题。随着家庭新成员的到来，家庭注意力会发生部分转移，新生儿兄姐会有"失宠"的感觉，有的孩子甚至出现"退化行为"，也有的孩子为了引起父母的注意忽然变得"很乖"。为了兄弟姐妹之间的良好适应，父母需要从妊娠开始就要让兄姐参与进来，让兄姐了解有一个弟弟（妹妹）存在，一起感受有胎动、胎心的过程，并让兄姐一起来照顾弟弟（妹妹）；分娩过程中与母亲一起参与分娩；分娩以后，把兄姐带到医院触摸弟弟（妹妹），一起照顾弟弟（妹妹），以弟弟（妹妹）的名义给兄姐奖励。另外，父母在兄姐闹情绪的时候要给予特别关注，并平衡照顾兄姐及弟弟（妹妹）的时间，特别是父亲，在产妇处于产褥期时，多承担关注照顾兄姐的责任。

第三节 产褥期妇女的护理

> **情景导入**
>
> 产妇 27 岁，G_1P_1，孕 40 周，于 9:30 在会阴侧切下正常分娩一男婴，出生体重 3 950g。17:00，母乳喂养时感到下腹部疼痛，有加重趋势，遂来咨询护士。产妇自述小便通畅，会阴伤口轻微疼痛，下腹部轻微疼痛，哺乳时加重。查体：体温 37.6℃，脉搏 68 次 /min，呼吸 16 次 /min，血压 120/72mmHg；子宫底平脐，阴道流出暗红色分泌物，偶有少量块状内容物从阴道流出，量约 43ml，会阴切口缝合处轻度水肿，无压痛。
>
> **请思考：**
> 1. 请评价目前产妇的一般情况是否正常？
> 2. 该产妇出现的临床表现是否正常？
> 3. 如何对该产妇进行护理指导？

一、护理评估

（一）健康史

认真阅读产前记录、分娩记录。了解产妇的年龄、职业、文化程度、社会经济状况及支持系统、疾病史、分娩史、产程是否顺利、是否接受产前教育、新生儿状况等；同时，还应了解产妇有无妊娠合并症或并发症、新生儿有无畸形如唇腭裂、有无异常病症如颅内出血等。

（二）身体状况

1. 生命体征 ①体温：大多数产妇产后体温正常，偶尔在产后 1d 内体温稍有升高，一般不超过 38℃；产后 3~4d 可出现乳房血管、淋巴管充血、乳房肿大，体温可达 39℃，称为泌乳热，一般持续 4~16h；②脉搏：较缓慢，60~70 次 /min，约产后 1 周恢复正常；③呼吸：深慢，一般 14~16 次 /min；④血压：维持正常水平，变化不大。如有升高，可能与妊娠期高血压疾病有关。

2. 宫缩痛 指产褥早期因子宫收缩产妇出现阵发性的下腹部剧烈疼痛，称为产后宫缩痛。多于产后 1~2d 出现，持续 2~3d 后自然缓解；当婴儿吸吮乳房时，反射性引起神经垂体分泌催产素，可使疼痛加重，经产妇较初产妇明显，哺乳者较不哺乳者明显。评估时应注意疼痛的部位、程度及时间。

3. 褥汗 产后 1 周内产妇代谢率增高，皮肤排泄功能旺盛，排出大量汗液，常在夜间睡眠和初醒时出汗多，称为褥汗。一般产后 1 周好转。

4. 子宫底高度 每日评估子宫底高度，胎盘娩出后，子宫圆而硬，宫底平脐或脐下一指。以后每日下降1~2cm（一横指），产后10d降入骨盆腔内，在耻骨联合上方扪不到宫底。

5. 恶露 产后随子宫蜕膜脱落，血液、坏死蜕膜组织及宫颈黏液等经阴道排出，称为恶露（lochia）。

正常恶露根据持续时间、颜色及内容物分为血性恶露、浆液恶露、白色恶露。（表5-1）。正常恶露有血腥味，无臭味，持续4~6周，总量为250~500ml。子宫复旧不全，胎盘、胎膜残留或合并感染时，恶露量增多，持续时间延长并有臭味。

表5-1　正常恶露的分类和性状

类型	出现时间与持续时间	颜色	内容物
血性恶露	产后3~4d	红色	大量血液、少量胎膜及坏死蜕膜组织
浆液恶露	产后4~14d，持续10d左右	淡红色	少量血液、较多的坏死蜕膜组织，子宫颈黏液，阴道排液，且有细菌
白色恶露	产后2周后，持续3周左右	白色	大量白细胞、坏死蜕膜组织、表皮细胞及细菌

6. 乳房 正常乳房两侧对称，形态大小一致。产后1~2d乳房较软，产后3d内每次哺乳新生儿可吸出2~20ml，产后3d以后乳汁分泌量逐步增多，乳汁的分泌与产妇哺乳次数密切相关，新生儿吸吮次数越多，乳汁分泌就越多。

ER 5-10

产褥期恶露量的判断

（三）心理–社会支持状况

产后最初数日产妇情绪波动明显，容易伤心落泪。分娩的感受，对产妇的产后心理适应影响较大。其他如身体恢复情况、新生儿哭闹、家庭的支持等方面也将影响产妇情绪。母亲的适应性行为应从以下方面评估：能否积极学习新生儿护理的知识和技能，如喂奶、拥抱、穿衣、洗澡等；能否满足孩子的需要并表现出喜悦。

（四）辅助检查

主要有血、尿常规检查。产后24~48h应检查全血红细胞数、血红蛋白量，观察产妇有无感染、贫血等。

二、常见护理诊断/问题

1. 知识缺乏：缺乏产后自我保健、新生儿哺喂及护理知识。

2. 母乳喂养低效或无效 与缺乏母乳喂养知识有关。

3. 尿潴留 与胎头压迫膀胱导致膀胱平滑肌功能下降有关。

4. 活动耐力下降 与产时体力消耗、产程延长、产后贫血、产后虚弱有关。

5. 有感染的危险 与分娩时损伤、胎儿的娩出及会阴切开时细菌侵入有关。

三、护理目标

1. 产妇能够进行新生儿喂养、新生儿护理及自我保健。

2. 产妇表现出有效的喂养行为，母乳喂养成功。

3. 产妇舒适度增加，自解小便通畅，未发生尿潴留。

4. 产妇情绪稳定，活动适当，营养、睡眠充足，表现出自信和满足。

5. 产妇未发生感染，出院时体温正常。

四、护理措施

（一）心理护理

由于产妇的性格差异、文化背景及分娩经历不同，其感受也不一样：护理人员应对产妇住院期间多给予人文关怀,营造良好的住院氛围,为产妇提供良好的心理感受;指导产妇正确母乳喂养、更换尿布及有效的情感交流如母儿对视、抚摸新生儿、甜美语言沟通等,帮助产妇尽快适应母亲角色;鼓励和指导丈夫参与新生儿护理、喂奶、更换尿布等,理解产妇的辛劳,帮助尽快承担父亲角色,营造良好的家庭氛围,促进产褥期产妇心理调适。

(二) 一般护理

1. 环境与卫生 室内光线充足,安静清洁,保持舒适的温湿度。空气清新、通风良好,注意避免对流风直接吹到产妇身上受凉。夏季避免高温导致产褥中暑,冬天注意保温,预防产妇感冒,避免新生儿着凉。保持床单位的清洁、整齐、干燥,因产妇有恶露,出汗多,要及时更换会阴垫及衣服、被单。

2. 睡眠与营养 因分娩疲劳,应保证产妇充足的睡眠、休息及合理的营养摄入。产后 1h 鼓励产妇进流质饮食或清淡半流质饮食,之后可进普通饮食。食物应富含营养、足够的热量和水分。哺乳产妇多进蛋白质和汤汁食物,适当补充维生素和铁剂。

3. 保持大小便通畅 产后 4h 内鼓励产妇及时排尿以防子宫收缩不良而发生产后出血。若不能自行排尿,可用热敷、按摩等方法诱导排尿,必要时导尿。鼓励产妇早期下床活动,多饮水,多吃含纤维素食物,防止便秘。

(三) 观察生命体征

产后应密切观察产妇生命体征的变化,一般产后 24h 内每 4~6h 测量一次生命体征,产后 2~3d 测量生命体征 4 次 /d,产后 3d 以后测量 2 次 /d。

(四) 子宫复旧护理

观察子宫复旧与恶露性状,一般于产后即刻、30min、60min、90min、120min 观察子宫复旧与恶露性状,做好记录。每次观察应按压宫底以免宫腔内积血影响子宫收缩,检查会阴垫并记录宫底高度及出血量,会阴垫应及时更换。每日应在同一时间手测宫底高度,以了解子宫复旧情况,如发现异常应及时排空膀胱、按摩腹部(子宫部位)、遵医嘱给予宫缩剂。每日观察恶露量、颜色及气味,如恶露有异味常提示有感染的可能,及时报告医生。产后宫缩痛一般不需要处理,如果疼痛难以忍受,可指导产妇进行深呼吸和采取舒适体位以减轻疼痛,必要时遵医嘱给予止痛药。

(五) 会阴伤口及腹部伤口护理

1. 会阴伤口护理 ①保持局部清洁干燥:为保持外阴部清洁和干燥,需要勤换会阴垫;用温开水或适宜浓度消毒液清洗外阴,每日 2~3 次;每次大小便后或更换会阴垫后及时清洗。②仔细评估会阴伤口:有无渗血、血肿、水肿等,如有异常应及时报告医生。会阴水肿者,采用 95% 酒精或 50% 硫酸镁湿敷;小的血肿,采用湿敷或远红外灯照射,大的血肿,配合医生切开处理。③卧位:有会阴侧切者,取健侧卧位。④拆线时间:一般于产后 3~4d 拆线,若伤口感染,应提前拆线引流或行清创处理。

2. 腹部伤口护理 剖宫产术后应检查腹部伤口有无红肿、渗血、渗液等,保持腹部切口敷料干燥。一般术后 48h 遵医嘱行红外线灯照射伤口,每日 1 次,每次 20min,促进伤口愈合。

(六) 乳房护理

哺乳前应洗净双手,温柔地按摩乳房,刺激泌乳反射,用清洁的毛巾清洁乳头和乳晕。哺乳中应观察婴儿吸吮及母亲自我感受乳头情况,若有不适或异常应协助新生儿重新衔接乳头及大部分乳晕,确保吸吮姿势正确。哺乳结束时,食指轻压婴儿下颌,避免在口腔负压情况下拔出乳头,导致乳头疼痛皲裂。每次哺乳应两侧乳房交替进行,并挤尽剩余乳汁,以促使乳汁分泌、预防乳腺管阻塞及两侧乳房大小不等情况。另外,产妇应穿戴合适大小的纯棉胸罩支撑乳房。

(七) 母乳喂养

向产妇讲解母乳喂养对产妇及新生儿的好处。①早吸吮早开奶:母乳喂养应尽早进行,第一次哺乳应在产后 0.5h 内。②母婴同室：有利于母婴情感交流，促进乳汁分泌。③按需哺乳，保持正确的母乳喂养方法（详见十一章）。

（八）体重管理

1. 制订计划 护士应与产妇一起根据产妇的身高、体重计算出产妇的体重指数（BMI），BMI =体重（kg）/身高的平方（m²），BMI 正常范围 18.5~23.9kg/m²。若产妇的 BMI > 23.9kg/m²，产后的体重以每周减少 0.5kg 为宜；若 BMI < 18.5kg/m²，应采取调整饮食结构等方法增加体重，保证母乳喂养及产妇的健康。

2. 合理膳食 阴道分娩产后即可进食流食或者清淡的半流质饮食，然后过渡到普食。剖宫产术后 6h 内进食流质饮食，待肛门排气后逐步过渡到半流饮食或普食。根据中国营养学会对全体人群营养的九条建议，产妇应增加鱼、禽、蛋、瘦肉和海产品的摄入，适当增加奶类，多喝汤水，食物多样，不宜吃辛辣、刺激性食物，忌烟酒，避免喝浓茶或咖啡。除此之外，还应适当补充维生素、矿物质及微量元素。哺乳的产妇与未哺乳的产妇热量相差 500kcal。根据热量的需求，制定食谱，可酌情加餐。

3. 健康生活方式 出院回家后应保持生活规律，避免晚睡晚起；保持良好的心态，若需要帮助时，积极寻求家人、朋友及医护人员的帮助。

4. 产后锻炼 产后应进行有规律、适当强度的活动与锻炼，锻炼方式包括：快走、抱新生儿散步、慢跑、盆底肌锻炼（凯格尔运动）及产褥期保健操等，以促进恶露排出、子宫复旧、大小便通畅、促进腹肌、盆底肌张力的恢复及产后形体恢复。

（1）**凯格尔运动**（Kegel exercise）：一般在产后第 2 天开始，产妇在床上、椅子上均可进行收缩会阴肌肉、提升盆底、保持收缩状态的运动。每次训练 10 组，每组重复收缩和放松盆底 5~10min，每天 2~3 次重复训练。会阴正中切开的产妇做凯格尔运动，因伤口引起牵拉不适时，可等待伤口愈合后再训练。

（2）**产后保健操**：一般在产后第 2 天开始，产妇根据自身情况，由弱到强循序渐进配合进行产褥期保健操练习，产褥期保健操共 7 节（图 5-1），包括深呼吸、缩肛运动、伸腿运动、腹背运动、仰卧起坐、腰部运动、全身运动。每 1~2d 增加 1 节，每节做 8~16 次。运动时应注意运动安全，若有局部疼痛或流血量增加应及时停止运动，并咨询医护人员。

（九）健康教育

1. 优生优育指导 产褥期内不宜性生活，此时子宫创面尚未完全修复，很容易导致感染。产褥期后检查无异常即恢复正常性生活，应采取避孕措施，以工具避孕为宜。

2. 出院指导

（1）**一般指导**：应根据评估结果有针对性地进行指导，包括合理的营养，适当活动，充足睡眠，正确哺乳和挤乳，母乳储存方法，合理安排家务与新生儿护理，避免重体力劳动，坚持母乳喂养，保持乳汁分泌通畅和良好心情，以适应新家庭的各种角色。

（2）**产后访视**：产妇出院后尽快与社区妇幼保健人员联系产后访视，一般情况下，出院后 3d、14d 及 28d 入户访视或医院复检。其内容包括：了解产妇的饮食、睡眠情况，心理状态，对有合并症的产妇要了解原发病情况和治疗情况；检查两侧乳房并了解哺乳情况；检查子宫复旧及观察恶露；观察会阴或腹部伤口愈合情况；了解新生儿生长、喂养、预防接种，指导哺乳，如果恶露量多，应及时就诊。

（3）**产后检查**：产妇带婴儿于产后 42d 到分娩的医院进行产后检查，以了解产妇全身情况和婴儿发育情况。其内容包括：血压、心率、血常规、尿常规等，内科合并症或产科并发症，需进行相应检查；妇科检查了解生殖器官和盆底肌肉恢复情况；乳房检查与母乳喂养指导；计划生育指导；婴儿全身体格检查等。

第1、2节 深呼吸、缩肛运动　　第3节 伸腿动作　　第4节 腹背运动

第5节 仰卧起坐　　第6节 腰部运动　　第7节 全身运动

第1节——仰卧，深吸气，收腹部，后呼气。
第2节——仰卧，两臂直放于身旁，进行缩肛，放松动作。
第3节——仰卧，两臂直放于身旁，双腿轮流上举，并举，与身体成直角。
第4节——仰卧，髋与腿放松，分开稍屈，脚底放在床上，尽力抬高臀部及背部。
第5节——仰卧起坐。
第6节——跪姿，双膝分开，肩肘垂直，双手平放床上，腰部进行左右旋转动作。
第7节——跪姿，双臂支撑在床上，左右腿交臂向背后高举。

图 5-1　产褥期保健操

五、护理评价

经过治疗与护理达到：①产妇的舒适感增加；②产妇大小便排出正常，未发生感染，出院时体温正常；③产妇情绪稳定，活动适当，营养、睡眠充足；④产妇表现出有效的喂养行为，母乳喂养成功；⑤产妇获得正确的产褥期保健指导，表现出自信和满足。

知识拓展

阴道松弛

阴道松弛是女性产后常见问题，多与分娩导致的阴道壁与盆底相关结构松弛有关。主要表现为性生活满意度下降，伴有轻度的压力性尿失禁和阴道壁膨出、阴道内炎症增加、阴道前庭外形改变等，影响女性性感受和自信心。目前，诊断阴道松弛主要通过阴道松弛问卷、性生活满意问卷、妇科检查、盆底肌力测定等方法。临床建议轻度阴道松弛和盆底肌力较差的人群采用无创和微创的非手术治疗，如盆底肌肉训练、射频治疗、激光治疗；中重度阴道松弛的人群采用手术治疗。盆底康复治疗仪可以进行盆底肌恢复治疗，也可以检测会阴肌力。

（陈志美）

思考题

1. 陈女士，24 岁，G₁P₁，孕 39 周，于 1d 前阴道分娩一男婴，出生体重 3 200g。该产妇有少许乳汁分泌，清淡饮食，睡眠可，外阴轻度水肿，少量阴道流血，呈淡红色，下床活动时偶有少量块状内容物流出，有血腥味，喂奶时偶有宫缩痛。

请思考：

(1) 目前该产妇的一般情况是否正常？

(2) 如何对该产妇进行护理指导？

2. 张女士，25岁，初产妇，孕38周，现阴道分娩一女婴，重3 100g，产程顺利。18:30主诉下腹胀痛。查体：下腹膀胱区隆起，子宫平脐，质硬，恶露较多，色红，有血腥味。耻骨联合上方叩诊鼓音。

请思考：

(1) 该产妇存在的主要护理问题是什么？

(2) 产后正常情况下多长时间不能在腹部扪到宫底？

3. 秦女士，28岁，初产妇，于2d前阴道分娩一女婴，出生体重3 950g，会阴Ⅱ度裂伤，常规修补缝合。查体：体温37.9℃，脉搏83次/min，呼吸18次/min，血压115/72mmHg，双乳房充盈，乳汁分泌通畅，无红肿，子宫底脐下2横指，质硬，无压痛，恶露量少于月经量，色暗红，外阴轻度水肿，会阴伤口轻微红肿和疼痛，小便通畅。

ER 5-11

练习题

请思考：

(1) 该产妇护理评估有哪些异常？

(2) 如何对会阴伤口进行护理？

第六章 | 妊娠期并发症妇女的护理

ER 6-1
教学课件

ER 6-2
思维导图

学习目标

1. 掌握：流产、异位妊娠、妊娠期高血压疾病、前置胎盘、胎盘早剥妇女的护理评估及护理措施。

2. 熟悉：早产、多胎妊娠、羊水量异常妇女的护理评估及护理措施；妊娠期高血压疾病的分类。

3. 了解：妊娠期肝内胆汁淤积症妇女的护理评估及护理措施；妊娠期高血压疾病的发病机制。

4. 具备运用护理程序对各种常见妊娠期并发症妇女实施整体护理的能力；耐心细致体贴孕妇的能力。

第一节 流 产

情景导入

护士小李今日值班，21:00 张女士由家属搀扶入诊区。她告诉医生已妊娠 2 个多月。今天早上失足从楼梯跌落，感觉腹部隐隐的疼痛。晚上突然下腹疼痛加剧，阴道流出少量的血液，因担心胎儿和孕妇的安危，来医院就医。

请思考：

1. 张女士目前的情况考虑什么？

2. 如何判断张女士的妊娠是否能够继续下去？

凡妊娠不足 28 周、胎儿体重不足 1 000g 而终止妊娠者，称为流产（abortion）。流产发生于 12 周以内者称为早期流产，发生于妊娠 12 周之后不满 28 周终止者称晚期流产。流产可分为自然流产和人工流产。自然流产占全部妊娠的 31%，其中 80% 以上为早期流产。本部分内容只阐述自然流产。

一、概述

（一）病因

1. 胚胎因素　是导致自然流产的主要原因。50%~60% 的早期自然流产与胚胎染色体异常有关。感染、药物等因素也可以导致染色体异常而引起流产，常发生在妊娠 12 周前，少数妊娠至足月者，可能娩出畸形儿或胎儿存在某些功能缺陷。

2. 母体因素

(1) 全身性疾病：妊娠期高热、全身性感染等可引起子宫收缩导致流产；孕妇患严重贫血、心力衰竭、高血压、慢性肾炎等疾病亦可导致流产。

（2）**生殖器官疾病**：子宫发育不良、子宫畸形、子宫黏膜下肌瘤等由于影响胚胎的着床和发育而导致早期流产；宫颈内口松弛、宫颈重度裂伤、宫颈过短则可导致胎膜早破而引起晚期流产。

（3）**内分泌异常**：甲状腺功能减退者、黄体功能不足者、严重糖尿病者可导致胚胎、胎盘发育不良而引起流产。

（4）**其他因素**：手术、直接撞击、性交过度等躯体刺激或过度紧张、焦虑、恐惧、忧伤等心理应激均可引起流产；过量吸烟、酗酒、过量饮用咖啡、应用吗啡或吸食毒品等也可引起流产；母儿血型不合可导致晚期流产。

3. 免疫因素 对母体来讲，胚胎及胎儿属于同种异体移植物，若妊娠后母儿发生免疫反应，导致母体排斥胎儿，发生流产。

4. 环境因素 妊娠期密切接触砷、镉、铅、汞等有害化学物质以及放射线、高温、噪声等物理因素均可直接或间接对胚胎或胎儿造成损害，引起流产。

（二）病理

早期流产多为胚胎先死亡，多伴有底蜕膜出血，使胎盘绒毛与底蜕膜剥离，刺激子宫收缩，妊娠物被排出。妊娠 8 周内，由于胎盘绒毛发育尚不成熟，与底蜕膜联系不牢固，此时发生的流产，妊娠产物多数可以完全从子宫壁剥离而排出，出血不多。妊娠 8~12 周时，胎盘绒毛发育茂盛，与底蜕膜联系较牢固，若此时发生流产，妊娠产物往往不易完全剥离排出，常有部分组织残留于子宫内，影响子宫收缩而导致出血较多。

妊娠 12 周后，胎盘完全形成，若发生流产，往往先有腹痛，然后排出胎儿和胎盘，其过程与分娩过程相似。若胎儿死亡过久，可被血块包围，形成血样胎块稽留于子宫内，引起反复阴道流血，也可因血红蛋白长时间被吸收而形成肉样胎块，或胎儿钙化后形成石胎。其他还可见压缩胎儿、纸样胎儿、浸软胎儿等。

二、护理评估

（一）健康史

详细询问停经史、有无早孕反应及其出现时间、既往孕产史等；了解有无腹痛及其部位、性质和程度；阴道流血的量及持续时间；有无妊娠产物排出。了解妊娠期间有无全身性疾病、生殖器官疾病，有无有害物质接触史等，以协助识别发生流产的原因。

（二）身体状况

流产主要表现为腹痛和阴道流血。根据症状和体征的不同将流产分为以下几种类型：

1. 先兆流产（threatened abortion） 妊娠 28 周前出现少量阴道流血，量比月经少，有时伴有轻微下腹痛、腰痛、腰坠感。妇科检查：子宫大小与停经周数相符，宫颈口未开，胎膜未破，妊娠物未排出。经休息及治疗后，若流血停止、腹痛消失，妊娠可以继续；若流血较多或腹痛加剧，可发展为难免流产。

2. 难免流产（inevitable abortion） 指流产不可避免。一般由先兆流产发展而来，阴道流血量增多，阵发性腹痛加剧或出现阴道排液（胎膜破裂）。妇科检查：宫颈口已扩张，若胎膜破裂可有羊水流出，阴道或见胚胎组织或胎囊堵塞于宫颈内口，子宫大小与停经周数相符或略小。

3. 不全流产（incomplete abortion） 由难免流产继续发展而来，部分妊娠产物已排出体外，剩余部分仍残留于子宫内或嵌顿于宫颈口处，影响子宫收缩，导致子宫出血持续不止，严重时可引起失血性休克。妇科检查：宫颈口扩张，血液不断经宫颈口流出，有时可见部分妊娠物堵塞于宫颈口，子宫一般小于停经周数。

4. 完全流产（complete abortion） 妊娠物已全部排出体外，阴道流血逐渐减少或停止，腹痛消失。妇科检查：宫颈口已关闭，子宫接近正常大小。

自然流产的发展过程简示如下：

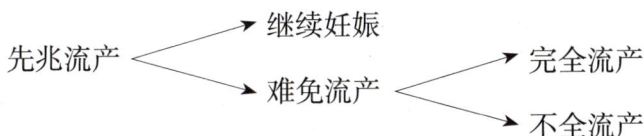

先兆流产 → 继续妊娠
先兆流产 → 难免流产 → 完全流产
难免流产 → 不全流产

ER 6-3
流产的鉴别诊断

5. 特殊流产

（1）**稽留流产**（missed abortion）：又称过期流产。指胚胎或胎儿已死亡滞留在宫腔内尚未自然排出者。表现为子宫不再增大反而缩小，早孕反应消失，妊娠中期者胎动感消失。妇科检查：宫颈口关闭，子宫小于妊娠周数，不能闻及胎心音。

（2）**复发性流产**（recurrent abortion，RA）：指与同一性伴侣连续发生 3 次或 3 次以上自然流产者。每次流产常发生于同一妊娠月份，其临床经过与一般流产相同。

（3）**流产合并感染**：如流产过程中阴道流血时间过长，或有组织残留于子宫内，有可能引起宫腔感染。严重者可扩展至盆腔、腹腔，甚至全身，并发盆腔炎、腹膜炎、败血症或感染性休克。

ER 6-4
先兆流产、难免流产、不全流产、稽留流产

（三）心理-社会支持状况

出现阴道流血时，孕妇及家属常惊慌失措，因担心出血威胁胚胎或胎儿的安全以及自身健康，孕妇多表现为强烈的情绪反应，如焦虑、烦躁、恐惧等。

（四）辅助检查

1. 实验室检查 采用放射免疫法测量绒毛膜促性腺激素（hCG）等，结果低于正常值提示有流产的可能，还有助于判断流产类型；做血常规及出凝血时间测定，了解有无贫血及感染情况。

2. B 型超声检查 可了解胚胎及胎儿发育情况及有无胎心搏动等，从而可诊断或鉴别流产及其类型。

三、常见护理诊断／问题

1. 有感染的危险 与阴道流血时间过长或宫腔内有残留组织有关。

2. 组织灌注不足 与阴道流血有关。

3. 躯体移动障碍 与保胎需要卧床休息有关。

4. 焦虑 与担心胎儿安全和自身健康有关。

四、护理目标

1. 出院时孕妇无感染或感染得到控制。

2. 孕妇阴道流血得到控制，生命体征正常并能积极配合治疗。

3. 孕妇及家属焦虑情绪减轻，对未来充满希望。

五、护理措施

应根据流产的不同类型进行相应的护理，并积极预防感染。

1. 心理护理 情绪状态是影响保胎效果的重要因素，因此和孕妇建立良好关系，稳定其情绪，增强保胎信心。对于保胎失败者，护士应减轻孕妇的不良情绪，协助其度过悲伤期。

2. 一般护理 加强营养以增强机体抵抗力。先兆流产孕妇应绝对卧床休息，流产合并感染者取半卧位，积极控制感染。

3. 病情观察 观察阴道流血与腹痛情况，注意阴道分泌物有无异味，有无组织物排出，注意体温变化，及早发现感染。

4.对症护理

(1)**先兆流产**：嘱卧床休息，禁止性生活，避免刺激，若黄体功能不足，遵医嘱给予孕酮治疗，并及时了解胚胎发育情况。

(2)**难免流产和不全流产**：应及时做好终止妊娠的准备，协助医生进行吸宫术及钳刮术，以防出血和感染。

(3)**完全流产**：如无感染征象一般不需特殊处理。

(4)**稽留流产**：协助医生促使胎儿及胎盘排出，以免诱发凝血功能障碍。

(5)**复发性流产**：指导男女双方妊娠前进行详细检查，明确原因并进行治疗。

5.预防感染　加强会阴护理，大小便后及时清理、保持清洁，必要时使用抗生素预防和治疗感染。流产后，禁止性生活1个月。

6.健康教育　为孕妇讲解流产相关知识，与孕妇及家属共同探讨本次流产的原因，指导其为下次妊娠做好准备。

六、护理评价

经过治疗和护理达到：①孕妇生命体征正常，出血量少，无感染征象；②孕妇能面对现实，情绪稳定，积极配合治疗。

第二节　异位妊娠

情景导入

李女士，28岁，已婚，因"突发下腹剧痛2h，如厕晕倒"，于20:30来院急诊。平素月经规律，未避孕，几日前阴道开始少量流血，类似月经，颜色较暗、淋漓不尽。近几日感觉头晕，乏力，休息后好转。今日下午感觉一侧下腹部突然疼痛加剧，呈刀割样，如厕晕倒，遂送入院。

请思考：

1.分析目前导致李女士出现阴道流血的最可能的原因是什么？

2.李女士十分担忧妊娠是否能够继续，护士需要如何解释？

受精卵在子宫体腔以外着床并发育称为异位妊娠（ectopic pregnancy），习称宫外孕，是妇产科常见急腹症之一，包括输卵管妊娠、卵巢妊娠、腹腔妊娠、宫颈妊娠及残角子宫妊娠等（图6-1），以输卵管妊娠最为常见，约占95%。此外剖宫产瘢痕部位妊娠近年在国内明显增多。本节主要介绍

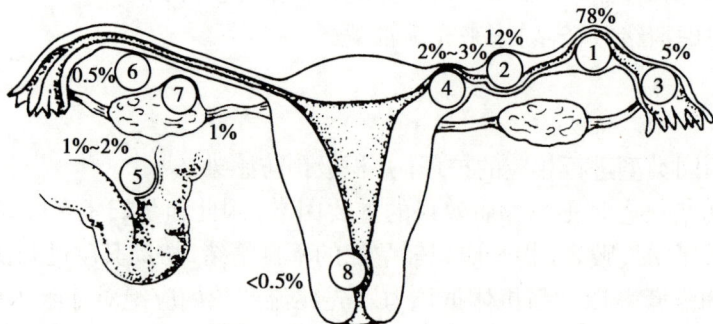

①输卵管壶腹部妊娠；②输卵管峡部妊娠；③输卵管伞部妊娠；④输卵管间质部妊娠；⑤腹腔妊娠；⑥阔韧带妊娠；⑦卵巢妊娠；⑧宫颈妊娠。

图6-1　异位妊娠常见发生部位

输卵管妊娠。输卵管妊娠以壶腹部妊娠最为多见，其次为峡部，而伞部、间质部妊娠较为少见。

一、概述

(一)病因

1.输卵管炎症 是引起输卵管妊娠的最常见原因，包括输卵管黏膜炎和输卵管周围炎。输卵管黏膜炎可使输卵管黏膜粘连、管腔狭窄或纤毛功能受损，导致受精卵运送受阻而发生输卵管妊娠；输卵管周围炎可导致输卵管周围粘连，输卵管扭曲、狭窄，蠕动减弱，从而影响受精卵运行而发生输卵管妊娠。

2.输卵管发育不良或功能异常 输卵管过长、肌层发育差、黏膜纤毛缺乏等发育不良均可导致输卵管妊娠；输卵管蠕动、纤毛活动及上皮细胞的分泌功能异常，也可导致输卵管妊娠。

3.输卵管手术史 可因输卵管瘘或再通而引起输卵管妊娠；输卵管粘连分离术、输卵管修复整形术者，发生输卵管妊娠的概率也会增加。

4.其他 内分泌失调、精神神经功能紊乱、辅助生殖技术、受精卵游走、输卵管子宫内膜异位症、宫内节育器避孕失败等都可增加输卵管妊娠的发生概率。

(二)病理

1.输卵管妊娠的结局 由于输卵管管腔狭窄，管壁薄，缺乏黏膜下肌层，受精卵植入后不能形成完好的蜕膜，不利于胚胎的生长发育，当输卵管妊娠发展到一定程度，常可发生以下结局：

(1)**输卵管妊娠流产**：多见于输卵管壶腹部妊娠，常发生于妊娠8~12周。由于蜕膜形成不完整，发育中的囊胚常向管腔突出，最终突破包膜而出血，囊胚与管壁分离(图6-2)，若整个囊胚剥离，落入管腔，则刺激输卵管逆蠕动，将囊胚排入腹腔，形成完全流产，出血一般不多。若囊胚剥离不完整，部分囊胚残留于管腔，则形成输卵管不完全流产，此时，管壁肌层收缩力差，导致反复出血，形成输卵管血肿或盆腔积血，量多时可流入腹腔出现腹膜刺激症状，甚至休克。

(2)**输卵管妊娠破裂**：多见于输卵管峡部妊娠，一般发生在妊娠6周左右。囊胚发育过程中，绒毛侵蚀管壁的肌层及浆膜，最终突破浆膜层而形成输卵管妊娠破裂(图6-3)。输卵管肌层血管丰富，短期内可发生大量腹腔内出血，导致休克或反复出血形成盆腔及腹腔血肿。

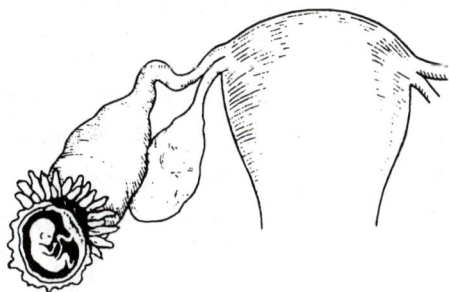

图6-2　输卵管妊娠流产

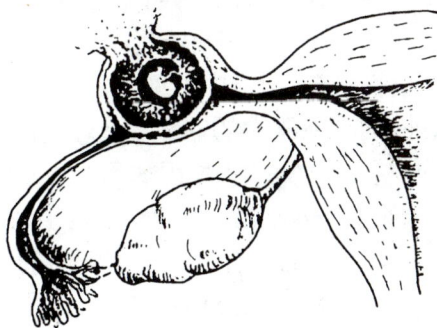

图6-3　输卵管妊娠破裂

(3)**输卵管妊娠胚胎停止发育并吸收**：这种情况常在临床上被忽略，要靠检测血hCG进行诊断，但若血hCG水平很低，常被诊断为未知部位妊娠(pregnancy of unknow location，PUL)，不容易跟宫内妊娠隐性流产相鉴别。

(4)**陈旧性异位妊娠**：若输卵管妊娠流产或破裂未及时治疗，长期反复内出血形成的盆腔血肿可机化变硬并与周围组织粘连，临床上称为陈旧性异位妊娠。

(5)**继发性腹腔妊娠**：输卵管妊娠流产或破裂后，胚胎被排入腹腔，大多数会死亡，偶尔也有存活者，若存活胚胎的绒毛组织仍附着于原位或排至腹腔内重新种植

ER 6-5

继发性腹腔妊娠

而获得血供,可生长发育,形成继发性腹腔妊娠。

2.子宫的变化 输卵管妊娠时,子宫内膜受到甾体激素影响出现蜕膜反应。若胚胎死亡或受损,激素分泌减少或消失,蜕膜则从子宫壁剥离而发生阴道流血。有时蜕膜剥离完整,可随阴道流血排出三角形蜕膜管型;有时则呈碎片排出。排出的蜕膜见不到绒毛,组织学检查无滋养细胞。

二、护理评估

(一)健康史

详细询问月经史,注意不规则流血与月经的区别,以准确判断停经时间;了解有无腹痛及疼痛的部位、性质、程度,有无肛门坠胀感;有无阴道流血及流血量;了解有无输卵管手术、盆腔炎症、放置宫内节育器等相关病史。

(二)身体状况

1.症状 典型症状为停经后发生腹痛与阴道流血。

(1)停经:除输卵管间质部妊娠停经时间较长外,多有6~8周的停经史。部分异位妊娠者由于月经仅过期几日或将不规则阴道流血误认为月经来潮而无停经主诉。

(2)腹痛:是输卵管妊娠最常见症状。输卵管妊娠流产或破裂前,常表现为一侧下腹部隐痛或酸胀痛。输卵管妊娠流产或破裂时,突感一侧下腹部撕裂样疼痛,常伴恶心、呕吐。若血液局限于病变区,主要表现为下腹部疼痛。当血液积聚于直肠子宫陷凹时,出现肛门坠胀感;当血液增多时,疼痛向全腹扩散,血液刺激膈肌,可引起肩胛骨放射性疼痛及胸部疼痛。

(3)阴道流血:胚胎死亡后,常有不规则阴道流血,呈暗红色或深褐色,量少呈点滴状。少数异位妊娠者阴道流血量较多,似月经。阴道流血可伴有蜕膜管型或蜕膜碎片,为子宫蜕膜剥离所致。阴道流血多在病灶消除后停止。

(4)晕厥与休克:腹腔急性内出血及剧烈腹痛可导致晕厥,严重者出现失血性休克。休克程度取决于内出血速度及出血量,而与阴道流血量不成正比。

2.体征

(1)一般情况:腹腔内出血较多时,出现面色苍白、脉搏细弱、血压下降等休克表现。

(2)腹部检查:下腹部有明显压痛、反跳痛,尤以患侧为甚。出血较多时,叩诊可出现移动性浊音。出血时间较久,可因血液凝固、机化变硬并与周围组织粘连而形成包块,在腹部可扪及。

(3)盆腔检查:阴道内可见少量来自宫腔的血液。输卵管妊娠未发生流产或破裂时,除子宫增大变软外,可触及胀大的输卵管及轻度压痛;若发生流产或破裂者,阴道后穹隆饱满,有触痛。轻轻上抬或左右摇摆宫颈时,因加重对腹膜的刺激而发生剧烈疼痛,称为宫颈抬举痛或摇摆痛,是输卵管妊娠的主要体征之一。内出血较多时,检查子宫有漂浮感。于子宫一侧或其后方可触及增厚,其大小、形状、质地常有变化,边界不清,触痛明显。间质部妊娠时,子宫大小与停经月份基本相符,但子宫不对称,一侧角部突起。

(三)心理–社会支持状况

输卵管妊娠流产或破裂前后,孕妇及家属对阴道流血和腹痛表现出担心和恐惧,担心输卵管切除后是否能妊娠,害怕病情危及生命。

(四)辅助检查

1.经阴道后穹隆穿刺 是一种简单可靠的诊断方法,适用于疑有腹腔内出血者。由于直肠子宫陷凹是腹腔内最低点,易聚集血液,若经阴道后穹隆穿刺,抽出暗红色、不凝固的血液为阳性,表示存在腹腔内活动性出血。

2.hCG测定 血尿hCG测定对于早期诊断异位妊娠十分重要,异位妊娠者β-hCG多为阳性,但其量较宫内妊娠低。

ER 6-6
阴道后穹隆穿刺

3. **B 型超声检查**　B 型超声显像有助于诊断异位妊娠。阴道 B 超较腹部 B 超检查准确性高。结合临床表现及 β-hCG 测定，更有助于诊断早期异位妊娠。

4. **腹腔镜检查**　目前腹腔镜检查已经不再是诊断异位妊娠的金标准，而更多作为一种治疗手段。

5. **子宫内膜病理检查**　仅适用于阴道流血较多者，目的在于排除宫内妊娠流产。若排出物仅见蜕膜，未见绒毛，有助于诊断异位妊娠。

ER 6-7

异位妊娠的
腹腔镜手术

三、常见护理诊断/问题

1. **疼痛**　与输卵管妊娠破裂有关。

2. **恐惧**　与担心手术失败和不能再次妊娠有关。

3. **潜在并发症**：失血性休克。

四、护理目标

1. 病人症状得到缓解，情绪稳定，配合治疗。

2. 病人能以正常的心态接受此次妊娠失败的事实。

3. 病人保持生命体征平稳，无并发症发生。

五、护理措施

（一）心理护理

术前介绍疾病及治疗相关知识，缓解其紧张与恐惧心理；术后协助病人面对现实，促进康复，增强对下次妊娠的信心。

（二）病情观察

监测血压、呼吸、脉搏及面色、神志的变化，严重者每 15~30min 监测一次并记录。注意腹痛性质、部位及伴随症状。观察阴道流血的量、颜色。

（三）治疗配合

1. **接受手术治疗者的护理**　手术治疗是输卵管妊娠破裂的主要处理方法。对于马上接受紧急手术治疗者需提供以下护理措施。

（1）保持平卧位或头低脚高位。

（2）给予吸氧。

（3）严密监测生命体征并记录。

（4）遵医嘱查血常规、记录尿量以判断失血情况及组织灌注情况。

（5）对于严重内出血并发休克者，护士应遵医嘱立即建立静脉通道，交叉配血，做好输液输血的术前准备，配合医生积极纠正休克。

（6）按照急诊手术要求迅速做好备皮、皮试等相关准备。

2. **接受非手术治疗者的护理**

（1）密切观察一般情况、生命体征、腹痛及阴道流血情况。

（2）卧床休息，保持大便通畅，避免腹压增加，护士协助其完成日常生活护理。

（3）合理饮食，应给予高营养、富含铁蛋白的半流质饮食，以促进血红蛋白的增加，增强抵抗力。

（4）遵医嘱给药，并协助医生正确留取血标本，以检测治疗效果。

（5）阴道排出物一律送病检。

（四）用药护理

保守治疗者，遵医嘱按时用药，常用甲氨蝶呤进行全身或局部治疗，使用抗生素及止血药等，或配合中药治疗。服药过程中注意药物的副作用及治疗效果，若发生内出血，应及时做好手术准备。

（五）健康教育

指导妇女保持良好的卫生习惯，术后禁止性生活1个月，以免导致盆腔感染，增加下次异位妊娠的概率；输卵管妊娠妇女中再发生率在增加，应指导妇女下次妊娠及时就医。

六、护理评价

经过治疗和护理达到：①孕妇疼痛减轻，并逐渐消失；②孕妇情绪稳定，并能说出对应措施；③孕妇休克症状减轻或消失。

第三节　妊娠期高血压疾病

情景导入

李女士，35岁，妊娠 36^{+1} 周，2年前生育一子，现诊断为妊娠期高血压疾病，住院观察治疗，一般状态良好，有轻微的水肿，血压一直控制在可以接受的范围内，胎儿状态良好。今天早上查房，李女士感觉头晕、恶心，测血压 160/109mmHg，测尿蛋白（++），医生诊断为重度子痫前期。

请思考：

1. 根据李女士目前身体状况需要密切观察哪些体征？
2. 目前解痉治疗的首选药物是什么？有何注意事项？

妊娠高血压（gestational hypertension）是妊娠期特有的疾病，也是导致孕产妇及围生儿死亡的主要原因。

一、概述

（一）病因

1. 高危因素　初产妇、孕妇年龄≥40岁、多胎妊娠、妊娠期高血压疾病史及家族史、慢性高血压、慢性肾炎、糖尿病、体形矮胖、营养不良、社会经济状况差等均可增加妊娠期高血压疾病的发病风险。

2. 病因学说　至今尚未阐明，当前认为较为合理的原因有异常滋养层细胞侵入子宫肌层、免疫平衡失调、血管内皮细胞受损、遗传因素、营养缺乏、胰岛素抵抗等。

（二）病理

全身小血管痉挛为本病的基本病理变化。小血管痉挛导致管腔狭窄，周围阻力增大，内皮细胞损伤，通透性增加，体液和蛋白质渗漏，临床表现为血压升高、水肿、蛋白尿、血液浓缩等。由于缺血、缺氧，全身各组织器官受到不同程度损害，严重时脑、心、肝、肾及胎盘等的病理生理变化可导致抽搐、昏迷、脑出血、心力衰竭、肾衰竭、肺水肿、肝细胞坏死，胎盘绒毛退行性变、出血和梗死，胎盘早剥以及凝血功能障碍等。

ER 6-8

妊娠期高血压疾病的病理变化——全身小血管痉挛

二、护理评估

（一）健康史

详细询问孕妇有无高血压或妊娠期高血压疾病的家族史；既往有无原发性高血压、肾炎、糖尿病等疾病史；妊娠前及妊娠20周前有无水肿、高血压、蛋白尿等征象。

（二）身体状况

妊娠期高血压疾病的分类与临床表现（表6-1）。

表 6-1　妊娠期高血压疾病的分类与临床表现

分类	临床表现
妊娠高血压	妊娠 20 周后出现高血压，血压≥140/90mmHg 和 / 或舒张压≥90mmHg，产后 12 周内即可恢复；尿蛋白（−）；产后方可确诊
子痫前期	妊娠 20 周后出现收缩压≥140mmHg 和 / 或舒张压≥90mmHg，伴有尿蛋白≥0.3g/24h，或随机尿蛋白≥（+） 或无蛋白尿，但伴有以下任何一项者： ● 血小板减少（血小板 < 100 × 10^9/L） ● 肝功能损害（血清转氨酶水平为正常值 2 倍以上）； ● 肾功能损害（血肌酐 > 1.1mg/dl 或为正常值 2 倍以上） ● 肺水肿 ● 新发生的中枢神经系统异常或视觉障碍
子痫	子痫前期基础上发生不能用其他原因解释的抽搐
慢性高血压并发子痫前期	慢性高血压孕妇妊娠前无蛋白尿，妊娠 20 周后出现尿蛋白；或妊娠前有尿蛋白、妊娠后尿蛋白明显增加，或血压进一步升高，或出现血小板减少（< 100 × 10^9/L），或出现其他肝肾功能损害、肺水肿、神经系统异常或视觉障碍等严重表现
妊娠合并慢性高血压	妊娠 20 周前收缩压≥140mmHg 和 / 或舒张压 > 90mmHg（除外滋养细胞疾病）、妊娠期无明显加重；或妊娠 20 周后首次诊断高血压并持续到产后 12 周以后

普遍认为 < 34 周的发病者为早发型子痫前期。将子痫前期伴有下面任何一种表现诊断为重度子痫前期，以引起临床重视：

（1）收缩压≥160mmHg，或舒张压≥110mmHg（卧床休息，两次测量间隔至少 4h）。

（2）血小板减少（血小板 < 100×10^9/L）。

（3）肝功能损害（血清转氨酶水平为正常值 2 倍以上），严重持续性右上腹或上腹疼痛，不能用其他疾病解释，或二者均存在。

（4）肾功能损害（血肌酐水平大于 1.1mg/dl 或无其他肾脏疾病时肌酐浓度为正常值 2 倍以上）。

（5）肺水肿。

（6）新发生的中枢神经系统异常或视觉障碍。

典型的子痫发作过程为：突然意识丧失，眼球固定、瞳孔放大，瞬即头扭向一侧，牙关紧闭，继而口角及面部肌肉颤动，数秒后全身及四肢肌肉强直。抽搐时，呼吸停止，面色青紫。持续 1~1.5min 后抽搐强度减弱，全身肌肉松弛，随后深长吸气，发出鼾声而恢复呼吸。抽搐过程中易发生唇舌咬伤、摔伤甚至骨折等，舌后坠或昏迷时吸入呕吐物可导致窒息或吸入性肺炎。子痫多发生于妊娠晚期或临产前，为产前子痫；少数发生于分娩过程中，为产时子痫；偶尔发生于产后 48h 内，为产后子痫。

ER 6-9

妊娠期高血压
疾病的症状

（三）心理－社会支持状况

病情较轻无明显不适者一般不会出现明显心理反应。当出现血压升高或精神神经症状时，孕妇及家属会因担心母儿安全感到紧张、焦虑。

（四）辅助检查

1. 尿液检查　高危孕妇每次产前检查均应检测尿蛋白，对可疑子痫前期孕妇应进行 24h 尿蛋

白定量。尿蛋白的诊断标准有 2 个：①尿蛋白≥0.3g/24h；②尿蛋白定性≥（+）。随机尿蛋白定性不准确，只有定量方法不可用时才考虑使用。

2. 血液检查　包括全血细胞计数、血红蛋白含量、血细胞比容、全血及血浆黏度、凝血功能检查等，可了解有无血液浓缩、凝血功能障碍等。

3. 肝肾功能测定　肝功能受损者血清转氨酶升高，白 / 球蛋白比例倒置；肾功能受损者，血清肌酐、尿素氮、尿酸升高，且肌酐升高与病情严重程度相平行。

4. 眼底检查　视网膜小动脉的痉挛程度可直接反映本病的严重程度。眼底检查可见视网膜小动脉痉挛、视网膜水肿及视网膜脱离，孕妇表现为视力模糊或失明。

5. 其他检查　按照病情变化，可行心电图、超声心动图、胎盘功能、胎儿成熟度等检查来了解孕妇病情进展和胎儿安危。

ER 6-10

眼底小动脉变化

知识拓展

HELLP 综合征

　　HELLP 综合征（hemolysis；elevated liver function and low platelet count syndrome，HELLP syndrome）是子痫前期的严重并发症，以溶血、转氨酶升高及血小板减少为特点，常危及母儿生命。高危因素有经产妇、年龄＞35 岁、既往不良妊娠史等。主要病理改变与妊娠期高血压疾病相同，但发展为 HELLP 综合征的启动机制尚不清楚。本病多发生于妊娠中后期，产前发病者占 70% 以上，临床多表现为右上腹或上腹部疼痛、恶心、呕吐、全身不适等非特异性症状，少数可有轻度黄疸。本病通过实验室检查确诊，需注意与血栓性血小板减少性紫癜、溶血性尿毒症综合征、妊娠期急性脂肪肝等相鉴别。一旦确诊应立即住院，按照重度子痫前期治疗，同时给予肾上腺皮质激素和血小板；根据产科因素选择适当的分娩方式，适时终止妊娠。

三、常见护理诊断 / 问题

1. 组织灌注量改变　与全身小血管痉挛有关。

2. 焦虑　与担心母儿安危有关。

3. 体液过多　与水钠潴留有关。

4. 有受伤的危险　与子痫抽搐、药物副作用、胎儿窘迫及发育迟缓有关。

5. 知识缺乏：缺乏妊娠期高血压疾病相关知识。

6. 潜在并发症：胎盘早剥、脑出血、凝血功能障碍、肾衰竭等。

四、护理目标

1. 孕妇病情得以控制，无并发症发生。

2. 孕妇及家属情绪稳定，积极配合治疗。

3. 母儿顺利度过妊娠期、分娩期及产褥期。

五、护理措施

　　妊娠期高血压疾病根据分类与临床表现采取不同的护理措施。妊娠高血压主要为门诊治疗，主要措施包括休息、镇静、监护母儿状态、间断吸氧、饮食护理等。子痫前期应住院治疗，主要措施包括休息、镇静、解痉、有指征地降压、利尿，密切监测母胎情况，适时终止妊娠。子痫采取控制抽搐、纠正缺氧和酸中毒、控制血压、终止妊娠等措施。

（一）心理护理

嘱孕妇保持愉快心情，并协助孕妇合理安排工作与生活，使孕妇及家属精神放松并能积极配合治疗护理措施。

（二）妊娠高血压孕妇的护理

1. 休息与睡眠　嘱孕妇多休息，采取左侧卧位，减轻增大的子宫对下腔静脉的压迫，改善子宫胎盘的血液循环。

2. 间断吸氧　以增加血氧含量，改善全身主要脏器和胎盘的供氧。

3. 饮食指导　指导孕妇摄入高蛋白、高维生素及微量元素的食物，全身水肿者应限制食盐的摄入。

4. 监测母儿状况

（1）**血压**：特别注意舒张压变化。舒张压上升，提示病情加重。

（2）**体重**：隔日测量 1 次，并记录。

（3）**复查尿常规**：定时检查尿常规及 24h 尿蛋白含量。

（4）**检查眼底**：定期检查眼底，直接评估小动脉的痉挛程度。

（5）**孕妇其他症状**：注意孕妇有无头痛、眼花、胸闷、恶心、呕吐等症状，一旦出现，表示病情进入子痫前期阶段，要进行及时处理。注意有无胎盘早剥、弥散性血管性凝血（disseminated intravascular coagulation，DIC）、脑出血、心衰等并发症，并将病情报告给医生，同时积极参与治疗和抢救。

（6）**胎心率与胎动**：注意胎心率、胎动变化，可使用胎心电子监护监测。

（三）子痫前期孕妇的护理

1. 一般护理　住院治疗，卧床休息，左侧卧位。保持室内安静，光线暗淡，限制陪伴和探视人数，治疗护理操作应尽量集中进行。床旁准备开口器、吸氧装置、吸引器、产包等抢救物品及硫酸镁、葡萄糖酸钙等药物。

2. 密切监测母儿状态　监测孕妇血压变化，是否有自觉症状。加强胎儿宫内监护。

3. 用药护理

（1）**解痉**：首选药物为硫酸镁。硫酸镁是治疗子痫的一线药物，也是预防重度子痫及子痫发作的关键药物。

1）作用机制：镁离子通过抑制运动神经末梢对乙酰胆碱的释放，阻断神经和肌肉间的传导，使骨骼肌松弛；镁离子还可以刺激血管内皮细胞合成前列环素，抑制内皮素合成，降低机体对血管紧张素Ⅱ的反应，缓解血管痉挛状态，从而预防和控制子痫发作。同时，硫酸镁还可以提高孕妇和胎儿的血红蛋白亲和力，改善氧代谢。

2）用药指征：①控制子痫抽搐及防止再抽搐；②预防重度子痫前期发展成为子痫；③重度子痫前期妇女临产前用药，预防产时子痫或产后子痫。硫酸镁不可作为抗高血压药使用。

3）用药方法：可采用静脉给药和肌内注射。①静脉给药：可行静脉推注或静脉滴注。首次可将 4~6g 硫酸镁，溶于 25% 葡萄糖溶液 20ml 中缓慢静脉推注（15~20min），或溶入 5% 葡萄糖溶液 100ml 中快速静脉滴注（15~20min）；继以 25% 硫酸镁 60ml 加入 5% 葡萄糖液 1 000ml 以 1~2g/h 的速度静脉滴注维持。②深部肌内注射：睡眠前停用静脉给药，可用 25% 硫酸镁 20ml ＋ 2% 利多卡因 2ml，行臀大肌肌内注射一次。每日总量一般不超过 25g，用药时间一般不超过 5d。

4）中毒反应：镁离子中毒首先表现为膝腱反射减弱或消失，继而出现全身肌张力下降、呼吸困难，严重者出现呼吸、心跳停止。

5）注意事项：治疗过程中应注意以下事项，包括：①膝腱反射必须存在；②呼吸≥16 次 /min；③尿量≥17ml/h 或≥400ml/24h；④备 10% 葡萄糖酸钙 10ml 作为中毒的拮抗剂。

（2）**镇静**：适当镇静可缓解孕妇的焦虑，达到降低血压，缓解症状及预防子痫发作的作用。常用地西泮或氯丙嗪 50mg、哌替啶 25mg、异丙嗪 25mg 肌内注射，同时嘱孕妇卧床休息，以防跌倒意外。

（3）**降压**：抗高血压药物不作为常规治疗，仅用于血压过高，当收缩压≥160mmHg 或舒张压≥110mmHg 时必须给予抗高血压药，以预防脑出血及子痫的发生；当收缩压≥150mmHg 和/或舒张压≥100mmHg 时建议给予抗高血压药；当收缩压≥140~150mmHg 和/或舒张压≥90~100mmHg 时不建议给予抗高血压药，但对并发脏器功能损伤者可考虑降压治疗。

用药原则：对胎儿无毒副作用，不影响心输出量、肾血流量及子宫胎盘灌注量，不致血压急剧下降或下降过低。常用药物为拉贝洛尔、硝苯地平、尼莫地平、硝普钠等。使用时应注意血压变化，根据其变化调整用量和速度。

（4）**利尿**：一般不主张应用。仅限于全身性水肿、急性心力衰竭、肺水肿、脑水肿、血容量过高且伴有潜在肺水肿者。常用药物有呋塞米、甘露醇。必要时检查电解质和心电图。

（四）子痫孕妇的护理

1. 控制抽搐　一旦发生抽搐，应协助医生尽快控制。硫酸镁为首选药物，必要时可遵医嘱加用强有力的镇静剂。将孕妇置于单人暗室，避免声、光刺激；一切治疗和护理操作应轻柔且相对集中，以避免诱发抽搐。

2. 专人护理，防止受伤　包括：①使用床栏，防止坠床；②保持呼吸道通畅，立即给氧；③在上下臼齿间放置一缠好纱布的压舌板，以防唇、舌咬伤；④用舌钳固定舌头，防止舌后坠；⑤孕妇取去枕侧卧位，以防分泌物吸入呼吸道造成窒息，必要时用吸引器吸出喉部黏液或呕吐物。

3. 病情观察　密切观察孕妇生命体征、神志、尿量等的变化，及早发现脑出血、肺水肿、急性肾衰竭、胎盘早剥等并发症。

4. 做好终止妊娠的准备　子痫发作者往往在发作后自然临产，应及时发现产兆，一旦抽搐控制后即可终止妊娠。做好母子抢救准备。

（五）分娩期护理

终止妊娠的指征：重度子痫前期孕妇，妊娠<24 周且经治疗病情不稳定者；妊娠 24~28 周根据母胎情况及当地母儿诊治能力决定是否期待治疗；妊娠 28~34 周经积极治疗 24~48h 病情仍加重，促胎肺成熟后终止妊娠，如病情稳定，可考虑期待治疗，建议转至具备早产儿救治能力的医疗机构；妊娠≥34 周胎儿已成熟者可考虑终止妊娠。妊娠 37 周后的妊娠高血压子痫前期病人应考虑终止妊娠。

分娩期间应将血压控制在≤160/110mmHg。阴道分娩者，阴道分娩过程中，保持环境安静，观察产程进展，尽量缩短第二产程、监测胎心率变化，第三产程注意子宫收缩情况、胎盘胎膜是否完整排出，注射缩宫素预防产后出血，但禁用麦角新碱。剖宫产者做好术前和术后护理。

（六）产褥期护理

妊娠高血压可延续至产后，也可见产后首次发生高血压、子痫前期甚至子痫，产后高血压需重视。如出现产后高血压需要密切监测血压变化，遵医嘱予以降压处理，出现重度子痫可继续使用硫酸镁。此外，保持环境安静，观察子宫收缩和阴道流血情况。

（七）健康教育

1. 使孕妇了解疾病相关知识并进行产前自我监测，以便及早发现异常并及时处理。

2. 指导孕妇合理饮食，增加蛋白质、维生素以及富含铁、钙、锌的食物摄入，减少脂肪和过量盐的摄入。保持足够的休息和愉快心情，并坚持左侧卧位。

六、护理评价

经过治疗与护理达到：①孕妇及新生儿各项生理指标维持在正常范围内；②孕妇情绪稳定，积极配合治疗、护理；③孕妇血压等症状控制满意，顺利分娩。

第四节　前置胎盘

情景导入

刘女士，36 岁，孕 35 周，曾经人工流产 2 次。妊娠前检查正常，近 2d 反复少量阴道流血，不伴有腹痛，因担心母儿安危，入院。检查：血压 96/64mmHg，胎位 LSA，胎心率 130 次 /min。

请思考：

1. 刘女士目前的情况考虑什么？

2. 本次妊娠对刘女士母儿的影响主要有哪些？

在正常情况下，胎盘附着于子宫体部的后壁、前壁或侧壁。妊娠 28 周后胎盘附着于子宫下段，甚至胎盘下缘达到或覆盖宫颈内口，其位置低于胎儿先露部，称为前置胎盘（placenta praevia）。前置胎盘是妊娠期严重并发症，也是妊娠晚期出血原因之一。其发病率国外报道为 0.3%~0.5%，国内报道为 0.24%~1.57%，若不及时处理或处理不当，可危及母儿生命。

一、概述

1. **病因**　目前尚未明确，可能与以下因素有关。

（1）**子宫体部内膜病变或损伤**：多次刮宫、多产、子宫手术史、产褥感染等可导致子宫内膜损伤，增加前置胎盘的可能性。

（2）**胎盘异常**：多胎妊娠及副胎盘时，胎盘面积过大形成前置胎盘。

（3）**受精卵发育迟缓**：受精卵到达宫腔后，滋养层尚未发育到可以着床的阶段，继续向下游走到达子宫下段，并在该处着床发育，形成前置胎盘。

（4）**辅助生殖技术**：促排卵药物，改变了体内性激素水平；受精卵的体外培养和人工植入，造成子宫内膜与胚胎发育不同步；人工植入时可诱发宫缩，导致其着床于子宫下段。

2. **分类**　根据胎盘边缘与子宫颈内口关系，分为以下 4 类（图 6-4）：

（1）**完全性前置胎盘**（complete placenta praevia）：又称中央性前置胎盘（central placenta praevia），宫颈内口全部为胎盘组织所覆盖。

（2）**部分性前置胎盘**（partial placenta praevia）：宫颈内口部分为胎盘组织覆盖。

（3）**边缘性前置胎盘**（marginal placenta praevia）：胎盘附着于子宫下段，其边缘到达宫颈内口，但未超越宫颈内口。

（4）**低置胎盘**（low-lying placenta）：胎盘附着于子宫下段，边缘距宫颈内口 <2cm。

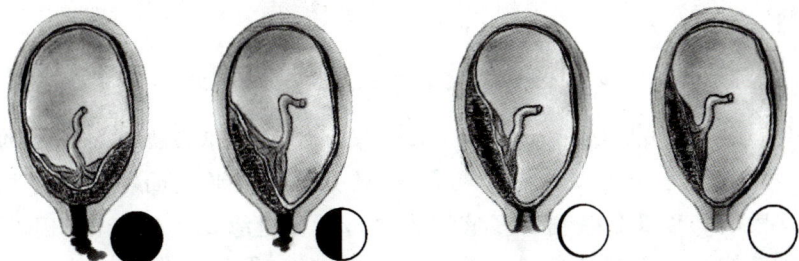

（1）完全性前置胎盘　（2）部分性前置胎盘　　（3）边缘性前置胎盘　　（4）低置胎盘

图 6-4　前置胎盘的类型

二、护理评估

(一) 健康史

了解孕妇有无人工流产、子宫手术、子宫内膜炎等病史；妊娠过程中是否有异常阴道流血，并记录具体经过。

(二) 身体状况

1.症状　典型症状为妊娠晚期或临产时发生无诱因、无痛性反复阴道流血。妊娠晚期或临产后，子宫下段逐渐伸展，牵拉宫颈内口，使宫颈管缩短或消失，附着于子宫下段及宫颈内口处的胎盘不能相应伸展而与其附着处分离，使血窦破裂而出血。

阴道流血发生时间的早晚、反复发生的次数、出血量的多少与前置胎盘的类型有关。①完全性前置胎盘：初次出血时间早，多在妊娠28周左右，反复出血的次数频繁，出血量较多。②边缘性前置胎盘：初次出血时间较晚，多发生在妊娠37~40周或临产后，出血量较少。③部分性前置胎盘：初次出血时间、出血量及反复出血的次数均介于两者之间。

2.体征　孕妇一般情况与出血量、出血速度有关，反复出血可导致贫血，贫血程度与出血量成正比，短时大量出血可出现面色苍白、脉搏微弱、四肢厥冷、血压下降等休克体征。胎儿易发生缺氧甚至死胎。

(1)**腹部检查**：子宫软，无压痛，大小与妊娠周数相符。由于胎盘位置下移，占据了正常胎位空间，影响胎先露下降，故胎先露高浮，胎位多异常。

(2)**阴道检查**：阴道检查必须在输液、输血及手术条件下进行。诊断明确或出血不多时，无须做阴道检查，禁止肛查。

(三) 心理-社会支持状况

孕妇及家属可因突然的阴道流血而感到紧张、恐惧、手足无措，既担心孕妇安危，又担心胎儿的健康状况和生命安全。

(四) 辅助检查

1.B型超声检查　妊娠35周后B超检查可确定胎盘位置，根据胎盘下缘与宫颈内口的关系确定前置胎盘的类型，是目前最安全、有效的检查方法。对于怀疑胎盘位置异常的孕妇推荐阴道超声检查。

2.磁共振检查　怀疑合并胎盘植入者，有条件的医院可选择磁共振检查，以了解胎盘植入子宫肌层的深度，是否侵及膀胱等，对凶险性前置胎盘的诊断更有帮助。

3.产后胎盘和胎膜检查　产后检查娩出的胎盘，前置部分的胎盘母体面有陈旧性紫黑色血块附着，若胎膜破口距胎盘边缘小于7cm，则为前置胎盘。

知识拓展

B超诊断前置胎盘的注意事项

B超诊断前置胎盘时需结合妊娠周数，妊娠中期胎盘面积占据宫腔面积的一半，因此胎盘接近宫颈内口或覆盖宫颈内口的机会较多，导致妊娠晚期胎盘面积只占宫腔面积的1/3或1/4，同时子宫下段的形成及伸展增大了宫颈内口与胎盘边缘之间的距离，因而原来处于子宫下段的胎盘可随子宫体的上移而变为正常位置胎盘，所以在妊娠中期通过B超发现胎盘前置者，不宜诊断为前置胎盘，应称为胎盘前置状态，需定期随访，若无出血症状，妊娠34周前一般不作出前置胎盘的诊断。

三、常见护理诊断 / 问题

1. 有感染的危险　与长期反复出血致机体抵抗力下降及前置胎盘靠近子宫颈口,病原体易经阴道上行感染有关。

2. 有受伤的危险(胎儿)　与出血导致胎盘供血不足有关。

3. 焦虑　与出血、担心母儿安危有关。

4. 潜在并发症:失血性休克。

四、护理目标

1. 孕妇治疗期间无感染发生。

2. 孕妇及胎儿状态良好,治疗有效。

3. 孕妇的出血得到有效控制。

五、护理措施

(一) 心理护理

向孕妇及家属讲解相关知识,提供心理安慰,鼓励家属给予精神支持,允许家属陪护。

(二) 一般护理

1. 绝对卧床休息,左侧卧位,避免各种刺激。指导孕妇加强营养,多食高蛋白及含铁丰富食物,必要时遵医嘱口服铁剂或输血以纠正贫血。

2. 加强会阴护理,保持会阴清洁、干燥,防止逆行感染。

(三) 期待疗法期间的护理

在保证孕妇生命安全的前提下,尽量让胎儿达到或接近足月。期待疗法适用于孕妇失血不多、一般情况良好、孕周不足 36 周或估计胎儿体重低于 2 000g 者。

1. 出血期间绝对卧床休息,应左侧卧位;指导孕妇加强营养。

2. 密切观察阴道流血量及颜色,监测孕妇生命体征;定时测血压并记录,随时做好抢救及手术准备;若出现休克应及时抗休克治疗。

3. 间断吸氧,每日 3 次,每次 30min。

4. 每日会阴擦洗 2~3 次,及时更换会阴垫,保持会阴局部清洁、干燥。严密观察与感染有关的征象,发现异常及时通知医生,必要时遵医嘱给予抗生素治疗。

5. 监测胎儿　监测胎心音、胎动次数等;了解胎儿宫内安危。

6. 遵医嘱使用宫缩抑制剂、补血药,必要时使用镇静剂。

(四) 终止妊娠的护理

孕妇反复多次出血导致贫血,甚至休克者,无论胎儿是否成熟,为保证母亲安全而终止妊娠。若胎儿未成熟而需终止妊娠者,需遵医嘱促进胎肺成熟。若为剖宫产,应积极做好手术准备;若为阴道分娩,在输血、输液情况下,协助人工破膜、静脉滴注缩宫素等加强宫缩。若胎儿窘迫者,积极做好新生儿抢救准备。

(五) 产后护理

胎儿分娩后,注意观察子宫收缩情况和阴道流血情况,遵医嘱及时使用宫缩剂以防止产后出血;指导产妇加强营养,观察恶露情况,加强会阴护理;给予抗生素预防感染,做好输液、输血准备。

(六) 健康教育

指导妇女做好避孕措施,宣传避孕知识,避免多产、多次刮宫或引产,预防宫腔感染;产妇出院后注意休息,加强营养,纠正贫血,增强抵抗力。

六、护理评价

经过治疗与护理达到：①孕妇无感染征象出现；②孕妇采取积极的应对措施，情绪平稳；③胎儿胎心、胎动正常，无缺氧征象；④孕妇阴道流血量逐渐减少或停止，生命体征平稳。

第五节　胎盘早剥

情景导入

孕妇张女士，患有妊娠期高血压疾病，现妊娠 38 周，突然感到剧烈腹痛，并伴少量阴道流血。检查：血压 150/110mmHg，子宫似足月妊娠大小，硬如板，有压痛，胎位不清。

请思考：

1. 此孕妇最可能发生了什么？
2. 目前主要的辅助检查是什么？

妊娠 20 周后正常位置的胎盘在胎儿娩出前，部分或全部从子宫壁剥离，称为胎盘早剥（placental abruption）。胎盘早剥是妊娠晚期的一种严重并发症，往往起病急、进展快，若处理不及时，可危及母儿生命。

一、概述

（一）病因

目前尚不十分清楚，可能与以下因素有关。

1. 血管病变　妊娠期高血压疾病、慢性肾脏疾病的孕妇易发生胎盘早剥。原因是底蜕膜螺旋小动脉痉挛或硬化，导致远端毛细血管缺血坏死、破裂出血，血液流至底蜕膜与胎盘之间，并形成血肿，导致胎盘从子宫壁剥离。

2. 机械性因素　腹部受到直接撞击或挤压、妊娠晚期性交、脐带过短或行外转术纠正胎位均可诱发胎盘早剥。

3. 宫腔内压力骤减　羊水过多时突然破膜，或双胎妊娠分娩时第一胎娩出太快，使宫腔内压力骤减，子宫突然收缩而导致胎盘早剥。

4. 子宫静脉压突然升高　妊娠晚期或临产后，孕妇长时间仰卧位，妊娠子宫压迫下腔静脉，可致回心血量减少，血压下降，而子宫静脉淤血，静脉压增高，蜕膜静脉床淤血或破裂而引发胎盘早剥。

5. 其他　高龄、吸烟、吸毒、营养不良、胎盘附着部位子宫肌瘤、胎盘早剥史等均为胎盘早剥的高危因素。

（二）病理

主要病理变化为底蜕膜出血并形成血肿，使胎盘自附着处剥离。若剥离面小，出血少，血液很快凝固，临床可无症状；若剥离面大，继续出血，可形成胎盘后血肿。当胎盘后出血冲破胎盘边缘和胎膜，沿胎膜与子宫壁间经宫颈向外流出，为显性剥离（revealed abruption）。若胎盘边缘仍附着于子宫壁上，或胎膜与子宫壁未剥离，血液不向外流而积聚在胎盘与子宫壁之间，称为隐性剥离（concealed abruption）。当隐性剥离内出血急剧增多时，血液向子宫肌层内浸润，引起肌纤维分离、断裂、变性，此时子宫表面出现紫蓝色瘀斑，尤以胎盘附着处最明显，称为子宫胎盘卒中（uteroplacental apoplexy），又称库弗莱尔子宫（Couvelaire uterus）（图 6-5）。

ER 6-11

子宫胎盘卒中

严重胎盘早剥时，从剥离处的胎盘绒毛和蜕膜中释放大量组织凝血活酶，进入母体血液循环，激活凝血系统，导致弥散性血管内凝血（DIC），继续发展，最终导致凝血功能障碍。

二、护理评估

（一）健康史

了解孕妇有无外伤史、妊娠期高血压疾病、慢性高血压或血管性疾病病史等，对孕妇本次妊娠情况进行全面评估。

（二）身体状况

典型临床表现是阴道流血、腹痛，可伴有子宫张力增高和子宫压痛，尤以胎盘剥离处最明显。阴道流血特征为陈旧不凝血，但出血量往往与疼痛程度、胎盘剥离程度不一定符合，尤其是后壁胎盘的隐性剥离。早期表现通常以胎心率异常为首发变化，宫缩间歇期子宫呈高张状态，胎位触诊不清。严重时子宫呈板状，压痛明显，胎心率改变或消失，甚至出现恶心、呕吐、出汗、面色苍白、脉搏细弱、血压下降等休克征象。

在临床上推荐按照胎盘早剥的 Page 分级标准评估病情的严重程度，见表 6-2。

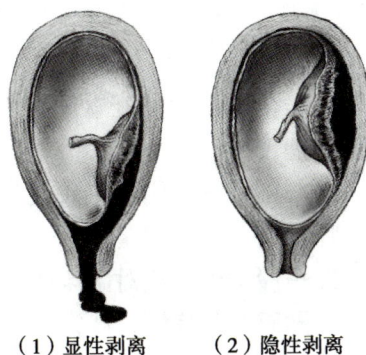

（1）显性剥离　　（2）隐性剥离

图 6-5　胎盘早剥的类型

表 6-2　胎盘早剥的 Page 分级标准

分级	标准
0 级	分娩后回顾性产后诊断
I 级	外出血，子宫软，无胎儿窘迫
II 级	胎儿窘迫或胎死宫内
III 级	产妇出现休克症状，伴或不伴弥散性血管内凝血

（三）心理－社会支持状况

剧烈腹痛和大量阴道流血及病情变化迅速，使孕妇担心自身及胎儿的安危，表现出高度的紧张和恐惧；孕妇及家属反应措手不及，应对能力明显下降。

（四）辅助检查

1. **B 型超声检查**　典型的声像图在胎盘与子宫壁之间可见边缘不清楚的液性低回声区，胎盘增厚或胎盘边缘裂开。

2. **实验室检查**　包括全血细胞计数和凝血功能检查。III 级胎盘早剥者应检查肾功能和二氧化碳结合力，并进行 DIC 筛选试验，结果可疑者进一步行纤溶确诊试验。

三、常见护理诊断／问题

1. **潜在并发症**：DIC、失血性休克、产后出血。
2. **有受伤的危险（胎儿）**　与胎盘血供减少或中断有关。
3. **恐惧**　与担心母儿安危有关。

四、护理目标

1. 孕妇失血性休克症状得到控制。
2. 孕妇、胎儿平安度过妊娠期和分娩期。
3. 孕妇恐惧、焦虑解除，身心舒适度增加。

五、护理措施

胎盘早剥是一种妊娠晚期严重危及母儿生命的并发症,预防非常重要。出现典型症状应采用以下护理。

1. 心理护理　耐心细致地为孕妇及家属讲解相关知识,解除孕妇恐惧情绪,面对现实,积极配合治疗。

2. 一般护理　绝对卧床休息,左侧卧位,提供生活护理。定时吸氧,以改善胎儿缺氧状态。

3. 严密监测病情　严密观察孕(产)妇病情变化,及时发现并发症。凝血功能障碍表现为皮下、黏膜或注射部位出血,子宫出血不凝固,有时有血尿、咯血及呕血等现象;急性肾衰竭可表现为尿少或无尿。发现异常及时通知医生并配合处理。密切监测胎儿胎心、胎动情况,观察宫缩,了解破膜以及破膜后羊水性状等。

4. 及时纠正休克　护士应迅速建立静脉通道,遵医嘱积极补充血容量,及时输注新鲜血液,既能补充血容量,又可补充凝血因子。同时监测胎儿状态。

5. 做好终止妊娠的准备　一旦确诊,应及时终止妊娠,护士做好相应的手术准备。

6. 预防产后出血　胎盘早剥的孕妇易发生产后出血,因此,分娩后应及时给予宫缩剂,并配合按摩子宫,必要时做好切除子宫的术前准备。

7. 产褥期护理　产妇在产褥期应注意加强营养,纠正贫血;更换消毒会阴垫,保持会阴清洁,防止感染。根据产妇自身情况给予母乳喂养指导;死产者及时给予退乳措施,如少进汤食,生麦芽代饮、针刺穴位等。

六、护理评价

经过治疗与护理达到:①孕(产)妇未发生 DIC、休克、产后出血等并发症;②胎儿宫内情况稳定,无缺氧征象,并平安出生;③孕(产)妇及家属能积极应对,情绪稳定。

第六节　早　产

> **情景导入**
>
> 刘女士,妊娠 35 周,昨天开始出现不规律宫缩入院,今早检查:宫缩规律,间隔 5~6min,持续约 40s,宫颈管消退 80%,宫口扩张 3cm。
>
> **请思考:**
>
> 1. 刘女士目前发生了什么情况?
>
> 2. 刘女士的妊娠能否继续?
>
> 3. 针对刘女士的护理措施有哪些?

早产(premature delivery)是指妊娠满 28 周至不满 37 周之间分娩者。此时娩出的新生儿称为早产儿(premature infant)。早产儿各器官发育尚不成熟,出生孕周越小,体重越轻,预后越差。随着早产儿的治疗及监护手段不断提高,其生存率明显提高、伤残率下降。

一、分类及原因

早产可分为:自发性早产和治疗性早产。前者又分为胎膜完整早产和未足月胎膜早破(preterm premature rupture of membranes,PPROM)。

1. 胎膜完整早产　最常见的类型，约占45%。原因主要为：①宫腔过度扩张，如双胎或多胎妊娠、羊水过多等。②母胎应激反应，由于孕妇精神、心理压力过大，导致胎盘 - 胎儿肾上腺 - 内分泌轴紊乱，过早、过多分泌促肾上腺皮质释放激素（corticotropin-releasing hormone，CRH）和雌激素，使宫颈过早成熟并诱发宫缩。③宫内感染，感染途径最常见为下生殖道的病原体经宫颈管逆行而上，另外，母体全身感染病原体也可通过胎盘侵及胎儿或盆腔感染病原体经输卵管进入宫腔。最常见的病原体有阴道加德纳菌、梭形杆菌、人型支原体、解脲支原体等。

2. 未足月胎膜早破　病因及高危因素包括：PPROM史、BMI＜19.0kg/m²、营养不良、吸烟、宫颈功能不全、子宫畸形（如纵隔子宫、单角子宫、双角子宫等）、宫内感染、细菌性阴道病、子宫过度膨胀、辅助生殖技术受孕等。

3. 治疗性早产　指由于母体或胎儿的健康原因不允许继续妊娠，在未达到37周时采取引产或剖宫产终止妊娠。

二、护理评估

1. 健康史　详细评估孕妇既往史，是否有流产史、早产史及与早产有关的诱发因素；了解本次妊娠过程出现的特殊症状和出现时间，并记录。

2. 身体状况　早产的主要表现是子宫收缩，最初是不规则子宫收缩，常伴有少许阴道流血或血性分泌物，然后逐渐发展为规律宫缩，其过程与足月产相似。子宫颈管先逐渐消退，后进行性扩张。临床上早产分为先兆早产和早产临产两个阶段。先兆早产指有规律或不规律的宫缩，伴有宫颈管进行性缩短。若妊娠37周前出现规律宫缩（20min内大于等于4次或60min内大于等于8次），伴宫颈管消退≥80%及宫颈扩张1cm以上，可诊断为早产临产。

3. 心理 - 社会支持状况　护士应耐心地为孕妇及家属讲解早产的原因，消除孕妇产生的自责感；帮助缓解孕妇及家属因为担心新生儿的安危而产生焦虑、紧张的情绪反应。

三、常见护理诊断／问题

1. 有受伤的危险（新生儿）　与早产儿发育不成熟有关。

2. 焦虑　与担心新生儿预后不良有关。

四、护理目标

1. 新生儿不存在因护理不当而发生的并发症。

2. 孕妇能平静地面对现实，接受治疗及护理。

五、护理措施

1. 心理护理　为孕妇及家属详细地讲解病情相关知识，消除其产生的不良情绪；为孕妇提供精神和物质方面的支持，缓解其产生的紧张、焦虑的情绪。

2. 预防早产　做好孕期保健工作，指导孕妇定期产前检查；指导孕妇加强营养，保持平静的心情；避免诱发宫缩的活动如抬举重物、妊娠晚期性生活等；高危孕妇须多卧床休息，左侧卧位，慎做阴道检查；积极治疗能诱发早产的因素。已明确宫颈功能不全者，应于妊娠12~14周行宫颈环扎术。

3. 用药护理

（1）**宫缩抑制剂**：先兆早产通过适当抑制宫缩延长妊娠时间。常用的宫缩抑制剂有：

1）β- 肾上腺素受体激动剂：常用药物有利托君等，可激动子宫平滑肌细胞膜上的 β₂ 受体，激活细胞内腺苷酸环化酶，促使三磷腺苷合成环腺苷酸，降低细胞内钙离子浓度，阻止子宫肌收缩蛋白活性，抑制子宫平滑肌收缩，延长妊娠期。副作用为心率加快、血压下降、血糖增高、血钾降低、恶心、出汗、头痛等。应用期间需监测呼吸、心率、氧饱和度、电解质、定期监测血糖等。

2）硫酸镁：镁离子直接作用于肌细胞，使平滑肌松弛，抑制子宫收缩。长时间大剂量使用硫酸镁可引起胎儿骨骼脱钙，因此硫酸镁用于早产治疗尚有争议。但硫酸镁可以降低妊娠32周前早产儿的脑瘫风险和严重程度，推荐妊娠32周前早产者常规应用硫酸镁作为胎儿中枢神经系统保护剂。

用法：硫酸镁4~5g静脉推注或快速静脉滴注，随后1~2g/h缓慢点滴12h，一般用药不超过48h。

3）钙通道阻滞剂：阻滞钙离子进入肌细胞而抑制宫缩，如硝苯地平，用药过程中密切观察孕妇血压、心率的变化。已用硫酸镁者慎用，以防血压急剧下降。

4）前列腺素合成酶抑制剂：此类药物可通过胎盘抑制胎儿前列腺素的合成与释放，使胎儿体内前列腺素减少，使胎儿动脉导管提前关闭，因此，此药物仅在妊娠32周前短期使用。

（2）**促胎肺成熟治疗**：遵医嘱给予孕妇糖皮质激素，如地塞米松、倍他米松等，促进胎肺成熟，以防发生新生儿呼吸窘迫综合征。如果用药超过2周，仍存在<34周早产可能者，可重复一个疗程。

4. 胎儿监护与护理　保胎治疗过程中，每日行胎心监护，并教会孕妇自数胎动，以及时发现异常。

5. 做好终止妊娠的准备　如早产已不可避免，护士应配合医生做好终止妊娠的准备，根据妊娠情况选择合适的分娩方式。同时，做好早产儿保暖和复苏的准备。

6. 产时处理　①出生胎龄<32孕周的早产儿，有条件时应提早转运到有早产儿救治能力的医院（宫内转运）分娩。②大部分早产儿可经阴道分娩，分娩镇痛以硬脊膜外阻滞麻醉镇痛相对安全；产程中密切监护胎儿状况；不提倡常规会阴切开，也不支持使用没有指征的产钳助产术；对臀位特别是足先露者应根据当地早产儿救治条件，权衡剖宫产利弊，因地制宜选择分娩方式。③早产儿应延长至分娩60s后断脐，可降低新生儿输血的需要和脑室内出血的发生率。

7. 健康教育　指导孕妇孕期健康保健，保证充足的休息和睡眠，加强营养，保持心情愉快；指导孕妇进行孕期自我监测，及时发现诱发早产的因素并积极配合治疗。

六、护理评价

经过治疗和护理达到：①新生儿各项生理指标正常；②孕妇及家属能面对现实，积极配合治疗和护理。

第七节　多胎妊娠

情景导入

王女士，31岁，双胎妊娠，孕20周，因初次妊娠既兴奋又有些担心，前来咨询孕期注意事项。

请思考：

1. 双胎妊娠如何判断分类？
2. 双胎妊娠孕期注意事项有哪些？

一次妊娠宫腔内同时有两个或两个以上胎儿者称为多胎妊娠（multiple pregnancy），双胎妊娠最多见。近年来，随着促排卵药物的应用和辅助生育技术的开展，多胎妊娠的发生率呈明显上升趋势。本节主要讨论双胎妊娠。

ER 6-12

双胎妊娠

一、概述

（一）影响因素

1. 遗传因素 孕妇或其丈夫家族中有多胎妊娠史者。

2. 年龄和胎次 双胎发生率随着孕妇年龄增大而增加，单卵双胎发生率在20岁以下妇女为3‰，>40岁者为4.5‰。双卵双胎发生率随年龄的增长显著升高，在15~19岁年龄组仅2.5‰，而30~34岁组上升至11.5‰。孕妇胎次越多，发生多胎的机会越多，有报道称初产妇为21.3‰，多产妇为26‰。

3. 药物 使用促排卵药物如氯米芬，可导致双胎妊娠发生率增加。

（二）分类

1. 双卵双胎 由两个卵子分别受精而形成的双胎称为双卵双胎（dizygotic twins），约占双胎妊娠的70%，两个卵子可来源于同一成熟卵泡，或同一卵巢的不同成熟卵泡或两侧卵巢的成熟卵泡。因此，两个胎儿的基因不同，其性别、血型、容貌可相同或不同。两个受精卵可形成各自独立的胎盘和胎囊，两者血液循环互不相通，两个胎囊之间有两层羊膜和两层绒毛膜相隔，有时两层绒毛膜可融为一层（图6-6）。两个卵子在短时间内分别受精而形成的双卵双胎称为同期复孕。

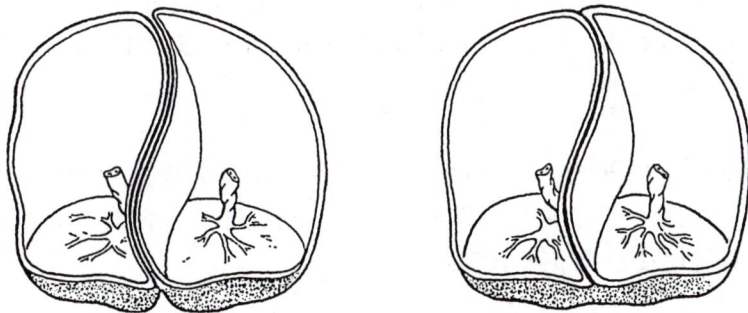

（1）两个胎盘分开，两层绒毛膜，两层羊膜　　　（2）两个胎盘融合，两层绒毛膜已融合，两层羊膜

图6-6　双卵双胎的胎盘及胎膜示意图

2. 单卵双胎 由一个卵子受精后分裂而形成的双胎妊娠称为单卵双胎（monozygotic twins），约占双胎妊娠的30%。由于两个胎儿的基因相同，因此其血型、性别一致，容貌相似。单卵双胎的胎盘和胎囊按受精卵分裂时间的不同而有4种不同类型（图6-7）。

（1）发生在桑葚期前　　　（2）发生在囊胚期　　　（3）发生在羊膜囊已形成

图6-7　受精卵在不同阶段形成单卵双胎的胎膜类型

（1）**双绒毛膜双羊膜囊**：分裂发生在受精后3d内，即发生在桑葚期前，形成两个独立的胚胎、两个羊膜囊。两个羊膜囊之间隔有两层绒毛膜、两层羊膜，胎盘为两个或一个。

（2）**单绒毛膜双羊膜囊**：分裂发生在受精后第4~8天，胚胎发育处于囊胚期，即已分化出滋养细胞，羊膜囊尚未形成。胎盘为一个，两个羊膜囊之间仅隔有两层羊膜。

（3）**单绒毛膜单羊膜囊单卵双胎**：受精卵在受精后第9~13天分裂，此时羊膜囊已形成，两个胎儿共存于一个羊膜腔内，共有一个胎盘。

（4）**联体双胎**：受精卵在受精第 13 天后分裂，此时原始胚盘已形成，机体不能完全分裂成两个，形成不同形式的联体儿，极罕见。如两个胎儿共有一个胸腔或共有一个头部等。

二、护理评估

（一）健康史

仔细询问家族中有无多胎史、孕妇的年龄、胎次，妊娠前是否使用促排卵药。

（二）身体状况

1. 症状　妊娠早期反应较重，子宫大于妊娠孕周，妊娠 24 周以后尤其明显，羊水量增多。因子宫增大明显，妊娠晚期可出现呼吸困难、胃部饱满、行走不便、下肢静脉曲张、水肿等压迫症状。

2. 体征　宫底高度大于妊娠周数，腹部可触及两个胎头，多个胎肢，胎动频繁，在腹部不同部位可听到两个胎心音，且两者速率不一，相差 > 10 次 /min。过度增大的子宫压迫下腔静脉，常引起下肢水肿、静脉曲张等。

（三）心理 - 社会支持状况

多胎妊娠的孕妇及家属情绪比较复杂，既有孕育多个胎儿的新奇与喜悦，又对胎儿是否健康，是否存在畸形而担心焦虑。另外，由于多胎妊娠的胎儿并发症较多，围生儿死亡率较高，孕妇可能要面对失去一个或多个新生儿的情况。

（四）辅助检查

多胎妊娠主要是通过 B 超检查。B 超可以早期诊断双胎并能提高双胎妊娠的孕期监护质量。孕 7~8 周时可见两个妊娠囊，孕 13 周后清楚显示两个胎头光环及各自拥有的脊柱、躯干、四肢等，B 型超声对中晚期的双胎诊断率几乎达 100%。

三、常见护理诊断 / 问题

1. 有受伤的危险（胎儿）　与双胎妊娠引起早产有关。
2. 潜在并发症：早产、脐带脱垂、胎盘早剥、胎儿生长受限、双胎输血综合征等。

四、护理目标

1. 胎儿未发生早产等。
2. 孕妇无潜在并发症发生。

五、护理措施

（一）心理护理

帮助孕妇完成角色转变，告知其分娩过程，消除孕妇分娩双胎的紧张情绪，保持愉快的心情，积极配合治疗。

（二）一般护理

1. 保障休息，加强营养　注意多休息，尤其是妊娠最后 2~3 个月，左侧卧位。加强营养，注意补充铁、钙、叶酸等，以满足妊娠的需要。

2. 缓解水肿与压迫症状　嘱孕妇避免长时间站立，指导孕妇穿弹性袜以减轻水肿和下肢静脉曲张。指导孕妇穿戴托腹带，或侧卧位时腹部下方垫软垫，以减轻子宫引起的压迫症状。

（三）病情观察

双胎妊娠孕妇易伴发妊娠期高血压疾病、羊水过多、前置胎盘、贫血等并发症，因此，应加强病情观察，增加产前检查的次数，每次监测宫高、腹围和体重，及时发现异常并处理。

（四）分娩期护理

1. 严密观察产程进展和胎心的变化，协助做好接产和抢救新生儿窒息的准备。如发现有宫缩乏力或产程延长，应及时处理。

2. 第一个胎儿娩出后，立即断脐，协助扶正第二个胎儿的胎位，以保持纵产式，通常等待 20min 左右，第二个胎儿自然娩出。如等待 15min 仍无宫缩，则可协助人工破膜或遵医嘱静脉注射缩宫素促进宫缩。分娩过程中应严密观察，及时发现脐带脱垂或胎盘早剥等并发症。

3. 预防产后出血，第二个胎儿娩出后立即肌内注射或静脉注射缩宫素，腹部放置沙袋，防止腹压骤降引起休克。

4. 双胎妊娠者如为早产，产后应加强对早产儿的观察和护理。

（五）健康教育

护士应指导孕妇注意休息，加强营养。产后应注意阴道流血量和子宫复旧情况，防止产后出血。此外，还应指导产妇正确进行母乳喂养，选择有效的避孕措施。

六、护理评价

经过治疗和护理达到：①孕产妇、胎儿或新生儿安全；②孕妇能主动与他人讨论两个孩子的将来并做好分娩准备。

第八节　羊水量异常

情景导入

王女士，35 岁，经产妇，孕 24 周，自诉 1 周前腹部开始迅速增长，孕妇感觉呼吸困难，双下肢水肿，行走不便，在家休息半月后无改善，自觉以上症状继续加重，前来就诊。

请思考：

1. 目前王女士最可能的诊断什么？
2. 针对王女士目前主要的护理措施有哪些？

正常妊娠羊水量随孕周的增加而增多，至 38 周时约 1 000ml，以后逐渐减少，妊娠足月时，羊水量约 800ml。凡在妊娠任何时期羊水量超过 2 000ml 者，称羊水过多（polyhydramnios）。妊娠晚期羊水量少于 300ml 者，称羊水过少（oligohydramnios）。

一、羊水过多

（一）概述

羊水过多的发生率为 0.5%~1%，合并糖尿病者，发生率高达 13%~36%。大约 1/3 羊水过多者缺乏明确原因，其余与下列因素有关：

1. 胎儿畸形　为羊水过多最常见的原因。羊水过多孕妇中 18%~40% 合并胎儿畸形，以中枢神经系统和消化系统畸形最为常见，如无脑儿、脊柱裂胎儿；或胎儿缺乏中枢吞咽功能，无吞咽反射及缺乏抗利尿激素致尿量增多而引起羊水过多；食管及十二指肠闭锁时因不能吞咽羊水而导致羊水过多。

2. 多胎妊娠　多胎妊娠的羊水过多发生率约为单胎妊娠的 10 倍，尤以单绒毛膜性双胎多见。因为两个胎儿之间血液循环相通，占优势的胎儿循环血量增多，尿量增加，致羊水增多。

3. 胎盘脐带病变　如胎盘绒毛血管瘤、巨大胎盘、胎盘帆状附着等。

4. 母儿血型不合 母儿血型不合时,因胎儿免疫性水肿、胎盘绒毛水肿影响液体交换,导致羊水过多。

5. 孕妇因素 妊娠糖尿病、妊娠期高血压疾病等。

(二) 护理评估

1. 健康史 了解孕妇的年龄、生育史,有无妊娠合并症,有无先天畸形家族史等;询问本次妊娠过程中有无呼吸困难、腹痛、食欲下降等。

2. 身体状况

(1) **急性羊水过多**:较少见。多发生在妊娠 20~24 周。羊水急速增加,子宫于数日内明显增大,孕妇感腹部胀痛,行动不便,表情痛苦,因横膈上抬出现呼吸困难,甚至发绀,不能平卧。腹部皮肤紧绷发亮,甚至变薄,皮下静脉清晰。巨大子宫压迫下腔静脉,影响静脉回流,出现下肢及外阴部水肿、静脉曲张。子宫明显大于妊娠周数,胎位不清,胎心遥远或听不清楚。

(2) **慢性羊水过多**:较多见。多发生在妊娠晚期,羊水于数周内缓慢增多,症状相对缓和,多数孕妇无自觉症状,仅感觉腹部增大较快。子宫大于妊娠周数,腹壁皮肤发亮、变薄。子宫张力大,有液体震颤感,胎位不清,胎心遥远。

急性羊水过多

3. 心理－社会支持状况 孕妇及家属因羊水过多,担心胎儿可能有某种畸形而感到紧张、焦虑,甚至恐惧不安。

4. 辅助检查

(1) **B 型超声检查**:是羊水过多的重要检查方法,能了解羊水量和有无胎儿畸形。羊水最大暗区垂直深度≥8cm,或羊水指数≥25cm 即可诊断羊水过多。

(2) **甲胎蛋白**(alpha-fetal protein, AFP)**测定**:胎儿神经管畸形、上消化道闭锁等。羊水 AFP 平均值超过同期正常妊娠平均值 3 个标准差,孕妇血清 AFP 超过同期正常妊娠平均值 2 个标准差。

(3) **其他**:必要时可做其他检查以排除引起羊水过多的原因,如葡萄糖耐量试验以排除妊娠糖尿病;测孕妇 ABO 血型及 Rh 血型以排除母儿血型不合;胎儿染色体检查以了解有无染色体异常。

羊水过多的 B 超

(三) 常见护理诊断／问题

1. 舒适度减弱 与羊水过多引起呼吸困难、心悸、不能平卧等压迫症状有关。

2. 有受伤的危险(胎儿) 与羊水过多引发胎膜早破、胎盘早剥等有关。

3. 焦虑 与担心胎儿存在畸形有关。

(四) 护理目标

1. 孕妇身体不适感减轻。

2. 母儿健康平安,可顺利完成分娩。

3. 孕妇主诉焦虑症状减轻。

(五) 护理措施

1. 心理护理 合并胎儿畸形者,护士应给予同情和理解,指导其选择适宜的妊娠终止方式,协助其度过悲伤期。

2. 一般护理 嘱孕妇多卧床休息,取左侧卧位。急性羊水过多出现压迫症状者取半卧位,以改善呼吸状况。指导孕妇低盐饮食,多进食蔬菜水果,保持大便通畅,以防用力排便导致胎膜破裂。每日吸氧 1~2 次,每次 30min,以改善缺氧症状。

3. 病情观察 观察孕妇的生命体征,定期做好产前检查以监测病情的变化;分娩过程中严密观察胎心、胎动及宫缩的情况;产后密切观察子宫收缩及阴道流血情况,防止出现产后出血;产后

仔细检查胎儿有无畸形并详细记录。

4. 用药护理　前列腺素合成酶抑制剂吲哚美辛有抗利尿作用，妊娠晚期可抑制胎儿排尿，使羊水减少。

5. 治疗配合　合并胎儿畸形者应及时终止妊娠。胎儿正常，应寻找原因，积极治疗母体疾病，胎龄＜37周，当孕妇自觉症状严重时应当考虑做羊膜腔穿刺术，以释放部分羊水缓解症状。放羊水应在B超的指导下进行，速度不宜过快，每小时不超过500ml，一次放羊水量不超过1 500ml，以防损伤胎盘或导致胎盘早剥。放羊水过程中，密切观察孕妇的血压、心率、呼吸变化，监测胎心、宫缩和阴道流血情况，必要时遵医嘱予镇静剂，以防早产。放羊水后，腹部放置沙袋或腹带包扎以防血压骤降甚至发生休克，同时给予抗感染的药物。手术过程严格无菌操作，以防发生感染。

6. 健康教育　为孕妇及家属讲解羊水过多的常见原因；注意提示孕妇勿刺激乳头和腹部，禁止性生活，以免诱发宫缩导致早产；同时尽量减少咳嗽等增加负压的活动，以防胎膜早破。

（六）护理评价

经过治疗和护理达到：①母儿安全，未发生并发症，分娩过程顺利；②胎儿合并畸形者，孕妇正确面对现实，积极配合治疗护理。

二、羊水过少

羊水过少发生率为0.4%~4%，严重影响围生儿预后。若羊水量少于50ml，胎儿窘迫的发生率达50%以上，围生儿的死亡率也高达88%，应予以高度重视。

（一）概述

羊水过少主要与羊水产生减少或羊水吸收、外漏增加有关。

1. 胎儿畸形　以泌尿系统畸形最多见，如肾缺如、肾小管发育不全、输尿管或尿道梗阻导致少尿或无尿，使羊水减少。

2. 胎盘功能减退　胎盘功能减退时，胎儿慢性缺氧，使胎儿血液重新分布，为保障心脑血供，肾脏血流量减少，导致胎儿尿液产生减少，引起羊水过少。

3. 孕妇因素　孕妇脱水、血容量不足时，孕妇血浆渗透压增高，使胎儿血浆渗透压相应增高，尿液生成减少而引起羊水过少。

4. 其他　胎膜早破使羊水外流，导致羊水过少；另外，有学者认为部分羊水过少可能与羊膜本身病变有关。

（二）护理评估

1. 健康史　了解孕妇的月经史、生育史、用药史，有无妊娠合并症，有无先天畸形家族史等；询问并记录本次妊娠情况。

2. 身体状况

（1）**症状**：孕妇于胎动时感觉腹部不适。子宫敏感，轻微刺激即可引发宫缩。临产后阵痛明显，宫缩多不协调，宫口扩张缓慢，产程延长。

（2）**体征**：宫高、腹围均小于同期妊娠，有子宫紧裹胎儿感。临产后，前羊膜囊不明显，胎膜紧贴胎儿先露部，破膜时羊水量极少。

3. 心理-社会支持状况　孕妇及家属因担心胎儿可能存在某种畸形而感到焦虑、紧张，甚至恐惧不安。

4. 辅助检查

（1）**B型超声检查**：是确诊羊水过少不可缺少的辅助检查方法，同时可以发现胎儿畸形。羊水最大暗区垂直深度≤2cm为羊水过少；≤1cm为严重羊水过少。现用羊水指数（amniotic fluid index，AFI）诊断更敏感、准确，AFI≤8.0cm为可疑羊水过少，≤5.0cm可确诊羊水过少。

（2）**羊水直接测量**：破膜时羊水量少于 300ml 即可确诊羊水过少，但此方法不能做到早期发现。

（3）**胎心电子监护**：羊水过少导致胎盘和脐带受压，使胎儿储备能力降低，NST 呈无反应型，子宫收缩时出现胎心变异减速和晚期减速。

ER 6-15

羊水过少的
B 超

（三）常见护理诊断 / 问题

1. 舒适度减弱　与羊水过少导致胎动时宫缩和临产后阵痛加剧等症状有关。

2. 有受伤的危险（胎儿）　与羊水过少易导致胎体粘连、妊娠并发症等有关。

3. 焦虑　与担心胎儿存在畸形有关。

（四）护理目标

1. 孕妇身体不适感减轻。

2. 顺利完成分娩过程，母儿平安。

3. 孕妇的焦虑症状得到缓解。

（五）护理措施

1. 心理护理　合并胎儿畸形者，护士应给予同情和理解，指导其选择适宜的妊娠终止方式，协助其度过悲伤期。

2. 病情观察　观察孕妇的生命体征，测宫高、体重，以判断病情进展；监测胎心、胎动、宫缩情况以及胎盘功能，及时发现并发症。

3. 治疗配合　若妊娠未足月，辅助检查未发现胎儿畸形，可行保守期待治疗。通过羊膜腔灌注解除脐带受压，可使胎心率变异减速率、胎粪排出率以及剖宫产率降低，提高围生儿成活率。注意严格无菌操作，同时遵医嘱予抗生素预防感染。

4. 终止妊娠护理　羊水过少是提示危险的重要信号。若妊娠已近足月，应严密监测羊水量及胎心、胎动情况；若为过期妊娠或合并胎儿生长受限、胎儿畸形，应遵医嘱及时做好终止妊娠准备。

5. 健康教育　为孕妇及家属讲解羊水过少的常见原因；指导其左侧卧位休息，以改善胎盘血供；教会孕妇检测胎儿宫内情况的方法和技巧，同时避免胎膜早破。

（六）护理评价

经过治疗和护理达到：①母儿安全，未发生并发症，分娩过程顺利；②胎儿合并畸形者，孕妇正确面对现实，积极配合治疗护理。

第九节　妊娠期肝内胆汁淤积症

> **情景导入**
>
> 　　张女士，32 岁，已婚，妊娠 32 周，10d 前出现全身瘙痒，今日瘙痒加剧入院。体检：全身皮肤无明显黄染，巩膜稍黄，全身可见散在抓痕，以脐周和四肢为主，无瘀斑、瘀点及丘疹。
>
> **请思考：**
> 1. 张女士目前的情况主要考虑哪种疾病？
> 2. 进一步诊断时最主要的特异性诊断依据是什么？
> 3. 对母儿的主要危害有哪些？

　　妊娠期肝内胆汁淤积症（intrahepatic cholestasis of pregnancy，ICP）是妊娠中、晚期特有的一种并发症，以皮肤瘙痒和黄疸为特征，主要危害胎儿，使围生儿发病率和死亡率升高。发病率有明显的地域和种族差异，国外以智利和瑞典发病率最高，我国重庆、上海等地发病率有上升趋势。

一、概述

（一）病因

病因尚不清楚，可能与雌激素、遗传及环境等因素有关。

1. 雌激素　妊娠期妇女体内雌激素水平大幅度上升，下列因素综合作用可能导致 ICP 的发生：①雌激素降低 Na^+-K^+-ATP 酶活性，使能量提供减少，导致胆酸代谢障碍；②雌激素使肝细胞膜中胆固醇与磷脂比例上升，流动性下降，影响对胆酸的通透性，导致胆汁流出受阻；③雌激素作用于肝细胞表面的雌激素受体，改变肝细胞蛋白质合成，使胆汁回流增加。

2. 遗传与环境因素　研究发现，母亲或姐妹中有 ICP 病史的妇女，其 ICP 发生率明显增高；另外，ICP 的发病率与季节有关，冬季高于夏季。

（二）对母儿的影响

ICP 孕妇脂溶性维生素 K 吸收减少，使凝血功能异常，易发生产后出血。也可发生糖、脂肪代谢紊乱。由于胆汁酸的毒性作用，使围生儿发病率和死亡率明显升高，可发生胎膜早破、胎儿窘迫、胎儿死亡、自发性早产、胎儿生长受限、新生儿颅内出血以及新生儿神经系统后遗症等。

二、护理评估

（一）健康史

询问孕妇有无 ICP 家族史和既往史；此次妊娠过程中有无瘙痒及黄疸，其发生时间、程度及治疗经过。

（二）身体状况

皮肤瘙痒为首发症状。多发生在妊娠 30 周以后，瘙痒程度不一，呈持续性，白天轻，夜间加重，一般始于手掌、脚掌，然后逐渐向肢体近端延伸，甚至可发展到面部，严重者可导致失眠、恶心、呕吐、食欲缺乏等。瘙痒症状于分娩后 24~48h 内迅速消失。

检查时可见皮肤抓痕，部分孕妇可出现黄疸，伴尿色加深，分娩 1~2 周内可消退。

为便于临床管理，根据瘙痒程度及其他合并异常情况，兼顾血清总胆汁酸水平、转氨酶水平，将 ICP 分为轻度和重度。轻度：血清总胆汁酸 10~39.9μmol/L，主要症状为瘙痒，无其他明显症状。重度：血清总胆汁酸≥40μmol/L，症状严重伴其他情况，如多胎妊娠、妊娠期高血压疾病、复发性 ICP、既往有因 ICP 的死胎史或新生儿窒息死亡史等。满足以上任何一条即为重度。

（三）心理 - 社会支持状况

孕妇及家属常担心疾病影响胎儿安全和健康而感到焦虑、紧张；部分孕妇因呈持续瘙痒而感到烦躁不安。

（四）辅助检查

1. 血清总胆汁酸测定　血清总胆汁酸（total bile acid，TBA）是诊断 ICP 最主要的证据，也是监测病情变化和评价治疗效果的重要指标，血清总胆汁酸水平与围产结局密切相关。

2. 肝功能测定　多数 ICP 孕妇的天冬氨酸转氨酶（aspartate transaminase，AST）与丙氨酸转氨酶（alanine transaminase，ALT）轻至中度升高，为正常水平的 2~10 倍。

3. 病毒学检查　诊断 ICP 应排除病毒感染，需检查肝炎病毒、EB 病毒及巨细胞病毒感染。

三、常见护理诊断 / 问题

1. 有受伤的危险（胎儿）　与疾病导致胎儿窘迫、早产等有关。

2. 睡眠型态紊乱　与夜间瘙痒症状加重或全身严重瘙痒有关。

3. 有皮肤完整性受损的危险　与皮肤瘙痒抓伤有关。

4. 焦虑 与担心胎儿安全有关。

四、护理目标

1. 胎儿健康、平安出生。
2. 孕妇瘙痒症状缓解，舒适感加强。
3. 孕妇皮肤无损伤。
4. 孕妇情绪稳定，积极配合治疗护理。

五、护理措施

1. 心理护理 耐心向孕妇及家属讲解疾病相关知识，减轻其紧张情绪，积极配合治疗。介绍促进睡眠和分散注意力的方法，以利于减轻瘙痒症状。

2. 一般护理 适当卧床休息，取左侧卧位为宜，以增加胎盘血流量，间断吸氧，给予高渗葡萄糖液、维生素类及能量合剂等，既可保肝，又可提高胎儿对缺氧的耐受性。

3. 用药护理 药物可缓解孕妇的瘙痒症状，同时可改善围生儿预后，常用药物有腺苷甲硫氨酸、熊去氧胆酸、地塞米松、苯巴比妥等，其中熊去氧胆酸为治疗 ICP 的首选药。遵医嘱用药的同时，应注意观察瘙痒症状有无缓解，定期检测肝功能、血肝胆酸、胆红素。

4. 皮肤护理 保持病室温湿度适宜，床铺整洁。指导孕妇选择宽松、舒适、透气性及吸水性好的纯棉衣裤，并保持良好的卫生习惯。避免搔抓，以防加重瘙痒和抓伤皮肤，导致感染，可轻压或轻拍局部以缓解瘙痒感，并注意保持手部清洁。洗浴用水不宜过热，勿使用肥皂擦洗。瘙痒严重者可遵医嘱使用抗组胺类药物，并观察其疗效。

5. 终止妊娠的时机 轻度 ICP 妇女妊娠 38~39 周终止妊娠，重度 ICP 妇女妊娠 34~37 周终止妊娠。但需结合治疗效果、胎儿状况及是否有其他合并症等综合评估。

6. 终止妊娠的方式 轻度 ICP、无产科和其他剖宫产指征、妊娠 <40 周者可考虑阴道试产。重度 ICP、既往有 ICP 病史并存在与之相关的死胎死产及新生儿窒息或死亡史，高度怀疑胎儿窘迫或存在其他阴道分娩禁忌证者，应行剖宫产终止妊娠。

7. 健康教育 指导孕妇清淡饮食，多食蔬菜、水果，禁食辛辣刺激食物及高蛋白食物；产后定期复查肝功能；指导正确的避孕方法，不服用含有雌激素及孕激素的避孕药，以免诱发肝内胆汁淤积。

六、护理评价

经过治疗和护理达到：①胎心、胎动正常，新生儿 Apgar 评分 7 分以上；②孕妇瘙痒症状得到了有效缓解，未抓伤皮肤；③孕妇情绪平稳，顺利度过了妊娠期和分娩期。

（李改娟）

思考题

1. 张女士，28 岁，因"停经 52d，左下腹剧烈疼痛伴少量阴道流血"入院。查体：T 36.8℃，心率 103 次 /min，呼吸 19 次 /min，血压 86/54mmHg；妇科检查：左下腹压痛、反跳痛明显，宫颈举痛（+）。
请思考：
（1）目前张女士存在的主要护理诊断 / 问题有哪些？
（2）张女士被诊断为异位妊娠，需要紧急采取哪些护理措施？

2. 李女士，39 岁，因"孕 38 周，G₁P₀，头痛、视物模糊 1d"入院。查体：血压 170/110mmHg，水肿（++）；实验室检查：尿蛋白 2.4g/24h。

（1）目前李女士的主要护理诊断/问题有哪些？

（2）对于李女士目前需要采取哪些主要护理措施？

3. 刘女士，孕 33 周，G_2P_0，因"不规则宫缩半日"入院。查体：阴道少量流血，无阴道排液，宫口未开，胎心 144 次/min，骨盆外测量正常。

请思考：

（1）对刘女士首选的护理措施是什么？

（2）经上述处理 24h 后检查发现：宫缩规律，20min 5 次，宫口扩张 4cm，宫颈管消退 80%。此时，胎心 140 次/min，胎位 LOA，应立即采取哪些护理措施？

练习题

第七章 ｜ 妊娠合并症妇女的护理

教学课件

思维导图

学习目标

　　1. 掌握：妊娠合并症与妊娠、分娩和产褥期的相互影响；妊娠合并症孕产妇的护理评估及护理措施。

　　2. 熟悉：妊娠合并乙型病毒性肝炎阻断垂直传播方案及随访监测结果。

　　3. 了解：75g 口服葡萄糖耐量试验的监测方法、妊娠糖尿病酮症酸中毒的处理。

第一节　心 脏 病

情景导入

　　孕妇，28 岁，初产妇，G_1P_0，孕 33 周，今早 09:00 由平车运送入住产科病房，既往有风心病史 10 年，为二尖瓣狭窄，妊娠前心功能 I 级，无心衰病史，孕期定期产检，内科随访，孕早期监测心功能 I 级，至孕 20 周后监测心功能 II 级。近三日睡眠欠佳，轻微活动后自觉不适、心悸、呼吸困难，休息后无不适，遂来医院治疗。

请思考：

1. 孕妇入院后应采取什么体位？

2. 对该孕妇的护理应注意哪些？

一、概述

　　妊娠合并心脏病是产科严重的并发症之一。其发病率在我国约为 1.06%，死亡率约 0.73%，在孕产妇的死因顺位中高居第二位，是产科非直接死因的第一位。妊娠合并先天性心脏病占 35%~50%，跃居首位。妊娠合并风湿性心脏病为其次，妊娠高血压心脏病、围生期心肌病、贫血性心脏病、病毒性心肌炎等在妊娠合并心脏病中也占有一定比例。

（一）妊娠、分娩和产褥期对妊娠合并心脏病的影响

　　1. 妊娠期　妊娠早期，孕妇的循环血量增加，心率加快，在孕 32~34 周其血容量增加达高峰。在妊娠晚期，其子宫增大导致膈肌上升，心脏向左前、向上移位，心脏大血管扭曲，合并心脏病的孕妇因各种诱因易发生心衰。

　　2. 分娩期　此期产妇心脏负担最重。第一产程，宫缩时血液从子宫挤入体循环，造成回心血量增加。第二产程，产妇屏气用力，肺循环的压力增加造成右心压力增高，腹肌和骨骼肌的收缩使周围循环阻力增大，导致心脏前后负荷明显加重。第三产程，胎儿娩出后腹压骤然下降，大量血液流向内脏，回心血量减少，而后胎盘娩出，胎盘循环停止，子宫收缩又使子宫血窦内约 500ml 血液迅速进入体循环，使回心血量骤增，造成血流动力学急剧波动，机体耗氧量增大，患心脏病的产妇极

易发生心衰。

3. 产褥期 产后 3d 内,子宫复旧使一部分血液进入体循环,组织间隙内潴留的体液也逐渐回到体循环,造成产妇回心血量增多,心脏负担加重,易发生心衰。

(二) 妊娠合并心脏病对妊娠、分娩的影响

患有心脏病的妇女一般不影响受孕,但心功能不全可影响妊娠的经过和结局,其缺氧症状诱发宫缩,使流产、早产、死胎、胎儿窘迫、胎儿生长受限、新生儿窒息的发生率明显增加,可使孕产妇发生心衰引起死亡。

二、护理评估

(一) 健康史

了解孕产妇有无先天性心脏病病史、风湿性心脏病病史、病毒性心肌炎病史、心衰史及相关检查与治疗情况等;了解孕产妇心功能状态;了解孕产妇诱发心力衰竭的潜在因素,如贫血、便秘、感染、B 族维生素缺乏、妊娠期高血压疾病、心律失常、过度疲劳等;了解孕产妇药物使用、日常活动、睡眠与休息、营养与排泄等情况。

(二) 身体状况

1. 症状 妊娠、分娩、产褥等各个时期出现乏力、心悸、胸闷、气短、活动受限等,心功能状态分级:

Ⅰ级:一般体力活动不受限制;

Ⅱ级:一般体力活动轻度受限,活动后出现心悸、轻度气短;

Ⅲ级:一般体力活动显著受限,小于一般体力活动即引起不适症状,休息后可缓解;

Ⅳ级:不能胜任任何体力活动,休息时有心悸、呼吸困难等不适症状。

2. 体征 水肿、发绀、心脏扩大、肝大等体征出现。

3. 胎儿宫内情况 评估胎儿发育、胎动、胎心情况,及时发现胎儿有无缺氧。

(三) 心理 - 社会支持状况

孕产妇随着妊娠的进展,因缺乏心脏病的相关知识,造成心理负担加重,甚至产生焦虑和恐惧。若产程不顺利、新生儿情况不佳,产妇易情绪低落,寡言抑郁,应特别注意产妇的心理反应,评估其社会支持系统是否良好。

知识拓展

早期心力衰竭的症状及体征

1. **左心衰竭的症状及体征** ①劳动后呼吸困难,夜间阵发性呼吸困难,端坐呼吸,咳嗽,咳白色泡沫样痰,严重者咳粉红色泡沫痰;②呼吸次数增加,大于 20 次 /min,心率增加,大于 110 次 /min,初期肺内可闻及哮鸣音,后出现肺底湿啰音,可逐渐发展为全肺大、中、小水泡音,面色青紫,有心脏病体征。

2. **右心衰竭的症状及体征** ①食欲缺乏,上腹部胀痛,恶心,入量减少,少尿;②颈静脉充盈,肝大,下肢水肿,有心脏病体征。

3. **全心衰竭时的症状及体征** 以上临床表现同时存在。

(四) 辅助检查

1. X 线 胸片检查显示心界左移和 / 或右移,心脏扩大。

2. 心电图 帮助诊断心律失常、心肌缺血、心肌梗死。

3. **超声心动图**（UCG） 观察心腔大小、各瓣膜结构及功能。
4. **胎儿电子监护** 预测胎儿心脏储备能力，了解有无胎儿窘迫。

三、常见护理诊断/问题

1. **活动耐力下降** 与心输出量下降有关。
2. **自理能力缺陷** 与心脏病活动受限有关。
3. **焦虑** 与担心胎儿和自身安全有关。
4. **潜在并发症**：心力衰竭、感染。

四、护理目标

1. 孕产妇能调整日常生活以适应妊娠、分娩。
2. 孕产妇卧床期间基本生活要求得到满足。
3. 孕产妇情绪稳定，配合治疗护理。
4. 妊娠、分娩、产褥期间母儿健康，孕产妇不发生心力衰竭、感染。

五、护理措施

（一）心理护理

耐心向孕产妇告知心功能、胎儿情况及医疗护理计划，增强孕产妇自信心，减轻焦虑和恐惧情绪，积极配合治疗及护理。及时与家属沟通，减轻家庭主要成员的焦虑，让其心情愉快地陪伴孕产妇，使孕产妇感到安全、舒适。

（二）一般护理

妊娠期适当增加休息及睡眠时间，保证每日 10h 以上睡眠，并有 2h 左右的午休时间。宜采取左侧卧位或半卧位，避免过度劳累和情绪激动而诱发心力衰竭。摄取高蛋白、高热量、高维生素、低盐、低脂肪及富含钙、铁的食物，宜少量多餐；多吃蔬菜、水果，预防便秘；从妊娠 16 周起，应限制食盐的摄入量，每日不超过 5g。

（三）治疗配合

1. **非孕期** 根据心脏病类型、病变程度、心功能状态等确定能否妊娠。心功能 Ⅰ~Ⅱ 级、既往无心衰者，可以妊娠但需密切观察和监护。心功能 Ⅲ~Ⅳ 级、既往有心衰、肺动脉高压、右向左分流型先天性心脏病、严重心律失常、风湿热活动期等情况不宜妊娠。

2. **妊娠期** 不宜妊娠的心脏病孕妇，应在妊娠 12 周前行人工流产。如已发生心力衰竭，应控制心力衰竭后终止妊娠。妊娠超过 12 周以上者，不宜施行引产，应密切监护，积极防治心力衰竭。增加产前检查次数，妊娠 20 周前每 2 周检查 1 次，妊娠 20 周后每 1 周检查 1 次。心功能 Ⅰ~Ⅱ 级者应在妊娠 36~38 周住院待产；心功能 Ⅲ~Ⅳ 级者，或有心衰发作史、肺动脉高压等情况，均应立即入院治疗。积极预防、及早纠正各种影响心功能的诱因，如妊娠期高血压疾病、贫血、感染。定期监测血压，观察下肢水肿情况，孕期体重增加不宜超过 12kg。发现早期心衰时，遵医嘱给药。

> **知识拓展**
>
> ### 急性左心衰竭的紧急护理
>
> 当出现急性左心衰竭的征象时应立即遵医嘱采取下列抢救措施：
>
> 1. **体位** 孕产妇取半卧位或坐位，双腿下垂。
> 2. **给氧** 立即高流量面罩或加压给氧，可用 50% 的酒精湿化。

3. 遵医嘱给予药物治疗　①镇静：吗啡 3~5mg 静脉注射；②利尿：呋塞米 20~40mg + 25% 葡萄糖液稀释后静脉注射，2min 内推完；③血管扩张剂：硝酸甘油 0.3mg 或硝酸异山梨酯 5~10mg 舌下含服；④解除支气管痉挛：氨茶碱 0.25g 稀释后缓慢静脉注射，或地塞米松 10~20mg 静脉 注射；⑤洋地黄类药物：速效洋地黄制剂毛花苷 C 0.4mg 加 25% 葡萄糖 20ml，缓慢静脉注射。

4. 其他　应用"四肢轮扎法"减少静脉回心血量。

3. 分娩期

(1) **第一产程**：①密切观察母儿情况及产程进展：每 15min 测量生命体征 1 次；每 30min 监测胎心 1 次；严密观察产程进展，注意子宫收缩、胎心、胎动情况，有异常及时报告医生并做好剖宫产术前准备。②减轻不适：给产妇取左侧卧位，常规吸氧，提供无痛分娩支持，对宫缩痛较强者按医嘱使用镇静剂如地西泮、哌替啶等。③发现早期心力衰竭：应取半卧位，高浓度面罩吸氧，按医嘱给予强心药并注意观察疗效和毒副作用。④预防感染：临产后即给予抗生素至产后 5~10d，保持外阴清洁。

(2) **第二产程**：①尽量缩短第二产程，配合医生行会阴切开及阴道助产术，避免产妇屏气用力，减轻心脏负担；②密切观察生命体征、心功能变化及胎儿情况，每 10min 监测 1 次或持续监护；③做好新生儿抢救的准备工作。

(3) **第三产程**：①腹部加沙袋压迫：胎儿娩出后，立即腹部放置沙袋，持续 24h，以防腹压骤降而诱发心力衰竭；②防产后出血：按摩子宫，静脉或肌内注射缩宫素 10~20U。禁用麦角新碱，以免静脉压增高而发生心力衰竭。出血量多者，遵医嘱输液输血，但应严格控制输血、输液速度。

行剖宫产术者做好术前准备及术中、术后护理配合。不宜再次妊娠者，剖宫产时行输卵管结扎术。

4. **产褥期**　产后 24h 内应绝对卧床休息，采取半卧位或左侧卧位，保证充足的睡眠。产后 72h 内，应密切观察生命体征及心功能变化，防止心力衰竭发生。心功能 I 级可以哺乳，心功能 III 级及以上者，不宜哺乳，指导家属协助人工喂养，同时应选用中药及时给予回乳，不宜用雌激素回乳，以防水钠潴留。不宜妊娠者，可于产后 1 周行绝育术。

(四) 健康教育

有心脏病的育龄妇女，要明确心脏病类型、程度、心功能状态，并确定能否妊娠。不能妊娠而未做绝育术者，应严格避孕。向孕产妇及家属讲解妊娠与心脏病的相互影响，诱发心力衰竭的常见因素及预防方法，帮助其识别早期心力衰竭症状和体征，并宣教出现心力衰竭后的应对措施。产后预防感染，保持外阴清洁干燥。对不宜哺乳者，指导人工喂养。

六、护理评价

经过治疗和护理达到：①孕（产）妇舒适感增加；②孕（产）妇妊娠、分娩和产褥期未发生心力衰竭、感染；③孕（产）妇能描述引起心力衰竭的诱因，积极配合治疗，顺利度过妊娠、分娩和产褥期。

第二节　病毒性肝炎

情景导入

孕妇张女士，32 岁，G₂P₁，孕 34 周。既往有乙肝表面抗原携带病史 3 年，孕期不定期随访肝功能正常，产前检查正常。近 1 周自觉皮肤瘙痒，皮肤、巩膜发黄逐渐加重。今晨 10:00 在家人的陪同下来院就诊。

妊娠合并病毒性肝炎总体发病率是 0.8%~17.8%,合并重症肝炎仍是我国孕产妇死亡的主要原因之一,病毒性肝炎病毒包括:甲、乙、丙、丁、戊型 5 种。

一、概述

(一) 妊娠、分娩与病毒性肝炎的相互影响

妊娠期孕妇体内产生的大量雌激素在肝脏灭活,胎儿代谢产物经母体肝脏代谢,加重肝脏负担。孕妇新陈代谢率加快,营养物质消耗增多,也会加重肝脏负担,分娩时的体力消耗、创伤、用药、产后出血和感染等亦可加重肝脏负担。这些因素不增加肝炎病毒易感性,但会加重病情,增加诊治的复杂性。

妊娠早期合并病毒性肝炎,使早孕反应加重;妊娠晚期合并肝炎,会使妊娠期高血压疾病发生率增高。由于肝功能受损,凝血因子合成减少,易发生产后出血,重者并发凝血功能障碍。妊娠合并病毒性肝炎可能导致流产、早产、胎儿畸形、死胎及新生儿死亡等。胎儿可通过胎盘垂直传播感染病毒性肝炎或成为慢性肝炎病毒携带者。

(二) 病毒性肝炎的传播途径

1. 垂直传播的三种途径

(1)**宫内传播**:是产后免疫接种失败的主要原因。有关 HBV 发生宫内感染的机制尚不明确,主要有以下几种假说:①胎盘渗漏学说;②细胞源性胎盘感染学说;③外周血单个核细胞感染学说;④阴道上行感染。

(2)**产时传播**:通过产道时接触母血、羊水和阴道分泌物,或子宫收缩使胎盘绒毛破裂、母血漏入胎儿血液循环,可导致胎儿感染。

(3)**产后传播**:与产后接触母亲唾液、汗液及母乳喂养有关。

2. 各类病毒性肝炎的传播途径

(1)**甲型肝炎病毒**(HAV):主要经消化道传播,但分娩过程中接触母血或吸入羊水与粪便导致新生儿感染。

(2)**乙型肝炎病毒**(HBV):经母婴垂直传播、产时传播和产后传播三种途径进行传播。妊娠过程中乙型肝炎病毒可以通过胎盘进入胎儿体内;分娩过程中胎儿经过产道时吞咽含有 HBsAg 的母血及羊水可被感染;产后新生儿接触母乳、汗液与唾液等也可被感染。

(3)**丙型肝炎病毒**(HCV):与 HBV 相似。

(4)**丁型肝炎病毒**(HDV):多与乙型肝炎同时发病,传播途径与 HBV 相同。

(5)**戊型肝炎病毒**(HEV):传播途径与 HAV 相同。

(6)**庚型肝炎**(HGV)**和输血传播(乙型)肝炎病毒**:慢性乙型、丙型病毒性肝炎易并发庚型病毒性肝炎。乙型肝炎病毒通过血液传播,庚型肝炎病毒通过胎盘传播。

二、护理评估

(一) 健康史

了解孕妇有无肝炎家族史、肝炎接触史、注射血制品或输血史,有无重症肝炎的诱发因素及乙肝疫苗接种史等。

（二）身体状况

1.症状 孕妇出现不明原因的食欲缺乏、厌油腻、恶心、呕吐、腹胀和肝区疼痛等消化道症状，不能用早孕反应来解释。继而出现乏力、畏寒、发热、食欲极度减退、频繁呕吐、腹胀和腹水。

2.体征 皮肤、巩膜黄染，可触及肝大，有肝区叩击痛。妊娠晚期受子宫影响，肝脏不易触及。

（三）心理-社会支持状况

大多数孕产妇因对疾病不十分了解，轻者不在乎，重者恐惧。有些孕妇对实施隔离不理解，甚至反感；孕妇及家属因担心胎儿畸形出现忧虑。也有个别家庭因顾虑被传染，对孕妇缺乏关心和照护。

（四）辅助检查

1.肝功能检查 主要包括血清丙氨酸转氨酶（ALT）、天冬氨酸转氨酶（AST）等，其中 ALT 是反映肝细胞损伤程度最常用的敏感指标。总胆红素升高在预后评估上较 ALT 及 AST 更有价值。胆红素持续上升而转氨酶下降，称为"胆酶分离"，提示重型肝炎的肝细胞坏死严重，预后不良。凝血酶原时间百分活度（PTA）的正常值为 80%~100%，<40% 是诊断重型肝炎的标志之一。PTA 是判断病情严重程度和预后的主要指标，较转氨酶和胆红素的临床意义更大。

2.病原学检测

（1）**甲型肝炎病毒**：检测血清 HAV 抗体及血清 HAV-RNA。HAV-IgM 阳性表示近期发生感染。在急性期的后期、恢复期可出现 HAV-IgG，属于保护性抗体。

（2）**乙型肝炎病毒**：对血清中 HBV 标志物进行检测（表 7-1）。

表 7-1 乙型肝炎病毒（HBV）血清病原学检测及其意义

项目	临床意义
HBsAg	HBV 感染的特异性标志，与传染性强弱有关，预测抗病毒治疗效果
HBsAb	是保护性抗体，机体具有免疫力，是评价接种疫苗效果的指标之一
HBeAg	肝细胞内有活动性 HBV 复制，具有传染性
HBeAb	血清中病毒颗粒减少或消失，传染性较弱
抗 HBc-IgM	抗 HBc-IgM 阳性可确诊为急性 HBV
抗 HBc-IgG	既往有 HBV 感染或慢性持续性肝炎

（3）**丙型肝炎病毒**：单项 HCV 抗体（+）多代表有既往感染史，不能作为抗病毒治疗的证据。

（4）**丁型肝炎病毒**：HDV 是一种缺陷的嗜肝 RNA 病毒，需要依赖 HBV 的存在而进行复制、表达，需同时检测血清中 HDV 抗体和 HBV 血清学标志物。HDV 与 HBV 伴随才可引起肝炎。

（5）**戊型肝炎病毒**：检测 HEV 抗原相对困难，加之其抗体出现较晚，在 HEV 发病的急性期不易被确诊，当抗体出现阴性也不可排除诊断，需要进一步反复检测。

3.B 超和胎儿电子监护仪检查 了解肝脾大小，是否存在肝硬化、腹腔积液等表现。了解胎儿发育和宫内安危状况。

4.妊娠合并重型肝炎诊断要点 出现以下症状可作为重型肝炎的诊断依据。①消化道症状严重；②血清总胆红素值 >171μmol/L（10mg/dl），或者黄疸迅速加重，每天增加 17.1μmol/L；③凝血功能发生障碍，全身有出血倾向，凝血酶原时间百分活度（PTA）<40%；④肝脏体积缩小，有肝臭味，肝功能明显异常；⑤肝性脑病；⑥肝肾综合征。

当出现以下症状即可诊断为重型肝炎：①乏力、食欲缺乏、恶心呕吐等；② PTA <40%；③血清总胆红素 >171μmol/L。

三、常见护理诊断 / 问题

1. 营养失调：**低于机体需要量** 与肝炎孕产妇食欲缺乏、恶心、呕吐、营养摄入不足有关。

2. 知识缺乏：缺乏妊娠合并病毒性肝炎自我保健及隔离等方面知识。

3. 有受伤危险（胎儿） 与早产、死胎、死产有关。

4. 潜在并发症：产后出血、肝性脑病。

四、护理目标

1. 孕妇能摄入足够营养。

2. 孕妇能获得有关病毒性肝炎的自我保健知识。

3. 新生儿防护好，未感染肝炎病毒。

4. 产妇的并发症得到有效预防和控制。

五、护理措施

（一）心理护理

向孕产妇及家属告知病毒性肝炎消毒隔离的知识及注意事项，争取孕产妇及家属的理解与配合，消除因隔离而引起的紧张、恐惧心理。为产妇提供安静、舒适的待产环境，满足其生活需要，让产妇感觉到关心、鼓励和支持。对终止妊娠的孕产妇多加安慰，帮助其接受现实、积极配合治疗和护理。

（二）妊娠前护理

夫妻如有一方在受孕前患有肝炎，性生活应使用避孕套，防止交叉感染。待到痊愈后 6 个月，最好是在 2 年后，其肝功能正常、血清 HBV-DNA 低水平、肝脏超声无特殊改变的前提下，并在医生指导下方可受孕。

（三）妊娠期护理

妊娠期的轻症急性肝炎者，经治疗后好转者可继续妊娠。慢性活动性肝炎者妊娠后可加重孕妇病情，对胎儿的危害增大，经护肝药物如葡醛内酯、多烯磷脂酰胆碱、腺苷甲硫氨酸、还原型谷胱甘肽注射液、天冬氨酸钾镁等药物治疗后效果不佳，应考虑终止妊娠。

1. 一般护理 避免重体力劳动和过度劳累，保证卧床休息，降低机体代谢率。给予高蛋白、高纤维素、低脂肪、富含碳水化合物的饮食，防止便秘。

2. 消毒隔离 对病毒性肝炎孕妇及其家属要加强隔离知识宣教，严格执行消毒隔离制度，个人物品要与家人隔离，在隔离诊室就诊、产检，所用器械定期消毒，所用敷料浸泡消毒甚至焚烧。

3. 加强产前检查 药物治疗期间严密监测孕妇肝功能、凝血功能等指标。预防妊娠期高血压疾病、感染等。注意肝性脑病的前驱表现，如淡漠、嗜睡、性格改变、行为异常和扑翼样震颤等症状的出现。

（四）分娩期护理

1. 非重型肝炎可阴道分娩，置产妇于隔离待产室和产房，接产时严格执行无菌操作及消毒隔离制度。经阴道分娩者宫口开全行阴道助产术，缩短第二产程，防止产程延长。尽量避免损伤、擦伤软产道，防止新生儿产伤，避免羊水和阴道分泌物吸入引起的垂直传播。胎肩娩出后立即静脉注射缩宫素以防子宫收缩乏力导致产后出血。

2. 产前数日遵医嘱肌内注射维生素 K_1，每日 20~40mg。查血型及凝血功能，准备新鲜血液、纤维蛋白原或血浆，预防产后出血。

3. 接触过肝炎产妇的器械、物品、沾有血迹的用物等均需执行严格消毒灭菌。分娩后的胎盘做特殊处理。

4.胎儿娩出后,抽取脐带血进行血清病原学检查及肝功能检查。

(五)产褥期护理

1.观察病情 严密观察子宫收缩和阴道出血量,注意皮肤黏膜、注射部位出血等凝血障碍征象,发现异常及时报告医生并配合处理。

2.控制感染 遵医嘱应用对肝脏损害较小的抗生素。

3.母乳喂养 产妇 HBsAg 阳性、接受过主动免疫和被动免疫后无论产妇 HBeAg 阳性或阴性,新生儿均可以母乳喂养,不必检测乳汁中有无 HBV-DNA。因病情严重不宜哺乳的产妇,可口服生麦芽冲剂或乳房外敷芒硝助其回乳。禁用雌激素以免对肝脏造成损害。同时做好人工喂养的指导。

4.优生优育 产妇 HBeAg 阳性者应采取避孕措施,防止再次妊娠加重肝负荷。协助母婴建立良好亲子关系,提高母亲角色的认同感与幸福感。

(六)重型肝炎的护理

1.保肝 遵医嘱使用各种保肝药物。如人血清白蛋白可促进肝细胞再生,改善低蛋白血症;肝细胞生长因子、胰高血糖素加胰岛素疗法也可促进肝细胞再生;还可使用天冬氨酸钾镁,但高钾血症者慎用。

2.肝性脑病 严格限制蛋白质摄入量,每日摄入量 <0.5g/kg,增加碳水化合物,防止便秘。遵医嘱口服新霉素或甲硝唑抑制大肠埃希菌,减少游离氨及其他毒素的产生及吸收,同时严禁肥皂水灌肠。如发生脑水肿可适当使用甘露醇。适当限制补液量,补液量 <1 500ml/d,加强出入液量的记录。

3.DIC 及肝肾综合征 严密监测生命体征各项指标,限制每日液体入量。应用肝素治疗时,应注意观察有无出血倾向。

4.防止感染 加强无菌技术、会阴擦洗、口腔护理等操作,预防感染发生。遵医嘱使用广谱抗生素。

5.产科处理 经积极控制,待病情稳定 24h 后尽快终止妊娠,分娩方式以剖宫产为宜,必要时行子宫次全切除术。

六、垂直传播的阻断

(一)甲型病毒性肝炎

甲型病毒性肝炎接触史的孕妇,于接触 7d 内肌内注射丙种球蛋白,其新生儿出生时及出生后 1 周各注射 1 次丙种球蛋白,预防感染发生。甲型病毒性肝炎急性期禁止母乳喂养。

(二)乙型病毒性肝炎

筛查夫妻双方的 HBsAg;妊娠中晚期 HBV-DNA 载量 ≥2×10⁶IU/ml,在与孕妇充分沟通和知情同意后,可在妊娠 24~28 周开始给予替诺福韦或替比夫定进行抗病毒治疗,以减少 HBV 的垂直传播;缩短第二产程,避免产程延长、软产道损伤、羊水吸入;产后新生儿尽早联合应用乙型肝炎免疫球蛋白、乙肝疫苗,阻断垂直传播方案见表 7-2,其随访监测结果见表 7-3。

表 7-2　阻断垂直传播方案

孕妇状况	新生儿	阻断方案	随访方式
HBsAg(-)	足月	采取 3 针方案:0、1、6 个月各注射 1 次	无须随访
	早产儿出生体重 ≥2 000g	采取 3 针方案:0、1、6 个月各注射 1 次	1~2 岁再加强 1 针
	早产儿出生体重 <2 000g	在体重 ≥2 000g 时采取 4 针方案:即出生 24h 内、1~2 个月、2~3 个月、6~7 个月,各注射 1 次	第 4 针后 1~6 月龄随访

孕妇状况	新生儿	阻断方案	随访方式
HBsAg（＋）	足月	出生 12h 内尽快注射 HBIG 100~200IU，并采取 3 针方案：0、1、6 个月各注射 1 次	7~12 月龄随访
	早产儿	出生 12h 内尽快注射 HBIG 100~200IU，3~4 周后重复 1 次；采取 4 针方案：即出生 24h 内、1~2 个月、2~3 个月、6~7 个月，各注射 1 次	第 4 针后 1~6 月龄随访

表 7-3　随访监测结果

血清学抗原抗体	阻断情况	处理办法
HBsAg（－）、抗 -HBs（＋）、＞100mIU/ml	预防成功	不处理
HBsAg（－）、抗 -HBs（＋）、＜100mIU/ml	预防成功，对疫苗应答反应弱	2~3 岁加强接种 1 针
HBsAg（－）、抗 -HBs（－）、＜100mIU/ml	未感染 HBV，对疫苗无应答	采取 3 针方案再次全程接种
HBsAg（＋）、抗 -HBs（－）	提示预防失败	
HBsAg（＋）、抗 -HBs（－）者 6 个月后复查 HBsAg（＋）	确定预防失败	已为慢性 HBV 感染

（三）丙型病毒性肝炎

目前没有特殊的免疫方法。减少医源性感染是预防丙型病毒性肝炎的重要措施。对抗 -HCV 抗体阳性母亲的婴儿，可在 1 岁之前注射免疫球蛋白，从而起到保护的作用。对易感人群可采取注射丙种球蛋白的方法进行被动免疫。

七、护理评价

经过治疗与护理达到：①孕（产）妇妊娠期、分娩期舒适感增加，情绪平稳；②孕（产）妇在妊娠期及产后无出血；③新生儿未感染病毒性肝炎；④孕（产）妇能描述病毒性肝炎相关知识，积极配合治疗和护理。

第三节　糖　尿　病

> **情景导入**
>
> 刘女士，32 岁，初产妇，首次产前检查血糖正常。现孕 25 周，来院进行孕期检查，空腹血糖≥7.1mmol/L。刘女士因担心自身和胎儿的健康，要求护士给予详细指导。
>
> **请回答：**
> 1. 目前刘女士可采用哪些方法降低血糖？
> 2. 刘女士产后应注意哪些事项？

一、概述

糖尿病是一组以慢性血糖水平升高为特征的全身性代谢性疾病，因胰岛素绝对或相对不足而引起糖、脂肪和蛋白质代谢紊乱。

（一）分类

1. 孕前糖尿病（pregestational diabetes mellitus，PGDM）　是在妊娠前已被确诊的糖尿病妇女合

并妊娠，或者是糖耐量异常的妇女在妊娠后发病。

2. 妊娠糖尿病（gestational diabetes mellitus，GDM） 是妇女在妊娠前糖代谢正常，但在妊娠后发病。妊娠合并糖尿病的孕妇中 90% 以上属于妊娠糖尿病，其糖代谢功能多数可于产后恢复正常。

(二) 妊娠期糖代谢的特点

妊娠早、中期随着孕周增加，胎儿对各种营养物质的需求量增加，孕妇血浆中葡萄糖水平降低，空腹血糖约降低 10%。其主要原因是：①胎儿从母体获取葡萄糖逐渐增多；②妊娠期肾血浆流量及肾小球滤过率均增加，肾小管对糖的再吸收率减少，造成部分孕妇尿糖增加；③雌激素和孕激素促进母体对葡萄糖的利用。另外，空腹时孕妇清除葡萄糖的能力较非妊娠期增强，为维持糖代谢的正常水平，胰岛素的需求量相应增多。对于胰岛素分泌受限的孕妇，妊娠期不能生理性代偿，从而使血糖升高，出现了 GDM 或使原有糖尿病加重。

(三) 妊娠对糖尿病的影响

妊娠可使既往无糖尿病的孕妇发生 GDM，也可使原有糖尿病病情加重。妊娠早期空腹血糖较低，应用胰岛素治疗的孕妇应调整胰岛素用量，防止出现低血糖。分娩期，产妇体力消耗大，进食少，酌情减少胰岛素用量，以防发生低血糖。产后胎盘娩出后，胎盘分泌的抗胰岛素样物质迅速消失，应立即减少胰岛素用量。

(四) 糖尿病对妊娠的影响

1. 对孕妇的影响

(1) 血糖高可使胚胎生长发育异常，甚至死亡，流产率达 15%~30%。

(2) 发生妊娠期高血压疾病的可能性较非糖尿病孕妇高 2~4 倍。伴有微血管病变特别是合并肾脏病变时，妊娠期高血压疾病尤其是子痫前期发病率可高达 50% 以上。

(3) 血糖控制不理想的孕妇易发生感染，可加重糖尿病代谢紊乱，极易诱发酮症酸中毒。

(4) 羊水过多的发生率较非糖尿病孕妇高 10 倍，可能与胎儿发生的高血糖、高渗性利尿导致胎尿排出增多有关。

(5) 巨大胎儿发生率明显增高，造成难产、产道损伤、手术产概率增高，致使产程延长引发产后出血概率高。

(6) 1 型糖尿病孕妇容易发生糖尿病酮症酸中毒，是导致孕妇死亡的主要原因。

(7) GDM 孕妇再次妊娠时，复发率高达 33%~69%。远期患糖尿病概率提高，17%~63% 将继发为 2 型糖尿病。心血管系统疾病的远期发生率增高。

2. 对胎儿的影响

(1) **巨大胎儿**：胎儿长期处于母体高血糖所致的高胰岛素血症环境中，导致胎儿过度生长发育。

(2) **胎儿生长受限**（fetal growth restriction，FGR）：妊娠早期高血糖有抑制胚胎发育的作用，导致胚胎发育落后。糖尿病合并微血管病变者，胎盘血管常出现异常，影响胎儿发育。

(3) **流产和早产**：妊娠早期血糖高，胚胎发育异常，最终胚胎死亡导致流产。血糖高合并羊水过多，易早产。并发妊娠期高血压疾病、胎儿窘迫等症时，要提前终止妊娠。

(4) **胎儿窘迫与胎死宫内**：系妊娠中晚期发生糖尿病酮症酸中毒所致。

(5) **胎儿畸形**：妊娠前未控制血糖的孕妇，其畸形儿的发生率为正常妊娠的 7~10 倍，是围生儿死亡的重要原因。

3. 对新生儿的影响

(1) **新生儿低血糖**：胎儿娩出后，脱离母体的高血糖环境，其高胰岛素血症仍然存在，此时新生儿需要及时补充葡萄糖，否则容易发生低血糖，严重时危及新生儿生命。

(2) **新生儿呼吸窘迫综合征**（neonatal respiratory distress syndrome，NRDS）：母体的高血糖刺激胎

儿胰岛素分泌增加，形成高胰岛素血症，使胎儿肺表面活性物质产生及分泌率降低，导致胎肺发育不成熟。

二、护理评估

（一）健康史

1. PGDM 了解孕妇有无糖尿病患病史、孕期尿糖检测情况；了解孕妇有无高危因素，比如肥胖、一级亲属（即父母、子女、亲兄弟姐妹）患有 2 型糖尿病史、多囊卵巢综合征者、妊娠早期反复空腹尿糖阳性等。

2. GDM 了解孕妇有无高危因素，包括：①孕妇年龄≥35 岁、妊娠前超重或肥胖、糖耐量异常、多囊卵巢综合征；②有糖尿病家族史；③不明原因的死胎史、死产史、流产史、巨大胎儿分娩史、胎儿畸形、羊水过多史、GDM 史；④此次妊娠期发现胎儿大于孕周、羊水过多，反复感染外阴阴道白念珠菌。

（二）身体状况

糖尿病孕妇可出现"三多"症状（多饮、多食、多尿），外阴阴道白念珠菌感染反复发作，糖尿病的合并症及产科并发症，如低血糖、高血糖、酮症酸中毒、妊娠期高血压疾病、羊水过多、胎膜早破、感染等。大多数 GDM 孕妇无明显临床表现。

（三）诊断标准

1. 孕前糖尿病（PGDM）的诊断标准 符合以下两项中的任何一项即可确诊。

（1）妊娠前已确诊患有糖尿病。

（2）妊娠前没有进行血糖检查的孕妇，同时存在糖尿病高危因素者，首次产前检查时需明确是否存在 PGDM，达到以下任何一项标准即可诊断为 PGDM。

1）空腹血糖（fasting plasma glucose，FPG）：≥7.0mmol/L。

2）75g 口服葡萄糖耐量试验（oral glucose tolerance test，OGTT）：服糖后 2h 血糖≥11.1mmol/L。

OGTT 的检测方法：试验前连续 3d 正常体力活动、正常饮食。检查前 1d 晚餐后禁食至少 8h 至次日晨（最迟不超过上午 9:00）。检查期间静坐、禁烟。检查时，在 5min 内口服含有 75g 葡萄糖的液体 300ml，分别抽取服糖水前、服糖水后 1h、服糖水后 2h 的静脉血（从开始饮用葡萄糖水计算时间），进行血浆葡萄糖水平的测定。

3）伴有典型的高血糖或高血糖危象症状，同时随机血糖≥11.1mmol/L。

4）糖化血红蛋白（glycosylated hemoglobin，HbA1c）：≥6.5%。不推荐妊娠期常规用 HbA1c 进行糖尿病筛查。

2. 妊娠糖尿病（GDM）的诊断标准 见表 7-4。

（1）对所有尚未被诊断为 PCDM 或 GDM 的孕妇，在其妊娠 24~28 周及以后首次就诊时推荐进行 75g OGTT。孕妇在该时段最有可能发生糖代谢异常，是筛查 GDM 的最佳时机。

（2）孕妇具有 GDM 高危因素或者医疗资源缺乏地区，在其妊娠 24~28 周首先检查 FPG。

表 7-4 妊娠糖尿病（GDM）的诊断标准

诊断标准	检测方法	检测到的数值 /（mmol·L^{-1}）	确诊
75g OGTT	空腹血糖（FPG）	≥5.1	即可确诊
	服糖后 1h	≥10.0	即可确诊
	服糖后 2h	≥8.5	即可确诊
GDM 高危因素或医疗资源缺乏地区	空腹血糖（FPG）	≥5.1	直接诊断 不需进行 75g OGTT

3. 妊娠合并糖尿病的分期（White 分类法） 根据孕妇患糖尿病的年龄、患病程度、是否发生血管并发症等进行糖尿病的分期（表 7-5）。

表 7-5 妊娠合并糖尿病的分期（White 分类法）

分期	标准
A 级	妊娠期出现或发现的糖尿病
A1 级	经控制饮食，空腹血糖 < 5.3mmol/L，餐后 2h 血糖 < 6.7mmol/L
A2 级	经控制饮食，空腹血糖 ≥ 5.3mmol/L，餐后 2h 血糖 ≥ 6.7mmol/L
B 级	显性糖尿病，20 岁以后发病，病程 < 10 年
C 级	发病年龄在 10~19 岁，或病程达 10~19 年
D 级	10 岁前发病，或病程 ≥ 20 年，或合并单纯性视网膜病
F 级	糖尿病性肾病
R 级	眼底有增生性视网膜病变或玻璃体积血
H 级	合并冠状动脉粥样硬化性心脏病
T 级	有肾移植史

（四）心理 – 社会支持状况

由于缺乏对疾病知识的了解，担心妊娠合并糖尿病对母儿的影响，孕妇及家属多有焦虑、自责等情绪反应。

（五）辅助检查

1. 胎儿超声检查 了解胎儿发育情况及胎儿成熟度，注意有无巨大胎儿、胎儿生长受限或胎儿畸形等。监测羊水量的变化。

2. 肝肾功能检查 24h 尿蛋白定量测定、尿酮体等相关检测。

3. 无应激试验（NST） 自妊娠 32 周起，每周进行 1 次，36 周后每周进行 2 次，疑似胎儿生长受限，应严密监测 NST。

三、常见护理诊断 / 问题

1. 有受伤的危险 与糖尿病引起的胎儿生长受限、巨大胎儿、胎儿畸形、新生儿低血糖等有关。

2. 有感染的危险 与糖尿病抵抗力下降有关。

3. 知识缺乏：缺乏妊娠期合并糖尿病的相关知识。

4. 焦虑 与担心自己和胎儿的生命安全有关。

四、护理目标

1. 孕妇了解糖尿病相关知识、个体化糖尿病饮食控制方案。

2. 孕妇情绪稳定，积极配合治疗与护理。

五、护理措施

（一）心理护理

妊娠失败、胎儿死亡或胎儿畸形等问题，会引起糖尿病孕产妇焦虑、紧张的情绪，护士应加强与糖尿病孕产妇交流，给予对方理解、安慰与同情，缓解其心理问题。随时向对方告知病情好转的消息及医疗护理计划，增强孕产妇积极配合治疗和护理的信心，为有效控制血糖水平做好心理准备。

（二）可否妊娠护理

1. 糖尿病妇女在妊娠前，应确定患病程度，未经治疗的 D、F、R 级的妇女一旦妊娠，母儿危害大，应采取避孕措施，不宜妊娠。

2. 器质性病变较轻、血糖控制较好的糖尿病妇女，在积极治疗、密切监护下可继续妊娠。

3. 从妊娠前开始，糖尿病妇女应在医生的指导下严格控制血糖水平。

（三）妊娠期护理

1. 妊娠期血糖控制目标

（1）GDM 的孕妇，在妊娠期的血糖应控制餐前血糖值≤5.3mmol/L、餐后 2h 血糖值≤6.7mmol/L；夜间血糖不低于 3.3mmol/L；妊娠期 HbA1c 宜<5.5%。

（2）PGDM 的孕妇，妊娠早期血糖控制不必过于严格，防止发生低血糖。餐前血糖、夜间血糖、空腹血糖宜控制在 3.3~5.6mmol/L，餐后血糖峰值 5.6~7.1mmol/L，HbA1c<6.0%。

2. 营养与运动指导

整个妊娠期在有效控制血糖的基础上，孕妇通过科学的饮食方案保证孕妇和胎儿的营养供给，减少母儿并发症。多数 GDM 孕妇经过合理饮食调理，配合适当运动，可控制血糖在正常范围内。

（1）调理饮食：调理原则包括①控制摄入总量，建立合理饮食结构；②个体化科学控制碳水化合物、蛋白质、脂肪的摄入比例，严格限制糖的摄入；③少量多餐，控制母儿体重；④高纤维饮食，预防便秘。

（2）科学运动：结合母儿状况制订个性化科学运动方案。避免孕妇在空腹、使用大量胰岛素的情况下运动。运动方式以有氧运动为佳，如瑜伽、散步、孕妇操、太极拳等，餐后 30min 后进行，每次 30min 为宜。运动期间注意监测孕妇血糖变化，如<3.3mmol/L 或>13.9mmol/L，或出现低血糖、宫缩、阴道出血等情况应停止运动。

3. 药物治疗

GDM 或者 PGDM 的孕妇，经过个性化的饮食、运动管理后，妊娠期血糖各项指标仍达不到血糖控制目标，遵医嘱首选胰岛素控制血糖。考虑到个体差异性大，胰岛素一般从小剂量开始使用，并根据孕妇的病情、孕期进展及血糖值进行调整。目前应用最普遍的方法是，长效胰岛素和超短效或短效胰岛素联合用药，即在三餐前注射超短效或短效胰岛素，睡前注射长效胰岛素。

目前，口服降血糖药物二甲双胍和格列苯脲在 GDM 孕妇中应用的安全性和有效性不断得到证实，但我国尚缺乏相关研究。可谨慎用于部分 GDM 孕妇，并在其知情同意的前提下，推荐使用二甲双胍。

4. 妊娠糖尿病酮症酸中毒的处理

孕妇发生妊娠糖尿病酮症酸中毒（diabetic ketoacidosis，DKA）对胎儿的危险性增加，可通过以下方式纠正：①血糖过高者（>16.6mmol/L），先予胰岛素 0.2~0.4U/kg 一次性静脉注射。②胰岛素：0.9% 氯化钠注射液＋胰岛素持续静脉滴注，按胰岛素 0.1U/（kg·h）或 4~6U/h 的速度滴入。③监测血糖：从使用胰岛素开始，每 1 小时监测血糖 1 次，根据血糖下降情况进行调整，要求每小时血糖下降 3.9~5.6mmol/L 或超过静脉滴注前血糖水平的 30%。达不到此标准的孕妇，应将胰岛素用量加倍。④当血糖降到 13.9mmol/L 时，把 0.9% 氯化钠注射液改为 5% 葡萄糖注射液或葡萄糖盐注射液，每 2~4g 葡萄糖加入 1U 胰岛素，直至血糖降至 11.1mmol/L 以下、尿酮体阴性、并可平稳过渡到餐前皮下注射治疗时停止。补液原则：先盐后糖、先快后慢，保持出入量平衡；见尿补钾，防止出现严重低血钾。

5. 母儿监护

早孕反应的出现影响血糖控制，应密切监测孕妇血糖变化，及时根据个体情况调整胰岛素用量，避免发生低血糖。妊娠前患糖尿病的妇女需每周检查 1 次，直至妊娠第 10 周；以后每 2 周检查 1 次，到妊娠第 32 周以后应每周产前检查 1 次。肾功能及糖化血红蛋白测定、眼底检查每 1~2 个月进行 1 次；监测孕妇血压、水肿、尿蛋白等异常情况；监测胎儿宫内状况及胎盘功能，必要时及早入院治疗。GDM 孕妇主要依据病情程度定期监测血糖、胎儿发育等。

（四）分娩期护理

1. 终止妊娠时机 ①未经胰岛素治疗且血糖控制达标的 GDM 孕妇，如无母儿并发症，在严密的监护下妊娠可延续至预产期，如预产期仍未临产，可采取引产的方法终止妊娠；②PGDM 孕妇及经胰岛素治疗的 GDM 孕妇，如血糖控制较好且未发生母儿并发症，在严密监测下，于妊娠 39 周后可终止妊娠；③血糖控制不满意或母儿出现并发症，伴发微血管病变或有不良孕产史，应及时入院观察，视具体情况决定是否终止妊娠。

2. 分娩方式 妊娠合并糖尿病不是剖宫产的指征，采取阴道分娩应制订科学分娩计划。如出现糖尿病伴微血管病变、胎位异常及怀疑巨大胎儿、胎盘功能不良等产科指征者，可选择性采取剖宫产术。若妊娠期血糖控制不佳、胎儿偏大（尤其预估胎重≥4 000g 者）或既往有死胎史、死产史，应根据情况适当放宽剖宫产手术指征。

3. 产程观察 产程中密切监测产妇血糖水平，尤其是有无低血糖、酮症酸中毒症状；根据产妇的血糖值评估、调整静脉输液速度；监测产程进展、宫缩、胎心率、产妇生命体征等变化。

4. 治疗配合 临产后继续采用糖尿病饮食。选择阴道分娩者，鼓励产妇采取左侧卧位或半卧位。避免出现酮症酸中毒、胎儿缺氧及感染等，产程不宜过长。在分娩过程中，维护产妇身心舒适。选择剖宫产者，在手术日停止皮下注射胰岛素，根据产妇 FPG 水平及每日胰岛素的用量，改为胰岛素小剂量持续静脉滴注。一般按葡萄糖 3~4g + 胰岛素 1U 的比例配制葡萄糖注射液，每小时静脉持续点滴 2~3U 胰岛素，每 1~2h 测血糖 1 次，保持术中血糖控制在 6.7~10.0mmol/L。术后，每 2~4h 测 1 次血糖至恢复饮食。

5. 新生儿护理 胎儿娩出后无论体重大小均按高危儿处理，对于母亲妊娠期血糖控制不满意者，严密监护，同时注意保暖、吸氧，必要时口服或静脉滴注葡萄糖。注意预防低血钙、高胆红素血症、新生儿呼吸窘迫综合征。

（五）产褥期护理

1. 一般护理 注意监测产妇生命体征，观察有无发热、恶露增多、恶露异味等其他感染征象，应及时告知医生，配合做出相应处理。

2. GDM 产后胰岛素用量 大多数 GDM 产妇在产后不需要再使用胰岛素，但少数者仍需要。其用量减少至分娩前的 1/3~1/2，同时依据 FPG 调整药量。

3. 产妇饮食 虽可恢复到正常饮食，但仍要避免高糖、高脂肪饮食。若无禁忌，鼓励母乳喂养。

4. 健康教育 产妇定期进行产科、内科复查。GDM 产妇于产后 6~12 周进行随访，给予饮食、运动、生活方式的指导。了解产后血糖恢复情况，注意进行 OGTT 检查，如检测结果正常，也要每三年复查 1 次。

六、护理评价

经过治疗与护理达到：①孕（产）妇妊娠、分娩过程顺利，血糖控制良好；②母儿健康安全；③孕（产）妇自述舒适感增加，情绪平稳。

第四节　贫　血

> **情景导入**
>
> 蔡女士，27 岁，G₁P₀，初产妇，孕 28 周，近日出现头晕、眼花、乏力。今晨在家人的陪同下来医院产科门诊就诊。查体：皮肤黏膜苍白、干燥，心率 100 次/min，呼吸 20 次/min。产科检查：宫高脐上 1 横指。实验室检查：血红蛋白 <110g/L，血清铁 <6.5μmol/L。

请思考：
（1）蔡女士出现了什么问题？
（2）针对该问题如何对蔡女士进行护理？

妊娠期孕妇外周血红蛋白＜110g/L，血细胞比容＜0.33，即为妊娠期贫血，是妊娠期最常见的合并症之一。分为缺铁性贫血（iron deficiency anemia，IDA）、巨幼细胞贫血（megaloblastic anemia，MGA）和再生障碍性贫血（aplastic anemia，AA）。其中，以缺铁性贫血最为常见，约占95%，本节重点介绍妊娠合并缺铁性贫血。

一、概述

1. 妊娠期贫血分度 根据血红蛋白在血液中的含量分为四个度，轻度贫血（100~109g/L）、中度贫血（70~99g/L）、重度贫血（40~69g/L）和极重度贫血（＜40g/L）。

2. 妊娠期贫血对母儿的影响 贫血孕妇的抵抗力低下，对分娩、手术和麻醉的耐受能力降低，即使是轻度或中度贫血，孕妇在妊娠和分娩期间的风险也会增加。重度以上贫血可导致贫血性心脏病、妊娠期高血压疾病性心脏病、产后出血、失血性休克、产褥感染等并发症，危及孕产妇生命；对于胎儿，其生长发育所需的氧及营养物质因供应不足，易造成胎儿生长受限、胎儿窘迫、早产或死胎等不良后果。

知识拓展

孕妇缺铁性贫血的发病机制

由于妊娠期血容量增加及胎儿生长发育的需要，对铁的需要量明显增加，孕妇每日需铁至少4mg。而每日饮食中含铁10~15mg，吸收率仅为10%，即1~1.5mg。妊娠晚期铁的最大吸收率虽达40%，但仍不能满足需求，若不补充铁剂，容易耗尽体内储存的铁而造成贫血。

二、护理评估

（一）健康史

了解孕妇有无慢性失血性疾病，如月经过多、寄生虫病或消化道出血性疾病史，有无长期偏食、胃肠功能紊乱导致的营养不良等情况。

（二）身体状况

1. 症状 轻度缺铁性贫血者多无明显症状，严重贫血者可有乏力、疲劳、无力、头晕、心悸、腹胀、水肿等表现。巨幼细胞贫血多发生于妊娠中晚期，产前4周及产褥早期，出现血液、消化与神经系统症状。再生障碍性贫血以慢性型多见，主要表现为进行性贫血（即血红蛋白含量持续下降，贫血逐渐加重）。

2. 体征 皮肤黏膜苍白、口腔炎、皮肤毛发干燥、脱发、指甲脆薄等，部分孕妇可出现脾脏轻度肿大。

（三）心理-社会支持状况

贫血对母儿可造成不利影响，孕妇及家属多有焦虑不安等心理问题。

（四）辅助检查

1. 缺铁性贫血 外周血呈现小细胞低色素贫血，Hb＜110g/L，血细胞比容＜0.33，血清铁＜6.5μmol/L，其他相应指标也低，如平均红细胞体积（mean corpuscular volume，MCV）、平均红细胞血红蛋白含量

(mean corpuscular hemoglobin，MCH）均降低。骨髓象改变为红细胞系统增生活跃，中、晚幼红细胞增多。

2. 巨幼细胞贫血 为大细胞性贫血，血细胞比容降低，红细胞平均体积（MCV）>100fl，红细胞平均血红蛋白含量（MCH）>32pg。骨髓象为红细胞系统呈巨幼细胞增多，巨幼细胞系列占骨髓细胞总数的30%~50%。血清叶酸<6.8nmol/L 或红细胞叶酸值<227nmol/L 时提示叶酸缺乏。血清维生素 B_{12} <90pg，提示维生素 B_{12} 缺乏。

3. 再生障碍性贫血 外周血象为正常细胞型全血细胞减少，网织红细胞减少。骨髓象增生减低。

三、常用护理诊断/问题

1. 活动耐力下降 与贫血导致的疲劳有关。

2. 有感染的危险 与贫血导致机体抵抗力下降有关。

3. 有受伤的危险（胎儿） 与贫血导致胎儿发育迟缓，甚至早产、死胎等有关。

四、护理目标

1. 孕产妇能根据自身情况适当活动，无明显不适表现。

2. 妊娠、分娩期间孕产妇无感染发生。

3. 孕妇能认识到贫血对机体危害，主动配合治疗。

五、护理措施

（一）心理护理

加强孕产妇及家人对妊娠期合并贫血的认知，以此缓解焦虑、紧张的情绪。建立家庭、社会支持系统，为孕产妇提供心理支持。

（二）一般护理

妊娠期饮食指导，纠正偏食，多食富含铁的食物，如动物血、肝脏、瘦肉、鸡蛋等；富含维生素 C 的蔬果，如绿叶蔬菜、猕猴桃、橙子、葡萄等。采取左侧卧位，保证充足睡眠，根据身体状况合理安排活动，避免劳累。严重贫血者充分休息并注意安全，避免因头晕、乏力晕倒而发生意外。

（三）病情观察

严密观察病情变化，重度贫血者，注意观察生命体征及胎儿生长发育和胎心变化，以防贫血性心脏病、胎儿生长受限、胎儿窘迫等并发症。密切观察产程进展，注意缩短第二产程，必要时给予阴道助产，减少孕妇体力消耗。产后注意观察子宫收缩及恶露情况，预防产后出血，按医嘱补充铁剂，纠正贫血。按医嘱给予抗生素，严密观察有无感染征象。

（四）治疗配合

1. 纠正贫血 缺铁性贫血者，按医嘱采用口服铁剂方法，选用副作用小、利用率高的铁剂，硫酸亚铁 0.3g，每日 3 次，餐后服用。同时口服维生素 C 0.1~0.3g 以促进铁的吸收；重度贫血、严重胃肠道反应不能口服铁剂者，可给予右旋糖酐铁或山梨醇铁深部肌内注射。巨幼细胞贫血者加强营养指导补充叶酸、维生素 B_{12}。再生障碍性贫血者在病情未缓解之前应避孕，若已妊娠，在孕早期做好输血准备，遵医嘱行人工流产。

2. 防止出血 产前、产后，遵医嘱给产妇使用止血药物，如维生素 C、维生素 K_1 等。胎肩娩出后，按医嘱应用缩宫素，防止宫缩乏力引起产后出血。胎盘娩出后，如无禁忌，可遵医嘱采取前列腺素类制剂、缩宫素 20U 联合用药，有助于子宫收缩和止血。缩短产程，防止因产伤造成出血。严

ER 7-3 缺铁性贫血血象

ER 7-4 缺铁性贫血骨髓象

ER 7-5 巨幼细胞贫血血象

ER 7-6 巨幼细胞贫血骨髓象

密监护产妇的生命体征及产道出血量,如出血较多应及早输血。

3.控制感染 分娩过程中,严格执行无菌技术操作,按医嘱给予抗生素直至产后,起到预防和控制感染的目的。

(五)健康教育

1. 妊娠前应积极治疗慢性失血性疾病,如月经过多等。

2. 劳逸结合,注重休息,避免重体力活动。

3. 定期产前检查,及早发现贫血征象,并积极配合治疗,指导孕产妇正确服用铁剂。

4. 加强口腔卫生,预防口腔黏膜溃疡引发感染。

5. 指导母乳喂养,重度以上贫血不宜哺乳者,指导产妇及家属人工喂养的方法。

六、护理评价

经过治疗与护理达到:①孕(产)妇可自行活动,未表现出明显的乏力、头晕等不适;②孕(产)妇出院时无感染发生;③孕(产)妇能认识抵抗力下降带来的危害,积极配合治疗。

(袁 征)

思考题

1. 楚女士,29岁,初产妇,孕28周。近两天活动后出现心慌、气短、两小腿水肿,休息后不见好转,在其丈夫的陪同下来产科门诊就诊。医生查体发现:该孕妇脉搏112次/min,呼吸22次/min,双下肢水肿Ⅱ度。经了解得知,楚女士小时候曾做过"室间隔缺损修补术"。医生遂收治楚女士入院治疗。

请思考:

(1) 该孕妇出现了什么情况?

(2) 入院后,重点给予该孕妇的护理措施是什么?

2. 丁女士,27岁,既往乙型肝炎病史。目前停经49d,现诊断为妊娠。检查:丙氨酸转氨酶正常,HBeAg(+),HBsAg(+),孕妇担心会传染胎儿,前来医院咨询。

请思考:

(1) 乙型肝炎病毒母体传染胎儿的途径有哪些?

(2) 产后阻断新生儿垂直传播的方法有哪些?

3. 王女士,36岁,G_0P_2,妊娠32周,2年前因妊娠6个月死胎做过引产术。产前检查:血压130/80mmHg,胎心率146次/min,空腹血糖7.2mmol/L,尿糖(+)。

请思考:

(1) 该孕妇在妊娠期合并了什么疾病?

(2) 对王女士应该采取哪些护理措施?

ER 7-7

扫一扫
测一测

第八章 | 异常分娩妇女的护理

教学课件

思维导图

学习目标

1. 掌握：异常分娩、子宫收缩乏力及子宫收缩过强的概念；子宫收缩乏力分类、常见病因以及对母儿的影响。

2. 熟悉：子宫收缩过强的护理评估。

3. 了解：急产的护理；骨盆狭窄类型及胎位异常的常见类型。

4. 具备评估子宫收缩乏力并配合产科医生提供护理措施的能力；配合医生完成难产的相关检查的能力。

产力、产道、胎儿以及社会心理因素是决定分娩的四因素，这些因素相互影响互为因果。任何一个或一个以上的因素发生异常或四个因素间相互不适应而使分娩进展受阻，称为异常分娩（abnormal labor），又称难产（dystocia）。顺产与难产无绝对界限，可以相互转换。

第一节　产力异常

情景导入

冯女士，32 岁，G₁P₀，孕 40 周，凌晨 2:00 由家人陪伴入院。产妇诉腹痛初起持续时间及间歇时间长短不一，腹痛渐加重。7:00 查宫缩 5~6min 一次，持续 30s，胎心 140 次 /min，阴道检查：宫口未开。17:00 阴道检查：宫口开大 6cm。20:00 宫缩持续 30~40s，间歇 10~15min，胎心 146 次 /min，宫缩高峰时子宫不硬，阴道检查：宫口开大仍为 6cm，无明显头盆不称。产妇精神差，无食欲。

请思考：

1. 该产妇产程进展是否正常？

2. 请分析导致产程进展受阻的因素有哪些？

3. 该产妇能够完成阴道分娩吗？

产力是分娩的动力，包括子宫收缩力、腹肌与膈肌的收缩力以及肛提肌的收缩力，其中以子宫收缩力为主。分娩过程中，子宫收缩力的节律性、对称性、极性异常，或强度、频率改变，称为子宫收缩力异常（abnormal uterine action），简称产力异常（abnormal uterine action）。子宫收缩力异常可表现为子宫收缩乏力和子宫收缩过强两种类型，每类又分为协调性子宫收缩异常与不协调性子宫收缩异常。

一、子宫收缩乏力

（一）概述

1.分类

（1）**按发生的时期**：子宫收缩乏力按发生的时期分为原发性子宫收缩乏力和继发性子宫收缩乏力。产程刚开始便出现子宫收缩乏力，影响宫口扩张和胎先露下降，导致产程延长称为原发性子宫收缩乏力。临产早期宫缩正常，但在产程进行至某一阶段（常见活跃期或第二产程）后宫缩减弱，胎先露不能继续下降及内旋转，形成持续性枕横位或枕后位，视为继发性子宫收缩乏力，常见于中骨盆或骨盆出口平面狭窄。

（2）**按子宫收缩特点**：子宫收缩乏力按子宫收缩特点分为协调性子宫收缩乏力和不协调性子宫收缩乏力。子宫收缩具有正常的节律性、对称性和极性，但收缩力弱，宫缩持续时间短，间歇时间长且不规律，当宫缩高峰时，子宫隆起不明显，以手指压子宫底部肌壁仍可出现凹陷为协调性子宫收缩乏力，又称低张性子宫收缩乏力。子宫收缩的极性倒置，宫缩的兴奋点不是起自两侧子宫角，而是来自子宫下段的一处或多处，子宫收缩波由下向上扩散，收缩波小且不规律，频率高，节律不协调。宫缩时子宫下段强而底部收缩力弱，宫缩间歇期子宫不能完全松弛为不协调性子宫收缩乏力，又称高张性子宫收缩乏力。

2.病因

（1）**头盆不称，胎位异常**：是子宫收缩乏力最常见的原因。骨盆入口狭窄或胎儿过大、胎位异常，临产后胎先露不能入盆，胎先露无法紧贴子宫下段及宫颈内口，不能引起反射性子宫收缩加强，导致继发性子宫收缩乏力。

（2）**精神因素**：初产妇，尤其是35岁以上的高龄初产妇往往过于紧张、焦虑，甚至恐惧，使大脑皮层功能紊乱，可致子宫收缩乏力。

（3）**子宫性因素**：双胎、羊水过多、巨大胎儿等原因导致子宫过度膨胀，使子宫肌纤维过度拉伸而失去了正常的收缩能力。经产妇多次妊娠与分娩使子宫肌纤维变性、结缔组织增生而影响宫缩。另外，子宫肌瘤、子宫畸形、子宫发育不良等都可引起子宫收缩乏力。

（4）**内分泌失调**：分娩启动后，胎先露衔接异常的产妇体内乙酰胆碱、缩宫素及前列腺素合成及释放减少，或缩宫素受体不足以及子宫对宫缩物质的敏感性降低，胎盘合成与分泌硫酸脱氢表雄酮量较少，致宫颈成熟度欠佳，均可直接或间接导致子宫收缩乏力。

（5）**其他因素**：使用过多宫缩抑制剂及解痉、镇静、镇痛剂，如硫酸镁、吗啡、哌替啶、氯丙嗪、苯巴比妥等，抑制子宫收缩，均可致子宫收缩乏力。

3.对母儿的影响

（1）**对产妇的影响**：由于产程延长，产妇体力与精神同时消耗，出现疲乏无力，排尿困难、肠胀气等，严重者可出现脱水、酸中毒、低钾血症等。第二产程延长者，膀胱长时间被压迫于胎先露（头先露尤为严重）和耻骨联合之间，可使局部组织缺血、水肿坏死，形成膀胱阴道瘘或尿道阴道瘘。产时的宫缩乏力可延续至产后，并影响胎盘剥离、胎盘娩出和子宫壁上血窦的关闭，产后出血的发生率高。

（2）**对胎儿与新生儿的影响**：协调性子宫收缩乏力可造成胎头旋转困难，产程延长，手术产率增高及新生儿产伤增多；不协调性子宫收缩乏力可造成急性胎儿窘迫。胎膜早破可导致脐带受压或脐带脱垂，发生胎儿窘迫或胎死宫内。

（二）护理评估

1.健康史

评估产妇产前检查的一般资料，了解产妇的身高、身体发育情况、骨盆测量结果、胎儿的大小及头盆关系；了解产妇既往的妊娠史和分娩史。临产后评估产妇的休息、进食、排泄等情况，是否存在导致难产的各种因素。分娩过程中评估宫缩的强度与频率，及其节律性、对称性、极性，评估宫口扩张情况及胎先露的下降情况，了解产程进展。

2. 身体状况

（1）**协调性子宫收缩乏力**：表现为原发性或者继发性子宫收缩乏力，胎先露下降及宫口扩张速度缓慢等导致产程延长。产妇疲劳、休息差、进食少甚至出现尿潴留、肠胀气等。

（2）**不协调性子宫收缩乏力**：多见于初产妇，无效宫缩，多属于原发性子宫收缩乏力，一般由头盆不称、胎位异常引起。产妇自觉持续下腹疼痛、拒按、烦躁不安，胎位触诊不清、胎心音不规则，出现产程停滞。甚至出现脱水、电解质紊乱、尿潴留、肠胀气等。宫腔压力持续较高状态可导致胎儿缺氧。

（3）**产程异常**：子宫收缩乏力时，产程异常有以下几种：

1）潜伏期延长（prolonged latent phase）：从临产规律宫缩开始至活跃期起点（4~6cm）称潜伏期。初产妇>20h，经产妇>14h 称为潜伏期延长。

2）活跃期异常：包括活跃期延长（prolonged active phase）和活跃期停滞（protracted active phase）。

活跃期延长：从活跃期起点（4~6cm）到宫口开全称活跃期。活跃期宫颈口扩张速度<0.5cm/h 称为活跃期延长。

活跃期停滞：当破膜且宫颈口扩张≥6cm 后，若宫缩正常，宫颈口停止扩张≥4h；若宫缩欠佳，宫颈口停止扩张≥6h，称为活跃期停滞。

3）第二产程异常：包括胎头下降延缓（protracted descent）、胎头下降停滞（arrested descent）和第二产程延长（protracted second stage）。

胎头下降延缓：第二产程初产妇胎头先露下降速度<1.0cm/h，经产妇<2.0cm/h，称为胎头下降延缓。

胎头下降停滞：第二产程胎头先露停留在原处不下降>1h，称为胎头下降停滞。

第二产程延长：第二产程用时，初产妇>3h，经产妇>2h（硬膜外麻醉镇痛分娩时，初产妇>4h，经产妇>3h），产程（胎头下降和旋转）无进展，称为第二产程延长。

3. 心理－社会支持状况　产程延长使产妇及家属担心母儿的安全问题，对阴道分娩失去信心，通常要求手术分娩。若子宫收缩不协调，产妇持续性腹痛会表现出焦虑，甚至恐惧的心理，转而请求医护人员采取措施，尽快帮其解除痛苦，结束分娩。

4. 辅助检查　胎儿电子监护可及时发现胎心率减慢、加快或心律不齐。尿液检查可发现尿酮体阳性，血液生化检查可有钾、钠、氯及钙等电解质的改变，二氧化碳结合力可下降。

（三）常用护理诊断/问题

1. 焦虑　与产程进展不顺利，产妇担心自身与胎儿安危有关。

2. 疲乏　与产程延长、产妇体力过度消耗有关。

3. 潜在并发症：酸中毒、产后出血、生殖道瘘。

4. 有感染的危险　与产妇胎膜早破、产程延长及多次阴道检查有关。

（四）护理目标

1. 产妇在产程中保持良好的体力，焦虑得到缓解。

2. 产妇体液不足得以及时发现和纠正，未发生产后出血、生殖道瘘等并发症。

3. 产妇体温正常，未发生感染。

（五）护理措施

1. 心理护理　产妇的心理状态是影响子宫收缩的重要因素，必须重视产妇的心理状况，及时给予解释和支持，消除产妇的焦虑心理。可用语言和非语言性沟通技巧以示关心。鼓励产妇及家属表达出他们的担心和不适感，随时向产妇及家属解答问题，告知分娩进程，使产妇心中有数，对分娩有信心，并鼓励家属为产妇提供持续性心理支持。

2. 密切观察产妇与胎儿状况　监测产妇的生命体征，观察产妇神志、皮肤弹性等改变，及时发现脱水、酸中毒等由于体力损害带来的影响。以手触摸产妇腹部或用胎儿电子监护仪监测子宫收缩的强度、频率和节律性等情况，及时发现子宫收缩乏力，并根据具体情况判断其为协调性子宫收缩乏力或不协调性子宫收缩乏力。

3. 对于协调性子宫收缩乏力　若发现有头盆不称、胎位异常及骨盆狭窄等，评估不能经阴道分娩者，应及时做好剖宫产术前准备。若评估可经阴道分娩者，应做好如下护理：

（1）**第一产程的护理**

1）一般护理：①保证休息。指导产妇在宫缩间歇期休息，休息时采取左侧卧位。对产程长、产妇过度疲劳或烦躁不安者遵医嘱给予镇静剂，如地西泮（安定）10mg 缓慢静脉注射或哌替啶 100mg 肌内注射，使其休息后体力和子宫收缩力得以恢复。②提供充足的营养、水分和电解质。鼓励产妇多进食高热量、易消化的食物，若不能进食可遵医嘱给予静脉补充液体和营养物质。③开展陪伴分娩。有条件的情况下，家属陪伴在产妇身边，有助于消除产妇紧张的情绪。④保持膀胱空虚状态。自主排尿困难者可先行诱导法，若无效可给予导尿，避免充盈的膀胱影响子宫收缩。

2）加强子宫收缩：无胎儿窘迫、产妇无剖宫产史者，诊断为协调性子宫收缩乏力，产程无明显进展，且不存在头盆不称的产妇，则遵医嘱加强子宫收缩。

常用的加强子宫收缩方法有①人工破膜：适用于宫口扩张 3cm 及以上，无头盆不称，胎头已衔接而产程延缓者。破膜可使胎先露直接紧贴子宫下段及宫颈内口，反射性引起子宫收缩加强，使产程进展加速。②静脉滴注缩宫素：适用于协调性子宫收缩乏力、胎心良好、胎位正常、头盆相称者。静脉滴注缩宫素给药原则是以最小浓度获得最佳宫缩。通常将缩宫素 2.5U 加入 0.9% 的生理盐水 500ml 内，从 1~2mU/min 开始，监测宫缩强弱进行调整。调整间隔为 15~30min，每次增加 1~2mU/min 为宜，最大给药剂量通常不超过 20mU/min，维持宫缩时宫腔内压力达 50~60mmHg，宫缩间隔 2~3min，持续 40~60s。对于不敏感者，可酌情增加缩宫素给药剂量。应用缩宫素静脉滴注必须有专人守护，监测宫缩、胎心、血压及产程进展等情况，随时调节剂量、浓度和滴速。若 10min 内宫缩超过 5 次，宫缩持续 1min 以上或胎心率异常者，应立即停止使用。③针刺合谷、三阴交、关元、太冲、支沟等穴位均可加强宫缩。④刺激乳头：可以诱发内源性缩宫素的释放，使子宫收缩加强。

3）剖宫产术前准备：若经上述处理，产程进展过程中出现胎儿窘迫等情况，应立即做好剖宫产术前准备。

（2）**第二产程的护理**：应做好阴道助产和抢救新生儿的准备。宫缩乏力若无头盆不称者应静脉滴注缩宫素加强子宫收缩，同时指导产妇配合宫缩屏气用力；母儿状况良好，胎头下降至 $\geq S^{+3}$ 水平，可等待自然分娩或行阴道助产分娩。若处理后胎头下降无进展，胎头位置在 $\leq S^{+2}$ 水平以上，应及时行剖宫产术。

（3）**第三产程的护理**：预防产后出血及感染。胎儿前肩娩出后给予缩宫素 10U 肌内注射或静脉滴注。胎儿、胎盘娩出后加大缩宫素用量，以促进子宫收缩，防止产后出血。破膜超过 12h、产程长、阴道检查次数较多者，遵医嘱应用抗生素预防感染。

4. 不协调性子宫收缩乏力　处理原则是调节子宫收缩，恢复正常节律性和极性。遵医嘱给予

ER 8-3

静脉滴注缩宫素之一静脉穿刺留置针

ER 8-4

静脉滴注缩宫素之二连接输液泵并调节好滴速

ER 8-5

静脉滴注缩宫素之三加入缩宫素并摇匀

ER 8-6

静脉滴注缩宫素之四静脉滴注缩宫素

ER 8-7

静脉滴注缩宫素之五输液泵静脉滴注缩宫素

适当的镇静剂，如哌替啶 100mg、吗啡 10~15mg 肌内注射，或地西泮 10mg 静脉注射等，使产妇充分休息。充分休息后多能恢复为协调性子宫收缩。注意宫缩恢复为协调性前禁用缩宫素。若上述处理后宫缩仍为不协调性或伴有胎儿窘迫、头盆不称等，应立即做好剖宫产及抢救新生儿的准备。

（六）护理评价

经过治疗与护理达到：①产妇积极配合，分娩顺利；②产程中无脱水、酸中毒等问题发生；③产妇未发生产后出血与感染；④新生儿无异常。

二、子宫收缩过强

（一）概述

1. 分类　子宫收缩过强分为协调性子宫收缩过强和不协调性子宫收缩过强。协调性子宫收缩过强特点为子宫收缩具有正常的节律性、对称性和极性，但子宫收缩的力量过强，宫腔内压力高。若产道阻力小，无头盆不称或胎位异常，往往产程进展迅速，总产程不到 3h，称为急产（precipitate delivery），多见于经产妇。不协调性子宫收缩过强表现为强直性子宫收缩（tetanic contraction of uterus）和子宫痉挛性狭窄环（constriction ring of uterus）。

2. 病因　子宫收缩过强常见于缩宫素应用不当、产妇精神过度紧张、产程延长、胎膜早破以及粗暴的阴道内操作等因素。

3. 对母儿的影响

（1）**对产妇的影响**：子宫收缩过强、过频、急产可导致产妇宫颈、阴道及会阴撕裂伤，有梗阻者，可发生子宫破裂。子宫收缩过强、产程过快，使产后子宫肌纤维缩复不良，易发生胎盘滞留或产后出血。急产来不及消毒易造成产褥感染。

（2）**对胎儿或新生儿的影响**：胎儿窘迫、新生儿窒息：因宫缩过强、过频影响子宫胎盘血液循环，使胎儿窘迫或死亡；胎儿窘迫未及时处理或手术损伤导致新生儿窒息。胎儿娩出过快，胎头在产道内受到的压力突然解除，可致新生儿颅内出血。新生儿坠地可造成骨折、外伤及脐带断裂等。来不及消毒而接产或手术产引起新生儿感染。

（二）护理评估

1. 健康史　评估产妇产前检查的一般资料，特别是骨盆测量结果、胎儿发育情况及妊娠期并发症等。评估产妇有无急产史（包括家族急产史）。评估是否存在导致子宫收缩过强的因素，如缩宫素使用不当等。重点评估临产时间、子宫收缩频率、强度及胎心、胎动情况。

2. 身体状态

（1）**协调性子宫收缩过强**：宫缩持续时间长，间歇时间短，宫缩大于 5 次 /10min，且持续达 60s 或更长时间，产程进展快。临产后产妇突感腹部剧痛，宫缩时宫体很硬，听诊胎心不规律或不清楚，触诊胎方位不清。若无产道梗阻，则表现为急产。

（2）**不协调性子宫收缩过强**

1）强直性子宫收缩：宫缩间歇期短或无间歇，宫颈内口以上部分的子宫肌层出现强直痉挛性收缩。产妇往往烦躁不安，持续性腹痛，腹部拒按。胎位触诊不清，胎心听诊不清。有时可在脐下或平脐处见一环状凹陷，即病理性缩复环。

2）子宫痉挛性狭窄环：子宫局部肌肉痉挛性收缩形成环状狭窄，且持续不放松，该环可发生在宫颈、宫体的任何部分，但多见于子宫上下段交界处，也可出现在胎颈、胎腰等胎体的狭窄部位（图 8-1）。

3. 心理 – 社会支持状况　子宫收缩过强的产妇往往腹痛剧烈，出现对分娩的恐惧感，并且失去了顺利分娩的信心。院外发生急产者，产妇毫无思想准备，尤其是身边无医护人员或家属陪伴，会出现无助感，担心自身与胎儿的安危。

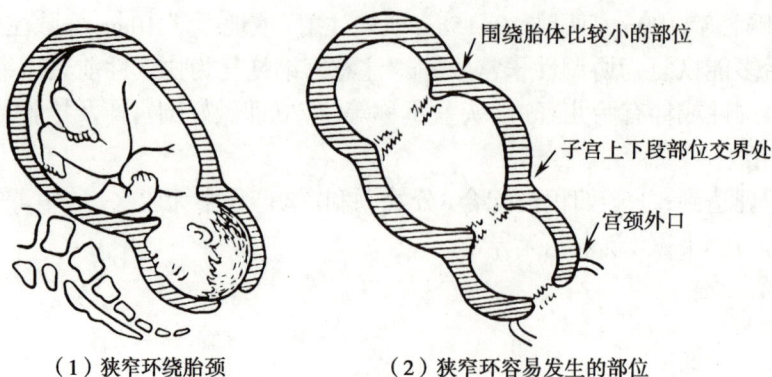

（1）狭窄环绕胎颈　　　　（2）狭窄环容易发生的部位

图 8-1　子宫痉挛性狭窄环

4. 辅助检查　胎儿电子监护及时发现胎心变化，了解是否出现胎儿窘迫等情况。

（三）常用护理诊断 / 问题

1. 焦虑　与担心自身及胎儿安危有关。

2. 疼痛　与子宫收缩过频、过强有关。

3. 潜在并发症：子宫破裂、产后出血、软产道损伤及胎儿窘迫等。

（四）护理目标

1. 产妇情绪稳定，能配合医护人员完成相关检查。

2. 产妇学会减轻疼痛的常用技巧，疼痛减轻。

3. 产妇未发生严重的并发症，母儿平安度过分娩期。

（五）护理措施

1. 预防子宫收缩过强　①有急产史者（包括家族有急产史），嘱预产期前 1~2 周不要远行，应提前住院待产；②密切观察产程、宫缩、胎心率及产妇的生命体征，及早发现子宫收缩过强，减少产妇、胎儿及新生儿并发症发生。

2. 应用宫缩抑制剂　可遵医嘱使用宫缩抑制剂，注意观察使用效果和胎儿安危。

3. 治疗配合

（1）**急产的护理**：①出现产兆立即卧床休息，左侧卧位，嘱产妇不要屏气用力，减缓分娩速度；②密切观察宫缩及产程进展，胎心异常者立即吸氧，并通知医生；③临产后产妇需解大小便时，先通知医护人员，必要时检查宫口扩张及胎先露下降情况，以防分娩在厕所内造成新生儿意外伤害；④产后仔细检查软产道，有裂伤者及时予以缝合；⑤做好新生儿窒息的抢救准备，准备吸痰管、氧气、人工呼吸机及急救药品等；⑥遵医嘱给新生儿常规肌内注射维生素 K_1 1mg 预防颅内出血；⑦急产来不及消毒者，应重新无菌处理脐带。遵医嘱给予抗生素，必要时给予破伤风抗毒素 1 500U 肌内注射预防感染。

（2）**不协调性子宫收缩过强**：①强直性子宫收缩：遵医嘱给予宫缩抑制剂，如将 25% 硫酸镁 20ml 加入 5% 葡萄糖注射液 20ml 内，缓慢静脉注射以抑制宫缩。产道有梗阻时，应做好剖宫产术前准备。②子宫痉挛性狭窄环：协助医生寻找原因并及时纠正，如停止

ER 8-8
新生儿肌内注射维生素 K_1 之一消毒皮肤

ER 8-9
新生儿肌内注射维生素 K_1 之二进针

ER 8-10
新生儿肌内注射维生素 K_1 之三肌内注射药物

ER 8-11
新生儿肌内注射维生素 K_1 之四拔针

ER 8-12
新生儿肌内注射维生素 K_1 之五按压

ER 8-13
新生儿肌内注射维生素 K_1

阴道内操作,停用缩宫素,遵医嘱给予哌替啶、沙丁胺醇或硫酸镁等药物治疗。若仍不能松解,宫口未开全,出现胎儿窘迫等,应做好剖宫产术前准备;做好新生儿窒息的抢救准备及配合。

4. 心理护理 提供缓解疼痛的支持性措施,与产妇交谈,分散其注意力,以减轻产妇的焦虑或紧张。向产妇说明产程进展及胎儿状况,鼓励产妇树立分娩自信心,积极与医护配合。

静脉滴注硫酸镁之一静脉穿刺留置针

静脉滴注硫酸镁之二静脉滴注硫酸镁

（六）护理评价

经过治疗与护理达到:①产妇配合治疗,顺利分娩;②产妇自述舒适感增加;③出院时无并发症发生,母儿无异常。

第二节　产道异常

情景导入

周女士,28 岁,初产妇,G_1P_0,孕 41 周,规律宫缩 10h 入院。产科情况:头先露,枕左前位,胎心率 140 次/min。骨盆外测量:髂棘间径 23cm,髂嵴间径 26cm,骶耻外径 20cm,坐骨结节间径 7cm,耻骨弓 85°。阴道检查:双侧坐骨棘内突,宫口开大 3cm,S^0。

请思考:
1. 该产妇的骨产道是否正常?
2. 属于骨盆狭窄的哪个类型?

产道包括骨产道(真骨盆)和软产道(子宫下段、宫颈、阴道),是胎儿娩出的必然通道。产道异常可使胎儿娩出受阻,临床上骨产道异常较为常见。

一、骨产道异常

（一）概述

由于骨盆一条或多条径线过短或骨盆形态异常,使骨盆腔小于胎先露可通过的最小限度,阻碍胎先露下降,影响产程进展,称为狭窄骨盆。狭窄骨盆可以是一条径线或多条径线过短,也可以是一个平面或多个平面狭窄。

1. 骨盆狭窄的分类

(1) 骨盆入口狭窄(contracted pelvic inlet):骨盆外测量骶耻外径小于 18cm,骨盆入口前后径小于 11cm,即为骨盆入口狭窄。如狭窄程度较轻,绝大多数产妇可经阴道自然分娩。我国常见的骨盆入口狭窄类型有单纯性扁平骨盆(simple flat pelvis)和佝偻病性扁平骨盆(rachitic flat pelvis)(图 8-2)。

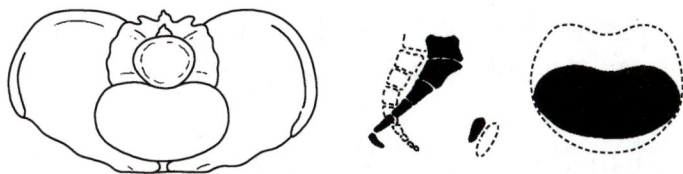

图 8-2　佝偻病性扁平骨盆

(2) 中骨盆及出口狭窄:我国常见的中骨盆及出口狭窄类型有漏斗骨盆(funnel shaped pelvis)(图 8-3)和横径狭窄骨盆(transversely contracted pelvis)。前者骨盆入口平面各径线正常,但两侧壁向内倾斜，形似漏斗而得名。后者骨盆入口、中骨盆及出口横径都缩短，前后径可正常，与类人猿型骨盆类似。

（3）**骨盆三个平面狭窄**：骨盆外形属于女性骨盆，但骨盆入口、中骨盆及出口平面都狭窄，且各径线均小于正常值 2cm 或更多，称为均小骨盆（generally contracted pelvis）（图 8-4），可见于身材矮小、体形匀称的妇女。胎儿小、胎位正常、产力好的产妇可以借助胎头极度俯屈和变形经阴道分娩。但超过中等大小的胎儿经阴道分娩较困难。

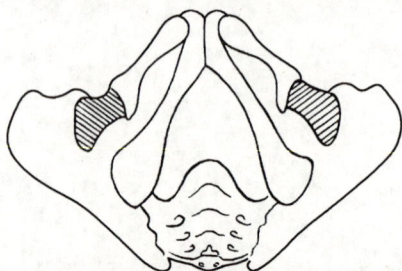

图 8-3　漏斗骨盆　　　　　　　　　　　　图 8-4　均小骨盆

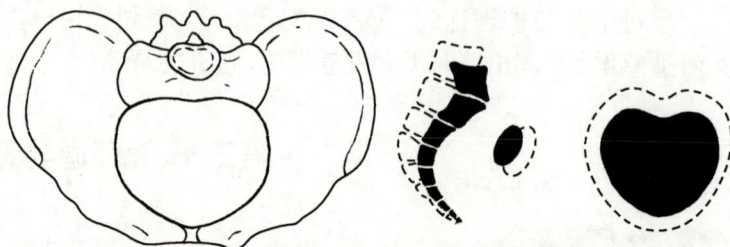

（4）**畸形骨盆**：骨盆失去正常形态为畸形骨盆（图 8-5），如入口平面呈凹三角形的骨软化症骨盆、小儿麻痹症所造成的不对称骨盆等。

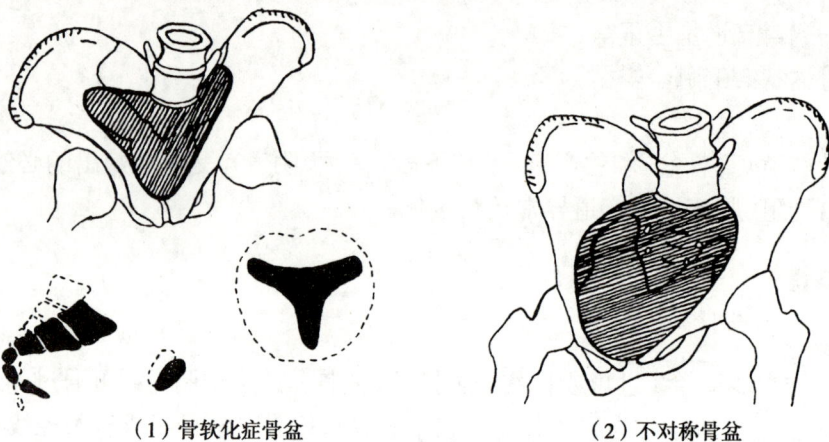

（1）骨软化症骨盆　　　　　　　　（2）不对称骨盆

图 8-5　畸形骨盆

2. 对母儿的影响

（1）**对母体的影响**：骨盆入口狭窄常引起潜伏期及活跃期早期延长，中骨盆及骨盆出口狭窄使活跃期晚期及第二产程延长甚至停滞；胎头浮动、胎位异常致胎膜早破；因产程延长及产妇疲劳可引起产后出血和产褥感染；胎头压迫软产道过久，可形成生殖道瘘，或因宫缩过强而发生子宫破裂。

（2）**对胎儿和新生儿的影响**：胎膜早破如伴有脐带脱垂，可引起胎儿窘迫甚至死亡；产程延长、胎头受压、手术助产容易发生颅内出血、新生儿产伤和感染。

（二）护理措施

1. 心理护理　向产妇及家属讲明产道异常对母儿的影响，讲明阴道分娩的可能性及优点，解除产妇及家属对未知的焦虑。认真解答产妇及家属的提问，安慰产妇，使其了解目前产程进展状况，树立分娩自信心，与医护人员合作，安全度过分娩期。

2. 一般护理　保持安静，让产妇充分休息，左侧卧位。鼓励进食，补充营养、水分，必要时遵医嘱补充电解质、维生素 C，以保持良好体力。

3.治疗配合

（1）**骨盆入口狭窄**：明显头盆不称，不能经阴道分娩者，须及早做好剖宫产的术前准备。骨盆入口轻度狭窄，可疑头盆不称者，协助医生试产；试产时间2~4h，若胎头仍未入盆或出现胎儿窘迫、子宫先兆破裂征象应立即停止试产并迅速完成剖宫产的术前准备。

头盆相称程度检查方法：嘱孕妇排空膀胱后仰卧位，两腿伸直，检查者一手放在耻骨联合上方，另一手将胎头向盆腔方向推压（图8-6）。胎头跨耻征阴性：胎头低于耻骨联合平面，提示胎头已衔接入盆。胎头跨耻征可疑阳性：胎头与耻骨联合平面在同一平面，提示头盆可疑不称。胎头跨耻征阳性：胎头高于耻骨联合平面，提示头盆不称。

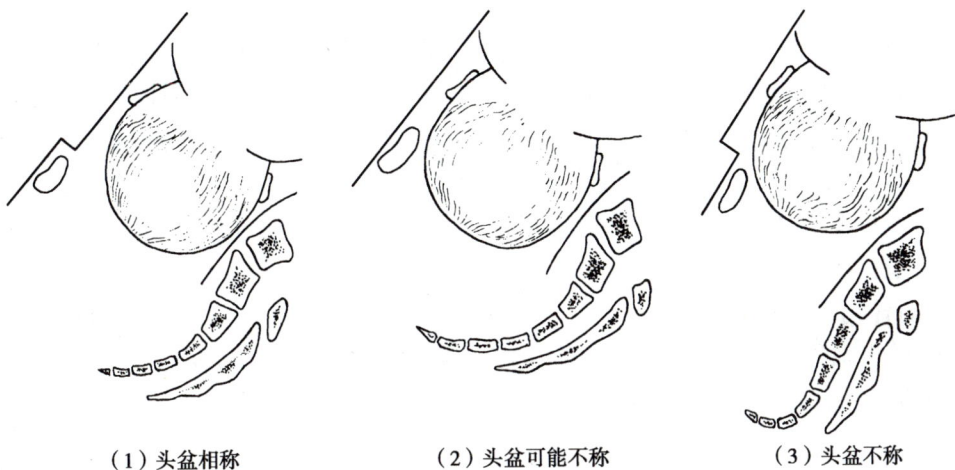

（1）头盆相称　　　　　　（2）头盆可能不称　　　　　　（3）头盆不称

图8-6　检查头盆相称程度

（2）**中骨盆及骨盆出口狭窄**：宫口开全，胎头双顶径达坐骨棘水平或更低者，或出口横径与出口后矢状径之和＞15cm者，应做好阴道助产术的术前准备，并配合医生作会阴侧切术。宫口开全后胎头双顶径仍在坐骨棘水平以上或出现胎儿窘迫者，出口横径与出口后矢状径之和＜15cm者，应做好剖宫产术前准备及新生儿抢救准备。

（3）**均小骨盆**：若胎儿较大，有明显头盆不称，应尽早做好剖宫产术前准备；若胎儿较小，胎位正常，头盆相称，宫缩良好，做好试产准备。试产过程中严密观察，发现异常及时通知医生。

（4）**畸形骨盆**：若畸形严重，明显头盆不称者，应及早做好剖宫产术前准备。

4.健康教育　手术产新生儿应加强护理，密切观察，防止并发症。产后选择合适的避孕措施，严格避孕。要求绝育者，可于产后48h内行输卵管结扎术。保持外阴清洁，每日擦洗外阴2次，使用消毒会阴垫，勤换内衣裤。

知识拓展

骨盆三个平面狭窄的分级

单位：cm

分级	入口平面狭窄	中骨盆平面狭窄		出口平面狭窄	
	对角径	坐骨棘间径	坐骨棘间径+中骨盆后矢状径	坐骨结节间径	坐骨结节间径+出口后矢状径
Ⅰ级（临界性）	11.5	10	13.5	7.5	15.0
Ⅱ级（相对性）	10.0~11.0	8.5~9.5	12.0~13.0	6.0~7.0	12.0~14.0
Ⅲ级（绝对性）	≤9.5	≤8.0	≤11.5	≤5.5	≤11.0

二、软产道异常

软产道包括子宫下段、宫颈、阴道及骨盆底软组织所组成的弯曲管道。由于软产道异常所致的难产少见，较易被忽视。为了避免分娩时措手不及，应在妊娠早期常规行妇科检查，了解有无软产道异常。

（一）外阴异常

可以有外阴水肿、会阴坚韧、外阴瘢痕。由于局部组织缺乏弹性，分娩时伸展性差，可妨碍胎先露下降，造成难产或严重的撕裂伤。

（二）阴道异常

可以有阴道横隔、阴道纵隔、阴道瘢痕性狭窄、阴道尖锐湿疣、阴道囊肿和阴道肿瘤等。若阴道膈膜较薄，可在分娩时胎先露的下降和压迫下自行断裂，但若膈膜过厚阻碍产程，则须切开膈膜后行阴道分娩。阴道狭窄者若不严重、位置低，可行会阴侧切术，经阴道分娩；若狭窄较严重，位置高应行剖宫产术结束分娩。妊娠期尖锐湿疣生长迅速，产妇在分娩中易发生产道裂伤、血肿和感染。阴道囊肿者可先抽出囊肿内液，待产后择期处理，阴道肿瘤若阻碍胎先露下降者可先行剖宫产，再处理其原有病变。

（三）宫颈异常

可见宫颈外口粘连、宫颈水肿、宫颈坚韧、宫颈癌及宫颈肌瘤等，均可导致胎先露下降受阻，产程延长、产妇体力耗竭，造成宫颈性难产。

第三节　胎位及胎儿发育异常

一、胎位异常

（一）概述

胎位异常是造成难产的常见原因之一。除枕前位（约占90%）为正常胎方位外，其余胎位均为异常胎位。其中胎头位置异常占6%~7%，如持续性枕后位/枕横位、面先露、额先露、胎头高直位、前不均倾位等；臀先露占3%~4%；肩先露已少见，但它是一种对母儿最不利的胎位；此外，还有复合先露。

1. 分类

（1）**持续性枕后位/枕横位**：正常头位分娩时，大部分胎头以枕前位衔接，仅有少数以枕后位或枕横位衔接入盆。在下降过程中，绝大多数胎头枕部在强有力的宫缩作用下能向前转135°或90°，转成枕前位自然分娩。若分娩过程中，胎头枕部持续位于母体骨盆后方或侧方，分娩后期仍然无法向前旋转，致分娩发生困难，称为持续性枕后位（persistent occiput posterior position，POPP）或持续性枕横位（persistent occiput transverse position，POTP）。

（2）**臀先露**（breech presentation）：是最常见的异常胎位，占足月妊娠分娩总数的3%~4%，多见于经产妇。臀位阴道分娩时因胎头周径比胎臀周径大，容易发生后出头困难，另外破膜后脐带脱垂较为多见，使围生儿死亡率增高，是枕先露的3~8倍。根据胎儿双下肢的姿势不同可分为单臀先露或直腿臀先露，完全臀先露或混合臀先露，以及不完全臀先露。

（3）**肩先露**（shoulder presentation）：横产式，胎体横卧于骨盆入口横径之上，先露为肩，称为肩先露，约占妊娠足月分娩总数的0.25%，是对母儿最为不利的胎位。除死胎及早产儿可折叠娩出外，足月活胎无法经阴道娩出。若未及时处理，可造成子宫破裂，威胁母儿生命。

（4）**面先露**（face presentation）：多于临产后发现，胎头极度仰伸，使胎儿的枕部与背部接触。面先露中以颏左前位及颏右后位较多见，经产妇多见。由于颏前位时胎儿颜面部无法贴紧子宫下段及宫颈，易引起宫缩乏力，产程延长。另外，颜面部骨质不易变形，易发生会阴裂伤。颏后位可发生梗阻性难产，如未及时处理，可导致子宫破裂。

（5）**其他**：额先露，发生率为6‰。复合先露常为胎头或胎臀伴有肢体同时进入骨盆，常见于头与手的复合先露。

2. 对母儿的影响

（1）**对母体的影响**：因胎臀形状不规则，不能紧贴子宫下段及宫颈内口而造成胎膜早破和脐带脱垂或继发性宫缩乏力；宫缩乏力及产程延长致产后出血与产褥感染；若宫口未开全而强行牵拉，则易造成宫颈撕裂甚至延及子宫下段。

（2）**对胎儿、新生儿的影响**：胎臀高低不平，对前羊膜囊压力不均而造成胎膜早破及脐带脱垂；因脐带脱垂、受压致胎儿窘迫或死亡；胎膜早破致早产、低体重儿；后出胎头困难及手术引起新生儿窒息及产伤；胎儿窘迫、新生儿窒息造成围生儿死亡率高。

（二）护理措施

1. 心理护理 向产妇说明横位者足月活胎不能经阴道分娩，解释行剖宫产术的必要性及术前术后注意事项，使产妇乐意接受手术。提供增加舒适感的措施，如松弛身心、抚摸腹部等支持关照，使产妇安全度过分娩期。

2. 一般护理 让产妇充分休息，情绪紧张者可遵医嘱给予哌替啶或地西泮；鼓励产妇进食、饮水，必要时遵医嘱静脉补液，维持电解质平衡，以保持产妇良好的营养状况。

3. 治疗配合

（1）**持续性枕后位或枕横位**：第一产程产妇可朝向胎背对侧的方向侧卧，以利于胎头枕部转向前方。若宫缩欠佳，应尽早静脉滴注缩宫素。宫口开全前防止产妇过早屏气用力，以免引起宫颈前唇水肿，阻碍产程进展。若试产后产程无明显进展、胎头位置较高或出现胎儿窘迫，应及时做好剖宫产的术前准备。第二产程初产妇用时近2h，经产妇近1h，应进行阴道检查。若胎头双顶径达到或低于坐骨棘水平，可徒手转动胎头，使其变为枕前位，等待自然分娩或行阴道助产。若胎头位置较高，疑有头盆不称或出现胎儿窘迫，应及时做好剖宫产的术前准备，禁用中位产钳助产。

（2）**臀先露**

1）**妊娠期**：妊娠30周后仍为臀先露者，可酌情指导孕妇矫正胎位。①胸膝卧位：孕妇排空膀胱、松解裤带，行胸膝卧位（图8-7），每日2~3次，每次15min。1周后复查；②激光照射或艾灸至阴穴：用激光照射或艾条灸两侧至阴穴（足小趾外侧距甲角旁3.3mm），每日1~2次，每次15~30min，1~2周为一个疗程；③外倒转术：上述处理无效时可协助医生于妊娠32~34周时行外倒转术。因有发生胎盘早剥、脐带绕颈等严重并发症的可能，最好在B超及胎儿电子监测下进行。

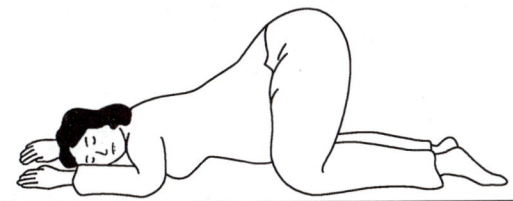

图8-7　胸膝卧位

2）**分娩期**：第一产程应注意①防止脐带脱垂：嘱产妇侧卧，减少阴道检查，禁灌肠，避免胎膜早破。一旦破膜，立即听胎心音并抬高臀部，防止脐带脱垂。②充分扩张软产道：宫口尚未开全，胎足已脱出，应消毒外阴，在宫缩时用无菌巾堵住阴道口，以使胎臀继续下降充分扩张软产道，直至宫口开全，同时做好接生准备。在"堵"会阴过程中，每10~15min听胎心一次，注意腹部有无病理性缩复环出现,防止发生子宫破裂。第二产程应注意正确指导产妇用力,避免体力消耗过多;排空膀胱后,协助完成会阴侧切术及臀位助产术。脐部娩出后,应在2~3min内娩出胎头,最长不超过8min。第三产程应注意胎儿娩出后立即给予缩宫素10~20U,预防产后出血。及时缝合裂伤的软产道,并遵医嘱给予抗生素预防感染。

(3)肩先露:妊娠30周协助纠正胎位,方法同臀先露。协助选择合适的分娩方式,做好新生儿窒息的抢救准备及配合。

(4)预防产后出血及感染:产程延长者应于胎儿娩出后立即肌内注射缩宫素,预防产后出血。遵医嘱给予抗生素预防感染。及时修补裂伤的软产道。

4. 健康教育 嘱孕妇定时做产前检查。指导胎位异常的孕妇进行胎位的矫正,以减少难产发生。出院时,与产妇共同制定新生儿喂养和随访计划。

二、胎儿发育异常

胎儿发育异常,主要有巨大胎儿和胎儿畸形(无脑儿、脑积水、连体胎儿等)。

(一) 巨大胎儿

任何孕周胎儿体重超过4 000g者,称为巨大胎儿。孕妇肥胖、有糖尿病史、营养过剩或过期妊娠等致巨大胎儿。孕妇自觉腹部迅速增大,妊娠晚期出现呼吸困难,腹部沉重、两肋胀痛;腹部检查见宫高大于孕周,胎先露高浮,胎心听诊位置较正常稍高。B超检查见胎体大,胎头双顶径>10cm,此时需进一步测量胎儿肩径及胸径,若肩径及胸径大于头径者,需警惕难产发生。对于巨大胎儿,根据胎儿成熟度、胎盘功能及糖尿病控制情况等综合评估决定终止妊娠的时机。估计胎儿体重大于4 000g且合并糖尿病者,建议剖宫产终止妊娠。估计胎儿体重大于4 000g且无糖尿病者,可阴道试产,在产程进展过程中,注意放宽剖宫产指征,提前做好剖宫产术前准备。若巨大胎儿经阴道分娩过程中,出现肩难产,立即请求紧急援助及做好抢救新生儿的准备工作。

(二) 脑积水

大量脑脊液潴留于颅腔内,使颅腔体积增大,颅缝明显变宽,囟门显著增大称脑积水。常伴脊柱裂、足内翻等。腹部检查可触到宽大、骨质薄软、有弹性的胎头,胎头跨耻征阳性。B超检查见胎头周径明显大于腹围,颅内大部分被液性暗区占据,中线漂动。确诊后应及时引产。脑积水胎儿引产时,应配合医生行颅内穿刺放液术。

(曹 宏)

思考题

1. 王女士,25岁,G₁P₀,孕38周,腹部触诊:臀位。骨盆外测量:髂棘间径(IS):24cm,髂嵴间径(IC):27cm;骶耻外径(EC):19cm;坐骨结节间径(IT)/出口横径(TO):9cm。宫缩30~40次/(5~6)min,规律。阴道检查:宫口开大2cm。

请思考:
(1)该产妇的胎先露是什么?
(2)分娩期的护理措施有哪些?

2. 张女士,31岁,G₁P₀,孕40周,8:00入院。规律宫缩已20h,持续30s,间歇5min左右,无阴道出血,未破膜。查体:体温36.8℃,脉搏81次/min,呼吸17次/min,血压110/70mmHg。心肺听诊无异常。产科检查:宫高32cm,腹围99cm,枕左前(LOA),胎先露入盆固定,胎心音150次/min,律齐。骨盆测量:髂棘间径(IS):25cm,髂嵴间径(IC):27cm;骶耻外径(EC):20cm;坐骨结节间径(IT)/出口横径(TO):9cm。阴道检查:头先露,S⁰,胎膜未破,宫口开大6cm。

请思考:

(1) 根据现有评估资料,分析该产妇可能出现了何种异常情况?

(2) 针对此种异常情况,应为该产妇提供哪些护理措施?

3. 王女士,27 岁,G_1P_0,孕 38 周,估计胎儿体重 3 000g,规律宫缩到宫口开全共 2h 20min,头先露,胎心 148 次/min。20min 后顺利分娩一女婴,5min 后胎盘顺利娩出。

请思考:

(1) 该产妇的产程是否正常?

(2) 对该产妇的主要护理措施有哪些?

ER 8-16

练习题

第九章 | 分娩期并发症妇女的护理

教学课件

思维导图

学习目标

1. 掌握：胎膜早破、脐带脱垂、产后出血及先兆子宫破裂孕产妇的护理评估。
2. 熟悉：羊水栓塞的病理生理分期与急救护理配合。
3. 了解：胎膜早破、脐带脱垂、子宫破裂及羊水栓塞的常见病因及高危因素。
4. 具备配合完成胎膜早破、脐带脱垂、产后出血及先兆子宫破裂孕产妇的抢救护理能力。
5. 具备识别产后出血的早期表现并初步判断原因，配合医生治疗的能力。

第一节　胎膜早破与脐带脱垂

情景导入

产科急症，凌晨两点，孕妇李女士在家人陪伴下坐出租车来院就诊。

孕妇 27 岁，G_2P_0，宫内妊娠 38 周。自诉半夜突然感觉到不能控制的阴道排液，裤子、床单均湿。咳嗽时阴道排液增多，无腹痛。孕妇及家人很担心胎儿安危，随即来院就诊。

请思考：

1. 护士在接待孕妇时应该注意什么？
2. 如果发现脐带脱垂应立即采取什么措施？
3. 该孕妇能否自然分娩？

一、胎膜早破

（一）概述

胎膜早破（premature rupture of membranes，PROM）指胎膜于临产前自然破裂，是常见的分娩期并发症。妊娠达到及超过 37 周发生者称足月胎膜早破；未达到 37 周发生者称未足月胎膜早破（preterm premature rupture of membranes，PPROM）。胎膜早破对妊娠及分娩均会造成不利影响，孕周越小，围生儿预后越差。胎膜早破可引起早产、胎盘早剥、羊水过少、脐带脱垂等，可使孕产妇宫内感染率及产褥感染率增加。

导致胎膜早破发病的原因较多，常为多因素作用的结果。

1. 生殖道感染　是胎膜早破的主要原因。常见病原体如厌氧菌、衣原体、B 族链球菌和淋病奈瑟菌等上行侵袭宫颈内口局部胎膜，使胎膜局部张力下降导致胎膜早破。

2. 羊膜腔压力升高　宫腔压力过高如羊水过多、双胎妊娠、巨大胎儿等，容易引起胎膜早破。

3. 胎膜受力不均　胎位异常、头盆不称等影响胎先露衔接，使前羊膜囊所受压力不均；宫颈功能不全，前羊膜囊楔入，胎膜受力不均，导致胎膜早破。

4. 创伤 羊膜腔穿刺不当、性生活刺激、腹部受到撞击等均有可能引起胎膜早破。

5. 营养因素 孕妇缺乏铜、锌及维生素等，影响胎膜的胶原纤维、弹力纤维合成，胎膜抗张能力下降，易引起胎膜早破。

(二) 护理评估

1. 健康史 详细询问孕期有无腹部撞击、性交、羊水过多等情况，是否出现宫缩及感染的表现。确定破膜时间、妊娠周数、产道及胎儿情况。

2. 身体状况

(1) 症状：孕妇突感有较多液体自阴道流出，且不能自控，继而少量间断性排出。咳嗽、打喷嚏、负重时液体流出增多，或取某一种体位时流液量增多，伴有乳白色块状物（胎脂）。一般无腹痛等其他产兆。

> **知识拓展**
>
> ### 未足月胎膜早破（PPROM）的分类
>
> 根据孕周大小将 PPROM 分为无生机的未足月胎膜早破（previable PPROM，<24 孕周）；远离足月的未足月胎膜早破（PPROM remote from term，24~31^{+6} 孕周）；接近足月的未足月胎膜早破（PPROM near term，32~36^{+6} 孕周）。接近足月的 PPROM 分为 32~33^{+6} 孕周和 34~36^{+6} 孕周。其中妊娠 34 周前胎膜早破因胎肺不成熟，期待治疗期间并发症多，不良妊娠结局的发生率较高。

(2) 体征：腹部触诊子宫柔软、无明显压痛，胎方位清楚。肛门检查或阴道检查时未触及前羊膜囊，向上推动胎先露时，可见阴道排液量增多，有时可见液体中混有胎脂和胎粪。若有羊膜腔感染时，母儿心率加快，子宫有压痛。

3. 心理－社会支持状况 由于担心对胎儿和孕妇造成不良影响，孕妇及家属往往会出现紧张和焦虑情绪。

4. 辅助检查

(1) 阴道液 pH 测定：正常妊娠阴道液 pH 为 4.5~6.0，羊水 pH 为 7.0~7.5，尿液 pH 为 5.5~6.5。如阴道液 pH≥6.5，提示胎膜早破。但可因血液、尿液、宫颈黏液、精液及细菌污染等出现假阳性。

(2) 阴道排液涂片检查：阴道后穹隆积液涂片可见羊齿植物状结晶。

(3) 超声检查：如发现阴道流水，羊水量少于破膜前，有助于诊断。

(三) 常见护理诊断／问题

1. 有感染的危险 与胎膜破裂后，下生殖道内病原体上行感染有关。

2. 有受伤的危险 与脐带脱垂、胎儿窘迫或胎儿发生吸入性肺炎有关。

3. 焦虑／恐惧 与胎膜早破诱发早产、担忧胎儿安危、缺乏相关疾病知识有关。

(四) 护理目标

1. 孕妇无发热等感染征兆。

2. 胎儿无窘迫或感染发生，顺利娩出。

3. 孕妇情绪稳定，积极配合治疗和护理。

(五) 护理措施

1. 心理护理 介绍导致胎膜破裂的常见原因，说明采取的治疗方案，缓解孕妇及家属的紧张焦虑情绪，使其积极配合治疗及护理。

2. 治疗配合

(1) 足月胎膜早破：评估母胎情况，注意观察有无胎儿窘迫、感染、胎盘早剥和脐带脱垂等。随着破膜时间延长，宫内感染风险增加，破膜12h以上遵医嘱给予抗生素预防感染。若无剖宫产指征，应配合医生在破膜后2~12h内引产，试产过程中应注意观察母胎情况。若有明确剖宫产指征时，应配合医生做好剖宫术的相关工作。

（2）**未足月胎膜早破**：妊娠24周以下者，围生儿存活率极低，母胎感染风险大，以引产为宜；妊娠24~27^{+6}周，可根据孕妇及家属意愿，新生儿抢救能力等决定引产或期待疗法；妊娠28~33^{+6}周，无继续妊娠禁忌者，应行期待治疗；妊娠34周及以上者或发生感染等不宜继续妊娠者应选择终止妊娠。护士应根据具体情况做好相应的护理工作。

3. 期待治疗的护理

（1）**一般护理**：胎先露未衔接者，应绝对卧床休息，左侧卧位抬高臀部防止发生脐带脱垂。减少刺激，避免不必要的阴道检查。

（2）**预防感染**：观察产妇的生命体征，血常规，羊水的性状、颜色、气味等，评估有无感染迹象，并遵医嘱应用抗生素预防感染。保持外阴清洁，每日会阴擦洗2次，及时更换会阴垫，大小便后清洁外阴。

（3）**胎儿监护**：严密监护胎心变化，评估胎儿宫内安危，发现异常立即报告医生并积极处理。必要时应用宫缩抑制剂抑制宫缩，给予地塞米松促进胎肺成熟。

（4）**分娩方式**：根据孕周、早产儿存活率、是否存在羊水过少和绒毛膜炎、胎儿能否耐受宫缩、胎方位等因素，做好阴道试产或剖宫产的相关工作。

4. 健康教育　向孕妇讲解胎膜早破的相关知识，使其重视妊娠期保健；嘱孕妇妊娠晚期禁止性交；避免负重及腹部受碰撞；宫颈功能不全者，应卧床休息，可于妊娠12~14周行宫颈环扎术。指导孕妇及家属一旦发生胎膜破裂，应立即平卧，抬高臀部，尽快送医院就诊。

（六）护理评价

经过治疗与护理达到：①产妇出院时无感染等并发症；②孕（产）妇积极配合医护人员，平安顺利分娩；③胎儿顺利娩出，未发生脐带脱垂等并发症。

二、脐带脱垂

（一）概述

胎膜未破时脐带位于胎先露部前方或一侧，称为脐带先露（presentation of umbilical cord）或隐性脐带脱垂。胎膜破裂时脐带脱出于宫颈口外，降至阴道内甚至露于外阴部，称为脐带脱垂（prolapse of cord）。

凡胎儿先露部与骨盆入口平面不能紧密衔接在两者之间留有空隙者，就有发生脐带脱垂的风险。常见原因包括以下几个方面：

ER 9-4
脐带脱垂

1. 胎头未衔接　骨盆狭窄或胎儿过度发育，导致头盆不称或胎头入盆困难，临产后胎头仍未衔接，胎膜破裂时羊水流出可使脐带脱出。

2. 胎位异常　是发生脐带脱垂的主要原因。如臀先露、肩先露、枕后位。

3. 其他　脐带过长、脐带附着异常或胎盘低置；羊水过多者胎膜破裂时，因宫腔内压力过高，羊水流出速度快，可导致脐带脱垂。

（二）护理评估

1. 健康史　评估孕产妇有无骨盆狭窄、头盆不称、胎位异常、脐带过长、羊水过多等情况。

2. 身体状况　胎膜破裂后立即听胎心，出现胎心率异常，如胎心率>160次/min或<110次/min，应首先考虑脐带脱垂的可能。阴道检查时触及条索状物或伴有血管搏动时，可确诊脐带脱垂。

3. 心理-社会支持状况　由于担心胎儿和孕妇安危，孕妇及家属往往会出现紧张和焦虑情绪。

4. 辅助检查　超声检查，尤其彩色多普勒超声检查有助于明确诊断。

（三）常见护理诊断/问题

1. 有受伤的危险　与脐带脱垂引起胎儿窘迫有关。

2. 焦虑/恐惧　与脐带脱垂危及胎儿生命有关。

（四）护理目标

1. 胎儿无并发症发生，顺利娩出。

2. 孕产妇能够正确认识脐带脱垂，并积极配合治疗和护理。

（五）护理措施

1. 心理护理　告知孕产妇脐带脱垂的常见原因及危害，说明治疗和护理措施，缓解孕产妇及家属的焦虑情绪。

2. 病情观察　临产后，应严密观察产程进展，防止发生脐带脱垂。破膜后，立即听诊胎心，并观察羊水的颜色、性状和量。

3. 治疗配合　发现脐带脱垂，胎心尚好，胎儿存活者，应争取尽快娩出胎儿。

（1）**宫口开全**：胎头已入盆，行产钳术；臀先露行臀牵引术。

（2）**宫口未开全**：立即协助产妇取头低臀高位，将胎先露部上推，应用宫缩抑制剂以缓解或减轻脐带受压；严密监测胎心，同时尽快行剖宫产术。

4. 健康教育　妊娠期及时纠正异常胎位，有头盆不称或胎位异常等不能经阴道分娩者应行剖宫产术。对于胎膜破裂而胎先露未衔接者，应卧床休息，禁止走动，以免发生脐带脱垂。

（六）护理评价

经过治疗与护理达到：①产妇出院时无感染等并发症；②孕（产）妇积极配合医护人员，平安顺利分娩。

第二节　产后出血

情景导入

助产士小王今天值接生班。15:10 产妇在会阴侧切下顺利分娩一男活婴，体重 3.8kg。新生儿哭声响亮，皮肤红润，四肢活力好。产妇于 15:20 将胎盘、胎膜完整娩出，此时见较多阴道流血，呈间断性，暗红色，伴有血块，子宫轮廓不清楚，摸不到宫底，宫颈完整，阴道壁无裂伤及血肿，会阴 I 度裂伤。估计阴道出血量约 520ml。

请思考：

1. 导致该产妇发生产后出血的原因是什么？

2. 护理该产妇需要注意哪些事项？

3. 常见的导致产后出血的主要原因有哪些？

一、概述

胎儿娩出后 24h 内阴道失血量超过 500ml，剖宫产时超过 1 000ml 者为产后出血（postpartum hemorrhage，PPH）。产后出血是分娩期严重的并发症，是我国孕产妇死亡的首要原因。分娩后 2h 内是产后出血的高发时段。难治性产后出血指经过缩宫剂、持续子宫按摩或按压等保守措施无法止血，需要外科手术、介入治疗甚至切除子宫的严重产后出血。产后出血的预后随失血量、失血速度及产妇体质不同而异。短时间内大量失血可迅速发生失血性休克，严重者危及产妇生命。

产后出血的原因主要有子宫收缩乏力、胎盘因素、软产道裂伤、凝血功能障碍。各因素可共存并相互影响。

1. 子宫收缩乏力 是产后出血最常见的原因。胎儿娩出后,子宫平滑肌的收缩与缩复作用可使胎盘剥离面迅速缩小,开放的血窦及时闭合,有效控制出血。任何影响子宫收缩的因素均可导致宫缩乏力性产后出血,常见因素有:

(1) **全身因素**:产妇精神过度紧张、对分娩恐惧、对阴道分娩缺乏信心或患有严重的全身性疾病、体质虚弱或高龄等。

(2) **产科因素**:产程过长或各种原因导致难产,产妇体能消耗过多。

(3) **药物因素**:临产后过多使用镇静剂、麻醉剂或宫缩抑制剂等。

(4) **子宫因素**:①子宫异常增大:如多胎妊娠、羊水过多、巨大胎儿等,使子宫平滑肌过度伸展导致弹性变差。②子宫病变:如子宫肌瘤、子宫畸形等影响子宫平滑肌正常收缩。③子宫肌壁受损:如子宫肌瘤切除术后、剖宫产史、产次过多等均可导致子宫平滑肌纤维受损。④子宫肌壁水肿或渗血:如严重贫血、宫腔感染或妊娠期高血压疾病、胎盘早剥并发子宫胎盘卒中等均可造成子宫平滑肌水肿或渗血,导致宫缩乏力。

2. 胎盘因素 包括胎盘剥离不全、胎盘滞留、胎盘嵌顿、胎盘粘连、胎盘植入等影响子宫收缩而引起产后出血。

(1) **胎盘剥离不全**:多见于宫缩乏力或胎盘未剥离而过早牵拉脐带或刺激子宫,使胎盘部分自子宫壁剥离。由于部分胎盘尚未剥离,影响宫缩,剥离面血窦开放引起出血不止。

(2) **胎盘滞留**:胎儿娩出后 30min,胎盘尚未娩出称胎盘滞留。由于宫缩乏力、膀胱过度充盈等因素影响,胎盘从子宫壁全部剥离后未能娩出而滞留在宫腔内,影响子宫收缩。

(3) **胎盘嵌顿**:由于使用宫缩剂不当或粗暴按摩子宫等,引起宫颈内口附近子宫肌呈痉挛缩性收缩形成狭窄环,使已全部剥离的胎盘嵌顿于宫腔内,影响宫缩引起出血。

(4) **胎盘粘连**:胎盘全部或部分粘连于子宫壁不能自行剥离为胎盘粘连。部分粘连时因胎盘剥离面血窦开放及胎盘滞留影响宫缩易引起出血。子宫内膜炎或多次人工流产是常见原因。

(5) **胎盘植入**:由于子宫蜕膜发育不良等因素影响,导致胎盘绒毛植入子宫肌层者为胎盘植入,临床少见。部分性植入往往发生大量出血。

3. 软产道裂伤 多见于初产妇,为产后出血的重要原因。因急产、阴道助产术、巨大胎儿、软产道组织弹性差等,导致会阴、阴道、宫颈裂伤,严重者裂伤可达阴道后穹隆、子宫下段甚至盆壁,形成腹膜后血肿、阔韧带内血肿导致大量出血。

4. 凝血功能障碍 为产后出血的少见原因。如血液病、胎盘早剥、重度妊娠期高血压疾病、死胎滞留宫腔、羊水栓塞、重症肝炎等,均可引起凝血功能障碍而致产后出血,止血困难。

二、护理评估

(一) 健康史

收集与诱发产后出血相关的病史,如既往是否存在出血性疾病、重症肝炎、子宫肌壁损伤、难产等;是否为双胎、巨大胎儿、羊水过多、胎盘早剥等;分娩过程中有无产程过长、精神过度紧张、急产、过多使用镇静剂及麻醉剂等。

(二) 身体状况

产后出血的主要临床表现是胎儿娩出后阴道流血量过多及失血性休克等。应首先对引起产后出血的原因进行初步判断。

1. 子宫收缩乏力 胎盘娩出后,阴道有暗红色血液间歇性流出,有血块,产妇可出现失血性休克表现,如面色苍白、出冷汗、血压下降、脉搏细速、呼吸急促、烦躁等。腹部检查:子宫轮廓不清,软如袋状,摸不到宫底或宫底升高。按摩子宫后,子宫收缩变硬,按摩时有大量血液或血块自阴道流出。

2.胎盘因素　胎盘多在胎儿娩出后 15min 内娩出，若 30min 后仍未娩出，伴有阴道大量间歇性出血，呈暗红色，应考虑胎盘因素。若在检查胎盘、胎膜时，发现胎盘母体面有缺损或胎膜有缺损，则为胎盘、胎膜发生残留或胎盘剥离不全。

3.软产道裂伤　出血发生在胎儿娩出后，阴道持续性流出新鲜血液，血液能自凝。阴道壁血肿的产妇有尿频或肛门坠胀感。子宫收缩好，检查宫颈有裂伤，宫颈裂伤多在两侧，个别可裂至子宫下段。软产道损伤中，会阴阴道裂伤较常见，按裂伤程度分为 3 度（图 9-1）：

(1) Ⅰ度裂伤：指会阴部皮肤及阴道黏膜撕裂，未达肌层，出血一般不多；

(2) Ⅱ度裂伤：指伤口已达会阴体肌层，累及阴道后壁，常有较多出血；

(3) Ⅲ度裂伤：指肛门外括约肌已断裂，甚至直肠阴道隔及部分直肠前壁有裂伤，出血量不一定多。

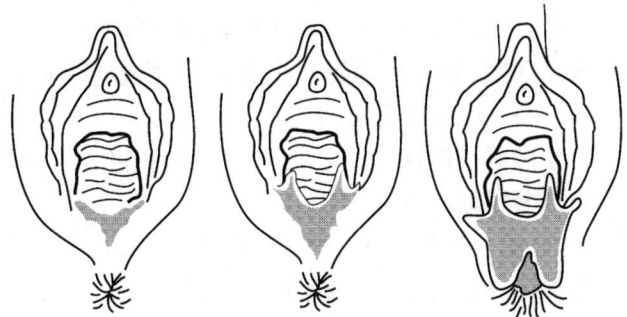

（1）Ⅰ度裂伤　　（2）Ⅱ度裂伤　　（3）Ⅲ度裂伤

图 9-1　会阴裂伤分度

4.凝血功能障碍　妊娠前或妊娠期已有全身出血倾向。有持续性阴道出血，血液不凝，止血困难，可出现全身多部位出血情况。

5.失血量的测定　临床常用方法有①容积法：用产后接血容器收集血液后，倒入带有刻度的量具里进行测量，为较可靠准确的方法；②面积法：按被血液浸湿的两层敷料面积估计出血量，每 $1cm^2$ 约等于 1ml 出血。因敷料吸水度不同，只能作为大概估计；③称重法：[分娩后敷料量（湿重 /g）- 分娩前敷料重（干重 /g）]/1.05 [血液比重 /(g·ml⁻¹)] = 失血量 /ml；④休克指数法：休克指数 = 心率 / 收缩压（mmHg）。

休克指数 = 0.5，为血容量正常。

休克指数 = 1.0，失血量为 10%~30%（500~1 500ml 血容量）。

休克指数 = 1.5，失血量为 30%~50%（1 500~2 500ml 血容量）。

休克指数 = 2.0，失血量为 50%~70%（2 500~3 000ml 血容量）。

容积法

称重法

（三）心理 - 社会支持状况

产妇担心自己的生命安危，会有紧张、恐惧等表现，但由于出血过多与精神过度紧张，有些产妇很快进入休克状态。

（四）辅助检查

1.血常规检查　了解贫血程度及有无感染。

2.血型及交叉配血试验　以备输血补充血容量。

3.凝血功能检查　测定血小板计数、出凝血时间、凝血酶原时间等，了解有无凝血功能障碍。

三、常见护理诊断 / 问题

1.组织灌注量不足　与阴道大量出血，不能及时补充，体内灌注血量减少有关。

2.有感染的危险　与失血后抵抗力降低，多次检查、手术操作等有关。

3.疲乏　与失血性贫血、产后体质虚弱有关。

4.恐惧　与阴道大出血，担心危及生命安全有关。

四、护理目标

1.产妇血容量得到恢复，无失血性休克的表现。

2. 产妇无感染症状。

3. 产妇自诉疲乏感减轻。

4. 产妇情绪稳定,积极配合治疗与护理。

五、护理措施

产后出血重在预防,应积极去除各种病因及诱因,预防产后出血的发生。一旦发生,积极寻找并确定病因,针对病因迅速止血、补充血容量,防治休克及感染。

(一) 预防产后出血

1. 做好孕期保健　定期产前检查,积极处理高危妊娠。对存在高危因素的孕妇应提前入院待产。

2. 分娩期护理

(1) 第一产程:密切观察产程进展,防止产程延长;做好心理护理,消除产妇紧张情绪;宫缩间歇期保证充分休息,合理饮食与活动。

(2) 第二产程:指导产妇正确使用腹压;接产时应正确保护会阴,适时、适度会阴侧切;娩出胎儿时速度不宜过快,胎肩娩出后及时应用缩宫素,以加强子宫收缩,减少出血。

(3) 第三产程:正确娩出胎盘、胎膜,准确测量产后出血量。胎盘未剥离前,不可过早牵拉脐带或按摩、挤压子宫,待胎盘剥离征象出现时,及时娩出胎盘,并仔细检查胎盘、胎膜是否完整。

(4) 产后2h内:需在产房监护;密切观察产妇的生命体征、子宫收缩、阴道流血量、膀胱充盈情况,重视产妇主诉,发现异常及时报告医生并积极处理;协助产妇与新生儿早接触、早吸吮。

3. 产褥期护理　产妇回到母婴同室后,应定时检查子宫收缩情况;鼓励产妇及时排空膀胱,以免影响宫缩导致产后出血;帮助产妇早哺乳,以刺激子宫收缩。

(二) 心理护理

耐心听取产妇的叙述,给予同情、安慰和心理支持。认真做好产妇及家属的安慰、解释工作,使其主动配合医护人员。允许家属陪伴,关心产妇,增加安全感。

(三) 治疗配合

针对出血原因,迅速止血,纠正失血性休克,防止发生感染。

1. 子宫收缩乏力　加强宫缩能迅速止血。

(1) 按摩子宫

1) 腹部双手按摩子宫法(图9-2):一手在产妇耻骨联合上缘按压下腹中部,将子宫向上托起,另一手握住宫体,使其高出盆腔,在子宫底部有节律地按摩子宫,同时间断用力挤压子宫,使宫腔积血及时排出。

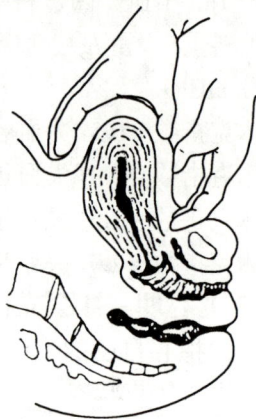

图9-2　腹部双手按摩子宫法

2) 腹部-阴道双手按摩子宫法(图9-3):一手在腹部按摩子宫体后壁,另一手握拳置于阴道前穹隆挤压子宫前壁,两手相对紧压子宫并做按摩,不仅可刺激宫缩,还可压迫子宫内血窦,减少出血。

(2) 应用宫缩剂:可遵医嘱使用宫缩剂,如缩宫素或麦角新碱(心脏病、高血压产妇慎用麦角新碱),以促进宫缩减少出血。首选缩宫素10U肌内注射或静脉注射,也可用10~20U缩宫素加入0.9%生理盐水500ml中行静脉滴注。若缩宫素及麦角新碱无效或禁用麦角新碱时可选用前列腺素类药物,如卡前列素氨丁三醇、米索前列醇等。

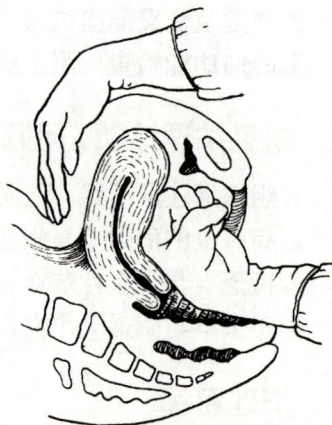

图9-3　腹部-阴道双手按摩子宫法

（3）**宫腔填塞**：包括宫腔球囊填塞法和宫腔布纱条填塞法（图9-4），有明显局部止血作用。阴道分娩后适宜用球囊填塞，剖宫产术中可选用球囊填塞或纱布条填塞。由于宫腔内填塞可增加感染的机会，仅在缺乏输血条件，病情危急时考虑使用。适用于子宫全部松弛无力，虽经按摩及宫缩剂等治疗仍无效者。宫腔填塞后应密切观察生命体征、子宫大小及宫底高度，警惕因填塞不紧，宫腔内继续出血而阴道不出血的止血假象。填塞后24~48h取出，注意预防感染，取出时应配合使用宫缩剂。

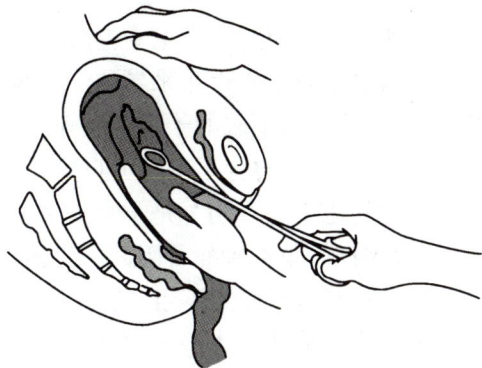

图9-4　宫腔布纱条填塞法

（4）出血严重，不易止血时也可采用子宫压缩缝合术、结扎盆腔血管、经导管动脉栓塞术、子宫切除术等。

2. **胎盘因素**　及时将胎盘取出，根据具体情况采取相应的措施。采用取、挤、刮、切等方法。取：取出宫腔内的胎盘；挤：从腹部挤压宫底，使胎盘排出；刮：刮除小的残留的胎盘胎膜；切：部分植入性胎盘应行子宫次全切除术。

3. **软产道裂伤**　及时准确地进行修复缝合。若为阴道血肿所致要首先切开血肿，清除血块，缝合止血，同时注意补充血容量。

4. **凝血功能障碍**　应针对不同病因、疾病种类进行处理，如血小板减少症、再生障碍性贫血等应输入新鲜血或成分输血，如发生弥散性血管内凝血应配合医生全力抢救。

（四）一般护理

提供清洁、安静的休息环境，保证足够的睡眠时间，休息时取半卧位或侧卧位。加强营养，给予高热量、高蛋白、高维生素、富含铁的饮食，宜少食多餐。病情稳定后，鼓励产妇下床活动。每日擦洗会阴2次，早期指导并协助产妇进行母乳喂养。

（五）健康教育

对产妇饮食、营养、休息和活动进行指导，同时应继续观察子宫复旧及恶露情况，明确产后复查的时间、目的和意义。产妇应注意产褥期内卫生，禁止盆浴，禁止性生活。同时警惕晚期产后出血或产褥感染的发生。

六、护理评价

经过治疗与护理达到：①产妇血压及血红蛋白逐渐恢复正常；②产妇未出现感染征象；③产妇疲劳感减轻，生活自理；④产妇及家属亲子互动自如。

第三节　子宫破裂

> **情景导入**
>
> 李女士，24岁，G₁P₀，妊娠39周，预估胎儿体重3 800g，出现规律宫缩16h，宫口开大1cm，以5%葡萄糖注射液500ml加缩宫素5U静脉滴注，4h后宫口开大9cm，但产妇腹痛拒按，烦躁不安，呼吸、脉搏增快。查体：脐下一指处可见一凹陷，子宫下段有压痛，胎心160次/min，导尿呈血尿。
>
> **请思考：**
> 1. 李女士目前发生了什么情况？
> 2. 护士应为李女士提供哪些护理措施？

一、概述

子宫破裂（rupture of uterus）是指子宫体部或子宫下段于妊娠晚期或分娩期发生破裂，是产科直接危及产妇及胎儿生命的严重并发症。

导致子宫破裂的因素主要包括以下几个方面：

1. 瘢痕子宫　是近年来导致子宫破裂的常见原因，如剖宫产术、子宫肌瘤剔除术、子宫角切除术、子宫成形术后形成的子宫瘢痕等。在妊娠晚期或分娩期随宫腔压力增高发生瘢痕破裂。前次手术后伴感染、切口愈合不良、剖宫产后间隔时间过短再次妊娠者，临产后发生子宫破裂的风险更高。

2. 胎先露下降受阻　是子宫破裂的主要因素。多由于骨盆狭窄、头盆不称、胎位异常、巨大胎儿或胎儿畸形、盆腔肿瘤等阻碍胎先露下降，子宫下段过度伸展拉长变薄而发生破裂。

3. 子宫收缩剂使用不当　胎儿娩出前缩宫素或其他缩宫剂的剂量、使用方法、应用指征不当或孕妇对药物敏感性个体差异，导致子宫收缩过强造成子宫破裂。

4. 产科手术损伤　宫颈口未开全时行产钳术助产、中-高位产钳牵引或臀牵引术等可造成宫颈裂伤延及子宫下段；毁胎术、穿颅术可因器械、胎儿骨片损伤子宫导致破裂；肩先露行内转胎位术或强行剥离植入性胎盘或严重粘连胎盘，均可引起子宫破裂。

5. 其他　先天性子宫发育异常或多次宫腔操作等，局部肌层菲薄也可致子宫破裂。

二、护理评估

（一）健康史

收集与子宫破裂相关的既往史、现病史，如产次，有无子宫手术瘢痕、剖宫产史，难产手术助产史、胎先露下降受阻（产妇有头盆不称、胎位不正、骨盆狭窄等）及子宫收缩剂的使用情况等。

（二）身体状况

子宫破裂多发生在分娩过程中，也可发生在妊娠晚期尚未临产时。子宫破裂是一个渐进的过程，多数可分为先兆子宫破裂和子宫破裂两个阶段。症状与破裂的时间、部位、范围、内出血的量、胎儿及胎盘排出的情况以及子宫肌肉收缩的程度有关。

1. 先兆子宫破裂　子宫病理性缩复环形成、下腹部压痛、胎心率改变及血尿是先兆子宫破裂的四大主要表现。

（1）**症状**：产妇烦躁不安疼痛难忍，下腹部拒按，表情极为痛苦，呼吸急促，脉搏加快。由于胎先露部长时间压迫膀胱，使膀胱充血，出现排尿困难，甚至出现血尿。子宫收缩过频，胎儿供血受阻，出现胎儿窘迫。

（2）**体征**：胎心音先加快后减慢或听不清。强有力的宫缩使子宫下段拉长变薄，而宫体增厚变短，两者间形成明显的环状凹陷，此凹陷逐渐上升达脐部或脐部以上，称为病理性缩复环（图9-5）。这种情况若不及时处理，子宫将很快在病理性缩复环处及其下方发生破裂。

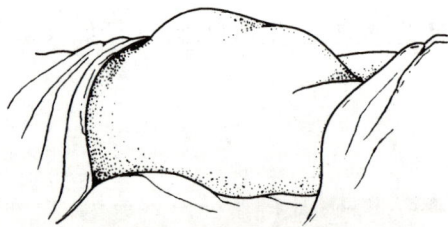

图9-5　病理性缩复环

2. 子宫破裂

（1）**不完全性子宫破裂**：子宫肌层全部或部分裂开而未伤及浆膜层，宫腔与腹腔不相通称不完全性破裂。多见于子宫下段剖宫产切口瘢痕破裂，常缺乏先兆破裂症状，仅在不全破裂处有压痛，体征也不明显。

（2）**完全性子宫破裂**：子宫壁全层断裂，使宫腔与腹腔直接相通称完全性破裂。常发生于瞬间，产妇突然感到下腹部发生一阵撕裂样的剧痛之后腹部疼痛缓解，子宫收缩停止。产妇稍感舒适后即出现面色苍白，出冷汗，脉搏细速，呼吸急促，血压下降等休克征象。腹壁可清楚扪及胎体，其旁有缩小的子宫,胎心消失,全腹压痛、反跳痛明显。阴道可能有鲜血流出,量可多可少。

(三)心理-社会支持状况

产妇会有疼痛难忍,烦躁不安的表现,由于担心母儿安全,会出现焦虑、恐惧情绪。

(四)辅助检查

血常规检查可见血红蛋白值下降,白细胞计数增加。尿常规检查可见红细胞或肉眼血尿。B超检查判断胎儿与子宫的位置关系。腹腔穿刺可明确有无内出血。

三、常见护理诊断/问题

1.疼痛 与强直性子宫收缩、子宫破裂血液刺激腹膜有关。
2.组织灌注量不足 与子宫破裂后大量出血有关。
3.预感性悲哀 与子宫破裂及胎儿死亡有关。

四、护理目标

1. 孕产妇疼痛减轻,并能积极配合治疗及护理。
2. 孕产妇休克状态得到纠正,未出现严重并发症。
3. 产妇能接受胎儿死亡或子宫切除的现实,情绪逐步稳定。

五、护理措施

发现先兆子宫破裂时,及时采取抑制宫缩的措施,立即做好剖宫产术前准备。发生子宫破裂后应做好抗休克、抗感染及手术治疗相关工作。

(一)心理护理

向产妇及家属解释子宫破裂的治疗计划和对再次妊娠的影响。对胎儿死亡的产妇,允许其表达悲伤情绪,耐心倾听产妇诉说其内心的感受。帮助产妇尽快调整情绪,接受事实,以适应现实生活。

(二)病情监测

严密观察产程进展,记录宫缩、胎心音、产妇生命体征、液体出入量。发现失血表现时及时报告医生并积极处理。

(三)治疗配合

1.先兆子宫破裂 应用缩宫素者要立即停止使用,采取有效措施抑制子宫收缩,如乙醚全麻或肌内注射哌替啶。尽快行剖宫产术,迅速结束分娩。

2.子宫破裂 指导产妇取平卧位或中凹位,并给予吸氧及保暖。迅速建立静脉通道,快速输液、输血补充血容量。在抢救休克的同时,无论胎儿是否存活,均应尽快做好剖宫产术前准备。手术方式应根据产妇的全身情况,破裂的部位及程度,发生破裂的时间及有无严重感染而决定。

3.预防感染 各项检查及操作均应遵守无菌操作原则,防止病原微生物入侵生殖道引起感染。密切监测体温,定时复查血象、白细胞计数,有异常及时通知医生。术中、术后应用抗生素预防和控制感染。

(四)一般护理

提供舒适的环境,给予生活上的护理,鼓励进食,促进体力恢复。指导产妇定时排尿,防止膀胱过度充盈影响伤口愈合。保持外阴清洁,每日擦洗会阴2次,防止感染。

(五)健康教育

宣传孕期保健知识,加强产前检查。孕30周后结合孕妇具体情况及时矫正异常胎位。指导有胎位不正、头盆不称、剖宫产史或子宫手术史的孕妇,提前住院待产。指导有瘢痕子宫者,2年后再孕,并及时到医院检查。为产妇提供产褥期的休养计划,胎儿死亡者,指导产妇采取有效的回乳方法。

六、护理评价

经过治疗与护理达到：①产妇疼痛减轻；②产妇组织灌注量得到及时改善；③产妇出院时情绪稳定。

第四节　羊水栓塞

情景导入

张女士，26岁，G₃P₁，孕39周临产。规律宫缩3h后胎儿娩出，胎儿娩出后3min，产妇突然出现烦躁不安、呛咳、呼吸困难、面色苍白、吐泡沫样痰。

请思考：
1. 张女士目前可能发生了什么情况？
2. 张女士目前存在的主要护理问题有哪些？
3. 应为张女士提供哪些急救措施？

一、概述

羊水栓塞（amniotic fluid embolism，AFE）是指羊水及其有形成分进入母体血液循环引起肺动脉高压、低氧血症、循环衰竭、弥散性血管内凝血（DIC）、多器官功能衰竭等一系列病理生理变化的过程。以发病急、病情凶险、难以预测、病死率高为临床特点，是极其严重的分娩期并发症。

（一）病因

高龄初产妇、多产妇、子宫收缩过强、急产、胎膜早破、宫颈裂伤、子宫破裂、剖宫产和刮宫术、前置胎盘、胎盘早剥等均可诱发羊水栓塞。羊膜腔内压力增高、胎膜破裂、子宫颈或子宫体损伤处有开放的血窦是导致羊水栓塞发生的基本条件。

（二）病理生理

1. 肺动脉高压　羊水进入母体血液循环后，羊水中的有形物质如毳毛、胎粪及角化上皮细胞等在肺内形成栓子阻塞小血管引起肺动脉高压；羊水内含有大量激活凝血系统的物质，能使小血管内形成广泛的血栓，阻塞肺小动脉和毛细血管，同时反射性引起迷走神经兴奋，加重肺小血管痉挛；羊水内的抗原成分引起Ⅰ型变态反应，致使小支气管痉挛，支气管内分泌物增多，使肺通气、肺换气减少，反射性地引起肺内小血管痉挛。肺动脉高压可引起急性右心衰竭，继而呼吸循环功能衰竭。

2. 过敏样反应　羊水中抗原成分可引起Ⅰ型变态反应，导致过敏样反应。

3. 弥散性血管内凝血（DIC）　羊水中含大量促凝物质，进入母体后易在血管内产生大量的微血栓，消耗大量凝血因子及纤维蛋白原；同时炎性介质和内源性儿茶酚胺大量释放，触发凝血级联反应，导致DIC。

4. 炎症损伤　羊水栓塞可导致机体的炎性介质系统被突然激活，引起类似于全身炎症反应综合征。

二、护理评估

（一）健康史

评估有无诱发及导致羊水栓塞的危险因素存在，如高龄产妇、多产妇、过期产妇、急产史等。

是否具备羊水进入母体血液循环的三个条件：宫缩及缩宫素的使用情况，胎膜破裂情况，是否存在前置胎盘、胎盘早剥、宫颈裂伤、剖宫产术史等。

（二）身体状况

羊水栓塞发病急、病情凶险。70% 发生在阴道分娩时，19% 发生在剖宫产时。多数发生在分娩前 2h 至产后 30min 之间。极少数发生在妊娠中期妊娠引产、羊膜腔穿刺术中和外伤时。

1. 典型羊水栓塞　特征包括突然出现的低氧血症、低血压（血压与失血量不符合）及凝血功能障碍，也称羊水栓塞三联征。

（1）**前驱症状**：30%~40% 孕妇会出现非特异性的前驱症状，如呼吸急促、胸痛、憋气、寒战、呛咳、头晕、乏力、心慌、恶心、呕吐、麻木、针刺样感觉、焦虑、烦躁和濒死感，胎心监护显示胎心减速，胎心基线变异消失等。

（2）**心肺功能衰竭和休克**：表现为突发呼吸困难和 / 或发绀、心动过速、低血压、抽搐、意识丧失或昏迷、突发血氧饱和度下降、心电图 ST 段改变及右心受损和肺底部湿啰音等。严重者，产妇于数分钟内猝死。

（3）**凝血功能障碍**：出现以子宫出血为主的全身出血倾向，如切口渗血、全身皮肤黏膜出血、针眼渗血、血尿、消化道大出血等。

（4）**急性肾衰竭等脏器受损**：全身脏器均可受损，包括心肺功能衰竭、凝血功能障碍、中枢神经系统和肾脏等器官受损。

羊水栓塞以上临床表现有时按顺序出现，有时也可不按顺序出现，临床呈现多样性和复杂性。

2. 不典型羊水栓塞　也有的羊水栓塞临床表现并不典型，只出现低血压、心律失常、呼吸短促、抽搐、急性胎儿窘迫、心搏骤停、产后出血、凝血功能障碍或典型羊水栓塞的前驱症状。当其他原因不能解释时，应考虑羊水栓塞。

（三）心理 – 社会支持状况

因发病急骤，产妇会感到紧张和恐惧。当产妇和胎儿的生命受到威胁时家属会出现焦虑。

（四）辅助检查

1. 血涂片　母血涂片查找到羊水的有形成分。

2. X 线摄片　可见双肺部有弥漫性点状或片状浸润性阴影，沿肺门分布，伴有右心扩大。

3. 凝血功能　发生弥散性血管内凝血（DIC）时，凝血功能各项检查指标呈阳性。

4. 其他　如血常规、血气分析、心肌酶谱、心电图等。

三、常见护理诊断 / 问题

1. 气体交换受损　与肺动脉高压、肺水肿有关。

2. 组织灌注量不足　与循环衰竭、心力衰竭、DIC 有关。

3. 有胎儿窘迫的危险　与羊水栓塞、母体呼吸循环衰竭有关。

4. 恐惧　与病情急而凶险、危及产妇生命有关。

四、护理目标

1. 产妇呼吸困难和缺氧症状得以改善。

2. 产妇能维持体液平衡及最基本的生理功能。

3. 胎儿或新生儿安全。

4. 产妇情绪稳定，配合治疗及护理。

五、护理措施

羊水栓塞的处理原则是维持生命体征和保护器官功能。一旦怀疑羊水栓塞,应立即按羊水栓塞急救流程实施抢救,分秒必争。

(一)病情监测

监测产程进展,宫缩强度与胎儿情况。严密监测产妇的体温、脉搏、呼吸、血压的变化,及时测量并记录。观察阴道出血量,血液凝固情况,如子宫出血不止,应做好子宫切除的术前准备。观察皮肤黏膜有无出血点及瘀斑。观察尿量,预防和治疗肾衰竭,监测肺部有无湿啰音。

(二)治疗配合

1. 紧急处理 应立即保持呼吸道通畅,面罩加压给氧,必要时行气管插管或人工呼吸机辅助呼吸,维持机体供氧,避免呼吸和心搏骤停。

(1) **解除肺动脉高压**:使用磷酸二酯酶-5抑制剂、一氧化氮及内皮素受体拮抗剂等舒张肺血管平滑肌,也可考虑使用阿托品、盐酸罂粟碱、氨茶碱等药物。

(2) **抗过敏**:遵医嘱应用地塞米松或氢化可的松。

(3) **纠正凝血功能障碍**:积极处理产后出血,及时补充凝血因子,纤溶亢进期可给予抗纤溶药物。

(4) **器官功能受损时对症支持治疗**:包括保护神经系统、稳定血流动力学、支持肝脏功能、积极防治感染等。

2. 产科处理 原则上应在产妇呼吸循环功能得到明显改善,并已纠正凝血功能障碍后处理分娩。第一产程发病者应立即考虑剖宫产以去除病因。第二产程发病者应在抢救产妇的同时,及时阴道助产结束分娩。如子宫出血不止,应及时做好子宫切除的术前准备。中期妊娠钳刮术过程中如发生羊水栓塞现象,应当终止手术,进行抢救,待情况好转后再继续手术。

(三)心理护理

安抚、鼓励神志清醒的产妇,向家属介绍病情的严重性,以取得配合。对于家属的恐惧情绪表示理解和安慰,认真解答家属的提问,提供相应的情感支持。

(四)一般护理

取半卧位,加压给氧,保证氧气供给,减轻肺水肿,改善脑缺氧。增强营养以高蛋白、高热量、高维生素的饮食为主,多食含铁丰富的食物。对皮下瘀斑可给予热敷以促进吸收。

(五)健康教育

对治愈出院的产妇,讲解保健知识,进行营养指导。产后42d检查时,应复查尿常规及凝血功能。对需要再次妊娠者,做好计划生育指导。

六、护理评价

经过治疗与护理达到:①产妇呼吸困难症状缓解,血压及尿量正常,阴道出血减少;②胎儿或新生儿安全,无生命危险;③产妇出院时无并发症。

（孙 会）

思考题

1. 孕妇王女士,26岁,G_1P_0,孕37周。夜间突然感觉到阴道不自主流水,咳嗽时液体流出明显。

请思考:

(1) 孕妇王女士发生了什么情况?

(2) 目前王女士主要存在哪些护理问题?

(3) 应该对王女士实施哪些护理措施？

2. 产妇刘女士，25 岁，G_1P_1，足月顺产，产后阴道间歇性出血，暗红色，能自凝，量约 500ml。检查胎盘胎膜完整，软产道无裂伤，触诊宫体柔软，轮廓不清，摸不到宫底。

请思考：

(1) 导致该产妇产后出血的主要原因是什么？

(2) 目前对刘女士应该实施的主要护理措施有哪些？

3. 张女士，30 岁，第一胎足月临产 12h，持续性枕后位，胎先露下降困难。突然产妇感觉到下腹部剧烈疼痛，随即子宫收缩停止，即出现面色苍白、出冷汗、血压下降，胎心音听不到，在腹壁下方可扪及胎儿肢体。

ER 9-7

练习题

请思考：

(1) 该产妇最可能发生了什么情况？

(2) 值班护士应配合医生进行哪些抢救治疗工作？

第十章 | 产后并发症妇女的护理

教学课件

思维导图

学习目标

1. 掌握：产褥感染、晚期产后出血、产褥期抑郁症的相关概念及身体状况评估。
2. 熟悉：产褥感染、晚期产后出血、产褥期抑郁症的常见护理诊断/问题。
3. 了解：产后并发症的护理目标和护理评价。
4. 学会：为产褥感染、晚期产后出血、产褥期抑郁症妇女实施护理。
5. 具备评估产妇分娩后存在潜在风险的能力；高度负责的工作态度。

母体在产褥期各个系统变化很大，因个体因素或其他原因导致感染、出血、精神心理改变等症状，可引起产后并发症，影响母体产后恢复。

第一节 产褥感染

情景导入

李女士，30 岁，5d 前经阴道行会阴侧切术分娩一足月活男婴，临产前 1d 胎膜破裂，总产程 20h，产后阴道出血较多。近 2d 阴道排出物有恶臭味、混浊，伴有下腹疼痛，今晨自觉发热，后在家人陪伴下来就诊。查体：体温 39.3℃，脉搏 96 次/min，子宫压痛明显，会阴侧切口红肿，实验室检查 WBC 17.9 × 10^9/L，中性粒细胞绝对值 0.9 × 10^9/L。医生建议住院治疗。

请思考：
1. 李女士可能存在的常见护理诊断/问题有哪些？
2. 如何为李女士实施护理？

一、概述

产褥感染（puerperal infection）是指在分娩期、产褥期内生殖道受病原体侵袭引起局部或全身感染，发病率约 6%。产褥病率（puerperal morbidity）是指分娩结束 24h 以后的 10d 内，每日（口腔体温计）测量体温 4 次，间隔时间 4h，有 2 次达到或超过 38℃。产褥病率多由产褥感染引起，还可由泌尿系感染、乳腺炎、上呼吸道感染等引起。

正常孕妇生殖道或其他部位寄生的病原体，在机体抵抗力下降或有感染诱因，如：产前反复阴道流血、胎膜早破、阴道检查及手术、软产道裂伤、产程延长、产后出血等存在时引起的内源性感染。感染途径既有外源性感染，也发生内源性感染。产褥感染的常见病原体有需氧性链球菌、大肠埃希菌、葡萄球菌、厌氧性链球菌、厌氧类杆菌、支原体、衣原体等。多数为需氧菌和厌氧菌混合感染。

二、护理评估

（一）健康史

评估孕产史及分娩全过程，了解发生感染的诱因。

（二）身体状况

产褥感染三大主要症状表现为：发热、疼痛、异常恶露。由于感染部位、程度、扩散范围不同，其临床表现也不同，常表现为以下身体状况：

1. 急性外阴、阴道、宫颈炎　外阴伤口感染时，局部有灼热、红肿、疼痛、硬结，伤口缝线处可见脓点或脓性分泌物；阴道炎症可出现阴道部疼痛、黏膜充血、水肿、溃疡、脓性分泌物增多。宫颈感染，症状多不明显，感染可向深部蔓延，可达宫旁组织（主要包括阴道、输卵管、卵巢以及盆腔附近的血管、韧带等软组织），引起盆腔结缔组织炎。

2. 急性子宫内膜炎、子宫肌炎　病原体经胎盘剥离面侵入先引起急性子宫内膜炎，表现为低热，下腹部疼痛，阴道有大量脓性分泌物且有臭味。继续侵犯肌层导致子宫肌炎，可表现为高热、寒战、头痛、子宫复旧不良，子宫压痛，尤其宫底部明显，白细胞升高。

3. 急性盆腔结缔组织炎及输卵管炎　表现为寒战、高热，下腹疼痛、腹胀，宫旁结缔组织片状增厚、压痛、输卵管增粗、可触及形状不规则的包块，白细胞持续升高。

4. 急性盆腔腹膜炎与弥漫性腹膜炎　表现为高热、寒战，恶心、呕吐、腹胀，持续性下腹剧痛，有明显压痛、反跳痛，腹肌紧张多不明显。可形成盆腔脓肿，如炎症波及膀胱与肠管出现尿频、腹泻，里急后重。

5. 盆腔及下肢血栓性静脉炎　多发生于产后 1~2 周，盆腔血栓性静脉炎表现为寒战、高热，可伴有一侧或双侧下腹部疼痛，持续数周，局部表现与盆腔结缔组织炎相似。下肢血栓性静脉炎多继发于盆腔血栓性静脉炎，表现为弛张热、下肢持续性疼痛，因下肢静脉回流受阻，引起下肢水肿，皮肤发白，称股白肿。

6. 脓毒血症　感染性血栓脱落进入血液循环可引起脓毒血症，随后可并发感染性休克。侵入血液循环的细菌大量繁殖并释放毒素，出现持续性高热、寒战及全身中毒症状，多器官受损，可危及生命。

（三）心理-社会支持状况

由于持续高热、寒战、局部疼痛，产妇产生焦虑不安的情绪，产妇可因母子分离及自己不能照顾新生儿感到失落和内疚。家庭成员对产妇的态度、经济状况等均对产妇的情绪有较大影响。

（四）辅助检查

1. 血液检查　白细胞计数升高，中性粒细胞明显升高，血清 C 反应蛋白 >8mg/L。

2. 确定病原体　血液细菌培养可查出致病菌；也可采用宫颈与宫腔分泌物、后穹隆穿刺物作细菌培养和药敏试验。

3. CT 与 B 型超声检查　对炎性包块、脓肿、静脉血栓做出定位或定性的诊断。

三、常见护理诊断 / 问题

1. 体温过高　与生殖道局部及全身感染有关。

2. 疼痛　与炎症刺激有关。

3. 焦虑　与母子分离、家庭支持程度以及缺乏疾病相关知识有关。

四、护理目标

1. 产妇感染得到控制，体温正常。

2.产妇疼痛程度减轻或消失。

3.产妇焦虑情绪减轻或消失。

五、护理措施

1.心理护理 向产妇及家属解释病情、治疗及预后情况。对暂停哺乳的产妇，应向产妇及家属解释原因，告知感染控制后可继续哺乳，消除产妇顾虑。鼓励家属及亲友为婴儿提供良好的照护，为产妇提供良好的家庭与社会支持。

2.一般护理 为产妇保暖，增加舒适感。保证床单位、衣物及用物的清洁卫生。协助或指导产妇采取半坐卧位，促进恶露排出，防止感染扩散。下肢血栓性静脉炎者，嘱其抬高患肢，局部保暖并给予热敷，以促进血液循环减轻肿胀和疼痛。鼓励产妇进高蛋白、高热量、高维生素、易消化的饮食，提高机体抵抗力。

ER 10-3

下肢血栓性
静脉炎

3.病情观察 严密观察体温、脉搏、呼吸、血压，每 4h 测量 1 次。注意观察恶露的性状与气味、伤口愈合、腹部压痛等情况，若有异常及时报告医生并协助处理。

4.治疗配合 遵医嘱正确应用抗生素，做好脓肿切开引流、后穹隆穿刺、清宫术等护理配合。体温超过 39℃者给予物理降温，并观察降温后的体温变化。鼓励产妇多饮水，必要时静脉补充电解质。

5.健康教育 保证充足睡眠，适当活动，保持心情愉快；注意产后卫生，改变不良卫生习惯；产褥期禁止性生活及盆浴。

六、护理评价

经过治疗和护理达到：①产妇感染症状消失，体温正常。②产妇疼痛缓解，舒适感提高。③产妇无焦虑，情绪良好。

第二节 晚期产后出血

情景导入

王女士，29 岁，9d 前自然分娩一健康女婴，分娩时胎盘剥离困难。今晚突然出现阴道大量出血，面色苍白，寒战，遂被家人紧急送入急诊，诊查后入院。

请思考：

1.王女士阴道出血可能的原因是什么？

2.王女士可能存在的护理诊断/问题有什么？

3.应该为王女士实施哪些护理措施？

一、概述

分娩 24h 以后，在产褥期内发生的子宫大量出血，称晚期产后出血（late postpartum hemorrhage）。多于产后 1~2 周发病，但也有迟至 6~8 周者。阴道流血持续或间断，也可表现为急性大量出血，常伴有低热、寒战，且常因失血过多导致重度贫血或休克。

二、病因与临床表现

1.胎盘、胎膜残留 常发生在产后 10d 左右，残留的胎盘或副胎盘组织发生变性、机化、坏死，可形成胎盘息肉，当坏死组织脱落时，暴露基底部受损血管引起大量出血。临床表现为血性恶露不净，反复出血或大量出血。检查发现子宫复旧不全，宫口松，可触及胎盘残留组织。

2. 蜕膜残留　正常情况下，蜕膜在产后1周内脱落排出。若蜕膜剥离不全或长时间不排出，可影响子宫复旧，继发子宫内膜炎，引起晚期产后出血。

3. 子宫胎盘附着部位复旧不全　子宫胎盘附着面的血管在分娩后即有血栓形成、机化，使管腔变窄闭塞，出血逐渐减少。该部位子宫内膜的修复需6~8周。若胎盘附着面发生感染或复旧不全，血栓脱落、血窦重新开放可引起出血，常发生在产后2周左右，检查时发现子宫大而软，宫口松，阴道及宫口有血块阻塞。

4. 剖宫产术后子宫切口愈合不良

（1）子宫下段横切口两端切断子宫动脉向下斜行分支，导致局部供血不足。术中止血不佳，造成局部血肿或局部感染的组织坏死，致使切口愈合不良。多次剖宫产导致切口处菲薄，同时瘢痕组织较多，造成局部供血不足，切口愈合不良。因胎头位置过低，取出时切口向下延伸造成撕裂，致使伤口对合不佳影响愈合。

（2）横切口位置过低或过高：①位置过低，宫颈侧以结缔组织为主，血供较差，组织愈合能力差，因距阴道近，增加感染风险；②位置过高，切口上缘宫体肌组织与切口下缘子宫下段肌组织厚薄不一，缝合切口时不易对齐，造成愈合不良。

（3）缝合切口不当：切口组织对位不齐，手术操作不够精细；出血血管缝扎不紧；切口两侧角部未将回缩血管缝扎严密，形成局部血肿；需要缝扎的组织过多过密，切口组织血供不足等，均造成切口愈合不良。

（4）切口感染：子宫下段横切口与阴道距离较近，同时伴有胎膜早破、产程延长、多次阴道检查、前置胎盘、术中出血多或贫血等，为切口感染增加机会。

（5）其他：切口缝线溶解脱落后，血窦重新开放，出现大量阴道流血，严重者可发生休克。

5. 其他　妊娠合并凝血功能障碍性疾病、产后子宫黏膜下肌瘤、子宫滋养层细胞肿瘤等均可引起晚期产后出血。

三、护理评估

1. 健康史　评估分娩方式、手术方式及术后恢复情况；评估产妇产后恶露是否不净，恶露是否有臭味，是否曾有反复或突然阴道大出血史。

2. 身体状况　阴道出血是主要症状，还可有腹痛、发热症状。在输液、备血、纠正休克及有抢救条件的前提下行双合诊检查，可发现子宫大而软，宫口开大，可触及血块或残留组织。对子宫下段剖宫产者，应以示指轻触切口部位，注意其愈合情况。

3. 心理 - 社会支持状况　出现阴道出血，产妇和家属都会比较紧张，会担心自己的生命安全，对医护人员依赖性比较强。

4. 辅助检查

（1）血尿常规化验及宫腔分泌物培养或涂片检查，有助于了解感染与贫血情况。

（2）超声检查了解子宫大小、有无宫内组织残留、子宫切口愈合情况。

（3）有宫内刮出物应送病理检查，以明确诊断。

四、常见护理诊断 / 问题

1. 有感染的危险　与失血后免疫力下降有关。

2. 恐惧　与阴道大量出血威胁生命安全有关。

3. 潜在并发症：失血性休克。

五、护理目标

1. 产妇血容量得到恢复，生命体征正常。
2. 产妇主诉舒适感增加。
3. 产妇体温正常，未出现感染。

六、护理措施

1. 心理护理　安慰产妇和家属，解释病情及处理情况，适时关爱产妇，增加安全感，使其主动与医护人员配合。

2. 病情观察　严密观察体温、脉搏、呼吸、血压、意识、尿量，严密观察阴道出血的颜色、性状、气味及量，进行血常规检查，判断有无贫血、感染的情况。若有异常及时报告医生并协助处理。

3. 治疗配合

(1) **对阴道出血少者**：应遵医嘱给予缩宫剂和足量抗生素，促使子宫收缩及控制感染。

(2) **对阴道出血多者**：立即遵医嘱静脉输液、备血、输血，取平卧位，保暖，吸氧，观察生命体征、宫缩情况及阴道出血量，记录24h出入量，配合医生采取有效的止血措施（如按摩子宫、使用宫缩剂、准备缝合物品、配合医生做胎盘取出和必要的刮宫准备）。

(3) **预防感染**：严格无菌操作，监测体温变化，保持会阴清洁，每日会阴冲洗1次，遵医嘱使用抗生素。

4. 健康教育　加强营养，注意多进食含铁丰富食物；适当活动，逐渐增强体质；注意个人卫生，防止生殖道感染；禁止性生活。

七、护理评价

经过治疗和护理达到：①产妇血容量恢复正常；②产妇感到安全、舒适；③产妇体温正常，无感染。

第三节　产褥期抑郁症

情景导入

曹女士，37岁，G₁P₁，2d前经剖宫产分娩一足月健康女婴。今日晨间护士查房，发现婴儿哭闹，该产妇暗自垂泪、对孩子置之不理。经询问，曹女士哭诉其丈夫今早前往外地出差，其父母常年有病不能前来照顾，公婆因家在偏远山区、路途遥远不能前来探望。

请思考：

1. 判断该产妇出现了什么问题？
2. 如何与产妇及家属沟通？

一、概述

产褥期抑郁症（puerperal depression，PPD）是指产妇在产褥期出现持续严重的情绪低落，伴有失眠、悲观甚至影响对新生儿的照顾能力，是产褥期精神障碍最常见的一种类型。流行病学资料显示，西方发达国家产后抑郁症的患病率为7%~40%，亚洲国家患病率为3.5%~63.3%。

二、护理评估

1. 健康史 了解有无精神疾患的个人史或家族史,婚姻家庭状况,了解产妇在围产期有无负性事件的刺激影响,了解本次妊娠过程及分娩情况等。

2. 身体状况

(1) **情绪改变**:常感心情压抑、沮丧、情绪淡漠,行为表现为孤独、害羞、不愿见人或伤心、流泪,甚至焦虑、恐惧、易怒,每到夜间加重。

(2) **自我评价降低**:自责、自罪、自暴自弃,或表现对身边的人充满敌意、戒备心,与丈夫、家人关系不协调。

(3) **创造性思维受损**:行为上反应迟钝,注意力难以集中,工作效率和处理事务的能力下降。

(4) **对生活缺乏信心**:出现厌食、睡眠障碍,易疲倦,觉得生活无意义。还可能伴有躯体症状,如头痛、恶心、呼吸心率加快,泌乳减少等。病情严重者绝望,出现自杀或杀婴倾向,有时陷于错乱或昏睡状态。

3. 心理-社会支持状况 评估产妇的性格特点、情绪变化、心理状态,是否压抑、焦虑、情感淡漠,是否厌倦生活、有迫害妄想甚至自杀或伤害婴儿的倾向。观察母婴接触和交流的情况,了解夫妻关系及同其他家庭成员的关系。

4. 辅助检查

(1) 可参考美国精神医学学会在《精神障碍诊断与统计手册》中制定的产褥期抑郁症诊断标准:

1) 在产后2周内出现下列5条或5条以上症状,且第①、②条必须具备:①情绪抑郁;②对全部或多数活动明显缺乏兴趣或愉悦;③体重显著下降或增加;④失眠或睡眠过度;⑤精神运动性兴奋或阻滞;⑥疲劳或乏力;⑦遇事皆感毫无意义,或注意力不集中;⑧思维能力减退或注意力不集中;⑨反复出现死亡或自杀的想法。

2) 产后4周内发病。

(2) 可采用爱丁堡产后抑郁量表(Edinburgh postnatal depression scale, EPDS)进行产褥期抑郁症的筛查,此量表涵盖有关产妇的心境、乐趣、自责、焦虑、恐惧、失眠、应对能力、悲伤、哭泣和自伤等10项内容,有四个等级的评分层次。如发现产妇有抑郁倾向,可通过EPDS进行筛查,一般筛查时间在产后2~4周进行。

三、常见护理诊断/问题

1. 个人应对无效 与产后抑郁行为有关。

2. 有自伤的危险 与产后严重的心理障碍有关。

3. 养育功能障碍 与情绪压抑、沮丧甚至有自杀倾向有关。

4. 睡眠型态紊乱 与抑郁症的发生有关。

四、护理目标

1. 产妇精神愉悦。

2. 产妇能够参与新生儿照护。

3. 产妇睡眠良好。

五、护理措施

1. 心理护理 产科医护人员应提供有效的心理护理,聆听产妇倾诉,理解产妇感受,帮助树立生活信心。根据产妇的个性特征、心理状态、发病原因给予个体化心理疏导,请心理医师协助诊治，解除致病的心理因素，提高产妇的自我价值意识。帮助产妇适应母亲角色，指导产妇与婴儿进行交流，培养产妇的自信心。发挥社会支持系统的作用。鼓励家庭成员为产妇创造一个安全舒适的家庭环境，改善家庭生活环境及家庭关系，缓解压力，尽量避免对产妇的不良精神刺激。

2. 病情观察　观察产妇情绪变化，是否存在压抑、淡漠、易怒、伤心、缺乏信心、绝望，甚至有自杀或伤害婴儿的举动。

3. 治疗配合　配合医生对重症孕妇给予抗抑郁药物治疗，同时要高度警惕伤害性行为，注意安全保护。做好出院指导与家庭随访工作，为产妇提供心理咨询，鼓励产妇应对各种压力。

4. 健康教育　早识别、早干预，完善孕期保健心理护理方面的知识引导。对于有精神病家族史、抑郁症家族史及抑郁症既往史者，应特别注意观察，提前干预，加强心理疏导和精神抚慰。

六、护理评价

经过治疗和护理达到：①产妇精神愉悦；②产妇能主动护理新生儿；③产妇睡眠良好。

（袁　征）

思考题

1. 王女士，32岁，G_1P_1，足月妊娠，胎膜早破住院，因第二产程延长行产钳助产，产后第1天出血约300ml。产后第3天时，体温38.5℃，下腹痛，恶露血性、有臭味。腹部检查宫底平脐，下腹压痛。实验室检查：白细胞$21×10^9$/L，血清C反应蛋白>7mg/L。

请思考：

（1）王女士出现了什么情况？

（2）护士应对王女士进行哪些护理措施？

2. 徐女士被家人神色慌张地推着进入急诊室，家属告知医护人员，徐女士12d前在本院顺产一健康男婴，今晨徐女士腹部剧痛，阴道突然大量出血，经医生查体发现：该产妇面色苍白，血压100/60mmHg，子宫大而软，宫口松，阴道出血，宫口有血块。

请思考：

（1）徐女士阴道出血的原因可能是什么？

（2）徐女士可能存在的护理诊断/问题有什么？

3. 李女士，36岁，某外资企业高级白领，于3d前经剖宫产分娩一健康男婴。护士小刘今早去给李女士做晨间护理，发现李女士对哭闹的宝宝置之不理，问其家属得知，李女士拒绝给宝宝哺乳，害怕影响今后工作和自己的身材。

请思考：

（1）李女士出现了什么情况？

（2）对李女士将要实施的护理措施是什么？

练习题

第十一章 | 正常新生儿的护理

教学课件

思维导图

学习目标

1. 掌握：正常足月新生儿的特点。
2. 熟悉：母乳喂养的方法。
3. 了解：乳房护理。
4. 具备对正常足月新生儿实施护理的能力。
5. 具备指导产妇实施母乳喂养的能力。

新生儿是胎儿的延续，指从出生脐带结扎至生后满 28d 的婴儿。目前我国围产期是胎龄满 28 周到出生后 7d，在这一时期内的胎儿及新生儿称围生儿。

第一节　足月儿特点及护理

情景导入

一足月女婴，日龄 2d，出生体重 3 800g，外观正常，哭声响亮，皮肤红润。今测体重 3 530g，更换尿布时发现有少许血性分泌物，李女士非常担心，前来咨询。

请思考：

1. 该新生儿是正常足月新生儿吗？
2. 该新生儿的体重下降正常吗？
3. 如何解释尿布上的少许血性分泌物？

一、概述

（一）新生儿分类

1. 根据胎龄分类

（1）**足月儿**（term infant）：指胎龄满 37 周至未满 42 周的新生儿。

（2）**早产儿**（premature infant）：指胎龄未满 37 周的新生儿。

（3）**过期产儿**（post-term infant）：指胎龄达到或超过 42 周的新生儿。

2. 根据体重分类

（1）**正常出生体重儿**（normal birth weight infant）：2 500g≤出生体重≤4 000g 的新生儿。

（2）**低出生体重儿**（low birth weight infant）：指出生（1h 内）体重不足 2 500g 的新生儿，其中体重不足 1 500g 者称极低出生体重儿（very low birth weight infant），体重不足 1 000g 者称超低出生体重儿（extremely low birth weight infant）。

（3）巨大胎儿（fetal macrosomia）：指出生体重超过 4 000g 的新生儿。

3. 根据出生体重和胎龄的关系分类

（1）适于胎龄儿（appropriate for gestational age infant，AGA）：指出生体重在同胎龄儿平均体重的第 10~90 百分位之间的新生儿。

（2）小于胎龄儿（small-for-gestational age infant，SGA）：指出生体重在同胎龄儿平均体重的第 10 百分位以下者。我国习惯上将胎龄已足月，但体重在 2 500g 以下者称足月小样儿，是小于胎龄儿中最常见的一种。

（3）大于胎龄儿（large for gestational age infant，LGA）：指出生体重在同胎龄儿平均体重的第 90 百分位以上的新生儿。

4. 高危儿（high risk infant） 指已发生或有可能发生危重情况的新生儿。

（二）正常足月新生儿

正常足月新生儿（normal term newborn）是指出生时胎龄≥37 周且＜42 周，出生体重≥2 500g 且≤4 000g，无畸形和疾病的活产婴儿。

1. 正常足月新生儿特点

（1）**外观特点**：全身毳毛少，哭声响亮，四肢屈曲；皮肤红润，皮下脂肪丰满；头大，约为身长的 1/4；头发分条清楚；颅骨坚硬，耳郭软骨发育好，耳舟清楚；指（趾）甲已超过指（趾）尖；足纹遍及整个足底；乳晕明显，乳头突出，乳房可扪到结节；男婴睾丸已降，阴囊皱襞形成；女婴大阴唇已发育能覆盖小阴唇。

（2）**各系统生理特点**

1）神经系统：新生儿脑相对较大，占体重的 10%~20%，具有原始神经反射如觅食、吸吮、吞咽、拥抱、握持反射等，生后 3~4 个月逐渐消退。当新生儿有神经系统疾病、损伤或颅内出血时，这些反射可能消失。新生儿还具备一定程度认识外部世界的能力和情感反应，有良好的味觉、触觉，丰富的视、听觉能力，对外界温度变化能作出相应反应，痛觉反应较差。当吃饱、暖和及见到亮光时有愉快反应，反之则啼哭不安。新生儿巴宾斯基征等神经反射阳性属正常现象。

2）体温调节：新生儿体温不稳定，易随环境温度变化而波动。刚出生的新生儿体温调节中枢功能尚不完善，皮下脂肪较薄，体表面积相对较大，容易散热。受寒冷刺激时主要靠棕色脂肪代偿产热。适宜的环境温度（中性温度）对新生儿至关重要。中性温度（neutral temperature）是使机体代谢、氧及能量消耗最低并能维持正常体温的环境温度。新生儿的中性温度与胎龄、日龄和出生时体重有关，出生时体重越低或日龄越小，则中性温度越高。当新生儿所处的环境温度过高时，通过皮肤蒸发和出汗散热，若导致体内水分不足，血液浓缩而发热称"脱水热"；若室温过低则可引起新生儿硬肿症。

3）呼吸系统：新生儿出生时由于机体感受器及皮肤温度感受器受到刺激，反射性兴奋呼吸中枢开始呼吸。但由于呼吸中枢功能尚不完善，呼吸道管腔狭窄，黏膜血管丰富，易致气道阻塞、感染、呼吸困难。新生儿胸腔较小，肋间肌薄弱，呈腹式呼吸。呼吸频率较快，约为 40 次/min，节律可不规则。

4）循环系统：新生儿出生后，胎儿时期血液循环动力学发生重大改变，肺循环开始，卵圆孔及动脉导管功能性关闭。出生后最初数日，新生儿心前区可闻及心脏杂音，与动脉导管未完全关闭有关。新生儿血流分布集中在躯干、内脏，四肢分布较少，故四肢易发凉，末梢易出现青紫。新生儿心率为 120~140 次/min，易受啼哭、吸乳等多种因素影响而波动。足月儿血压平均为 70/50mmHg。

5）消化系统：足月儿消化道面积相对较大，通透性高，能分泌多种消化酶，适合大量流质食物的消化吸收。胃呈水平位，贲门括约肌发育较差，幽门括约肌发育良好，易发生溢乳和呕吐。胎粪呈墨绿色，黏稠，第一次胎便多在出生后 10~12h 内排出，2~3d 排完，若生后 24h 未见胎粪排出须排除消化道畸形。新生儿体内糖原储备是新生儿出生后 1h 内主要的能量来源，故应早期喂养。

6）泌尿系统：新生儿出生后不久即能排尿，多在出生后 24h 内排尿，但肾小球滤过率低，肾浓缩功能相对不足，新生儿期易出现水肿和脱水症状。

7）免疫系统：新生儿的特异性和非特异性免疫功能均不成熟，皮肤、黏膜易擦伤；脐部为开放伤口，细菌易繁殖并进入血液。免疫球蛋白 IgG 经胎盘从母体获得，但缺乏 IgA、IgM，特别是缺乏分泌型 IgA，使新生儿易患感染性疾病尤其是呼吸道及消化道感染。

2. 常见几种特殊生理状态

(1) **生理性黄疸**（physiologic jaundice）：50%~60% 的足月儿和 80% 以上的早产儿于出生后 2~3d 出现黄疸，第 4~5d 达高峰，第 7~14d 自然消退，早产儿可延迟至 3~4 周消退。这是由于新生儿肝脏酶系统发育不成熟，胆红素代谢不完善所致。

(2) **生理性体重下降**（physiological weight loss）：新生儿出生后 1 周内，由于胎粪排出、皮肤与呼吸水分的蒸发，出现暂时性体重下降，平均下降 3%~9%，4d 后开始回升，7~10d 恢复到出生体重，以后体重迅速增加。

(3) **乳腺肿大**（physiological breast enlargement）：男女婴均可发生，在生后 4~7d 乳腺可发生肿胀，如蚕豆或鸽蛋大小，为母体雌激素影响中断所致，多于 2~3 周后消退，切忌挤压。

(4) **新生儿假月经**（pseudomenstruation of newborn）：部分女婴在生后 5~7d 可见阴道少量出血，可持续一周，系母体雌激素影响中断所致，一般无须特别处理。

二、护理评估

（一）健康史

评估新生儿基本情况，包括：性别、胎龄、日龄、出生体重以及娩出方式。评估新生儿父母的健康状况，个人史，家族史等；评估产妇的既往妊娠、分娩史，本次妊娠经过、胎儿发育状况及分娩过程中母婴情况。

（二）身体状况

评估新生儿生理情况，主要依据新生儿各系统生理特点进行，包括：Apgar 评分，生命体征，生长发育状况等。

1. Apgar 评分　评估新生儿有无窒息及窒息的严重程度。

2. 生命体征　评估内容包括体温、心率、呼吸。新生儿出生时体温为 36~37.2℃，易受环境因素影响；出生后新生儿心率为 120~140 次/min，常不规则，可听到暂时的杂音；新生儿安静时呼吸频率一般约为 40 次/min。

3. 生长发育状况

(1) **体重**：新生儿出生时平均体重约为 3kg，男婴（3.38±0.40）kg，女婴（3.26±0.40）kg，正常足月婴儿生后第一个月体重增加可达 1~1.7kg。

（2）**身长**：正常足月新生儿出生时身长平均为 50cm。

（3）**头围及囟门**：足月新生儿头围 32~34cm，头占比例大，约为身长的 1/4。前囟宽 1~2cm，最迟 2 岁闭合；后囟出生后很小或已闭合，最迟于出生后 6~8 周闭合。前囟闭合早常提示脑发育不良或小头畸形；前囟迟闭或过大常见于佝偻病、甲状腺功能减退症等；前囟饱满常提示颅内压增高；前囟凹陷见于脱水或极度消瘦。

（4）**胸围**：出生时胸围比头围小 1~2cm，约 32cm，反映肺和胸廓的发育。

（5）**感知觉**：新生儿已有视觉感应功能，瞳孔有对光反射，能看清 15~20cm 内的物体；新生儿出生后就有听觉反应，3~7d 听觉良好；出生时味觉、嗅觉发育完善；新生儿眼、口周、手掌及足底等部位的触觉已很灵敏，但对痛觉反应迟钝。

（6）**神经反射**：新生儿生理反射包括①终生存在的反射，如角膜反射、瞳孔反射、吞咽反射等；②原始反射，也叫暂时性反射，如觅食反射、拥抱反射、握持反射、吸吮反射等，该类反射多于生后 3~4 个月消失。以上反射在应该出现时未能出现或反射减弱或不能及时消失，提示神经系统有病理改变。

4. 其他　包括意识、面色、哭声强弱、肌张力、肢体活动度、吸吮力、大小便情况、腹胀、呕吐、皮肤有无黄染、硬肿、脐带结扎情况、有无先天畸形等。

（三）心理 - 社会支持状况

评估新生儿家长情况，包括：文化程度、职业、心理素质、对疾病的认知程度、家庭经济状况等。评估新生儿父母与新生儿的交流、对新生儿的了解程度、对新生儿需求的满足情况等方面的情况。

三、常见护理诊断 / 问题

1. 体温失调　与体温调节中枢功能不完善，环境温度多变有关。

2. 有窒息的危险　与易呕吐，溢乳吸入及体位不当有关。

3. 有感染的危险　与免疫功能不足有关。

四、护理目标

1. 新生儿体温保持在正常范围内。

2. 新生儿未发生窒息。

3. 新生儿未发生各种类型的感染。

4. 新生儿获得足够营养，体重增长在正常范围。

五、护理措施

1. 出生时护理　立即擦干新生儿全身，清除口、鼻、咽的黏液，结扎脐带，并用热毯包好。

2. 维持正常体温　要求室内阳光充足，空气流通，足月儿室温在 22~24℃，湿度为 55%~65%。各种护理操作时注意保暖，定时测量体温，低温者及时采取保暖措施，夏季及时通风降温，避免体温升高。

3. 保持呼吸道通畅　给予合适的体位，一般取右侧卧位，防止溢乳或分泌物吸入。晚间喂奶要抱起，避免堵塞新生儿鼻孔引起窒息。

4. 正确喂养　按需哺乳，母乳喂养为首选（见本章第二节）。

5. 皮肤护理　①衣物选择：选用柔软、吸水、浅色棉布作婴儿衣被、尿布，以防皮肤擦伤感染。②沐浴：新生儿出生后体格检查无异常即可每日沐浴一次，保持皮肤清洁并促进血液循环。③脐部护理：脐带脱落前保持清洁干燥，有分泌物者先用 3% 过氧化氢棉签擦拭，再用 0.2%~0.5% 的碘伏棉签擦拭,并保持干燥。脐带一般于 7~10d 脱落。④臀部护理:每次大便后用温水清洗会阴及臀部,尿布须柔软、透气、吸水性好,以防尿布疹发生。

6. 预防感染 新生儿室严格执行无菌消毒制度,工作人员或居家照顾新生儿的人员要衣、帽、鞋整洁,戴口罩,勤洗手,有呼吸道感染时不接触新生儿。

7. 心理护理 新生儿出生时已经具有视、听、嗅、味等各种基本感觉,并能对怀抱他的方式、环境中的种种刺激产生应答。新生儿抚触可增进父母与宝宝的情感交流,减少哭闹,增加睡眠,增强免疫力,起到促进新生儿健康成长的作用。

8. 日常观察和记录 严密观察新生儿的面色、哭声、体温、呼吸、脉搏、奶量、大小便、体重与活动等,发现异常及时报告医生。

9. 健康教育 主要包括三个方面的内容:①健康检查,尽早发现先天性、遗传性疾病;②指导预防接种知识;③指导正确的新生儿喂养方法、日常护理方法,提倡母婴同室和母乳喂养。

六、护理评价

经过治疗和护理达到:①新生儿体温保持在正常范围内;②新生儿未发生窒息;③新生儿获得足够营养,体重增长在正常范围。

第二节 母乳喂养

> **情景导入**
>
> 张女士,28 岁,阴道分娩一女婴。现为产后 3d,自诉双乳房肿胀,乳头疼痛,哺乳时疼痛加重。张女士希望能继续母乳喂养,询问护士减轻乳房胀痛及乳头疼痛的方法。查体:双乳充盈,乳头皲裂,有乳汁分泌。
>
> **请思考:**
> 1. 张女士乳房肿胀、乳头疼痛的原因是什么?
> 2. 如何对张女士进行乳房护理?

母乳是婴儿最理想的天然食物,含有 0~6 个月婴儿生长发育所需的全部营养,最容易消化和吸收,母乳中含有丰富的抗体,可预防婴儿发生呼吸道感染、腹泻、过敏等疾病,有利于母婴健康。世界卫生组织(WHO)提倡母乳喂养,建议纯母乳喂养 6 个月,坚持母乳喂养 2 年及以上。因此,正确及时给予母乳喂养指导具有重要的意义。

一、母乳喂养优点

1. 母亲方面 ①预防产后出血:婴儿吸吮乳头可刺激催乳素产生,促进乳汁分泌,同时可促进缩宫素分泌,使子宫收缩,减少产后出血。②降低女性患癌的风险:母乳喂养还可能减少哺乳母亲患乳腺癌、卵巢癌的发病风险。

2. 婴儿方面 ①提供营养、促进发育:母乳中含各种营养物质,有利于婴儿的消化吸收,促进身体发育。②提高免疫力:母乳中含有多种免疫活性物质和丰富的免疫球蛋白,可以预防婴儿腹泻、呼吸道和皮肤感染等。③保护牙齿:婴儿吸吮时肌肉运动可促进面部肌肉正常发育,有利于保护牙齿,预防奶瓶喂养引起的龋齿。④有利于心理健康:母乳喂养使婴儿感受母爱,有益于婴儿身心发展,增进母婴感情。

3. 家庭及社会方面 ①减少人工喂养费用及人力;②减少家庭医疗开支:母乳喂养对于婴儿

早期的健康生长发育具有保护效应,且对成年期的慢性病风险有降低作用,例如降低儿童远期肥胖风险,减少医疗开支。

二、母乳喂养护理

1. 心理护理 主动关心和帮助产妇,适时提供健康指导,鼓励丈夫及家人参与母乳喂养及新生儿的护理,使产妇保持精神愉悦,树立母乳喂养的信心。

2. 一般护理 实行母婴同室,病房环境舒适、温馨、安静和整洁。充分的休息对保证乳汁分泌十分重要,产妇尽量生活规律,与婴儿同步休息,确保精神状态良好。

3. 饮食护理 产褥期膳食对产妇身体康复和乳汁分泌都有极为重要的意义,产褥期膳食可通过胃肠舒适性、营养供应、饮食心理愉悦等诸多方面促进产妇身心康复。2016 年中国营养学会《哺乳期妇女膳食指南》推荐产后妇女膳食比一般人群膳食多增加 5 条内容:①增加富含优质蛋白质及维生素 A 的动物性食物和海产品,选用碘盐;②产褥期食物多样不过量,重视整个哺乳期营养;③愉悦心情,充足睡眠,促进乳汁分泌;④坚持哺乳,适度运动,逐步恢复适宜体质量;⑤忌烟酒,避免浓茶和咖啡。

(1)**蛋白质**:每天比妊娠前增加 80~100g 的鱼、禽、蛋、瘦肉,平均每天摄入总量 200~250g。动物性食品可提供丰富的优质蛋白质和一些重要的矿物质和维生素,并有助于乳汁分泌。如果条件有限或饮食习惯限制,可部分采用富含优质蛋白质的大豆及其制品替代。

(2)**钙**:哺乳期妇女每天通过乳汁分泌的钙约 200mg,为保证母体钙的平衡和骨骼健康,应增加钙的摄入量。哺乳期妇女膳食推荐摄入量比妊娠前增加 200mg/d,总量为每天 1 000mg,可通过增加奶类等含钙丰富的食物补充。

(3)**维生素 A**:增加富含维生素 A 的动物性食物有利于提升母乳维生素 A 水平,如动物肝脏、蛋黄、奶类、富含维生素 A 原的深绿色和红黄色蔬菜水果。

(4)**碘**:哺乳期妇女对碘的需要较妊娠前增加 1 倍,达到 240μg/d,除摄入碘盐外,还需要增加富含碘的海产食物,如海带、紫菜和鱼虾的摄入。

坐位母乳喂养

(5)**蔬菜和水果**:产褥期要重视蔬菜、水果的摄入,保证每天摄入 500g。蔬菜水果摄入不足会使乳汁中维生素、矿物质的量减少,还可因膳食纤维摄入不足增加哺乳妇女便秘、痔疮等的发生。

4. 母乳喂养方法

(1)**清洁**:每次喂奶前产妇应洗净双手,用温水擦洗乳房和乳头。

(2)**体位与姿势**:母亲及婴儿均采取舒适的姿势。如取坐位,应选择高度合适的椅子,背上垫一靠枕;也可取母亲侧卧位,婴儿侧卧于母亲一侧;哺乳过程确保婴儿头和身体呈一条直线,母婴紧密相贴。

(3)**早吸吮**:正常分娩的健康产妇于产后半小时内开始哺乳。

(4)**正确含接乳头**:母亲用 C 字形的方法托起乳房,用乳头刺激婴儿的口周围,使婴儿建立觅食反射,当婴儿的口张到足够大时,将乳头及大部分乳晕含在新生儿嘴中。正确含接的要点:婴儿嘴张大、下唇外翻、舌头呈勺状、环绕乳晕、面颊鼓起,呈圆形,婴儿口腔上方可见更多的乳晕,婴儿慢而深地吸吮,能看到吞咽动作或听到吞咽声等。

(5)**判断婴儿是否获得足够乳汁**:哺乳后,婴儿吸吮的节奏变慢,嘴巴放松,吐出乳头,身体放松,肢体伸展,饥饿的征兆消失,状态满足,睡眠安稳。每日 8 次左右满意的母乳喂养;婴儿每日排尿 5~6 次,排便 2~4 次;婴儿体重增加,睡眠情况良好。

(6)**哺乳时间与次数**:提倡按需哺乳,即哺乳的次数、间隔和持续时间由母子双方的需要决定,以婴儿吃饱为度。90% 以上健康婴儿生后 1 个月可建立自己的进食规律。一般开始时 1~2h 哺乳一次，以后 2~3h 喂 1 次，逐渐延长到 3~4h 喂 1 次。产后哺乳时间从 5~10min 开始，以后逐渐延长，但一般不超过 30min，忌让婴儿养成含着乳头睡觉的习惯。

(7)**注意事项**：每次哺乳时都应该吸空一侧乳房后，再吸吮另一侧乳房；每次哺乳后，应将婴儿抱起轻拍背部 1~2min，排出胃内空气，预防吐奶溢乳；哺乳后产妇佩戴合适棉质乳罩支撑乳房。

5. 母乳不足护理 乳汁不足与哺乳延迟、限制哺乳时间和次数、食欲睡眠不佳，及新生儿过早添加辅食有关。因此，应指导产妇尽早哺乳，鼓励按需哺乳，保持休养环境安静舒适，促进产妇良好睡眠，多摄入营养丰富的食物。除母乳外，不给新生儿添加包括水在内的其他任何食物或饮料。

ER 11-4 新生儿早吸吮图

ER 11-5 新生儿早吸吮

ER 11-6 正确含接乳头

三、出院后喂养指导

1. 强调母乳喂养的重要性 评估产妇母乳喂养知识和技能，对有关知识缺乏的产妇提供科学的咨询指导，告知产妇及家属如遇到喂养问题时可选用的咨询方法，如医院的热线电话，保健人员、社区支持组织的具体联系方法和人员等。

2. 保证合理的睡眠和休息 产妇分娩后身体处于恢复期，需要更多的时间休息和睡眠，且婴儿还需要妈妈的照顾和喂养，因此，家庭应给产妇创建舒适、安静、温湿度适宜的睡眠环境；产妇应利用家人的照顾合理安排休息，也可充分利用婴儿的睡眠时间，与婴儿同步睡眠。

3. 母乳的家庭储存 哺乳妇女上班后，如需坚持母乳喂养，则可在上班前准备好吸奶器、储奶袋、冰袋等用物，每隔 3h 可用手挤奶或吸奶器吸奶一次。母乳可在 4℃ 冰箱冷藏室贮存 48h，或在 -20℃ 冰箱冷冻室贮存 3~6 个月。待婴儿需要时用温水将母乳温热至 38~39℃ 即可。

4. 退乳指导 由于各种原因不宜哺乳者，应指导退乳。最简单的退乳方法是停止吸吮和挤奶，指导产妇减少汤类食物的摄入。佩戴合适的胸罩，以缓解乳房胀痛，或遵医嘱口服镇痛药物，2~3d 后疼痛减轻。不推荐服用雌激素或溴隐亭回乳。其他方法：①生麦芽 60~90g，水煎当茶饮，服用 3~5d。②芒硝 250g，分装两个纱布袋内，外敷于乳房，湿硬时应及时更换。

四、乳房护理

1. 一般护理 每一次哺乳前，应用温水清洁乳头和乳晕，忌用肥皂或乙醇。乳头处若有结痂应先用油脂浸软后再用温水洗净，忌强行擦洗，以免损伤乳头。喂奶后应保持乳房清洁、干燥，指导产妇穿戴棉质、大小合适的内衣，避免过松或过紧。

2. 平坦及凹陷乳头的护理 平坦或凹陷乳头的产妇可从妊娠 7 个月开始佩戴乳头罩，乳头罩柔和的压力可促进内陷的乳头外翻，乳头经中央小孔保持持续凸起，以起到纠正凹陷乳头的作用。分娩后指导产妇在婴儿饥饿时先吸吮平坦的乳头，此时婴儿吸吮力强，容易吸住乳头和大部分乳晕。还可指导产妇进行以下练习：

ER 11-7 乳头凹陷

(1)**乳头伸展练习**：将两拇指或示指平行放在乳头两侧，向外侧拉开，通过牵拉乳晕皮肤及皮下组织，促使乳头向外突出。每日 2 次，每次 10~15min。

(2)**乳头牵拉练习**：用一手托住乳房，另一手的拇指和中、食指捏住乳头向外牵拉，每日 2 次，每次重复 10~20 次。

3. 乳房胀痛护理 乳房胀痛与不恰当的哺乳方法、延迟哺乳、限制哺乳次数、过早添加其他食物及乳汁淤积有关。①预防：指导产妇按需哺乳，尽早吸吮，采取正确的哺乳姿势，哺乳后将剩余乳汁挤出，以预防乳房胀痛的发生。②湿敷及按摩：若出现乳房胀痛，应增加哺乳次数，哺乳前热敷乳房 3~5min，从乳房边缘向乳头中心按摩，促进乳腺管畅通。在两次哺乳间冷敷乳房以减少局部充血、肿胀。③其他：哺乳时先吸吮胀痛严重的一侧，哺乳完毕后将多余乳汁挤出；教会产妇挤奶手法；指导产妇佩戴合适的乳罩以扶托乳房；必要时可用吸奶器吸出乳汁，以减轻胀痛症状。

ER 11-8
乳房肿胀

ER 11-9
手法挤奶

4.乳头皲裂护理 乳头皲裂与不正确的哺乳姿势有关，多见于初产妇。应指导产妇采取正确、舒适的哺乳姿势，掌握新生儿正确含接乳头的姿势。若出现乳头皲裂，可增加哺乳次数，减少每次哺乳时间。哺乳前热敷及按摩乳房有利于婴儿含接。哺乳时先吸吮损伤程度轻的一侧乳房，哺乳后挤出少量乳汁涂在乳头和乳晕上，促进表皮修复。疼痛严重时，可用乳头罩间接哺乳，或用吸奶器将乳汁吸出再喂给新生儿。

ER 11-10
乳头皲裂

5.乳腺炎护理 若乳房局部出现红、肿、热、痛症状，产妇伴有发热，提示患乳腺炎，多见于乳汁淤积、乳头损伤者。应指导产妇吸出乳汁，冷敷患侧乳房，及时就诊并遵医嘱使用抗生素治疗。

（李 娜）

思考题

1. 张女士之女，系第一胎，足月顺产，出生后 3d，因皮肤黄染入院检查，无发热，呕吐，吃奶正常，睡眠好，精神状况良好，二便正常。查体：体温 36.5℃，R 35 次 /min，心率 120 次 /min，足月新生儿貌，哭声洪亮，全身皮肤及黏膜轻度黄染，未见皮疹及出血点，巩膜黄染，咽部正常，心肺正常，腹平软，肝右肋下 1.0cm，脾未及，脐部干燥，脊柱四肢无畸形。血清胆红素检查未见异常。

请思考：

(1) 张女士之女皮肤黄染的原因是什么？

(2) 应如何指导家长对小儿进行护理呢？

2. 马女士之女（小名豆豆），母亲妊娠 39 周分娩，日龄 4d，足月顺产，出生体重 3 400g，近 2d 豆豆体重下降至 3 150g。体温 36℃，食欲好，睡眠好，心肺正常，脐带未脱落，脐周干燥，无分泌物，血清胆红素检查未见异常。

请思考：

(1) 豆豆是早产儿吗？

(2) 豆豆体重下降的原因是什么？

3. 张女士，初产妇，足月顺产一男婴，产后第 3 天，产妇自诉乳房胀痛，阵发性下腹部轻微疼痛，新生儿吃奶后 1.5h 哭闹不止。查体：乳房充盈，无硬结、红肿，子宫质硬，宫底脐下 2 指，产妇担心新生儿哭闹是母乳不足引起的。

ER 11-11
练习题

请思考：

(1) 该产妇出现乳房胀痛的原因是什么？

(2) 如何对该产妇进行护理指导？

第十二章 | 常见异常围产儿的护理

教学课件

思维导图

学习目标

1. **掌握**：胎儿窘迫的处理方法；新生儿复苏方法；早产儿的护理措施；新生儿黄疸与新生儿溶血病的概念、护理评估及护理措施；新生儿呼吸窘迫综合征的概念、护理评估及护理措施。
2. **熟悉**：早产儿的特点；围生儿常见异常的病因及治疗原则。
3. **了解**：围生儿常见异常的辅助检查及其意义。
4. 具备对围生儿常见异常实施整体护理的能力。
5. 具备对新生儿父母进行健康教育的能力。
6. 具备人文关怀素质，能够对新生儿父母提供情感支持。

第一节　胎儿窘迫

情景导入

王护士在产科值夜班，巡视病房时发现孕妇赵女士的胎心监护提示晚期减速。孕妇28岁，宫内妊娠35周，产前检查孕中晚期出现妊娠期高血压疾病。

请思考：

1. 目前胎儿的情况是否正常？
2. 工作中遇到晚期减速需要采取什么措施？

一、概述

胎儿窘迫（fetal distress）指胎儿因急性或慢性缺氧而危及健康和生命的综合症状，急性胎儿窘迫多发生在分娩期；慢性胎儿窘迫多发生在妊娠晚期，临产后常表现为急性胎儿窘迫。

胎儿窘迫的病因涉及多方面，可归纳为：

1. 胎儿急性缺氧　①胎盘因素：如胎盘早剥、前置胎盘；②脐带异常：如脐带绕颈、脐带真结、脐带扭转、脐带脱垂、脐带血肿、脐带过长或过短、脐带附着于胎膜等；③母体因素：如各种原因导致休克、缩宫素使用不当、孕妇应用麻醉药及镇静剂过量。

2. 胎儿慢性缺氧　①母体因素：合并先天性心脏病或伴心功能不全、肺部感染、慢性肺功能不全、哮喘反复发作、重度贫血、妊娠期高血压疾病、慢性肾炎、糖尿病及过期妊娠等；②胎儿因素：严重的心血管疾病、呼吸系统疾病，胎儿畸形，母儿血型不合，胎儿宫内感染，致胎儿运输及利用氧能力下降等。

二、护理评估

（一）健康史

了解孕妇的年龄、既往生育史、急慢性疾病史，有无严重心肾疾病、贫血、不良嗜好等；本次妊娠经过，有无妊娠期高血压疾病、胎膜早破、子宫过度膨胀；了解分娩经过，有无产程延长或急产、缩宫素及麻醉剂使用不当；了解胎盘功能与脐带情况；了解有无胎儿畸形及宫内感染等。

（二）身体状况

1. 急性胎儿窘迫　主要发生在分娩期。

（1）**胎心率的异常**：胎心率的异常是急性胎儿窘迫的重要临床表现。电子胎心监护不受宫缩影响，能动态监测胎心率的变化，其结果判读应采用三级电子胎心监护判读标准（详见第三章第五节"胎儿健康状况评估"），当电子胎心监护出现Ⅲ类电子胎心监护图形时，提示胎儿缺氧严重。

（2）**胎动的改变**：胎动是表明胎儿存活的良好标志，也是对宫内缺氧最为敏感的指标。缺氧初期，胎动增加，缺氧严重时胎动减少，进而消失。若每 2h 少于 10 次提示明显缺氧，一般胎动消失 24h 内胎心消失。

（3）**羊水胎粪污染**：单纯羊水胎粪污染已经不被认为是胎儿窘迫的证据，因影响胎粪排出最主要的因素是孕周，孕周越大羊水被胎粪污染的概率越高，所以需要结合胎心监护进行评估。根据缺氧程度不同，羊水污染分三度：Ⅰ度羊水呈浅绿色；Ⅱ度羊水黄绿色或深绿色并混浊；Ⅲ度羊水棕黄色并稠厚。出现羊水胎粪污染时，胎心监护正常则不需要特殊处理；胎心监护异常则考虑存在宫内缺氧，存在胎粪吸入综合征危险。

2. 慢性胎儿窘迫　多发生在妊娠晚期，往往延续至临产并加重，常因胎盘功能减退引起，主要表现为胎动减少或消失，胎儿生长发育受限，羊水胎粪污染等。电子胎心监护无应激试验（NST）异常，提示有胎儿缺氧可能（详见第三章第五节"胎儿健康状况评估"），胎儿生物物理评分低，≤4 分提示胎儿缺氧。

（三）心理－社会支持状况

孕产妇及家人因胎儿的生命遭遇危险会产生焦虑、恐惧，对需要手术结束分娩产生犹豫、无助感。对于胎儿不幸死亡的孕产妇及家人，感情上受到强烈创伤，通常会经历否认、愤怒、抑郁、接受的过程，应了解其情感创伤过程，评估其情感需要。

（四）辅助检查

1. 胎心监测　在无胎动与宫缩时，胎心率 > 160 次 /min 或 < 110 次 /min，持续 10min 以上，NST 无反应型，基线变异频率 < 5 次 /min，OCT 频繁出现晚期减速、变异减速等。

2. 胎盘功能检测　孕妇 24h 尿雌三醇（E_3）连续监测急剧减少 30%~40%，或于妊娠末期连续多次测定 E_3 值在 10mg/24h 以下；尿雌三醇/肌酐比值 < 10；胎盘生乳素 < 4mg/L 提示胎盘功能下降。

3. 胎儿血气分析　胎儿头皮血 pH < 7.20（正常 7.25~7.35）提示酸中毒。

4. 其他　如羊膜镜检查可了解胎粪污染羊水程度。

三、常见护理诊断／问题

1. 气体交换受损（胎儿）　与胎盘子宫的血流改变、血流中断或血流速度减慢有关。

2. 焦虑　与胎儿出现缺氧症状有关。

3. 预感性悲哀　与胎儿可能死亡有关。

四、护理目标

1. 胎儿缺氧状况改善，胎心率恢复正常。

2. 孕产妇能运用应对机制有效控制焦虑。

3. 孕产妇及家人对胎儿可能死亡有了一些心理准备。

五、护理措施

1. 心理护理　向孕产夫妇提供相关信息，对他们的疑虑给予适当的解释，将真实情况告知，有助于孕产夫妇减轻焦虑，也可帮助他们面对现实。

2. 一般护理　发现有宫内窘迫时，可改变为左侧卧位。

3. 给氧　增加孕妇低流量氧气供给，通过面罩或鼻导管给氧，提高胎儿血氧饱和度。

4. 密切监护　严密监测胎心变化，一般采用连续胎心监护，及时了解胎儿胎心、胎动及胎动时的胎心变化，定时监测胎盘功能，以便积极采取措施。

5. 治疗配合

(1) **迅速改善缺氧症状**：除给氧外，还包括遵医嘱停止使用缩宫素，纠正脱水及低血压等措施，以提高胎儿的血氧饱和度。病情紧迫、经宫内复苏处理无效或慢性胎儿窘迫病情难以改善且已经接近足月者，立即行剖宫产术。

(2) **做好术前准备**：根据宫口开大情况、宫口条件、胎儿大小、胎先露下降情况等综合估计短时间内是否可经阴道分娩，根据需要行手术助产，必要时行剖宫产术。

(3) **做好新生儿抢救和复苏准备**：备足所需器械并检查后依次定点放置以备随时取用。若有胎儿窘迫的高危孕妇，估计胎儿娩出时有窒息可能者，应通知受过复苏训练的抢救人员提前到场，多学科联合进行复苏抢救。

6. 健康教育　促进产妇生理及心理状态的恢复，对合并有其他疾病的产妇，指导其积极治疗合并症，为下一次成功妊娠及分娩做好合理计划；再次妊娠时注意监测胎动情况，发现异常及时就诊。

六、护理评价

经过治疗与护理达到：①胎心率在正常范围内；②孕产妇焦虑得到控制，舒适感有所增加；③孕产夫妇能接受胎儿死亡的现实。

第二节　新生儿窒息

> **情景导入**
>
> 　　孕妇陈女士 30 岁，宫内妊娠 39 周临产，由于宫缩乏力，胎儿娩出时全身青紫，不哭，呼吸不规则，心率 100 次/min，刺激无反应，四肢肌张力减低。
>
> **请思考：**
> 1. 该新生儿出现了什么情况？
> 2. 应采取什么措施？

一、概述

新生儿窒息（neonatal asphyxia）是指新生儿出生后不能建立正常的自主呼吸而导致低氧血症、高碳酸血症及全身多脏器损伤，是引起新生儿死亡和儿童伤残的重要原因之一，国内发病率的统计数据差异较大，占 5%~10%。

窒息的本质是缺氧,凡是影响母体与胎儿间血液循环和新生儿肺气体交换的因素均可引起窒息,但90%发生在宫内和产时,产后因素较少。新生儿窒息多为胎儿窘迫的延续。常见的病因有:

1)母亲因素:孕母患有慢性或严重全身疾病,如严重贫血、心肾疾病、糖尿病、严重肺部疾患等;妊娠合并症,如妊娠期高血压疾病、先兆子痫、子痫、急性失血;孕母吸烟、吸毒、酗酒;孕母年龄>35岁或<18岁等。

2)胎盘及脐带因素:如前置胎盘、胎盘早剥、胎盘功能不足,脐带绕颈受压、打结、过短、过细、脱垂等。

3)分娩因素:产程延长,产力异常,头盆不称,胎位不正;难产、手术助产;产程中使用缩宫剂、镇静剂或麻醉剂不当等。

4)新生儿自身因素:早产儿、低体重儿、巨大胎儿、小于胎龄儿、先天畸形儿、宫内感染、呼吸道阻塞(羊水或胎粪吸入)或重度贫血等也可致出生时窒息。

二、护理评估

(一)健康史

详细了解产妇孕期身体状况,有无影响胎盘血流灌注的疾病,如心脏病、严重贫血、肺部疾患、宫内感染等,有无妊娠合并症及不良嗜好;了解产妇分娩过程和产程中用药情况;了解有无胎盘及脐带异常;了解新生儿出生前后情况,如胎心、胎动、羊水情况、胎位、出生体重,是否早产,有无先天畸形等。

(二)身体状况

1.新生儿窒息分度 根据新生儿出生后1min的Apgar评分(见表4-1)将窒息分为轻度窒息和重度窒息。

(1)**轻度窒息**:又称青紫窒息,生后1min Apgar评分4~7分。此时新生儿面部及全身皮肤发绀,呼吸表浅或不规则,肌张力存在,对刺激有反应,血管轻微收缩,血压稍升高,循环尚好,如病因解除、清理呼吸道和适当刺激,可恢复自主呼吸,如复苏不及时可转为重度窒息。

(2)**重度窒息**:又称苍白窒息,生后1min Apgar评分0~3分。此时新生儿面色及全身皮肤苍白,无呼吸或仅有喘息样呼吸,肌张力消失,对刺激无反应,心率和血压持续下降,如无外界正压通气帮助则无法恢复自主呼吸而死亡。

2.各器官受损表现 窒息、缺氧缺血可造成多器官功能受损,但不同组织细胞对缺氧的易感性各异,根据窒息的程度、窒息持续时间不同,各器官损伤的发生频率和程度各异,包括①中枢神经系统:缺氧缺血性脑病、颅内出血及颅内压增高;②心血管系统:传导系统和心肌受损、严重者出现心源性休克和心力衰竭;③呼吸系统:呼吸衰竭、持续性肺动脉高压、吸入性肺炎、肺出血等;④泌尿系统:肾功能不全、急性肾衰、肾静脉栓塞等;⑤消化系统:喂养不耐受、应激性溃疡、坏死性小肠结肠炎、病理性黄疸等;⑥血液系统:DIC、血小板减少等;⑦代谢方面:低血糖、高血糖、低钙血症、低钠血症等。

(三)心理-社会支持状况

新生儿窒息经抢救后大多能恢复,但严重窒息者仍可遗留不同程度的后遗症,应评估家长的心理状况,了解新生儿父母对疾病相关知识的了解程度,对疾病预后及后遗症康复护理知识与方法的了解程度;评估新生儿的家庭经济状况和居住环境。

(四)辅助检查

对窒息新生儿应作动脉血气分析,血气分析可见 $PaCO_2$ 升高,PaO_2 及 pH 下降;血生化可见血清钾、钠、氯、钙、磷、镁和血糖降低,尿素氮、血肌酐增高;头颅 B 超或 CT 能发现颅内出血的部位和范围。

三、常见护理诊断/问题

1. **自主呼吸障碍**　与羊水、气道分泌物吸入导致低氧血症和高碳酸血症有关。
2. **体温过低**　与缺氧以及抢救时暴露过分有关。
3. **潜在并发症**：缺氧缺血性脑病、颅内压增高,吸入性肺炎等。
4. **焦虑(家长)**　与新生儿病情危重及预后不良有关。

四、护理目标

1. 新生儿能维持有效的呼吸,呼吸道保持通畅,无缺氧症状。
2. 新生儿体温及其他生命体征能恢复正常。
3. 能减少新生儿住院期间并发症的发生,神经系统症状消失。
4. 家长了解疾病相关知识,减轻焦虑,能配合医护人员进行早期康复干预。

五、护理措施

(一)早期预测,做好准备

估计胎儿娩出后有窒息危险时,应充分做好包括人员、仪器、物品等的各方面准备工作。

(二)及时复苏

对有窒息危险的胎儿,娩出前应充分做好复苏准备,包括产前咨询、团队成员、准备物品等。产前咨询包括孕周多少,羊水清吗,预期分娩的新生儿数目,母儿有何高危因素;团队成员包括产科、儿科医护人员及麻醉医生。按 ABCDE 复苏方案及时进行复苏,A(air way):清理呼吸道;B(breathing):建立呼吸,增加通气,保证供氧;C(circulation):维持正常循环,保证足够的心搏出量;D(drugs):药物治疗;E(evaluation and environment):评价与环境(保温)。前三项(ABC)最重要,A 是根本,B 是关键,E 是贯穿始终。

1. 复苏的基本程序　"评估→决策→措施"的程序在整个复苏过程中不断重复。启动复苏程序后的评估主要基于以下 3 项指标:呼吸、心率和脉搏血氧饱和度。通过评估这 3 项指标确定每一步骤是否有效,其中心率是最重要的指标。

2. 复苏的流程

A——快速评估与初步复苏(要求在生后 30s 内完成):

(1)**快速评估**:出生后立即评估①新生儿是否足月儿? ②羊水是否清亮? ③有哭声或呼吸吗? ④肌张力好吗? 若 4 项中有 1 项为否定的,则立即进行初步复苏。

(2)**初步复苏**:①新生儿胎头娩出后助产者先用手轻挤新生儿面、颏部,排出口、鼻中黏液。②新生儿娩出后立即置于预热好的辐射台上,足月儿设置辐射台温度 32~34℃,早产儿根据其中性温度设置。③迅速用预热好的干毛巾擦干头部及全身,胎龄<32 周和/或出生体重<1 500g 的早产儿可用清洁塑料膜(袋)包裹,以减少散热。④摆好体位,取仰卧位,肩部以布卷垫高 2~3cm,使颈部轻微仰伸,呈鼻吸气体位。⑤立即清除口、咽、鼻及气道内黏液,可用吸引球或吸痰管清理气道,先吸口咽,再吸鼻腔,必要时负压吸引,负压 80~100mmHg(10.0~13.3kPa),吸引时间不超过 10s。当羊水有胎粪污染时,首先评估新生儿有无活力(有"活力"的定义是强有力的呼吸、肌张力好和心率>100 次/min;如果这三条中任一条回答是否定的,则判定新生儿无活力):有活力时,继续初步复苏;无活力时,应在 20s 内完成气管插管及吸引胎粪。⑥擦干和刺激:快速彻底擦干新生儿头部、躯干和四肢,去掉湿毛巾,彻底擦干也是刺激新生儿诱发自主呼吸的方法。如仍无自主呼吸,用手拍打或弹足底,或沿脊柱方向摩擦新生儿背部,以促使自主呼吸出现。

B——建立呼吸:如存在呼吸停止、喘息样呼吸或心率<100 次/min,应立即用复苏器正压通气,

临床中常用的新生儿复苏囊为自动充气式气囊和 T- 组合复苏器（T-Piece），面罩应密闭遮盖下巴尖端、口鼻，但不盖住眼睛，通常情况下吸气峰压为 20~25cmH$_2$O，频率为 40~60 次 /min，用"吸 -2-3"的节律大声计数以保持正确的速率，氧流量需在血氧饱和度仪的监测指导下进行，足月儿和胎龄≥35 周早产儿开始用 21% 氧气进行复苏，胎龄 <35 周早产儿自 21%~30% 氧气开始，通过胸廓起伏及心率判断正压通气的有效性。30s 充分正压通气后再进行评估，如出现自主呼吸，心率≥100 次 /min，可逐渐减少并停止正压通气；如自主呼吸不充分，或心率 <100 次 /min，须继续用气囊面罩或气管插管进行正压通气，并检查及矫正通气操作；如心率 <60 次 /min，予气管插管正压通气并开始胸外心脏按压。

ER 12-3　复苏气囊
ER 12-4　面罩正压通气

C——恢复循环：气管插管正压通气 30s 后，如心率 <60 次 /min，应同时进行胸外心脏按压。应在新生儿两乳头连线中点的下方，即胸骨体下 1/3 进行按压，可采用拇指法或双指法：

1) 拇指法：双手拇指端压胸骨，根据新生儿体型不同，双拇指重叠或并列，其他手指围绕胸廓支撑背部。

2) 双指法：操作者一手中、示指尖放在胸骨上，另一只手支撑新生儿背部。按压深度为前后胸直径的 1/3，按压有效时可摸到股动脉搏动，按压时间稍短于放松时间，放松时手指不应离开胸壁。按压频率为 90 次 /min（双人操作每按压 3 次，正压通气 1 次，即每分钟完成 90 次按压和 30 次正压通气，也即是 2 秒内 3 次胸外按压加 1 次正压通气），胸外按压者大声喊出"1-2-3- 吸"，其中"1-2-3"为胸外按压，"吸"为助手做正压通气配合，胸外心脏按压 60s 后评估心率恢复情况，如心率仍 <60 次 /min，检查正压通气和胸外按压操作是否正确，以及是否给予了 100% 氧。如通气和按压操作皆正确，应立即进行脐静脉置管，遵医嘱给予肾上腺素。

ER 12-5　新生儿胸外按压——拇指法
ER 12-6　新生儿胸外按压——双指法

D——药物治疗：建立有效的静脉通路，保证药物的应用。在胸外心脏按压 30s 后仍不能恢复正常循环时，遵医嘱给予 1:10 000 肾上腺素 0.1~0.3ml/kg 静脉注射或 0.5~1ml/kg 气管内注入，首选脐静脉给药，必要时 3~5min 后可重复一次，但重复给药需选择静脉途径。有低血容量、怀疑失血或休克的新生儿对其他复苏措施无反应时，考虑扩充血容量，推荐选用生理盐水，首次剂量为 10ml/kg，静脉缓慢注射。

ER 12-7　新生儿窒息复苏程序

（三）保温

整个复苏及护理过程中应注意新生儿的保温，可将新生儿置于远红外保暖床上，待病情稳定后再放置于暖箱中保暖或用热水袋保暖，维持新生儿体温（腋下）36.5~37.5℃，产房温度维持在 24~26℃。

（四）复苏后护理与转运

复苏后仍需密切观察，加强护理，继续保暖，保持呼吸道通畅，必要时给氧。监测新生儿体温、呼吸、心率、血压、尿量、肤色、血气，以及有无窒息所导致的神经系统症状、酸碱失衡、水与电解质紊乱、大小便异常、感染和喂养等问题，认真观察并逐项做好记录，如有异常，及时通知医生。复苏后如发生并发症需转运到新生儿重症监护室治疗，转运中需注意保暖、监护生命体征，并予以支持及对症治疗。

（五）健康教育

抢救过程中各种操作应沉着、有秩序，同时安慰产妇，避免产妇情绪紧张引起产后出血，并选择适宜的时间告知新生儿具体情况。告知家长新生儿目前的情况和该病可能的预后，帮助家长树立信心，促进父母角色的转变。对恢复出院的新生儿，应指导定期复查，及时发现异常情况并进行早期干预。

2021年新生儿窒息复苏程序变化

待脐带搏动停止后(生后1~3min),用两把无菌止血钳分别距离脐带根部2cm和5cm处夹住脐带,并用无菌剪刀在距离脐带根部2cm处一次断脐。不必在脐带断端使用任何消毒剂。不包扎脐带断端,但需要保持脐带断端清洁和干燥。

1. **快速评估** 将"有呼吸和哭声吗?"改为"哭声和呼吸好吗?"是对哭声和呼吸的正常程度予以强调,即正常新生儿应具有强有力的呼吸和响亮的哭声,否则需要复苏。

2. **常规护理** 对于正常新生儿,不需要常规吸引口鼻咽部,故常规护理中去除"必要时清理气道";不需要复苏的新生儿强调延迟脐带结扎,故将"处理脐带"改为"延迟脐带结扎"。

3. **3-导联心电监测** 在正压通气时增加了"考虑使用3-导联心电监测"。需要胸外按压时,已存在循环不良,与脉搏血氧饱和度仪相比,3-导联心电监测能有效捕捉到更准确的心率。因此,胸外按压时推荐使用3-导联心电监测。

六、护理评价

经过治疗与护理达到:①新生儿能维持有效的呼吸,无缺氧症状;②新生儿生命体征恢复正常;③新生儿无并发症;④家长能配合医护人员进行早期康复干预。

第三节 早 产 儿

护士小张正在值班,接到产科电话通知将有一个胎龄32周的早产儿出生,请预热暖箱,准备接诊。

请思考:

1. 如何根据新生儿体重调节箱温?
2. 早产儿氧疗时有哪些注意事项?

一、概述

早产儿(premature infant)又称未成熟儿,是指胎龄<37周的活产婴儿。近年来,我国早产儿的发生率呈逐年上升趋势,母孕期感染、妊娠期高血压疾病、胎膜早破、辅助生殖技术及多胎妊娠等是引起早产的主要原因。早产儿的死亡率远远高于足月儿,为12.7%~20.8%,且胎龄越小、体重越轻,死亡率越高。因此,预防早产、加强早产儿护理对于降低新生儿死亡率,减少儿童伤残率具有重要意义。

新生儿分类新定义

《美国妇产科杂志》将普遍认可胎龄37~42周之间出生的新生儿属于正常"足月儿"这一术语的时间范围重新定义,认为出生于39~41周之间的新生儿才属于真正意义的足月儿,新定义也得到了美国妇产科医生协会和母胎医学学会的认可。

新生儿新分类：

早产儿：<37周出生的新生儿。

早期儿：37周~38^{+6}周出生的新生儿。

足月儿：39周~40^{+6}周出生的新生儿。

晚期儿：41周~41^{+6}周出生的新生儿。

过期产儿：≥42周出生的新生儿。

新定义和分类方式旨在降低胎儿过早（小于39周）的引产和剖宫产率，促进新生儿拥有更佳的健康状况。

二、护理评估

（一）健康史

详细询问产妇孕期健康史，了解有无妊娠期高血压疾病、孕期感染等；有无糖尿病、心肾疾病、严重贫血等慢性疾病；有无胎膜早破、胎盘早剥、前置胎盘；有无生殖系统畸形，是否多胎妊娠或应用辅助生殖技术等。了解羊水、胎盘、脐带、用药情况及产程等；了解新生儿出生后情况，如胎龄、出生体重、Apgar评分等。

（二）身体状况

ER 12-8

足月儿与早产儿的外观特点

1. 早产儿的外观特点 皮肤薄而红嫩，毳毛多，胎脂丰富，皮下脂肪少，头发细而乱，耳郭软，耳周不清，指（趾）甲未达指（趾）端，乳晕不清，乳腺结节小或无结节，足底纹理少，男婴阴囊皱褶少，睾丸未降或未全降至阴囊，女婴大阴唇不能遮盖小阴唇。

2. 早产儿的生理特点

（1）**呼吸系统**：早产儿呼吸中枢及呼吸器官发育不成熟，呼吸浅快不规则，易出现周期性呼吸、呼吸停止及喂奶后暂时性青紫。胸廓呈圆筒形，肋骨软，肋间肌无力，吸气时胸壁易凹陷。因肺泡表面活性物质缺乏，早产儿易发生肺透明膜病。

（2）**循环系统**：早产儿心率快，血压较足月儿低，部分可伴有动脉导管未闭，且缺氧、酸中毒易引起持续性肺动脉高血压。

（3）**消化系统**：早产儿胎龄越小吸吮力越差，吞咽反射越弱，胃容量越小，贲门括约肌松弛，容易发生溢乳、胃食管反流及乳汁吸入性肺炎。消化酶分泌不足，尤其是胆酸分泌较少，对脂肪的消化吸收较差，在缺氧缺血、喂养不当时易发生坏死性小肠结肠炎。由于胎粪形成较少，肠蠕动无力，胎粪排出常延迟。肝脏功能不成熟，肝脏酶活性不足，黄疸常较重且持续时间长，易致胆红素脑病。肝内糖原储存少，且合成蛋白质的功能不足，易发生水肿、低血糖和低蛋白血症。

（4）**血液系统**：早产儿周围血中有核红细胞较多，白细胞和血小板数量较足月儿稍低。由于早产儿红细胞生成素水平低下、铁储备少、血容量增加迅速，故"生理性贫血"出现早，而且胎龄越小，贫血持续时间越长，程度越重。维生素K、维生素D及铁、钙储备均较足月儿少，更易发生出血、贫血和佝偻病。

（5）**泌尿系统**：早产儿肾脏功能较足月儿差，浓缩功能更差，肾小管对醛固酮反应低下，易发生水、电解质紊乱。葡萄糖阈值低，尿糖常呈阳性。碳酸氢根阈值低、肾小管排酸能力差，而牛乳中蛋白质含量及酪蛋白比例较高，普通牛乳喂养可发生面色苍白、反应差、体重不增和代谢性酸中毒，为晚期代谢性酸中毒。

（6）**神经系统**：早产儿神经系统成熟度与胎龄有密切关系，胎龄越小，原始反射越难引出或反

射不完全。由于早产儿脑室管膜下存在丰富的胚胎生发层组织，因而易发生脑室周围 - 脑室内出血及脑室周围白质软化。

（7）**免疫系统**：早产儿特异性和非特异性免疫功能尤为不成熟。早产儿皮肤黏膜娇嫩易损伤，屏障功能差，体液免疫和细胞免疫功能均很不完善，分泌型 IgA 缺乏，IgG 虽可通过胎盘，但随胎龄增加而增多，故早产儿感染性疾病发病率高，且病情重，预后较差。

（8）**体温调节**：早产儿体温调节功能较足月儿更差，棕色脂肪含量少，产热能力差，基础代谢率低，体表面积相对较大，皮下脂肪少，更易散热，因此低体温及体温不升多见，常因寒冷导致寒冷损伤综合征。且早产儿汗腺发育差，缺乏物理产热方式，体温易随环境温度波动。

（三）心理 - 社会支持状况

早产儿并发症多，住院时间长，预后不确定等，父母往往存在焦虑，应评估新生儿父母的心理状况；评估父母对早产儿需要特殊照顾的观念接受情况及照顾早产儿的能力；评估家庭经济状况和社区环境。

三、常见护理诊断 / 问题

1. **体温过低**　与体温调节功能差有关。
2. **自主呼吸障碍**　与呼吸中枢、呼吸器官发育不成熟有关。
3. **营养失调：低于机体需要量**　与吸吮、吞咽、消化功能差有关。
4. **有感染的危险**　与免疫功能低下有关。
5. **潜在并发症**：胆红素脑病、颅内出血等。

四、护理目标

1. 新生儿能维持正常体温。
2. 新生儿能维持正常呼吸，动脉血气维持在正常范围内。
3. 新生儿能摄取充足营养素，体重增加理想。
4. 新生儿住院期间不发生感染，发生并发症能及时被发现并正确处理。
5. 家长能掌握正确的早产儿护理知识和理念，母儿依附关系良好。

五、护理措施

1. **体温维持**　早产儿室必须阳光充足，空气流通（避免对流风），室温一般维持在 24~26℃，相对湿度在 50%~60%。早产儿生后立即擦干身体，根据体重、成熟度及病情，给予不同的保暖措施，加强体温监测。一般体重小于 2 000g 者，应尽量放入暖箱中保暖，体重大于 2 000g 者可在箱外保暖，方法因地制宜，如戴帽、母亲怀抱、应用热水袋、辐射台等均可，以减少散热。早产儿应根据体重、日龄选择中性温度，在此温度下身体耗氧量、蒸发散热量最少，新陈代谢率最低。新生儿中性温度与胎龄、日龄及出生体重有关（表 12-1）。

表 12-1　不同体重、日龄新生儿暖箱的温度

出生体重 /kg	暖箱温度			
	35℃	34℃	33℃	32℃
1.0	初生 10d 内	10d 后	3 周内	5 周后
1.5	—	10d 内	10d 后	4 周后
2.0	—	2d 内	2d 后	3 周后
>2.5	—	—	2d 内	2d 后

2. 病情观察

(1) 早产儿并发症多见，病情变化快，常出现呼吸暂停等生命体征改变，除日常观察体温、呼吸、脉搏外，还应注意观察其精神反应、面色、哭声、反射、哺乳情况、皮肤颜色、有无化脓感染、出血点、肢体末梢的温度及大小便及睡眠情况等，并详细记录，如发现异常，应及时报告医生。

保温箱

辐射台

(2) 若摄入不足或因疾病影响需药物治疗及补液时，剂量要绝对精确，输液最好使用微量注射泵，严格控制补液速度，定时观察并记录，防止高血糖、低血糖的发生。

3. 呼吸维持　①经常评估早产儿呼吸道是否通畅，及时清除呼吸道内的分泌物，保持呼吸道通畅；②保持早产儿舒适体位，仰卧时可在肩下放置软垫，避免颈部前屈或过度后仰而导致呼吸道梗阻；③勿常规为早产儿供氧，仅在发绀及呼吸困难时才给氧，且不宜长期持续使用，以免引起晶状体后纤维组织增生，导致视力障碍，一般主张间歇、低流量给氧，氧浓度以 30%~40% 为宜，维持动脉血氧分压在 50~80mmHg（6.7~10.7kPa），或经皮血氧饱和度 88%~93%；④发生呼吸停止时，可先托背给予刺激，有条件的可使用水囊床垫，反复发作者可遵医嘱给予氨茶碱静脉滴注，必要时机械正压通气。

4. 合理喂养　尽早开奶，以防发生低血糖。提倡母乳喂养，无母乳者可选用早产儿配方奶人工喂养。

根据胎龄、出生体重和日龄选择喂养方式，对吸吮能力差、吞咽功能不协调者，可间歇或持续管饲喂养，经胃肠道摄入能量不足者以静脉营养补充。哺乳量因人而异，原则上胎龄越小、出生体重越低的早产儿，开始哺乳量越少，每次增加奶量越少，哺乳间隔时间越短，以不呕吐、无腹胀及胃潴留为宜。早产儿喂乳量与间隔时间（表 12-2）。

表 12-2　早产儿喂乳量与间隔时间

出生体重 /g	开始量 /ml	每次隔次增加量 /ml	喂奶间隔时间 /h
<1 000	1~2	1	1
1 000~1 499	3~4	2	2
1 500~1 999	5~10	5~10	2~3
2 000~2 499	10~15	10~15	3

早产儿出生后应及时补充维生素 K，以防出血；并应补充维生素 C、维生素 A、维生素 D、维生素 E 和铁剂。

知识拓展

新生儿低钙血症

新生儿低钙血症（neonatal hypocalcemia）是新生儿惊厥的常见原因之一，主要与暂时的生理性甲状旁腺功能低下有关。新生儿低血钙是指：血清总钙 <1.75mmol/L（7.0mg/dl）或游离钙 <1mmol/L（4mg/dl）。

早期低血钙于生后 3d 内发生，常见于早产儿、小于胎龄儿、母亲患糖尿病及妊娠高血压综合征的新生儿等；晚期低血钙于生后 3d 后发生，高峰在第 1 周末，多见于牛乳喂养的足月儿。主要是由于牛乳中磷含量高，钙磷比例不适宜，不利于钙的吸收；如低血钙持续时间长或反复发生还可见于母亲患甲状旁腺功能亢进，先天性永久性甲状旁腺功能不全等。

新生儿低钙血症状可轻可重,与血钙浓度不一定成正比。主要表现为烦躁不安、肌肉抽动及震颤,重者发生惊厥,手足搐搦和喉痉挛不常见。惊厥发作时常伴有呼吸停止和发绀。

治疗包括补充钙剂、镁剂、维生素 D 及调整饮食。10% 葡萄糖酸钙静脉注射时均要用 5%~10% 的葡萄糖溶液稀释至少一半,静脉注射要缓慢,经稀释后药液推注速度 <1ml/min,并给予心电监护,以免注入过快引起呕吐和心脏停搏及导致死亡等毒性反应。静脉注射过程中若心率 <80 次 /min,应停用。静脉用药的过程中,要注意保证静脉输液通畅,以免发生药物外渗而造成皮肤局部组织坏死。一旦发现药液外渗,应立即拔针停止注射,同时使用透明质酸酶对症处理。

5. 感染预防 工作人员应相对固定,严格控制入室人数,严格执行无菌操作规程及消毒隔离制度,护理每个婴儿前应严格进行洗手,限制探视,患感染性疾病或带菌者应暂时避免接触早产儿。早产儿的用物应单独使用,并定期更换消毒,以免引起交叉感染。室内宜用湿法进行日常清洁,每日定时紫外线照射,并应有定期大扫除及消毒制度。加强皮肤黏膜、脐部及臀部护理,防止发生皮肤脓疱疮、脐炎、臀红等。

6. 健康教育 鼓励并指导母乳喂养,提供预防接种、新生儿筛查、观察、随诊等知识,使他们得到良好的信息支持,树立照顾早产儿的信心。对有严重合并症需要母儿分离的产妇,应告诉家长新生儿目前的情况,提供心理支持,如丈夫、家人和护理人员的陪伴可帮助孕产妇重建自尊,以良好的心态承担早产儿母亲的角色;可在严格执行消毒隔离制度的前提下,鼓励父母探视和参与照顾早产儿,如为早产儿更换尿布、沐浴、抚触、喂奶等,以促进亲子感情交流,利于早产儿身心发育。

六、护理评价

经过治疗与护理达到:①新生儿能维持正常生命体征,维持动脉血气在正常范围内;②新生儿能摄取充足营养素,体重增加理想;③新生儿未发生感染,并发症得到正确处理;④家长能掌握正确的早产儿护理知识和理念,母婴依附关系良好。

知识拓展

袋鼠妈妈护理

袋鼠妈妈护理(kangaroo mother care,KMC),又称皮肤接触护理(skin-to-skin contact)。这个概念于 20 世纪 80 年代首度提出,旨在医疗资源缺乏的环境下,借助母亲的体温来维持早产儿的体温稳定。此举不仅维持了早产儿体温得以维持,还改善了早产儿面临的诸多临床问题,如:生命征象稳定、体重增加、睡眠时间延长等,因而吸引了许多学者的关注,陆续做了很多的研究来证实它的临床益处。

第四节　新生儿黄疸

情景导入

刘女士之女,生后 5h 家长发现新生儿皮肤黄疸,巩膜发黄,逐渐加重,无发热,无气促、呼吸困难,无腹胀、呕吐,无青紫。入院体格检查:足月儿貌,反应可,全身皮肤及巩膜严重黄染。辅助检查:总胆红素 359.1μmol/L(21mg/dl),结合胆红素 21.6μmol/L(1.2mg/dl)。

新生儿黄疸（neonatal jaundice），也称新生儿高胆红素血症，是新生儿时期因胆红素在体内积聚而引起的皮肤及其他器官黄染的现象。新生儿血清总胆红素超过 5~7mg/dl（成人超过 2mg/dl），即可出现肉眼可见的黄疸。新生儿黄疸有生理性与病理性之分，部分高未结合胆红素血症可导致中枢神经系统损害，引起胆红素脑病（bilirubin encephalopathy），常留有严重后遗症，严重者可死亡。

一、概述

（一）新生儿胆红素代谢特点

大多数新生儿黄疸为生理性黄疸，主要是由于新生儿胆红素代谢特点所致。

1. 胆红素生成过多　新生儿每日生成胆红素约 8.8mg/kg，而成人仅为 3.8mg/kg。这是由于胎儿血氧分压低，红细胞代偿性增加，出生后血氧分压升高，大量红细胞破坏；新生儿红细胞寿命比成人短 20~40d，且胎儿型血红蛋白半衰期短，形成胆红素的周期也缩短；旁路胆红素生成较多。

2. 转运胆红素的能力不足　刚娩出的新生儿常有不同程度的酸中毒，影响血中胆红素与白蛋白的结合，且新生儿白蛋白含量低，早产儿更甚，均使转运胆红素的能力不足。

3. 肝功能不成熟　新生儿肝细胞内摄取胆红素的 Y 蛋白和 Z 蛋白含量低；肝内尿苷二磷酸葡糖醛酸转移酶（UDPGT）的含量和活力不足，因此生成结合胆红素的能力差；肝细胞将结合胆红素排泄至肠道的能力不足，早产儿尤为突出，易致暂时性肝内胆汁淤积。

4. 肠肝循环增加　新生儿肠道内正常菌群尚未形成，不能将进入肠道的结合胆红素还原成尿胆原、粪胆原排出；而肠内葡糖醛酸酶活性较高，能很快将结合胆红素水解成未结合胆红素，迅速被肠壁回吸收，经门静脉达肝脏。

ER 12-11

新生儿胆红素代谢示意图

总之，新生儿摄取、结合、排泄胆红素的能力不足，仅为成人的 1%~2%，故极易出现黄疸，特别是在饥饿、缺氧、胎粪排出延迟、脱水、酸中毒及头颅血肿等情况下黄疸加重。

（二）新生儿黄疸分类

目前临床中单一胆红素值区分生理性或病理性黄疸的观点受到了挑战，目前根据临床实际，较多被接受的是采用日龄或小时龄胆红素值分区曲线，又称 Bhutani 曲线；根据不同胎龄和生后小时龄以及是否存在高危因素来评估和判断这种胆红素水平是否属于正常或安全，以及是否需要治疗（光疗）干预。图中高危因素一般指与黄疸并存的疾病，包括新生儿溶血、窒息或缺氧、新生儿颅内出血、酸中毒、败血症、体温失衡、低蛋白血症、低血糖等。

ER 12-12

生后时龄胆红素风险评估曲线（Bhutani 曲线）

ER 12-13

>35 周新生儿不同胎龄及不同高危因素的生后小时龄光疗标准

1. 生理性黄疸　其特点为：①一般情况好；② 50%~60% 的足月儿和 80% 以上的早产儿于生后 2~3d 内出现黄疸，4~5d 达高峰，一般情况良好，足月儿持续 5~7d 自然消退，最迟不超过 2 周，早产儿消退较慢，可延迟到 3~4 周；③每日血清胆红素升高 <85μmol/L（5mg/dl）或每小时 <0.5mg/dl；④血清总胆红素值尚未超过小时胆红素曲线（Bhutani 曲线）的第 95 百分位数，或未达到相应日龄、胎龄及相应危险因素下的光疗干预标准。

2. 病理性黄疸　具备以下任何一项即为病理性黄疸（pathologic jaundice）：①生后 24h 内出现黄疸；②血清总胆红素值已达到相应日龄及相应危险因素下的光疗干预标准，或超过小时胆红素风

险曲线的第 95 百分位数；或胆红素每日上升超过 85μmol/L（5mg/dl）或每小时 >0.5mg/dl；③黄疸持续时间长，足月儿 >2 周，早产儿 >4 周；④黄疸退而复现；⑤血清结合胆红素 >34μmol/L（2mg/dl）。

（三）病理性黄疸的主要原因

引起新生儿病理性黄疸的主要原因可分为感染性和非感染性两大类。

1. 感染性

（1）新生儿肝炎：大多因病毒通过胎盘传给胎儿或胎儿在产道中被感染所致，以巨细胞病毒最常见，其次为乙型肝炎病毒、风疹病毒、单纯疱疹病毒、肠道病毒、EB 病毒及弓形虫等。一般起病较慢，于生后 1~3 周或更晚出现黄疸，并进行性加重，大便色浅或灰白，尿色深黄，同时伴有厌食、呕吐、体重不增、肝脏肿大、肝功能异常。

生理性黄疸和病理性黄疸的区别

（2）新生儿败血症及其他感染：由于细菌毒素的侵入加快红细胞破坏、损害肝细胞所致。新生儿除黄疸外，还伴有全身中毒症状，有时可见感染灶。

2. 非感染性

（1）新生儿溶血病（hemolytic disease of newborn，HDN）

1）定义：是指母、子血型不合引起的同族免疫性溶血。以 ABO 血型不合最常见，Rh 血型不合较少见。

2）发病机制：由父亲遗传而母亲所不具有的显性胎儿红细胞血型抗原，通过胎盘进入母体，刺激母体产生相应的血型抗体，当不完全抗体（IgG）进入胎儿血液循环后，与红细胞的相应抗原结合（致敏红细胞），在单核巨噬细胞系统内被破坏，引起溶血。

3）特点：其中 ABO 溶血主要为母亲 O 型而胎儿 A 型或 B 型，Rh 溶血以 RhD 溶血病最常见。多数 ABO 溶血病新生儿除黄疸外，无其他明显异常。Rh 溶血病症状较重，严重者甚至死胎。症状主要包括胎儿水肿、黄疸、程度不一的贫血及肝脾肿大，胆红素脑病（bilirubin encephalopathy）是最严重的并发症，一般在生后 2~7d 发生，早产儿尤易发生。临床将其分为 4 期：警告期、痉挛期、恢复期和后遗症期（表 12-3）。

表 12-3　新生儿胆红素脑病的典型临床表现

分期	典型表现	持续时间
警告期	嗜睡，反应低下，肌张力下降，吸吮无力及原始反射减弱	12~24h
痉挛期	凝视，肌张力增高，角弓反张，呼吸停止，抽搐和发热等	12~48h
恢复期	抽搐减少，肌张力恢复，症状逐渐好转	2 周
后遗症期	听觉障碍、眼球运动障碍、手足徐动、牙釉质发育不良，智力落后、运动障碍	终生

（2）胆道阻塞：先天性胆道闭锁、先天性胆总管囊肿及胆汁黏稠综合征，使肝内或肝外胆管阻塞，结合胆红素排泄障碍，多数与宫内感染有关。于生后 2~4 周出现黄疸并持续加重，皮肤呈暗黄色，大便颜色变浅，尿色黄，肝脏明显增大，质地硬，血清胆红素增高，以结合胆红素增高为主，早期诊断和干预很重要，主要治疗为引流手术，无效者需进行肝移植。

（3）母乳性黄疸：母乳性黄疸以未结合胆红素升高为主，发生于纯母乳喂养或以母乳喂养为主的新生儿，足月儿多见；发病机制尚不明确，可能与新生儿胆红素肝肠循环增加和尿苷二磷酸葡萄糖醛酸基转移酶活性异常等有关；主要表现为黄疸持续时间长，可延迟至 8~12 周，为自限性，一般不建议中断母乳喂养。如果母乳性黄疸较重，高胆红素血症明显时，必须要查明有无其他病因，黄疸指数过高时也应考虑光疗。

（4）遗传性疾病：如红细胞葡萄糖 -6- 磷酸脱氢酶（G6PD）缺陷、红细胞丙酮酸激酶缺陷病、遗传性球形红细胞增多症与椭圆形红细胞增多症、地中海贫血、半乳糖血症、α_1-抗胰蛋白酶缺乏症等，均可使黄疸加重，消退延迟。

(5)**药物**：如磺胺、水杨酸盐、维生素K_3、吲哚美辛、新生霉素等可诱发或加重黄疸。

二、护理评估

1. **健康史**　了解新生儿的胎龄、出生体重、分娩方式、有无窒息史、喂养方式及保暖情况；母儿血型；孕母既往有无孕期感染史，有无不明原因的流产、早产及死胎史及输血史等；家族中有无遗传代谢性疾病及新生儿期不明原因的高胆红素血症等。详细询问黄疸出现的时间、高峰期、进展情况，大便和尿的颜色，有无其他伴随症状，如发热、呛咳等；有无感染、用药史。

2. **身体状况**　黄疸、贫血与肝脾肿大是新生儿黄疸常见的临床表现，其程度与引起黄疸的病因密切相关。①黄疸：皮肤黄染首先从面部开始出现，逐渐波及躯干与四肢，生理性黄疸范围多不超过四肢近端。需评估黄疸部位、范围、色泽，尿色深浅、大便颜色及胆红素脑病征象。②贫血与肝脾肿大：黄疸新生儿可合并不同程度的贫血及肝、脾大，严重者伴有水肿、皮肤出血点、心力衰竭症状。③原发病症状体征：部分新生儿还可见原发病临床表现。④此外，还应观察新生儿精神状态、反应、吸吮力及肌张力等情况。

3. **心理-社会支持状况**　严重的新生儿黄疸可引起神经系统损伤及预后不良，原发病的严重程度等都将给家长带来心理压力，评估家长有无焦虑、恐惧等心理反应，了解家长对本病病因、护理、预后等相关知识的认识程度。

4. **辅助检查**

(1)**胆红素测定**：黄疸新生儿血清胆红素测定除总胆红素增高外，根据其病因不同未结合胆红素或结合胆红素有不同程度增高。

(2) 为明确病因可根据病情选择母儿血型测定，红细胞、血红蛋白、网织红细胞、特异性抗体检测。

(3)**考虑新生儿溶血病或者需要进行换血疗法时可进行**：①改良直接抗人球蛋白试验，即改良Coombs'test试验；②新生儿红细胞抗体释放试验；③新生儿血清中游离抗体试验，必要时做血培养、红细胞形态、影像学检查等。

三、常见护理诊断/问题

1. **知识缺乏**：新生儿家长缺乏新生儿黄疸的相关知识。
2. **潜在并发症**：胆红素脑病。

四、护理目标

1. 新生儿黄疸逐渐消退至正常。
2. 家长了解病情，并能够配合医护人员对新生儿采取各种护理措施。

五、护理措施

(一) **治疗配合**

1. **新生儿生理性黄疸**　无须处理，日常照护中多照阳光，多喂水，保持大便通畅。

2. **病理性黄疸**

(1) 找出引起黄疸的病因，去除病因是治疗的关键。

(2)**降低血清胆红素，首选光疗法**：①光疗前给新生儿佩戴合适的眼罩，避免光疗对新生儿视网膜产生毒性作用及男婴外生殖器；②光疗中注意观察新生儿的全身情况，有无抽搐、呼吸停止等现象的发生，观察新生儿的皮肤情况，如出现大面积的光疗皮疹或青铜症，应通知医生考虑暂停光疗。③光疗分解物经肠道排出时刺激肠壁引起肠道蠕动增加，因此光疗新生儿大便次数增加，应做好臀部护理，预防臀红的发生。

（3）**血清未结合胆红素过高有胆红素脑病危险者可考虑换血疗法**：换血疗法是治疗黄疸最迅速的方法，主要用于重症母儿血型不合的溶血病，可及时移去抗体和致敏红细胞，减轻溶血，降低胆红素浓度，防止胆红素脑病，同时纠正贫血，防止心衰。由于换血偶有血栓、空气栓塞、心衰、心脏停搏等危险，必须严格掌握指征：大部分 Rh 溶血病和个别严重的 ABO 溶血病需换血治疗。

换血注意事项：①换血前应对新生儿进行身体评估，了解其病史、诊断、日龄、体重、生命体征及黄疸情况等，进行血源、物品及环境准备；②配合医生进行换血，并密切观察新生儿全身情况，监测生命体征（体温、心率、血压及氧饱和度），详细记录每次出入量和累计出入量；③换血后密切观察病情变化，继续监测生命体征及血常规、血糖、胆红素等，注意黄疸消退情况及伤口有无出血；保持伤口局部清洁，未拆线前不宜沐浴；换血后禁食 6h，开始试喂葡萄糖水，若吸吮正常无呕吐，可进行正常喂养。

（4）**用药护理**：遵医嘱给予丙种球蛋白、白蛋白、转氨酶诱导剂等治疗，以利于胆红素和白蛋白的结合，降低胆红素，预防胆红素脑病的发生。维持水、电解质平衡，保持输液通畅，合理安排补液计划，调节输液速度，切忌快速输入高渗性液体，以免血 - 脑脊液屏障开放，诱发胆红素脑病。避免使用可加重黄疸的药物。

（二）一般护理

提早喂养，可刺激肠蠕动，以利于胎粪排出，也可尽早建立肠道正常菌群，减少肠肝循环，同时防止低血糖的发生；加强保暖可避免低体温影响白蛋白与胆红素结合。保持皮肤、口腔清洁，防止感染。

（三）病情观察

1. **黄疸**　观察黄疸出现的时间、色泽、范围、程度、进展情况及伴随症状，根据黄疸出现的范围和部位估计血清胆红素的近似值。

2. **神经系统**　①观察神经系统的表现，如新生儿出现拒食、嗜睡、肌张力减退等胆红素脑病的早期表现，立即通知医生，做好抢救准备。②观察大小便次数、量及性质，如存在胎粪延迟排出，应予以灌肠处理。③观察用药的反应，控制输液量及速度。

（四）健康教育

1. **疾病知识**　帮助家长了解新生儿黄疸发生的原因、可能的预后和新生儿病情，并给予心理支持，取得家长的配合。

2. 喂养 对母乳性黄疸者，可继续母乳喂养，若新生儿黄疸严重，可暂停母乳喂养，黄疸消退后再逐渐恢复母乳喂养，血清胆红素值过高者可参考新生儿黄疸干预推荐方案考虑光疗。

3. 饮食禁忌 对红细胞 G6PD 缺陷者，需忌食蚕豆及其制品，禁用樟脑丸，并注意药物的选用以免诱发溶血。

4. 康复训练 对胆红素脑病新生儿的家长解释新生儿预后及早期干预的重要性，指导家长进行康复训练和护理。

六、护理评价

经过治疗与护理达到：①新生儿无胆红素脑病、心衰等并发症征象；②家长能配合对新生儿采取各种护理措施。

第五节 新生儿产伤

情景导入

刘女士之子，胎龄 39 周，第一胎，阴道产行胎头吸引出生，生后无自主呼吸，肌张力低，经吸痰、吸氧、人工口对口呼吸抢救 10min 后出现自主呼吸，急入新生儿病房。入院时情况：烦躁不安、哭闹、大汗淋漓、痛苦面容、皮肤苍白，头顶部产瘤较大，右侧枕部头皮下血肿，各种反射未引出。头部 CT 显示：沿枕部颅骨下可见新月形高密度影，后纵裂、半球沟裂见条形密度增高影，枕部颅骨见骨折纹。

请思考：

1. 该新生儿最可能患了什么疾病？
2. 该新生儿首要的护理措施是什么？

一、概述

产伤是指在分娩过程中因机械因素对胎儿或新生儿造成的损伤。多数与难产有关，多因胎儿体重过大、臀位产、剖宫产及其他难产所致。近年来随着产前检查及产科技术的提高，产伤发生率已明显下降，但仍是引起新生儿死亡及远期致残原因之一。

常见的产伤有骨折、神经损伤、软组织损伤、出血、脊柱及脊髓损伤等。本节仅介绍产伤性骨折和神经损伤。

（一）产伤性骨折

大多是由于产程延长、难产、巨大胎儿、胎儿窘迫需要快速分娩，助产过程中用力不当或动作粗暴，技术不够熟练等因素所致。常见的有锁骨骨折、颅骨骨折、肱骨骨折、股骨骨折等，新生儿骨折为非骨裂，骨折后骨痂出现较早，愈合较快，引起永久性畸形者少见。

1. 锁骨骨折 是产伤性骨折中最常见的一种，大部分新生儿无明显症状，故易漏诊。多发生于巨大胎儿、胎儿娩肩困难或牵引术牵拉肩部时用力过猛者，自然分娩时也偶可发生。

2. 颅骨骨折 临床较少见，但颅骨被挤压则为常见损伤，由于应用产钳不当，相对挤压形成凹陷，又称乒乓球骨折，也可发生于自然分娩者。使用产钳、胎头吸引器、骨盆狭窄或牵引用力不当导致颅骨不均匀受压时可能发生颅骨骨折。胎头吸引易并发顶骨骨折，产钳术易导致凹陷性骨折。

3. 肱骨骨折 多发生于难产、臀位分娩或进行内倒转术操作时，助产者强力牵拉上肢，或当头位分娩时，肩部降入产道后，助产者用力牵拉腋部时发生。

4. 股骨骨折 　在臀位产、横位产时,用手勾出下肢,或握住双下肢左右旋转,或过分牵拉伸直的下肢所致。偶尔也可发生于剖宫产者。

(二) 神经损伤

产伤性周围神经以臂丛神经和面神经损伤较多见,可引起上肢肌肉和面部肌肉麻痹。

1. 臂丛神经麻痹 　是新生儿周围神经损伤最重要的一种。较常发生于巨大胎儿。经阴道分娩的头位产中50%的臂丛神经损伤存在肩难产。目前新的观点认为产妇内在力量对胎儿不均衡的推力可能是造成肩难产时臂丛神经损伤的主要原因。

2. 面神经麻痹 　常由于产钳放置不当,压迫茎乳孔,伤及面神经与下颌神经支的交叉部所致。自然分娩过程中,当胎头下降受阻,偏向一侧肩部,位于耳前的面神经受到肩部的压迫可造成损伤。

二、护理评估

(一) 健康史

详细了解新生儿出生情况,出生体重、分娩过程及助产经过,有无难产、臀位产、产程延长、手术产等,有无助产过程中用力不当、动作粗暴等。

(二) 身体状况

1. 产伤性骨折

(1)**锁骨骨折**:骨折多发生于中央或中外1/3段,呈横行骨折,也有不完全性骨折(青枝骨折)者。新生儿患侧上臂不愿移动或运动不灵活,或完全失去运动能力。在移动患侧上臂时新生儿啼哭,触诊局部有肿胀、压痛及骨擦感,锁骨上凹可消失,胸锁乳突肌呈痉挛状态,使骨折向上向后移位,造成重叠或成角畸形,患侧拥抱反射减弱或消失。青枝骨折易漏诊,至骨折愈合、局部骨痂隆起时才被发现。

(2)**颅骨骨折**:多发生于颞骨,为较浅的凹陷性骨折,常不出现症状。如额部或顶部有较深的骨折,则可有前囟门饱满、患侧瞳孔扩大或局部受压迫的神经症状。

(3)**肱骨骨折**:骨折多发生于骨干中段和上1/3,以横形或斜形骨折多见。患臂不能移动,局部肿胀,骨折部缩短弯曲变形,可移位或成角畸形。骨膜大片剥离可导致周围形成大的血肿,且很快发生钙化。

(4)**股骨骨折**:骨折多见于股骨上中段,呈斜形骨折。骨折后局部有剧烈疼痛及肿胀,两断端间出现骨摩擦感,同时由于新生儿屈肌张力较高,呈屈膝屈髋姿势,使近侧断端向前移位,造成向前成角畸形,患肢缩短。

2. 神经损伤

(1)**臂丛神经麻痹**:第5与第6颈神经根(臂丛上根)最易受损,占臂丛神经麻痹的90%,可引起上肢继发性麻痹,即Erb麻痹,临床表现为患肢垂于体侧,上臂内收、内旋,前臂旋前,肩外展及屈肘不能,肱二头肌反射消失,受累侧拥抱反射消失。如仅限下根受累则表现为手的瘫痪,可有大小鱼际肌萎缩,腕部不能动,即Klumpke麻痹。整个臂丛神经根发生不同程度的损伤而引起的全臂型麻痹较严重,但极少见,临床表现为全上肢松弛,反射消失。如第1胸椎根的交感神经纤维受损,可引起Horner综合征,表现为眼睑下垂,眼裂变小,眼球稍陷,瞳孔缩小,患侧面部少汗等。

(2)**面神经麻痹**:面神经损伤多发生于面神经的末梢部分,患侧面部肌肉麻痹,眼睑不能完全闭合,鼻唇沟平坦,哭时口角斜向健侧,吸吮困难,口角有乳汁溢出。多为面神经单纯受压所引起,预后良好,如症状逐渐加重,则应考虑面神经的核上部或颅侧部分损伤的可能性。

(三) 心理 - 社会支持状况

新生儿家长往往因担心新生儿预后而存在焦虑、恐惧心理,可能会由于对出现损伤的原因不理解而表现抵触情绪。

（四）辅助检查

X线、CT或MRI有助于骨折的诊断，磁共振可确定神经麻痹的病变部位，肌电图检查及神经传导试验也有助于诊断。

三、常见护理诊断 / 问题

1. **肢体活动障碍**　与患肢骨折和神经损伤造成运动障碍有关。
2. **疼痛**　与骨折损伤有关。
3. **焦虑**　与家长担心新生儿损伤的治疗效果及是否留下残疾有关。

四、护理目标

1. 新生儿损伤程度减轻，肢体功能或面部活动恢复正常。
2. 新生儿疼痛缓解，损伤减轻，患肢功能得以恢复。
3. 新生儿家长能了解病情，理解原因，树立治愈的信心，配合治疗。

五、护理措施

1. **治疗配合**　①大于80%的新生儿头皮血肿在3~4周内可自然吸收，一般无须特异性治疗，一旦发现头皮血肿外观光整、触之质地坚硬、CT提示血肿骨化、颅骨破坏，就必须手术治疗，以免日后演变为头颅生长不对称、脑膜脑膨出等；②新生儿锁骨骨折一般不需特殊处理，几乎全部新生儿均可自行愈合，一般需2周时间。呈青枝骨折与无移位锁骨骨折时，一般予平卧位。早期或有移位时，可用"8"字绷带固定；③神经麻痹治疗方法包括物理保守治疗、显微外科神经功能重建术、继发性骨关节畸形矫形术及肌肉转移性功能重建术；④目前新生儿臂丛神经损伤治疗的关键在于如何根据新生儿的具体情况实施保守治疗或手术治疗。

2. **固定患肢**

（1）**采取适当的固定方法**：锁骨骨折可在新生儿腋下置一棉垫，将患臂用绷带固定在躯干上，使患侧手部达到对侧锁骨水平；肱骨骨折可在患侧腋下置一棉垫，使关节处于直角位，前臂屈曲置于胸前，然后加以固定；股骨骨折可用小夹板固定或悬垂牵引。一般骨折经固定2周后可愈合。

（2）**避免压迫患处或牵动患肢**：遵医嘱保持固定位置，避免移位。注意避免新生儿患肢受压，避免患肢过度外展、前屈、后伸及上举，锁骨骨折新生儿避免从腋下将其抱起。

（3）**日常护理时减少患肢移动**

1）哺乳：采取有利于减少患肢移动的体位喂奶，指导产妇采取环抱式或健侧卧位姿势哺乳；

2）沐浴：给其沐浴时脱衣服应先脱健侧，再脱患侧，穿衣服则先穿患侧再穿健侧，动作轻柔。必要时温水擦浴，擦浴过程中注意观察局部有无肿胀、压痛，患肢的血液循环及活动情况，每日轻柔按摩远端肢体；

3）臂丛神经损伤：臂丛神经损伤时常伴随感觉功能障碍，同时伴有交感神经功能障碍，患侧肢体可出现体温降低现象，应注意肢体保暖，禁忌热水袋、暖宝宝等局部致热物品，以免烫伤发生，必要时可入暖箱、远红外床保暖治疗。

3. **促进功能恢复**　臂丛神经损伤新生儿应保持患肢呈松弛状态，将患肢置于外展、外旋、肘部屈曲位，一周后开始进行按摩及被动运动，以防肌肉萎缩。80%~95%的新生儿会复原，6个月内完全恢复功能，少部分新生儿若无法恢复可考虑外科手术治疗。

4. **健康教育**　①积极沟通：与家长沟通，使其了解新生儿病情及预后，争取其积极配合治疗与护理。介绍有关新生儿骨折、神经损伤的护理知识；②耐心指导：指导产妇及家属正确的喂养方法及抱新生儿的姿势，教会家长细心照顾新生儿，减少患侧肢体的移动，保持功能位，保护神经损伤新生儿的患肢,以及被动运动的方法,鼓励其积极配合治疗,树立治愈的信心。注意避免不良语言刺激家长。

5. 预防

(1) **及时筛查巨大胎儿**:认真进行产前检查,结合 B 超提示,正确估计胎儿体重,尤其是对糖尿病合并妊娠、身材高大、过期产、曾分娩过巨大胎儿的孕妇,阴道分娩时应警惕肩难产发生。

(2) **熟练掌握助产技术**:熟悉头先露的分娩机制,掌握正确的娩肩技巧。掌握臀位助产指征、技巧,胎儿躯干娩出后,立即协助双肩内收,双肩娩出后再牵拉胎头,助产过程中用力适度,切忌暴力牵引。不断提高接产技术,是避免和防止新生儿产伤的关键。

(3) **正确处理肩难产**:当胎儿头部娩出后,如有胎肩回缩,胎儿颏部紧压会阴部,考虑发生肩难产,立即采取屈大腿法,令产妇双手抱大腿或抱膝尽力屈曲大腿,使双大腿紧贴腹壁,以减少腰骶段脊柱的弯曲度,缩小骨盆倾斜度,升高耻骨联合,以增大出口平面,有助于嵌顿耻骨后的前肩自然松解,此法简单有效。

六、护理评价

经过治疗与护理达到:①新生儿损伤程度减轻,肢体功能或面部活动恢复正常;②新生儿疼痛缓解,患肢功能恢复;③新生儿家长能了解病情、理解原因,有治愈的信心,能配合治疗。

第六节 新生儿呼吸窘迫综合征

情景导入

王女士之女,胎龄 29 周,G₁P₁,因臀位剖宫产娩出,出生后立即给予新生儿复苏,1min Apgar 评分 5 分,诊断新生儿窒息,查体:早产儿貌,前囟张力不高,口唇无青紫,有呻吟,可见三凹征,双肺呼吸音粗,未闻及明显干湿啰音。生后 1h 使用肺表面活性物质气管内滴入,转入新生儿重症监护室。

请思考:

1. 你考虑该新生儿最可能患了什么疾病?
2. 你考虑该新生儿首要的护理措施是什么?

一、概述

新生儿呼吸窘迫综合征(neonatal respiratory distress syndrome,NRDS)又称为新生儿肺透明膜病,多见于早产儿,由于缺乏肺表面活性物质(pulmonary surfactant,PS)所致,是新生儿期重要的呼吸系统疾病。

1. 病因 PS 缺乏是本病发生的根本原因,PS 是由Ⅱ型肺泡上皮细胞合成并分泌的一种磷脂蛋白复合物,其磷脂中的磷脂酰胆碱是起表面活性作用的重要物质,孕 18~20 周开始产生,继之缓慢上升,35~36 周迅速提高达肺成熟水平。其主要功能是降低其表面张力,防止呼气末肺泡萎陷,以保持功能残气量,维持肺顺应性,稳定肺泡内压和减少液体自毛细血管向肺泡渗出。

2. 患病主要人群 PS 缺乏主要见于早产儿、糖尿病母亲婴儿、择期剖宫产儿及围生期窒息等。

二、护理评估

1. 健康史 全面了解新生儿出生情况,胎龄、分娩过程及孕母情况,有无糖尿病、是否有宫缩、胎盘及血压等,新生儿有无围生期窒息、低体温等。

2. 身体状况 多见于早产儿,生后 6h 内即出现呼吸窘迫,进行性的呼吸窘迫加重是本病重要的特点。主要表现为呼吸急促(＞60 次 /min)、鼻翼扇动、呼气性呻吟、吸气三凹征及发绀,体格检查可见胸廓扁平,听诊双肺呼吸音减低,肺泡有渗出时可闻及细湿啰音。

3. 心理 – 社会支持状况 新生儿家长往往因担心新生儿预后而存在焦虑、恐惧心理,可能会由于对出现损伤的原因不理解而表现抵触情绪。

4. 辅助检查 血气分析、羊水检测、X 线检查及胃液振荡试验,其中 X 线检查是目前诊断的最佳手段,两肺野普遍透明度降低,内有散在的细小颗粒和网状阴影;以后出现支气管充气征;重者可整个肺野不充气呈"白肺"。

三、常见护理诊断 / 问题

1. **自主呼吸障碍** 与 PS 缺乏导致的肺不张、呼吸困难有关。
2. **气体交换受损** 与肺泡缺乏 PS、肺泡萎陷及肺透明膜形成有关。
3. **营养失调:低于机体需要量** 与摄入量不足有关。
4. **有感染的危险** 与抵抗力降低有关。
5. **焦虑(家长)** 与母儿分离有关。

四、护理目标

1. 新生儿能够维持自主呼吸。
2. 新生儿能够维持足够营养摄入。
3. 新生儿没有发生感染。
4. 家长焦虑情绪得到缓解。

五、护理措施

1. 保持呼吸道通畅 摆正体位,开放气道,及时清除呼吸道分泌物,分泌物黏稠时可给予雾化吸入,必要时可吸痰,吸痰的主要事项包括吸痰前评估(肺部啰音、氧饱和度及新生儿精神状态)、插管深度(不应过深)及生命体征监测等。

2. 氧疗护理

(1)**监测与记录**:通过心电监护、血气分析动态监测,随时调整呼吸机参数。

(2)**氧疗及辅助通气**:可选用鼻导管、面罩、头罩或鼻塞吸氧,维持 PaO_2 50~80mmHg(6.7~10.6kPa)和经皮血氧饱和度($TcSO_2$)90%~95% 为宜。

(3)**持续气道正压通气**(continuous positive airway pressure,CPAP)**使用的护理**:清除呼吸道及口腔分泌物后再放置鼻塞,鼻部采用"工"型人工皮保护鼻部皮肤和鼻中隔。氧疗期间要经常检查装置的密封性,结束后检查鼻腔有无损伤。

(4)**机械通气的护理**:①检查气管固定情况:妥善固定气管插管以避免脱管,每班测量并记录置管长度,检查接头有无松脱漏气、管道有无扭转受压;②湿化器的维护:湿化器内蒸馏水至标准刻度线处,吸入气体要注意加温湿化;③操作注意事项:每次吸痰操作前后要确认导管固定位置是否正确,听诊呼吸音是否对称,预防气管插管非计划性拔管。

3. PS 给药护理 ①给药时间:通常于出生后 24h 内给药,用药前彻底清除口、鼻腔及气道内的分泌物,摆好新生儿体位,给药后接呼吸机辅助通气,并严密监测血氧饱和度、心率、呼吸和血压变化;②给药注意事项:若新生儿出现呼吸停止、心率下降应暂停注药,迅速予复苏囊加压给氧,注意压力不可过大以免发生气胸。重新注药时须确定气管插管位置正确后再操作。呼吸机辅助通气的新生儿使用 PS 后需将呼吸机参数适当下调。

4.保暖、喂养及预防感染 ①保暖：环境维持在 22~24℃，相对湿度在 55%~65%，新生儿肛温维持在 36.5~37.5℃；②喂养：不能吸吮、吞咽者可用鼻饲法或静脉补充营养；③预防感染：做好口腔护理，对气管插管新生儿可采用 1% 碳酸氢钠漱口水进行擦拭，每 4h 1 次，做好口腔护理、气道护理、留置针护理等消毒隔离工作。

5.健康教育 及时向新生儿家属解答病情，缓解其紧张焦虑情绪。让家属了解治疗过程和进展，取得最佳配合，教会父母关于喂养、新生儿基本生命体征观察、定期随访等居家照顾的相关知识，为新生儿出院后得到良好的照顾打下基础。

六、护理评价

经过治疗与护理达到：①新生儿呼吸窘迫综合征症状得到缓解，无辅助通气下能维持自主呼吸；②新生儿维持足够的营养摄入；③新生儿感染得到有效预防；④新生儿家长紧张焦虑情绪得到缓解。

（王 吉）

思考题

1.刘女士之子，G₁P₁，孕 40 周，经产钳助产娩出，羊水粪染，出生心率 93 次 /min，呼吸浅慢不规则，四肢皮肤青紫，弹足底有皱眉动作，四肢略屈曲。

请思考：

(1) 该新生儿最可能的医疗诊断是？

(2) 该新生儿 Apgar 评分是多少？

(3) 该新生儿目前应采取的主要处理措施是什么？

2.刘女士之子，足月分娩，出生时 Apgar 评分 9 分，出生体重 4.1kg，生后第 3 天开始皮肤发黄，第 7 天已消退。自出生第 10 天开始皮肤发黄，并逐渐加重，吸吮无力，今日起拒奶而入院。体格检查：体重 4.3kg，体温 36.5℃，心率 120 次 /min，呼吸 42 次 /min，全身皮肤黄疸明显，巩膜发黄，前囟平，哭声低，反应差，心肺(-)。脐部残端有脓性分泌物渗出，腹略胀气，肝肋下 2cm，脾肋下 1cm 可触及，质软。血白细胞 27×10⁹/L，中性 88%，淋巴 12%。

ER 12-15

练习题

请思考：

(1) 该新生儿最可能的医疗诊断是？

(2) 目前该新生儿主要的护理诊断是什么？

(3) 应采取的护理措施是什么？

第十三章 | 优生优育

教学课件

思维导图

学习目标

1. 掌握：妊娠前妇女的保健内容。

2. 熟悉：遗传咨询的主要对象及指导要点；产前筛查的基本原则；产前筛查与产前诊断的区别与联系；产前筛查结果告知要求及高危孕妇的跟踪随访管理。

3. 了解：妊娠前妇女的身心及社会特点；遗传咨询的概念与基本流程；适宜产前筛查的疾病基本特征与产前筛查的常用方法。

4. 具备为备孕夫妻提供科学全面的妊娠前保健指导的能力。

第一节　妊娠前保健

情景导入

嵇女士，37岁，公司高管，结婚10年，曾人工流产2次，1年前自然流产1次，其丈夫为IT工程师，夫妻二人日常工作节奏快，运动少，二人都喜欢养猫以解压。目前夫妻工作稳定，家庭和睦，经济基础较好，自上次流产后始终未孕，急切盼望怀孕，前来门诊咨询。

请思考：

1. 请为嵇女士夫妻制订一份妊娠前保健计划。

2. 目前还需要完善哪些相关检查？

一、妊娠前妇女的特点

（一）妊娠前妇女的生理特点

妊娠前妇女已达到法定结婚年龄，进入性成熟期，亦称生育期。女性卵巢功能最旺盛。在性激素的作用下，生殖器官发育成熟，表现出周期性排卵和月经来潮，是女性生育的重要时期。

（二）妊娠前妇女的心理与社会特点

夫妻双方生育意愿强烈，期待妊娠并积极主动参与妊娠前准备，经济及物质条件较好，家庭及社会资源丰富，妊娠前心理准备充分，情绪稳定，有利于接受妊娠。妇女会感到自豪与幸福，同时会非常期待妊娠，但个别妇女也因急切盼望怀孕，却又迟迟未孕，出现紧张、焦虑等不良反应。

如果夫妻双方存在生育愿望分歧较大、经济及物质拮据、夫妻或家庭关系紧张、工作压力较大、社会可利用资源较少等问题，夫妻双方，特别是女方对妊娠的心理压力较大，则可表现出紧张、焦虑乃至抑郁等不良心理反应。

二、妊娠前妇女保健的目的与意义

妊娠前保健的主要目的是指导夫妻双方掌握相关孕育知识，做好妊娠前生理、心理及物质准备，保证夫妻双方在身体健康、精力充沛、心情愉悦的条件下，选择良好的受孕时机，有计划受孕，以最大限度降低各种出生缺陷儿的发生率，提高出生人口素质。

通过妊娠前保健与医学检查，全面评估妇女健康状况，及时发现并避免各种不利于妊娠进展的危险因素，积极采取干预措施，对保护母婴安全也具有非常重要的意义。

三、妊娠前妇女保健内容

妊娠前保健应从计划受妊娠前 3~6 个月开始进行，具体内容包括妊娠前医学检查与排卵监测、受孕时机指导、妊娠前生活指导及妊娠前心理调适与社会支持。

（一）妊娠前医学检查与排卵检测

1. 妊娠前医学检查　夫妻计划妊娠前，应首先到医院接受全面身体检查，主要包括：①收集基本信息：年龄、职业、既往史、个人史、家族史和遗传史等，文化程度、经济收入、习惯、嗜好，月经史、婚姻史、孕产史、避孕措施等，生活方式、营养发育、职业状况、工作环境、运动（劳动）情况、家庭暴力、人际关系等。②必查项目：主要包括血尿常规、血型、肝肾功能、空腹血糖、HBsAg、梅毒血清抗体、HIV 等常规检查，如遇异常尽早治疗。③备查项目：酌情进行宫颈细胞学、TORCH、阴道分泌物、甲状腺功能、75g OGTT、血脂水平、妇科 B 超、心电图、胸部 X 线等检查。④综合全面评估：结合上述检查结果全面评估夫妻双方是否存在影响妊娠的高危因素，遵循普遍性指导和个体化指导相结合的原则给予健康教育及指导。

2. 排卵监测　根据妇女生殖系统的正常周期性生理变化，采用月经周期推算、基础体温测定或宫颈黏液观察等方法，指导妇女识别排卵迹象，掌握排卵规律，明确排卵期。

（1）**月经周期推算法**：多数女性排卵发生于下次月经来潮前 12~16d，平均 14d。通常从排卵前 3d 至排卵后 1d 最易受孕，称"易孕期"；因此，平素月经规律的女性，可根据月经周期推算"易孕期"。由于女性排卵会受环境、情绪、身体状况、药物等影响而变化，非易孕期也有受孕可能。

（2）**基础体温测定法**：正常情况下，女性排卵后，受孕激素作用，体温上升 0.3~0.5℃，一直持续到月经来潮前 1~2d 或来潮后 1d，体温又回落至原水平。基础体温上升前后 2d 是排卵期，此期性生活，最易受孕。

（3）**根据宫颈黏液性状判断**：月经期前后雌激素水平较低，宫颈黏液量少、稠厚，提示不易受孕。月经干净后，随着新一批卵泡发育，体内雌激素水平逐渐增高，宫颈黏液增多、变稀，至排卵期呈稀薄拉丝、蛋清样、富有弹性，出现这种宫颈黏液最后 1d 的前后 48h 内会发生排卵。

（二）受孕时机指导

1. 生育年龄　医学上普遍认为，女性 25~29 岁、男性 25~35 岁是最佳生育年龄，人体生殖能力最旺盛，身体发育、心理状态及社会经验等基本成熟稳定，是生育的黄金时期。此期精子和卵子的质量较好，各种妊娠并发症、难产及手术产的风险较低，母婴健康可得到保障，计划妊娠成功率高。女性生育过早，因生殖器官和骨盆发育尚不成熟，妊娠并发症及难产等风险增加。相反，如女性生育过晚，年龄过大，尤其是超过 35 岁后，各种妊娠分娩并发症、难产、手术产的发生率随年龄增加则显著升高。

2. 受孕季节　一般来讲，每年的 6~8 月份是比较理想的受孕季节。此时秋高气爽，气温适宜，果蔬丰富，有利于孕妇补充营养，可为早孕反应较重的孕妇提供更为丰富的食物选择。当风疹、流行性感冒等疾病流行的冬季来临时，妊娠已进入孕中期，有效避开了孕早期胎儿各器官分化的关键时期，各种致畸风险明显下降。妊娠足月分娩时，正值气候宜人的 3~5 月，避开了夏季的酷热和冬季的严寒,更有利于新生儿适应外界环境,也有利于产妇的护理及康复。

3. 生育间隔　生育间隔是指连续 2 次妊娠分娩之间的间隔时间,其时间长短与各种妊娠期并发症及不良妊娠结局直接相关。一般情况下,建议阴道分娩后间隔 6 个月以上再孕。剖宫产术后,至少间隔 2 年再孕,如间隔时间过短,会显著增加本次妊娠风险。

4. 常见不宜受孕的情况

(1)新婚不宜过早妊娠:操办婚事、饮酒应酬较多,夫妻双方体力与精力消耗较大,需要一段时间恢复后再计划妊娠。一般选择婚后 2~3 年考虑妊娠事宜,不仅对个人及家庭婚后生活提供一个适应、磨合及缓冲期,还有利于夫妻双方的健康与家庭幸福。

(2)避孕失败时不宜继续妊娠:由于避孕药的体内代谢过程比较慢,避孕药物中的雌激素或孕激素会直接影响胎儿的性器官发育。如果服药期间意外妊娠,或者带器妊娠时,建议尽早终止妊娠。

(3)患病或长期服用某些药物期间不宜妊娠:疾病及药物治疗都会或多或少地影响胚胎及胎儿发育。计划妊娠前,应彻底治疗贫血、高血压、肝肾疾病、糖尿病、心脏病以及感染性疾病等情况。通常计划妊娠前 2~3 个月,夫妻双方都要避免使用各种药物,以免影响生殖细胞质量。一般情况下,夫妻任何一方在长期服药期间,都暂不考虑妊娠,一旦妊娠,应在专业人员指导下,决定是否继续妊娠,并密切加强孕期监测与畸形筛查。

(4)外科术后不急于妊娠:外科术后不急于妊娠,待身体状况完全康复后再考虑妊娠事宜。人流术、引产术以及清宫术等操作,会不同程度地损伤生殖器官甚至导致失血,干扰机体生理过程,机体需要一段时间调养以恢复到正常状态。建议流产半年至 1 年后再考虑妊娠。

(5)家庭关系、社会关系紧张时暂缓妊娠:孕妇的不良心理状态会对胎儿产生多种不良影响。当夫妻关系、婆媳关系、同事关系紧张或工作生活受到较大挫折,出现紧张、焦虑、郁闷、抑郁等负性情绪时,建议暂缓妊娠。

(三) 妊娠前生活指导

1. 营养　妊娠前半年开始调整体重维持适宜水平。女性妊娠前肥胖或低体重可显著增加不良妊娠结局的发生率。备孕妇女,要坚持营养均衡、粗细搭配、食物多样化,多食含铁、碘、钙以及维生素丰富的食物。体重指数 $<18.5kg/m^2$ 的妇女,每日加餐 1~2 次,增加牛奶 200ml、粮谷 / 瘦肉 50g或蛋白质 75g。体重指数 $>28kg/m^2$ 的妇女,应减慢进食速度,避免过量进食,减少高热量、高脂肪类食物摄入,多食低糖及膳食纤维丰富的食物。妊娠前每日补充叶酸 400μg,整个孕期坚持补充叶酸,以降低胎儿神经管畸形以及流产风险。

2. 运动　妊娠前应每天坚持中等强度运动至少 30min,每周至少 5 次。体重指数 $>28kg/m^2$ 的妇女,应保持每天 30~90min 的中等强度运动锻炼。

3. 环境　计划妊娠的夫妻双方应避免接触各种影响生殖细胞以及胚胎、胎儿生长发育的有害因素。避免接触电离辐射、有毒重金属(如铅、汞、砷等)、有毒化学物质及有机溶剂(如农药、二硫化碳、各种有机溶剂以及铯、氚等各种核污染物)以及 X 线等有害因素;避免高噪声、持久负重、高温或低温等作业环境。远离猫、狗等宠物,不吃未熟的肉制品,避免弓形虫感染;流行性感冒等传染病高发季节,积极做好个人防护,必要时行疫苗接种以预防感染;如需用药,必须在医生指导下服药,避免药物损害胚胎及胎儿;接触宠物者建议行 TORCH 检测,以明确有无弓形虫感染或携带;可在医生指导下,提前 3~6 个月接种风疹疫苗和乙肝疫苗,增强免疫力;男方应避免长期久坐、蒸桑拿,以免会阴局部温度升高影响精子质量。夫妻双方应戒烟、戒酒,远离二手烟,少饮咖啡、浓茶、可乐等碳酸饮料。

4. 避孕方式调整　采用药物避孕的女性,建议停用口服避孕药,改用避孕套避孕半年后再妊娠,彻底消除性激素对胚胎发育的影响。采用宫内节育器避孕的女性,建议取器后,待月经正常 2~3 个周期,子宫内膜完全修复后,再考虑妊娠。

5. 生活方式调整　夫妻双方应保持规律的生活作息,按时就餐、充足睡眠,不熬夜、不劳累、不长时间玩游戏或看电视,尽量减少电视、手机、微波炉、吹风机等接触时间以减少电离辐射。积极采用有利于身体健康的生活方式如听音乐、健身、阅读、郊游等。

(四)妊娠前心理调适与社会支持

1. 心理调适　妇女孕期心理状态与情绪变化,不仅影响自身健康,还会影响到胎儿发育乃至儿童成年后的性格与心理发育。女性妊娠前需要从精神心理各方面做好充分准备,能够接受孕期形体、饮食、情绪乃至生活方式的各种特殊变化,接受小生命诞生后夫妻空间与自由度变小,可能与老人或保姆同住等家庭生活模式的改变。丈夫应多关心理解妻子,夫妻双方共同营造幸福美满的家庭氛围,以一种平静自然的心态期待小生命的到来。

2. 社会支持　和谐的夫妻关系、幸福的家庭生活、有效的社会支持及丰富的社会资源对于成功妊娠至关重要。多数备孕女性非常渴望与身边已顺利生育的妇女进行沟通交流,为进入母亲角色做积极准备。备孕女性也会受到家人、领导及同事的关心照顾,如调离不利于妊娠的工作环境,积极参与妊娠前准备。但也有少数家庭将备孕视为女性单方面行为,拒绝接受妊娠前检查,会增加女性孤独感,导致夫妻关系紧张。既往存在重大压力、离婚、亲人去世、下岗失业的女性更迫切需要得到家庭和朋友的强大支持。

第二节　遗传咨询

情景导入

张女士,32 岁,育有一子,3 岁。出生后听力筛查未通过,半岁时确诊为双侧重度感觉神经性耳聋。患儿生长发育可,智力正常。双耳无异常分泌物,双侧鼓膜完整,标志清晰,CT 未见内耳畸形,已行人工耳蜗植入术。患儿无头部外伤史,无耳毒性药物接触史。父母双方体健,听力正常,母亲孕期无耳毒性药物接触史,父母直系三代中无耳聋者。目前患儿父母非常想再生育一个健康孩子,来院咨询。

请思考:

1. 针对这一情况,给出合理的意见与建议。
2. 这对夫妻该如何避免再生育耳聋患儿?

近年来,我国每年有 20 万 ~30 万遗传病和先天缺陷儿出生,遗传病和出生缺陷的发病率呈上升趋势。大多数遗传病很难有效治疗。通过婚前检查、妊娠前和孕早期优生检查和咨询指导,可有效降低出生缺陷儿的发生率,从根源上确保出生人口素质,是出生缺陷的一级预防措施。

一、遗传咨询的概念

遗传咨询是指由具有遗传咨询资质的专业人员,通过运用遗传学与临床医学知识,针对某种疾病的遗传性、发病原因、再发风险、防治措施等问题作出专业解答,并结合咨询对象的个人、家庭情况以及疾病的社会影响,给予婚姻和生育指导意见。狭义的遗传咨询只针对遗传病进行咨询,广义的遗传咨询不仅包括遗传病咨询,还包括针对各种不良环境因素可能导致的妊娠风险的评估、预防、治疗和预后等进行咨询。

近年来,医学遗传学、基因组学和分子生物学技术迅速发展,社会环境与生活方式发生显著变化,药物、辐射、感染、有毒物质接触以及药品滥用等,显著增加了民众对妊娠结局的担忧,积极主动寻求遗传咨询的人群逐年增加。

遗传与环境因素在疾病发展中的作用

遗传病是指生殖细胞或受精卵的遗传物质在结构、数量或功能上发生改变，导致个体罹患某种疾病。根据遗传与环境因素在疾病进展中所发挥的作用不同，将遗传病分为以下三类：

第一类：疾病发生完全由基因决定，环境因素几乎没有明显影响。如先天愚型等常见的染色体疾病。

第二类：疾病发生主要由遗传因素决定，同时还需要后天环境因素作为诱因。病人多为特定的基因突变，在某些环境因素作用下才发病，如葡萄糖-6-磷酸脱氢酶缺乏症，当摄入某些药物或蚕豆时会引发急性溶血、黄疸等症状。这类疾病，提前检测并避免环境因素接触非常重要。

第三类：疾病发生需要遗传与环境因素共同作用。其中遗传因素的作用比例称为遗传率。如精神分裂症的遗传率超过70%，先天性心脏病的遗传率低于40%。

二、遗传咨询的对象

所有近期有生育意愿的夫妻均可进行遗传咨询。依据检查结果，把咨询对象分为一般人群和风险人群两大类。一般人群指健康检查未发现可能导致出生缺陷或不良妊娠结局危险因素的夫妇，这类人群通常只需接受普遍性指导即可。风险人群是指健康检查结果存在一个或多个异常，可能导致出生缺陷或不良妊娠结局的夫妇。

风险人群至少有一方存在下列情况之一：①患遗传病者、遗传病致病基因携带者、遗传病筛查异常者；②具备遗传病家族史、患有某些先天畸形；③曾生育过遗传病患儿、不明原因智力低下或先天畸形儿；④婚后多年不孕及35岁以上高龄孕妇；⑤近亲婚配；⑥存在环境有害因素接触史、用药史或慢性病者。风险人群需要接受遗传咨询。

三、遗传咨询基本流程

（一）明确诊断

1.采集病史 详细询问咨询对象的家族遗传病史、生育史（流产史、早产史、死胎史）、婚姻史（婚龄、配偶健康状况）、夫妇妊娠前健康状况、用药情况、烟酒嗜好、生活环境以及年龄、居住地区、民族等信息。

2.体格检查与实验室检查 有针对性地进行激素测定、代谢物检查、染色体分析、生化检查、酶测定以及基因诊断等相关检查。

3.诊断分析 依据病史信息、体格检查及实验室检查结果，明确遗传病、先天性疾病、家族性疾病的区别与联系，明确疾病诊断。

（二）明确遗传病类型与遗传方式，预估再发风险

1.明确遗传病类型与遗传方式 经产前诊断确诊为遗传病者，应进一步明确具体的遗传变异来源与遗传方式；对于遗传方式明确的疾病，明确诊断即可明确遗传方式，估算再发风险；对于存在明显遗传异质性和表型模拟的遗传病，则需要对家族成员发病情况进行详细调查，必要时行系谱分析；家族史收集尽可能完整，至少明确夫妇双方三代以内直系血亲患病情况，有时咨询对象会因顾虑婚嫁生育等问题及自身文化限制，对病史信息有所隐瞒与保留，此时需要专业咨询人员进行充分调查分析，充分结合临床表现及各项辅助检查结果进行综合判断。

2.估算遗传病再发风险 遗传咨询的核心内容是估算遗传病再发风险。单基因遗传病中，遗

传方式明确时按照孟德尔定律估算；遗传方式尚未明确时，按照贝叶斯定理推算。多基因遗传病常呈家族聚集性，但其亲属的再发风险远低于单基因遗传病，再发风险的估算方法与疾病类型、亲缘关系、群体发病率等密切相关。

（三）商讨对策，提出建议

明确疾病诊断和再发风险后，咨询双方应与咨询者共同商讨，作出婚育及优生指导意见。对诸如红绿色盲等对婚育影响比较小的遗传病，建议正常婚育，加强对子代的检查。对于一些子代再发风险高的严重遗传病，如唐氏综合征等，建议加强产前筛查、产前诊断。对于违背优生优育指导的咨询者，医护人员应尽力劝阻。

（四）随访和扩大咨询

咨询后随访重点是核实咨询者所提供信息的可靠性，观察遗传咨询的效果；明确咨询者是否能够准确理解所提供的信息，合理处理与家属的意见分歧。为了有效降低群体遗传病发病率，还可开展扩大的家庭遗传咨询，追溯家属中其他成员的患病情况及致病基因携带情况，有效预防遗传病在家系中的发生。

四、遗传咨询类别与指导

（一）婚前咨询

婚前咨询指专业人员通过收集即将婚配双方的既往病史、现病史以及家系调查、系谱分析和全面体检等信息，以判定男女双方亲缘关系；明确男女双方以及家属所患疾病对婚姻和后代的影响；进而给出科学的婚前检查指导与建议。

1. 可以结婚但限制生育　男女一方患有某些严重影响子代健康的遗传病，可以结婚，但妊娠后应行产前诊断确诊健康胎儿后，可继续妊娠，否则需及时终止妊娠。

2. 可以结婚但禁止生育　一方患严重常染色体显性遗传病，目前尚无有效治疗，子代再发风险高，且难以通过产前诊断确诊，如先天性成骨不全、强直性肌营养不良等；双方均患有相同的严重常染色体隐性遗传病，子代再发风险高，如白化病、遗传性耳聋等；一方患严重的多基因遗传病，且属于高发家系，子代再发风险高，如躁狂抑郁型精神病、精神分裂症等。建议其严格避孕或绝育，终生不育。

3. 暂缓结婚　任何一方存在可矫正的生殖器畸形，在矫正之前暂缓结婚；性传播疾病治愈后再结婚；急性传染病控制之前暂缓结婚。

4. 不宜结婚　男女双方为直系血亲和三代以内旁系血亲；双方患有严重的遗传病、严重智力低下或存在各种先天畸形，生活无法自理，且有高度遗传性者，不宜结婚。

（二）妊娠前咨询

妊娠前咨询是指帮助准备妊娠的夫妇双方选择身心健康、家庭与工作环境良好的妊娠时机，以提高出生人口素质、减少出生缺陷。妊娠前咨询主要包括以下五大问题：

1. 夫妇一方或家属是遗传病者，评估子代的发病风险。

2. 曾经有过遗传病或先天畸形儿的孕育史，评估再生育时子代发病风险。

3. 夫妇一方有慢性病史、用药史、环境有害因素接触史，评估对子代健康的影响。

4. 夫妇双方有不良孕产史，希望获得生育指导。

5. 孕期遗传学检查及新生儿筛查咨询。

医护人员或咨询医师应详细询问病史、全面体格检查，推荐必要的实验室检查，针对咨询对象个体情况，给予针对性的生育指导。

第三节　产前筛查

姚女士，34 岁，常年在化工厂工作，育有一女，13 岁，体健。本次妊娠为非计划妊娠，夫妻双方也非常愿意生育二胎，定期规律产检，早孕反应尚可，孕早期未见腹痛、出血等任何不适。孕 20 周唐氏筛查提示高风险，胎儿 B 超检查未见明显异常。目前，丈夫建议放弃妊娠，姚女士坚持要继续妊娠。于是夫妻双方来院咨询。

请思考：

1. 目前是否应该放弃妊娠，并给出理由？
2. 面对检查结果，目前夫妻双方该如何科学决策？

产前筛查是指以遗传咨询为基础，通过孕母血清学检测、胎儿影像学检查等方法，筛查胎儿先天性发育异常和遗传性疾病，尽早识别高风险胎儿，选择性终止妊娠，以有效降低出生缺陷儿的发生率，提高出生人口素质。

一、适宜产前筛查的疾病特征

疾病危害严重；再发风险高，人群分布明确；筛查方法简单、经济、无创、易于被接受；筛查阳性者有后续明确的诊断方法；筛查成本低于治疗成本。

二、产前筛查的基本原则

产前筛查应当由经过专门培训，已经取得产前筛查资质的医疗保健机构和医务人员来开展工作。始终坚持孕妇知情同意、自愿筛查的基本原则。筛查前应告知孕妇及家属筛查的性质与目的，要求孕妇书面签署知情同意书。

三、产前筛查的临床常用方法

（一）孕母血清生化指标筛查

1.基于孕母血清生化指标的产前筛查　通过检测孕母血清中特定标志物的浓度，结合孕周等，综合估算常见的胎儿非整倍体染色体异常和开放性神经管畸形的发病风险。常用的筛查指标有甲胎蛋白（AFP）、hCG、β-hCG 和游离 β-hCG、非结合雌三醇、妊娠相关血浆蛋白 A（PAPP-A）和抑制素 A。

染色体非整倍体是常见的染色体病，临床以先天性多发畸形、智力低下及生长发育迟缓为主要表现。唐氏综合征（21- 三体综合征，Down 综合征，俗称先天愚型）最常见，是目前产前筛查的重点之一。常见筛查模式有：孕早期孕母血清学与胎儿颈后透明层厚度（NT）筛查、孕中期筛查、孕早中期联合 / 序贯筛查。

（1）**孕早期母血清学筛查联合 NT 检查**：孕 11~13^{+6} 周时，通过检测母血 PAPP-A 和 hCG 水平，结合超声测量胎儿颈后透明层厚度（NT），综合评估胎儿染色体非整倍体异常的发病风险。此联合检测法更符合早筛查、早确诊、早干预的原则。但因 NT 测定对于人员、设备和技术要求较高，质控要求更严格，此法更适合于高危病例，而非普通人群筛查。

（2）**孕中期筛查**：又称四联筛查，孕 15~20^{+6} 周时，检测母血 AFP、hCG、游离雌三醇和抑制素 A 水平，综合评估其发病风险。孕母血 AFP 和游离雌三醇呈低水平，而 hCG 和抑制素 A 明显上升，提示阳性率高。此法阳性检出率高，假阳性率低，可有效避免不必要的羊膜腔穿刺，是目前的主流筛查方案。

（3）**孕早、中期联合/序贯筛查**：孕早期进行 PAPP-A 和 NT 联合筛查，高危组（风险值＞1/60）进行孕早期产前诊断，低危组（风险值＜1/1 000）不再行中期筛查，中危组（1/1 000＜风险值＜1/60）孕中期进行血清四联筛查（AFP、β-hCG、非结合雌三醇和抑制素 A），结合孕早期和孕中期筛查结果，综合估算发病风险，高危者进一步行产前诊断。联合筛查法综合了各种筛查指标，增强了筛查效能，提高了阳性检出率，避免了不必要的羊膜腔穿刺。

以上述检测指标为基础，结合孕妇年龄、体重、既往病史与妊娠史等因素，通过专业软件计算采血时对应的风险值，即是产前筛查结果。唐氏综合征和 18- 三体综合征分别以大于 1/270 和 1/350 作为高风险。产前筛查只是一种疾病风险评估，并不等同于产前诊断，具有一定的局限性。筛查阴性提示低风险，并不能完全排除发病的可能性，筛查阳性提示发病风险高，仍需在明确诊断后作出生育决策。同时，为了准确评估筛查的检出率、假阳性率等重要参数，需要对所有筛查病例进行跟踪随访，记录产前诊断结果、妊娠结局和新生儿发育情况。

2. 基于母血胎儿游离 DNA 片段的产前筛查 通过检测孕妇外周血中游离胎儿 DNA 片段，评估胎儿染色体异常和神经管畸形的发病风险。此法效率高、操作简单、创伤小，技术优势明显，已广泛用于唐氏综合征、18- 三体综合征和 13- 三体综合征的筛查，检测时间是孕 12~22 周。此外，针对性染色体数目异常和常见染色体微缺失/微重复的产前筛查技术也进入临床应用阶段。

（1）**适用人群**：①血清学筛查显示常见的胎儿非整倍体染色体的风险在 1/1 000 与高风险切割值之间者；②孕 20 周以上，错过血清学筛查时间的孕妇，欲评估常见三体综合征风险者；③介入性产前诊断禁忌者。

（2）**慎用人群**：①孕早、中期产前筛查结果提示高风险；②严重肥胖；③预产期时年龄≥35 岁；④曾生育过染色体异常胎儿的夫妇；⑤体外受精—胚胎移植的孕妇；⑥双胎及多胎妊娠。这些情况均可降低检测准确度。按规定应首先进行介入性产前诊断者或检测效果尚不明确者都应慎用此产前筛查方法。

（3）**不适用人群**：①孕 12 周以内；②接受异体输血、异体细胞治疗、移植手术 1 年以内；③夫妇一方已明确染色体异常；④孕母合并恶性肿瘤；⑤基因病家族史或胎儿高度可疑基因病者；⑥超声检查提示胎儿结构异常、建议产前诊断者。

（4）**注意事项**：检测前应向孕妇充分告知各种筛查方法的优点与局限性，适宜地检测孕周、阳性检出率、假阳性率和假阴性率以及检测成本等。检测后由专业人员针对检测结果进行正确解读，给出后续产前诊断的方法与建议。

（二）基于影像学的产前筛查

60%~70% 的出生缺陷为胎儿结构畸形。影像学检查是筛查胎儿畸形的最常用措施。主要包括胎儿超声检查和磁共振检查两种方法。

1. 胎儿超声检查 临床最常见的胎儿畸形是胎儿神经管畸形，主要包括无脑畸形、脑膜脑膨出及脊柱裂等。妊娠 18~24 周行胎儿超声检查可明确诊断 99% 的神经管畸形。但因受孕周、羊水、胎位、母体腹壁薄厚等多种因素综合影响，胎儿畸形的产前超声检出率仅为 50%~70%。

NT 指胎儿颈后透明层的厚度，是胎儿畸形筛查的常用指标之一。NT 增厚与胎儿染色体非整倍体密切相关。NT 越大，染色体非整倍体风险越高。同时，NT 增厚还与先天性心脏病、骨骼发育不良、肾脏发育不良有关。此外，超声提示 NT 增厚、鼻骨缺失/发育不良、巨膀胱、脐膨出、长骨短小、肠管强回声、脉络丛囊肿、侧脑室增宽等情况均应引起高度重视。但是，孤立的指标异常本身并不是进行遗传学分析和产前诊断的指征。超声检查如发现 1 个异常指标，应仔细检查，明确是否存在其他指标异常。如果异常指标≥2 个，或合并其他异常情况或高危因素，应按照超声结构异常进行后续处理。如确定是孤立性的指标异常，建议进行动态超声监测，警惕出现其他结构异常。

2. 磁共振成像 磁共振成像具有无辐射、软组织分辨率更清楚、空间分辨率高、视野宽广、可以多切面成像等优势，已成为超声检查之外的重要影像学筛查方法。为确保胎儿安全，妊娠 3 个月以内，一般不主张行此检查。孕中期胎儿各组织器官分化发育成形，形态显示清晰，可行磁共振检查。

磁共振成像不受孕妇体型、羊水量、胎儿颅骨和母体骨盆结构影响，可清晰显示胎儿脑发育和髓鞘形成过程，并借助信号强度评价脑组织的成熟情况，也可直接显示脑实质与脊髓的相应病变。目前已广泛用于筛查脑室扩张、颅后窝异常、胼胝体发育不全、神经元移行异常、神经管闭合不全、获得性脑部病变、前脑无裂畸形等多种病变。因此，胎儿超声检查怀疑中枢神经系统异常时，建议行磁共振成像检查以明确诊断。

四、产前筛查的结果告知

产前筛查报告内容应包括标本编号、孕妇年龄、筛查时对应的孕周及孕周推算方法、预产期分娩年龄等基本信息；各项筛查指标的检测值和中位数倍数（multiples of the median，MOM）值、矫正后的疾病风险度以及相关的专业性指导建议。产前筛查专业人员应于出筛查报告后的 7 个工作日内，以书面形式告知孕妇或家属筛查结果。

五、高风险孕妇的处理

产前咨询/遗传咨询人员应针对筛查结果高风险的孕妇，进行专业性的解释说明，告知其后续产前诊断方法，由孕妇知情选择。但在尚未明确产前诊断之前，不应做出终止妊娠的建议。产前筛查机构应负责做好高风险孕妇的转诊，并联系产前诊断机构在孕 22 周内完成高风险孕妇的后续诊断。

六、追踪随访

产前筛查机构要对所有筛查对象进行 1~6 个月的跟踪随访，保持随访率≥90%。随访内容包括筛查后续处理措施、产前诊断结果、孕期情况、妊娠结局及胎儿或新生儿情况等内容；对于流产或终止妊娠者，争取获取组织标本行遗传学诊断，了解引产胎儿发育情况。追踪随访期间做好信息收集与更新，如实登记随访结果，定期进行统计分析、评估筛查效果，定期上报省级产前检查中心。

> **知识拓展**
>
> ### 产前诊断
>
> 产前诊断又称宫内诊断，是指直接或间接地对胎儿情况进行相关检测，继而采取一些必要措施防止遗传病、先天畸形及智力障碍儿的出生，以提高出生人口素质。
>
> 产前诊断技术分为传统的有创产前诊断技术和无创产前诊断技术，有创产前诊断技术包括绒毛膜穿刺、羊膜腔穿刺、脐带血穿刺；无创产前诊断技术包括植入前诊断、胎儿细胞诊断、宫颈黏液冲洗及超声诊断等。
>
> 产前诊断技术的飞速发展可以为高风险孕妇提供具有针对性的妊娠前风险咨询。当产前诊断结果正常时，可以增加风险家庭的妊娠信心。当产前诊断有异常时，并不意味着一定要终止妊娠，也可指导风险家庭根据具体情况做好胎儿出生时及出生后的准备工作。

（马荣华）

1. 李女士，33 岁，高校实验室科研人员，日常运动不多。结婚 5 年，G_2P_0，自然流产 1 次，无痛人工流产 1 次，平素月经周期规律，经量不多，经期无腹痛等明显不适。丈夫 36 岁，自主经营一信息技术公司，工作忙碌，应酬较多。夫妻二人养猫多年。目前夫妻双方生育意愿强烈，非常重视子代健康，特来院咨询有关妊娠前知识。

请思考：

(1) 这对夫妇目前存在哪些不利于妊娠的因素？

(2) 请你为这对夫妻制订一份科学的妊娠前保健计划？

2. 王女士与张先生相识于聋哑学校并组建起幸福的家庭。王女士，23 岁，张先生，25 岁，双方家庭相距甚远，男方父亲耳聋，母亲健康，女方父母听力均正常。目前双方就生育问题纠结痛苦，担心生育耳聋患儿，特来院咨询。

请思考：

(1) 针对耳聋是否遗传问题，你应该如何给予合理解释？

(2) 针对这对耳聋夫妻，该如何进行生育指导？

3. 姜女士，34 岁，颜料厂女工，婚后不久人工流产 1 次，现育有一女，10 岁，体健。目前孕 16 周，唐氏筛查提示高风险，夫妻双方非常纠结。特来院咨询。

ER 13-3

练习题

请思考：

作为产科护士，该如何进行解释。

第十四章 | 生育调节

教学课件

思维导图

学习目标

1. 熟悉：避孕原理、适应证、禁忌证、副作用和并发症；人工流产术的适应证、禁忌证及并发症；常见的早期妊娠终止方法及适应证与护理要点；不孕症概念与分类。
2. 了解：女性绝育手术的围手术期护理要点。
3. 具备为育龄女性提供个体化避孕指导以及与不孕症夫妇进行良好沟通的能力。

第一节 避 孕

情景导入

任女士，33 岁，已婚，G₃P₁，3 年前足月自然分娩 1 男婴，2 次人工流产史。月经周期 28~35d，经期 5~6d，经量较多，无痛经等不适。既往体健，体形偏胖，心肺正常，腹部无压痛未扪及明显包块。妇科检查：外阴经产式；阴道通畅，分泌物正常；宫颈光滑；宫体及附件区未见异常。B 超提示双侧乳房小叶增生。来院咨询避孕方法。

请思考：

1. 任女士最适宜的避孕方法是什么？
2. 如何为任女士做好解释沟通？

避孕是指通过科学的方法，在不妨碍正常性生活和身心健康的情况下，使妇女暂时不受孕。理想的避孕方法应该简便、实用、安全、经济、有效，夫妻双方乐意接受并能长期坚持。常见方法有药物避孕、工具避孕及其他避孕措施等。

一、激素避孕

药物避孕也称激素避孕（hormonal contraception）是指女性使用甾体激素达到避孕目的，是一种高效的避孕方法，雌、孕激素是目前国内避孕药的主要成分。

（一）作用机制

1. 抑制排卵 避孕药物通过干扰下丘脑 - 垂体 - 卵巢轴的正常功能，抑制排卵前 LH 峰形成，达到抑制排卵的目的。

2. 干扰受精 避孕药中的孕激素使宫颈黏液量变少而黏稠度增加，拉丝度下降，不利于精子穿透。

3. 阻碍着床 避孕药可以干扰输卵管的纤毛功能、肌肉节段运动以及输卵管内的液体分泌，影响受精卵的运行速度。还可抑制子宫内膜增殖变化，导致内膜分泌期变化不典型，与胚胎发育不同步，阻碍受精卵着床。

(二) 适应证和禁忌证

1. 适应证 健康育龄女性均可服用。

2. 禁忌证 ①严重心血管疾病者；②急、慢性肝、肾疾病者；③血液病或血栓性疾病者；④内分泌疾病如糖尿病需用胰岛素控制者、甲状腺功能亢进者；⑤恶性肿瘤、癌前病变、子宫或乳房肿块者；⑥哺乳期妇女；⑦原因不明的阴道流血者；⑧患有精神病，生活不能自理者；⑨35岁以上吸烟女性不宜长期服用口服避孕药。

(三) 避孕药物的常用剂型及用法

妇女常用的甾体激素类避孕药分为口服避孕药、长效避孕针、缓释系统避孕药及避孕贴剂等。

1. 口服避孕药（oral contraceptive，OC） 包括复方短效口服避孕药、复方长效口服避孕药及探亲避孕药。

(1) **复方短效口服避孕药**：是一种雌孕激素复合制剂，常见糖衣片、纸型片、滴丸三种。随着制药技术发展，复方短效避孕药中的雌激素量不断减少，孕激素结构更接近天然孕酮，药物活性更强，副作用更少，避孕效果接近100%。服药方法包括：

1) 单相片：整个月经周期中外源性补充的雌孕激素剂量固定。复方炔诺酮片、复方甲地孕酮片，于月经第5天开始连服22d，停药7d后，开始第2周期服药。复方去氧孕烯片、屈螺酮炔雌醇片和炔雌醇环丙孕酮片，于月经第1天开始连服21d，停药7d后开始第2周期服药。屈螺酮炔雌醇Ⅱ含24片活性药片和4片空白片。月经第1天开始，先服活性片后服空白片，连服28d。如此循环服药，无须中断。口服避孕药期间，如有漏服，应尽早补服，警惕妊娠的可能。若漏服2片，补服后应加用其他孕措施。漏服3片应暂停给药，待出血后开始下一周期服药。

2) 三相片：根据女性生理周期变化，每一相药物中的雌孕激素含量不同，需按照说明书中的服药顺序依次服药。左炔诺孕酮/炔雌醇三相片于月经周期第3天开始口服，每日1片，连服21d。

(2) **复方长效口服避孕药**：由人工合成的孕激素与长效雌激素配伍制成，服药1次可避孕1个月，有效率96%~98%。但是，因其激素含量大，类早孕反应、月经失调等副作用多，目前已很少应用。

(3) **探亲避孕药**：又称速效避孕药，服用时间不受经期限制，适用于短期探亲夫妇。雌孕激素含量高，副作用大，目前已很少应用。偶尔用于意外性生活的紧急补救措施。

2. 长效避孕针 有雌、孕激素复合制剂和单孕激素制剂两种，有效率>98%。特别适用于口服短效避孕药出现明显胃肠道反应者。雌、孕激素复合制剂第一个月于月经周期第5天和第12天各肌内注射1支，以后每个月经周期的10~12d肌内注射1支。多数女性于注射药物后12~16d月经来潮。因副作用大，目前已很少应用。单孕激素制剂庚炔诺每隔2个月，醋酸甲羟孕酮每隔3个月肌内注射1针。单孕激素制剂对乳汁影响小，适用于哺乳期妇女。

3. 缓释系统避孕药 是将避孕药（主要是孕激素）与具备缓慢释放性能的高分子化合物制成多种剂型，在体内持续恒定释放小剂量避孕药，达到长效避孕效果。目前常用有皮下埋置剂、阴道缓释避孕环、微球和微囊避孕针以及避孕贴片等。

(四) 副作用及护理要点

1. 类早孕反应 服药后可引起食欲缺乏、恶心、呕吐以及乏力、头晕等类早孕反应。轻症不需处理，坚持服药数日后可自然减轻或消失。症状较重者可遵医嘱口服维生素B_6、维生素C及山莨菪碱，每日3次。

2. 月经改变 表现为服药后月经经期缩短，经量减少，痛经减轻或消失。若停药7d尚无月经来潮，排除妊娠后，于当晚开始第2周期服药。若停经≥3个月，应考虑调换药物。

3. 不规则阴道出血 服药期间发生不规则少量阴道出血，称突破性出血，多因漏服、迟服或服药方法不对、药品质量受损或个人体质差异所致。可酌情增服炔雌醇或避孕药至第22日停药。若出血量多如月经或出血时间已接近月经期，可停止服药，待出血第5日再开始下一周期用药，或更换避孕药。

4.体重增加　较长时间服用避孕药，部分妇女可有体重增加。可能由于避孕药中孕激素成分的弱雄激素活性促进体内合成代谢引起，也可因雌激素使水钠潴留所致。此种体重增加不影响健康，也不会导致肥胖症。

5.色素沉着　少数妇女颜面部皮肤出现淡褐色色素沉着，停药后可自然消退或减轻。

6.其他　如头痛、乳房胀痛、皮疹等，可对症处理，必要时需停药做进一步检查。长期服用避孕药者建议停药6个月后再怀孕，短期服用者除外。

二、工具避孕

利用器具阻止精子和卵子结合或干扰受精卵着床达到避孕目的。

(一) 宫内节育器

宫内节育器(intrauterine device, IUD)是一种相对安全、有效、简便、经济的可逆性节育方法。据统计，我国是世界上使用IUD最多的国家，全球近80%的IUD被中国妇女使用。

1.种类　IUD大致可分为两大类(图14-1)。

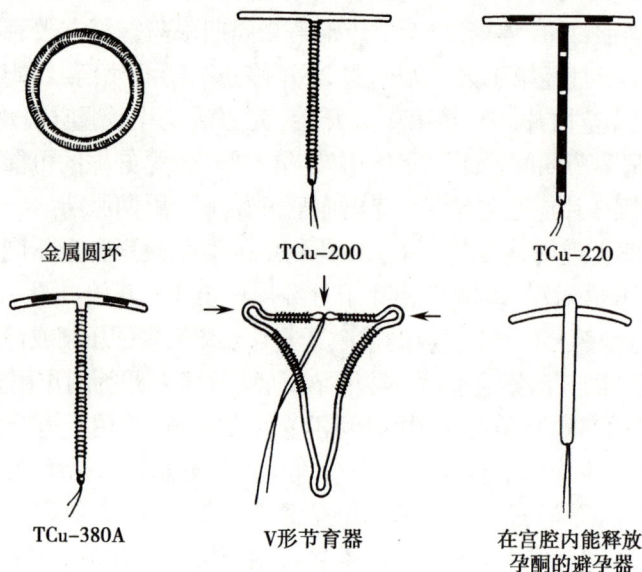

金属圆环　　　TCu-200　　　TCu-220

TCu-380A　　　V形节育器　　　在宫腔内能释放孕酮的避孕器

图 14-1　国内常用的宫内节育器

(1)**惰性宫内节育器**：为第一代 IUD，由惰性原料如金属、硅胶、塑料或尼龙等制成。主要有不锈钢圆环、不锈钢宫腔型节育器等。因带器妊娠率和脱落率高，目前已淘汰。

(2)**活性宫内节育器**：第二代 IUD，其内含有活性物质如铜离子、激素、药物及磁性物质等，以提高避孕效果，减少副作用。我国主要有①带铜宫内节育器：有 T 形、V 形、伞形等；②药物缓释宫内节育器：如含孕激素 T 形节育器，含锌、前列腺素合成酶抑制剂及抗纤溶药物等的节育器。

2.避孕原理　大量研究认为宫内节育器的抗生育作用是多方面的，主要通过长期刺激子宫内膜引起无菌性炎性反应，改变宫腔环境，干扰受精卵着床。同时还可吞噬精子，影响胚胎发育。带铜 IUD 所释放的铜离子可使精子头尾分离，使精子获能受阻。含孕激素 IUD 所释放的孕酮可导致子宫内膜腺体萎缩和间质蜕膜化，干扰受精卵着床，还可使宫颈黏液变稠妨碍精子运行及代谢等起到避孕作用。

3.宫内节育器放置术

(1)**适应证**：凡育龄妇女要求放置 IUD 而无禁忌证者均可放置。

(2)**禁忌证**：①生殖道急性炎症者；②月经频发、经量过多者；③生殖器官肿瘤；④宫颈过松、重度陈旧性宫颈裂伤或严重子宫脱垂；⑤严重全身性疾病；⑥子宫畸形；⑦可疑妊娠者；⑧宫腔深度<5.5cm 或>9.0cm；⑨各种性病未治愈前、盆腔结核者；⑩铜过敏者禁用含铜 IUD。

（3）**放置时间**：①月经干净后 3~7d 无性生活者。②产后 42d 恶露干净，会阴切口愈合，子宫复旧好的产妇。③剖宫产术半年后。④人流术后或中期引产术后 24h 内放置（宫缩不良、出血多、伴感染等除外）。⑤含孕激素的 IUD 在月经周期第 4~7d 放置。⑥自然流产待月经复潮后；药物流产待 2 次正常月经后。⑦哺乳期排除早孕后。⑧无保护性生活后 5d 内。

（4）**放置步骤**：①受术者排空膀胱后取截石位；②外阴、阴道常规消毒铺巾；③将所需器械按手术步骤摆放整齐；④双合诊复查子宫大小、位置及附件情况；⑤阴道窥器暴露宫颈后，再次消毒；⑥宫颈钳夹持宫颈前唇，用子宫探针顺子宫屈向探测宫腔深度，选择合适的 IUD；⑦用放置器将IUD 推送入宫腔，其上缘必须抵达宫底部，带有尾丝者在距宫口 2cm 处剪断；⑧取出宫颈钳及阴道窥器。

（5）**注意事项**：术后休息 3d，1 周内避免重体力劳动，2 周内禁性生活及盆浴。术后 3 个月内月经期或大便时应注意有无 IUD 脱落，定期进行随访。一般在术后 3 个月、6 个月各随访一次，1 年后每年随访一次。随访内容包括询问自觉症状，进行妇科检查、B 超或 X 线检查，了解 IUD 的位置及形态。

宫内节育器放置术

放置宫内节育器的子宫

4. 宫内节育器取出术

（1）**适应证**：①因副作用治疗无效或出现并发症者；②改用其他避孕措施或绝育者；③带器妊娠者；④计划再生育者；⑤放置期已满需更换者；⑥绝经过渡期停经 1 年内。

（2）**取器时间**：①月经干净后 3~7d 为宜；②带器妊娠行人工流产时；③不规则阴道出血或出血较多者随时取出。

（3）**取器步骤**：①～⑥同放置术；⑦取出节育器，有尾丝者，用血管钳夹住后轻轻牵引取出；无尾丝者，先用子宫探针查清 IUD 位置，以长直血管钳牵引取出；若为金属单环，以取环钩钩住环下缘牵引取出，切忌使用暴力，取器困难者可在 B 超监测下操作，也可暂予观察，下次经后再取；⑧观察无出血即可取出宫颈钳及阴道窥器。

宫内节育器取出术

5. IUD 的并发症及护理

（1）**节育器异位**：术前子宫大小位置检查不清楚，操作不当造成子宫穿孔。节育器过大、过硬或子宫大软，宫壁薄，子宫收缩等造成 IUD 移至宫腔外。确诊 IUD 异位后，应经腹、腹腔镜或经阴道取出 IUD。

（2）**IUD 嵌顿或断裂**：因放器时损伤宫壁，放置时间过长或绝经后取器过晚，导致部分 IUD 嵌入子宫肌壁或发生断裂。一经确诊，即刻取出。若取出困难应在 B 超下或在宫腔镜直视下取出 IUD。

（3）**IUD 下移或脱落**：多因 IUD 没有放置到子宫底部，或 IUD 型号与宫腔形态、大小不符合，月经过多，宫口松弛等因素造成，多见于带器后第一年，尤其前 3 个月内，常与经血一起排出。不易察觉，带器 1 年内要留意有无脱落。

（4）**带器妊娠**：多见于 IUD 下移、脱落或异位的情况下，一旦确诊，应及时取出 IUD 并终止妊娠。

6. IUD 的副作用及护理 ①不规则阴道流血：主要表现为经量过多、经期延长或月经间歇期不规则少量出血。一般不需要处理，3~6 个月后逐渐恢复。②放置 IUD 后，有轻微的下腹坠痛、腰酸或白带增多，多能自行消失无须处理。若经对症处理仍未见效者，应考虑取出或更换 IUD。

（二）避孕套

避孕套也称阴茎套（condom）。为男用避孕器具，性生活前套在阴茎上，射精时精液储存于小囊内，使精子不能进入宫腔达到避孕目的。

阴茎套为筒状优质薄型乳胶制品，顶端呈小囊状，筒径有 29mm、31mm、33mm、35mm 四种，现采用甲基硅油作隔离剂，以提高阴茎套的透明度和润滑性；对乳胶过敏者，可用生物膜阴茎套，表面光滑、透亮、不渗漏、无异味或刺激性。每次性交时均应更换新的阴茎套，选择合适阴茎套型号，吹气检查证实确无漏孔，排去小囊内空气后方可应用。使用前套外涂上避孕膏以润滑。射精后阴茎尚未软缩时，即捏住套口和阴茎一起取出。如能正确使用，避孕成功率可达 93%~95%。此外，阴茎套还具有防止性传播疾病的传染作用，故应用广泛。

三、其他避孕方法

（一）紧急避孕

紧急避孕（postcoital contraception）是指在无保护性生活后或避孕失败后（如阴茎套破裂、滑脱）或特殊情况性交（如被性侵）后的几小时或几日内，为防止非意愿性妊娠而采用的避孕方法，包括放置宫内节育器或口服紧急避孕药两种方法。仅针对一次无保护性生活起作用，一个月经周期只能用一次，绝对不能代替常规避孕方法。

1. 适应证 ①避孕套滑脱、破裂，IUD 移位脱落或漏服避孕药等导致避孕失败者；②未采取任何避孕措施的性生活后；③遭遇性侵后。

2. 禁忌证 已确定妊娠的妇女。若妇女要求紧急避孕但不能绝对排除妊娠时，经解释后可以给药，但应说明可能避孕失败。

3. 方法

（1）带铜宫内节育器：放置带铜宫内节育器可用于紧急避孕，特别适合需要长期避孕且无 IUD 禁忌证的妇女。在无保护性生活后 5d 之内放置带铜 IUD，有效率达 95% 以上。

（2）紧急避孕药：有激素类和非激素两类，仅用于临时一次避孕的妇女。一般应在无保护性生活后 3d 之内口服紧急避孕药，其有效率可达 98%。常用的有雌孕激素复方制剂（复方左旋炔诺孕酮避孕药）、单孕激素制剂（左炔诺孕酮片）和抗孕激素制剂（米非司酮）等。

（二）自然避孕

自然避孕（natural family planning, NFP）又称安全期避孕。月经周期正常的妇女，排卵多在下次月经前 14d，排卵前后 4~5d 内为易受孕期，其余时间不易受孕为安全期，选择安全期进行性生活而达到避孕的目的，称安全期避孕法。因排卵受情绪、健康状况、外界环境等多种因素的影响，安全期避孕并不安全，有效率仅 80%。

（三）阴道杀精剂

阴道杀精剂通过阴道给药，是性交前置于女性阴道内以杀精或使精子灭活的一类化学避孕制剂。目前常用的避孕药膜以壬苯醇醚为主药，聚乙烯醇为水溶性成膜材料制成。壬苯醇醚具有快速高效的杀精能力，最快者 5s 内使精细胞膜产生不可逆改变。性交前 5min 将药膜揉成团置阴道深处，待其溶解后即可性交。正确使用的避孕效果达 95% 以上。一般对局部黏膜无刺激或损害，少数妇女自感阴道灼热。

第二节　避孕失败的补救措施

> **情景导入**
>
> 　　小崔，妊娠 8 周，因为最近家里事情较多，想终止妊娠，但小崔害怕人工流产影响以后妊娠，想通过药物流产终止妊娠，前来门诊咨询。

发生意外妊娠、母体疾病无法继续妊娠或胚胎胎儿发育异常等情况时,需要通过人工方法终止妊娠。常用的方法有药物流产、手术流产、药物引产和水囊引产。妊娠终止方法只能作为避孕失败的补救措施,绝对不可作为常规节育措施反复使用。

一、药物流产

药物流产是指在妊娠早期应用药物终止妊娠的方法。其优点是方法简单、无创。但是部分孕妇会出现阴道出血时间长、出血多的副作用。目前临床最常用的药物是米非司酮配伍米索前列醇。米非司酮是一种类固醇类的孕激素拮抗剂,具有抗孕激素和抗糖皮质激素的作用。米索前列醇属于前列腺素类似物,具有兴奋子宫,软化宫颈的作用。二者配伍应用于终止早孕,完全流产率可达90%以上。

1. 适应证 ①<49d 的宫内妊娠,自愿要求药物流产者,可在门诊行药物流产;②>49d 的宫内妊娠,应酌情考虑住院流产;③瘢痕子宫、哺乳期以及宫颈发育不良等手术流产高危人群;④多次手术流产史,恐惧手术流产者。

2. 禁忌证 ①孕妇存在米非司酮用药禁忌证:如肾上腺疾病、甾体激素相关肿瘤及内分泌疾病、妊娠期皮肤瘙痒症、血液病及血管栓塞等病史;②孕妇存在米索前列醇用药禁忌证:如心血管疾病、青光眼、哮喘、癫痫以及结肠炎等疾病;③带器妊娠、异位妊娠;④其他:妊娠剧吐、过敏体质、长期服用抗结核、抗癫痫、抗抑郁药物者。

3. 给药方法

(1)**顿服法**:第 1 天顿服米非司酮 200mg,第 3 天晨起口服米索前列醇 0.6mg。

(2)**分服法**:第 1 天晨服米非司酮 50mg,8~12h 后再服 25mg,第 2 天早晚各服米非司酮 25mg,第 3 天晨服米非司酮 25mg,1h 后服米索前列醇 0.6mg、每次服药前后保持空腹 1h。

4. 护理要点

(1)**知情同意**:服药前详细询问停经时间、生育史、既往病史及用药史;完善相关辅助检查明确宫内妊娠及相应孕周,做好操作前沟通,并签署知情同意书。

(2)**健康教育**

1)术前:介绍药物流产相关知识,做好陪伴,减少思想顾虑;明确给药禁忌证,告知服药方法、剂量、注意事项及不良反应,强调严格遵医嘱服药的重要性,切记不可漏服、少服、多服、错服,严格按规定时间服药,不随意更改服药时间。

2)术中:多数人在服用米索前列醇 6h 内会出现阵阵腹痛、小腹部下坠、阴道出血、胎囊排出,个别女性需要更长时间排出胎囊,需要耐心等待;协助并指导女性使用专用便器,及时收集妊娠排出物,再次核查胎囊是否完整,必要时需病检;密切观察女性阴道出血、腹痛情况,若流产不全或失败,应及时清宫。

3)术后:女性流产后需要休息,1 个月内禁止性生活及盆浴;指导选择适宜的避孕措施,避免再次妊娠。

二、手术流产

手术流产指用手术方法终止妊娠,可分为负压吸引术和钳刮术。

1.适应证 ①避孕失败要求终止妊娠者或因各种疾病不宜继续妊娠者;②负压吸引术适用于

妊娠 10 周以内者,钳刮术适用于妊娠 11~14 周者。

2. 禁忌证　①各种疾病的急性期;②生殖器官急性炎症;③妊娠剧吐酸中毒尚未纠正。④术前两次体温≥37.5℃。

3. 手术步骤

(1)**负压吸引术**:①受术者排空膀胱,取截石位,常规消毒铺巾;②双合诊复查子宫位置、大小及附件情况,暴露宫颈,消毒;③探测宫腔,宫颈钳夹持宫颈前唇,用子宫探针探测子宫屈向和深度;④扩张宫颈,一般自 5 号开始,依次扩张至比准备用的吸管大半号或 1 号;⑤吸宫,连接好吸引管并试吸无误后,按顺时针方向吸引宫腔 1~2 周,当感觉宫腔缩小、宫壁粗糙、吸头紧贴宫壁时,慢慢取出吸管,仅见少量血性泡沫而无出血,表示已吸净;⑥检查宫腔是否吸净,用小号刮匙轻刮宫腔一周,尤其检查宫底及两侧宫角部是否吸刮干净;⑦用子宫探针再探测宫腔深度;⑧拭净阴道,取下器具;⑨将吸出物清洗过滤,检查有无绒毛及胎儿组织。

(2)**钳刮术**:术前应先作扩张宫颈准备,可在术前 12h 将 16 号或 18 号导尿管慢慢插入宫颈,直至宫腔深度的 1/2 以上,而在阴道内的一段导尿管则用消毒纱布包裹,置于后穹隆,次日行钳刮术时取出导尿管。或于术前 3~4h 将前列腺素制剂塞入阴道或肌内注射,以软化、扩张宫颈。近年来多用米非司酮和米索前列醇后再行钳刮术,效果良好。手术操作基本同负压吸引术,扩张宫颈后,先钳破胎膜,再逐步钳出胎儿胎盘组织,术后注意预防感染。

4. 术后注意事项　①术后观察 2h,注意有无出血及异常情况,确无异常者方可离开;②术后 2 周内或出血未净,禁止盆浴。术后 1 个月内禁止性生活;③如有异常情况,如腹痛、发热、阴道出血量多,应随时就诊处理;④指导避孕,术后 1 个月应随访。

5. 并发症及护理

(1)**子宫穿孔**:哺乳期子宫、子宫有瘢痕;子宫过度倾曲或有畸形等情况,施行人工流产时易致子宫穿孔。器械进入宫腔突然出现"无底"感觉,或其深度明显超过检查时子宫大小,应立即停止手术,给予缩宫素和抗生素,严密观察孕妇的生命体征,有无腹痛、阴道流血及腹腔内出血征象。发现内出血增多或疑有脏器损伤者,应立即剖腹探查修补穿孔处。

(2)**人工流产综合反应**:指受术者在人工流产术中出现心动过缓、心律不齐、血压下降、面色苍白、大汗淋漓、头晕、胸闷,严重者发生晕厥和抽搐。人工流产综合反应的发生主要由于子宫颈管和子宫受机械性刺激引起迷走神经兴奋所致,与孕妇精神紧张有关。术前应消除受术者的思想顾虑,操作应轻柔、准确,一旦发生,立即停止手术,静脉注射阿托品 0.5~1mg。

(3)**吸宫不全**:若人工流产后流血超过 10d,血量过多,或流血停止后又有多量流血,应考虑为吸宫不全,B 超检查有助于诊断。若无明显感染征象,应行刮宫术,刮出物送病理检查,术后用抗生素预防感染。

(4)**漏吸**:确定为宫内妊娠,但术时未吸出子宫内胎盘绒毛或胚胎组织,妊娠继续进行。往往因胎囊过小、子宫过度屈曲或子宫畸形造成。若未见绒毛或胚胎组织,除考虑漏吸外,还应排除异位妊娠可能,吸出组织送病理检查,确定漏吸,应再次行负压吸引术。

ER 14-6
漏吸

(5)**术中出血**:迅速清除宫腔内容物为止血的首要方法,同时可宫颈注射缩宫素促使子宫收缩。

(6)**术后感染**:是指术前无生殖器官炎症,人工流产后 1~2 周内发生的生殖器官炎症,应及时应用抗生素,宫腔内有残留妊娠物者按感染性流产处理。

(7)**羊水栓塞**:羊水栓塞偶尔可发生于人工流产钳刮术过程中。孕早、中期时羊水中有形成分极少,即使并发羊水栓塞,其症状及严重程度较晚期妊娠轻。

无痛人工流产术

为减轻人工流产受术者痛苦，近年临床上开展了无痛人工流产术，即在麻醉下行人工流产术。采用短效静脉麻醉剂，药物显效后立即手术，需由麻醉师进行麻醉监护。无痛人工流产术可缓解受术者的疼痛和恐惧，但是并不能降低上述并发症的发生率。

三、药物引产

药物引产是终止中期妊娠的主要方法，常用依沙吖啶。作用机制主要是依沙吖啶可使子宫蜕膜变性坏死，释放前列腺素，刺激子宫平滑肌兴奋，引起子宫收缩而导致流产。而且妊娠周数越大，子宫对依沙吖啶敏感性越高，胎儿多因药物中毒而死亡。中期妊娠引产困难多，并发症多，危险性也大，因此应尽可能避免。

1. 适应证 妊娠13~28周需要终止妊娠而无禁忌证者。

2. 禁忌证 ①有急、慢性肝、肾疾病或肝、肾功能不全者；②各种疾病的急性期；急性生殖器官炎症或穿刺部位有感染者；严重的心脏病、高血压、血液病等；子宫壁有瘢痕、子宫畸形或子宫发育不良，剖宫产术后未达两年者；术前24h内两次体温≥37.5℃者。

3. 手术步骤

（1）孕妇排空膀胱后，平卧于手术台上，按常规消毒腹部皮肤、铺巾。

（2）**选择穿刺点**：子宫底下方二横指与耻骨联合上三横指之间中线上或中线两侧，选择囊性感最明显的部位作为穿刺点，也可根据B超进行定位，避开胎盘和胎儿。

（3）**羊膜腔穿刺**：7~9号带芯腰穿针从选好的穿刺点垂直刺入，有落空感即进入羊膜腔内，拔出针芯，见有羊水溢出方可注药。

（4）**注药**：将盛有依沙吖啶药液的注射器与穿刺针相接，回抽出羊水，证实穿刺无误后，注入药液。

（5）**注完药液，迅速拔针**：消毒纱布覆盖穿刺处并压迫数分钟，胶布固定。

4. 注意事项

（1）严格执行无菌操作规程，依沙吖啶用药剂量一般为50~100mg。

（2）依沙吖啶遇生理盐水会产生沉淀，只能用注射用水或羊水稀释。

（3）穿刺过程和拔针前后，注意孕妇有无呼吸困难、发绀等异常征象。

（4）穿刺一般不超过两次。

（5）注药后孕妇不得擅自离开病房，应定时测量体温、脉搏，观察阴道有无出血、流水及宫缩等情况。

（6）个别孕妇注药后24h左右，由于药物被组织吸收，可出现体温轻度上升和白细胞计数增多现象。如无感染症状和体征，无须处理。如体温超过38℃，应给予抗生素。

（7）胎盘娩出后仔细检查是否完整，对妊娠小于20周者，主张常规清宫以减少流血，有助于子宫复旧。

（8）不需清宫者，胎盘娩出后常规检查宫颈与阴道壁有无撕裂，如有撕裂及时予以缝合。

四、水囊引产

水囊引产是将无菌水囊放置在子宫壁与胎膜之间，囊内注入适量无菌生理盐水，使水囊膨胀，利用其机械刺激引起子宫收缩，促使胎儿胎盘排出的一种引产方法。由于水囊引产须经阴道操作，感染率较药物引产高，故目前临床应用较少。

1. 适应证 ①同"药物引产"；②尚能胜任手术的肝肾疾病者；③药物引产失败者。

2. 禁忌证 瘢痕子宫，宫颈陈旧性裂伤，前置胎盘，其他同"药物引产"。

3. 操作步骤

(1) 孕妇排尿后取截石位，常规消毒外阴、阴道，铺无菌巾。

(2) 阴道窥器暴露宫颈，消毒宫颈及宫颈管，宫颈钳钳夹宫颈前唇，用宫颈扩张器逐号扩张宫颈至 8~10 号。

(3) 用长无齿镊或卵圆钳将水囊全部送入宫腔内，置于胎膜与宫壁之间。

(4) 囊内缓慢注入无菌生理盐水 300~500ml，折叠扎紧导尿管末端，以防漏水。再用消毒纱布包裹置于阴道后穹隆部。

4. 护理要点

(1) 术前每日冲洗阴道 1 次，连续 3d。

(2) 放水囊后，嘱孕妇卧床休息，避免阴道内导尿管及纱布脱出；避免破膜。

(3) 出现规律宫缩后，放出囊内液体，取出水囊；水囊放置时间最长不超过 24h，若宫缩过强、出血较多或体温超过 38℃者应提前取出水囊。

(4) 取出水囊后如无宫缩或宫缩较弱，可遵医嘱在专人监护下静脉滴注缩宫素，加强宫缩。

第三节　输卵管绝育术

情景导入

徐女士，35 岁，已育一儿一女，现主动要求做输卵管绝育术，入院检查：体温正常，全身情况良好，生殖器官无异常，阴道分泌物正常。

请思考：

1. 输卵管绝育术如何选择手术时间？

2. 行输卵管绝育术存在哪些潜在风险及可能并发症？

输卵管绝育术（tubal sterilization operation）是通过手术或手术配合药物等人工方法，于输卵管部位阻止精子与卵子相遇而达到绝育目的。有切断、结扎、电凝、钳夹、环套输卵管或用药物黏堵、栓堵输卵管管腔等方法。输卵管绝育术是一种安全、永久性节育措施，手术途径可经腹壁、经腹腔镜及经阴道三种。目前常用的是经腹输卵管绝育术或经腹腔镜输卵管绝育术。

一、经腹输卵管绝育术

（一）适应证

1. 自愿接受绝育手术且无禁忌证者。

2. 患有严重全身疾病不宜生育而行治疗性绝育术者。

（二）禁忌证

1. 全身情况不良不能胜任手术者，如心力衰竭。

2. 急、慢性盆腔炎，腹部皮肤有感染灶者。

3. 24h 内两次体温在 37.5℃或以上者。

（三）术前准备

1. 解除受术者思想顾虑，做好解释和咨询工作。

2. **手术时间选择**　非孕妇女绝育时间最好选择在月经干净后 3d；人工流产或分娩后宜在 48h 内手术；哺乳期或闭经妇女则应排除早孕后再行绝育术；自然流产待月经复潮后手术；中期妊娠引产或取环后可立即手术；剖宫产同时可行绝育术。

3. 详细询问病史，进行全身体格检查及妇科检查，检验血常规、出凝血时间、肝功能及白带常规。

4. 按妇科腹部手术前常规准备。

（四）麻醉

采用局部浸润麻醉。

（五）手术步骤

1. **术前准备**　受术者排空膀胱，取仰卧臀高位，手术野按常规消毒、铺巾。

2. **切口**　下腹正中耻骨联合上 4cm 处作 2cm 长纵切口，产妇则在宫底下 2cm 作纵切口。

3. **取管**　术者左手示指伸入腹腔，沿宫底后方滑向一侧，到达卵巢或输卵管后，右手持卵圆钳将输卵管夹住，轻轻提至切口外。亦可用指板法或吊钩法提取输卵管。

4. **辨认输卵管**　用鼠齿钳夹持输卵管，再以两把无齿镊交替使用依次夹取输卵管直至暴露出伞端，证实为输卵管无误，并检查卵巢。

5. **结扎输卵管**　我国目前多采用抽心包埋法。在输卵管峡部背侧浆膜下注入 0.5% 利多卡因 1ml 使浆膜膨胀，用尖刀切开膨胀的浆膜层，再用弯蚊钳轻轻游离出该段输卵管，相距 1cm 处以 4 号丝线各作 1 次结扎，剪除其间的输卵管，用 1 号丝线连续缝合浆膜层，将近端包埋于输卵管系膜内，远端留于系膜外。同法处理对侧输卵管。

（六）术后并发症

不易发生，多为操作粗暴或未按常规进行所致。

1. **腹腔内出血、血肿**　系过度牵拉、钳夹而损伤输卵管或其系膜造成，或因创面血管结扎不紧或未结扎所致。

2. **感染**　体内原有感染灶未控制，如牙龈炎、鼻咽炎、盆腔炎等，致术后创面发生内源性感染；手术器械、敷料消毒不严或手术操作无菌观念不强等均可导致外源性感染。

3. **脏器损伤**　膀胱、肠管损伤，多因解剖关系辨认不清或操作粗暴所致。

4. **绝育失败**　多因绝育措施本身缺陷或施术时技术误差引起。其结果多发生宫内妊娠，少数可能形成输卵管妊娠。

（七）术后护理

1. 密切观察生命体征，评估有无腹痛、内出血、脏器损伤等情况。

2. 除硬膜外麻醉以外，受术者无须禁食，鼓励术后早下床，尽早排尿。

3. 保持手术切口敷料清洁、干燥，注意观察伤口愈合情况。

4. 术后休息 3~4 周，2 周内禁止性生活。

二、经腹腔镜输卵管绝育术

1. **适应证**　经腹输卵管绝育术。

2. **禁忌证**　①同经腹输卵管绝育术；②腹腔粘连者、心肺功能不全者或膈疝者。

3. **术前准备**　同经腹输卵管绝育术，受术者应取头低仰卧位。

4. **手术步骤**　采用局麻、硬膜外麻醉或静脉全身麻醉。于脐孔下缘作弧形切口 1~1.5cm，将 Verres 气腹针插入腹腔，充气（二氧化碳）2~3L，然后换置腹腔镜。在腹腔镜直视下将弹簧夹钳夹或硅胶环套于输卵管峡部，以阻断输卵管通道。也可采用双极电凝烧灼输卵管峡部 1~2cm。

5. **术后护理**

（1）术后静卧 4~6h 后可下床活动。

（2）术后观察有无体温升高、腹痛、腹腔内出血或脏器损伤征象。

第四节 不 孕 症

情景导入

　　李女士，32岁，婚后4年，G_1P_0，丈夫精液检查正常，最后一次妊娠至今已超过1年，期间未避孕。月经规律，量中等，无痛经。2个月前在外院行输卵管造影示：双侧输卵管积液。妇科检查：外阴、子宫正常。附件：双侧增厚，未及包块，无压痛。

请思考：

1. 李女士想知道自己能否再孕，应如何结合其身体状况进行解答？
2. 李女士还想了解人工助孕有关事宜，应如何进行介绍？
3. 应如何对李女士实施心理护理？

　　女性凡婚后未避孕、有正常性生活、同居1年而未孕者，称为不孕症（infertility）。按照曾经受孕与否，不孕症可分为原发性和继发性两类。婚后未避孕而从未妊娠者称原发不孕，有过妊娠而后未避孕连续1年不孕者称继发不孕。按照不孕是否可以纠正，不孕症可分为绝对不孕和相对不孕。夫妇一方有先天或后天解剖生理方面的缺陷，无法纠正而不能妊娠者称绝对不孕；夫妇一方因某种因素阻碍受孕，导致暂时不孕，一旦得到纠正仍能受孕者称相对不孕。不孕症的发病率因国家、种族和地区的不同而不同，我国不孕症发病率为7%~10%。

一、病因

（一）女性因素

　　1. 盆腔因素　是我国女性继发性不孕的最主要原因，约占全部不孕因素的35%。

　　（1）**输卵管及其周围病变**：任何影响输卵管功能的病变都可导致不孕，包括输卵管梗阻、输卵管周围粘连、输卵管积水、盆腔粘连等。

　　（2）**子宫因素**：包括子宫黏膜下肌瘤、子宫腺肌病、子宫内膜病变、宫腔粘连、子宫颈病变等。

　　（3）**子宫内膜异位症**：通过盆腔和子宫腔免疫机制紊乱所导致的排卵障碍、黄体功能不足、盆腔粘连等多个环节导致不孕。

　　（4）**先天发育畸形**：如纵隔子宫、双角子宫、先天性输卵管发育异常等。

　　2. 排卵障碍　占女性不孕因素的25%~35%。

　　（1）**下丘脑或垂体病变**：如低促性腺激素性无排卵、高催乳素血症等。

　　（2）**卵巢病变**：如多囊卵巢综合征、早发性卵巢功能不全、先天性性腺发育不全等。

　　（3）**其他内分泌因素**：包括先天性肾上腺皮质增生症、肾上腺皮质功能减退症、甲状腺功能减退等。

　　3. 免疫异常　女性体液免疫异常或子宫内膜局部细胞免疫异常均可导致种植失败和不孕。

（二）男性因素

　　1. 精液异常　先天或后天因素所致，表现为无精子症、少或弱精子症、畸形精子症、单纯性精浆异常等。

　　2. 男性性功能障碍　心理性因素或器质性病变引起勃起功能障碍、不射精或逆行射精等。

　　3. 免疫因素　目前尚无明确的诊断标准。精子、精浆、透明带和卵巢这些生殖系统抗原均可产生自身免疫或同种免疫，产生相应的抗体，阻碍精子和卵子的结合导致不孕。

（三）不明原因性不孕

占不孕人群的 10%~20%，男女双方因素均不能排除，可能的病因包括免疫因素、受精障碍、胚胎发育阻滞、胚胎着床失败、知识缺乏及精神因素等，应用目前的检测手段无法确诊。

二、护理评估

（一）健康史

男方健康史应询问既往有无影响生育的疾病及外生殖器外伤史、手术史。如有无因睾丸炎、腮腺炎、前列腺炎、结核病等疾病导致的生殖器官感染史，有无疝修补术、输精管切除术等手术史。了解个人生活习惯、嗜好、工作及生活环境。

女方健康史应重点了解月经史，包括初潮年龄、月经周期、经期、经量及经期症状，有无生殖器官炎症。同时应询问年龄、青春期发育情况、生育史、避孕情况、家族史、既往史、慢性疾病史及手术史等。对于继发性不孕还应了解既往流产或分娩情况，有无产后大出血、感染等。

夫妇双方的资料包括结婚年龄、婚育史、性生活情况（性交频率、采用过的避孕措施、有无性交困难等）、是否两地分居。

（二）身体状况

夫妇双方应进行包括第二性征在内的全身体格检查以排除全身性疾病。男方应着重检查生殖器官发育情况、有无病变和性功能状况。女方要着重评估体格发育及营养状况，包括身高、体重和体脂分布特征，乳房发育及甲状腺情况，有无多毛、痤疮和黑棘皮症等。妇科检查应注意外阴发育、阴毛分布、阴蒂大小，是否存在异常排液和分泌物等，阴道有无粘连，子宫与子宫颈有无异常，子宫位置、大小质地与活动度，附件与宫旁有无压痛、增厚与肿块，直肠子宫陷凹有无触痛结节等。

（三）心理-社会支持状况

大多数夫妇对不孕的现状难以接受，表现出一种"不孕危机"的状态，呈现出震惊、否认、愤怒、内疚、孤独、悲伤等情绪。女性在不孕症的诊疗过程中承担更多的介入性治疗、检查、服药、手术等导致心理负担加重；男性因素的不孕症情绪表现为无力和负罪感，常因不愿被人知晓而拒绝就医。夫妇双方的社会交往、经济状况常受到影响。

（四）辅助检查

1. **男方检查**　精液分析为不孕症检查首选项目，需进行 2~3 次精液检查，以明确精液质量。此外，还需进行激素检测、生殖系统超声检查及遗传筛查等。

> **知识拓展**
>
> ### 精液分析
>
> 精液量：1.5~6.8ml；pH：7.2~8.0；精子总数（每次射精）：$(39~802)\times10^6$；精子计数：$(15~213)\times10^6$/ml；精子总活动力（PR + NR）40%~78%；前向运动精子（PR）：32%~72%；精子存活率：58%~91%；正常形态精子：4%~44%；精浆果糖：0.87~3.95g/L。
>
> 据 2019 年《不孕症诊断指南》，男性的精液性状需要与临床指标结合起来加以分析、理解，无论对于个体或是人群，精液的性状变化较大，因此，其检查结果并不是决定夫妇能否生育的唯一因素，这一参考值范围也只是对男性的生育状态提供参考性指导，低于参考值范围下限的男性也并非绝对不育。

2. **女方检查**

(1)**超声检查**：通过检查明确子宫和卵巢大小、位置、形态、有无异常包块、评估卵巢储备；还可检测卵泡发育情况及同期子宫内膜厚度和形态。

（2）**激素测定**：于月经周期 2~4d 测定 FSH、LH、E_2、T、PRL 基础水平。排卵期 LH 测定协助预测排卵时间，黄体期 P 测定协助判定有无排卵和评估黄体功能。

（3）**输卵管通畅度检查**：子宫输卵管造影是评价输卵管通畅度的首选方法，于月经干净后 3~7d 进行。

（4）**其他检查**：如基础体温测定、腹腔镜或宫腔镜检查。宫腔镜检查可了解子宫内膜情况，观察有无宫腔粘连、黏膜下肌瘤、内膜息肉、子宫畸形等。腹腔镜检查可直接观察子宫、输卵管、卵巢有无病变或粘连，并可结合输卵管通液术，直视下确定输卵管是否通畅，必要时可取活检。

ER 14-7 子宫输卵管造影之一消毒

ER 14-8 子宫输卵管造影之二放置窥阴器

ER 14-9 子宫输卵管造影之三固定窥阴器

ER 14-10 子宫输卵管造影之四置导管

ER 14-11 子宫输卵管造影之五插入导管

ER 14-12 子宫输卵管造影之六固定导管

ER 14-13 子宫输卵管造影

三、常见护理诊断 / 问题

1. 知识缺乏：缺乏生育及不孕症的相关知识。

2. 自尊紊乱　与不孕症引起的自卑感及心理压力有关。

3. 焦虑　与多年不孕有关。

四、护理目标

1. 不孕夫妇能了解导致不孕症的原因及相关知识。

2. 不孕夫妇能主动配合各项检查并坚定治疗的信心。

3. 不孕夫妇能表达对不孕的感受，寻找自我控制的方法。

五、护理措施

1. 心理护理

（1）**心理支持**：指导妇女采用练习瑜伽、与人交谈、调整认知、改进表达情绪的方式等方法来减轻压力，帮助妇女和家人朋友进行沟通，降低孤独感。当多种治疗措施效果不佳时，护理人员应帮助夫妇及时调整心理状态。

（2）**正视结局**：不孕症治疗可能有 3 个结局。

1）治疗失败，妊娠丧失：悲伤感，如因异位妊娠导致一侧输卵管缺失，感觉表现更强烈。

2）妊娠成功：焦虑并不会减少，常常担心分娩前会出现不测，直到娩出健康的新生儿仍不敢轻易接受事实；

3）治疗失败，停止治疗：一些不孕夫妇因为经济、年龄、心理压力等因素放弃治疗，护理人员应尊重和支持他们的选择。

2. 解释说明　护理人员应对各种检查治疗可能引起的不适进行耐心解释和说明。如：子宫输卵管造影可能引起腹部痉挛感，术后持续 1~2h；腹腔镜术后 1~2h 可能感到一侧或双侧肩部疼痛，可遵医嘱予可待因或可待因类的药物止痛；子宫内膜活检后可能引起下腹部不适感如痉挛、阴道流血等。

3. 用药护理　护理人员应教会妇女遵医嘱按时服药；告知服用促排卵药物如氯米芬类促排卵药物的常见不良反应，如月经间期下腹一侧疼痛、卵巢囊肿、血管收缩征兆等；提示妇女及时报告药物的不良反应及发现妊娠后立即停药。

4. 健康教育 教会妇女提高受孕率的方法，例如：①保持健康状态；②多与伴侣进行沟通；③放松心情；④在性交前、中、后勿使用阴道润滑剂或进行阴道灌洗；⑤性交后不要立即如厕，应卧床抬高臀部，持续20~30min；⑥教会不孕症妇女预测排卵的方法，使其掌握性交的适当时机，最好在排卵前2~3d或排卵后24h内性交，性交次数适当。

5. 协助选择人工辅助生殖技术 帮助不孕夫妇了解各种辅助生殖技术的优缺点及适应证，协助不孕症夫妇选择合适的辅助生殖技术。

> **知识拓展**
>
> ### 辅助生殖技术
>
> 辅助生殖技术（assisted reproductive technology，ART）指在体外对配子和胚胎采用显微操作技术，帮助不孕夫妇受孕的一组方法，包括人工授精、体外受精-胚胎移植及其衍生技术等。
>
> 人工授精（artificial insemination，AI）是将精子通过非性交方式注入女性生殖道内，使其受孕的一种技术，包括使用丈夫精液人工授精（artificial insemination with husband sperm，AIH）和供精者精液人工授精（artificial insemination by donor，AID）。体外受精-胚胎移植（in vitro fertilization-embryo transfer，IVF-ET）指从妇女卵巢内取出卵子，在体外与精子发生受精并培养3~5d，再将发育到卵裂期或囊胚期阶段的胚胎移植到宫腔内，使其着床发育成胎儿的全过程，俗称为"试管婴儿"。

六、护理评价

经过治疗和护理，不孕夫妇达到：①获得了正确的有关不孕的知识；②能面对现实，积极配合治疗；③解除思想顾虑，找到解决问题的途径。

（马荣华　李娜）

> **思考题**

1. 李女士，33岁，二胎产后半年。月经未复潮，目前在母乳喂养。要求避孕。入院检查：阴道通畅，阴道壁黏膜光滑，无充血水肿，阴道分泌物未见明显异常，宫颈口呈"一"形，子宫颈口光滑，宫颈无肥大、无息肉，子宫大小正常，活动度尚可，双侧附件未见明显异常。子宫颈光滑，子宫大小正常，活动度尚可，双侧附件未见明显异常。

请思考：目前该女士比较适宜的避孕方式有哪些？

2. 赵女士，32岁，已婚，平素月经周期规律，经量不多，无痛经等不适，育有一儿一女。目前，停经45d，B超示宫内妊娠，单活胎，主动要求流产。

请思考：

(1) 该女士适宜的流产方式有哪些？

(2) 两种常见的流产方式有何利与弊？

(3) 应如何向赵女士做好沟通指导与健康宣教？

3. 朱女士，32岁，育有一子，体健。半年前因病毒性心肌炎并发心衰急诊入院抢救。出院时，医生叮嘱一定要严格避孕，目前心功能不适宜再妊娠。

请思考：

（1）该女士最适合的避孕方式是哪种？

（2）请给出朱女士的避孕方式的选择理由？

4. 李女士，30 岁，结婚 2 年，婚后第 1 年于妊娠 40d 行药物流产。近 1 年未避孕，但一直未孕。月经 $\dfrac{5\sim6}{28\sim30}$，妇科检查：慢性宫颈炎，左侧附件增厚，右侧（−）。

请思考：

（1）如何对李女士解释其目前身体状况？

（2）李女士基础体温呈双相型，还需要进行哪些检查？

ER 14-14

练习题

第十五章 ｜ 母婴护理常用诊疗技术

教学课件

思维导图

学习目标

1. 熟悉：会阴切开缝合术、胎头吸引术、产钳术、剖宫产术的适应证。
2. 了解：母婴护理常用诊疗技术的方法和护理要点。

第一节　会阴切开缝合技术

一、目的

分娩第二产程中，为避免会阴及盆底组织严重裂伤，减轻盆底组织对胎头的压迫，缩短第二产程可采用会阴切开术（episiotomy）。

二、适应证

1. 估计会阴裂伤不可避免时，如会阴坚韧、水肿或瘢痕形成，胎头娩出前阴道流血，持续性枕后位，耻骨弓狭窄等。
2. 初产妇阴道助产，如产钳术、胎头吸引术及足月臀位助产术。
3. 第二产程过长、宫缩乏力、胎儿窘迫、妊娠期高血压疾病、妊娠合并心脏病等需缩短产程者。
4. 巨大胎儿、早产儿，需要预防颅内出血。

三、禁忌证

1. 不经阴道分娩，拒绝接受手术干涉。
2. 出血倾向难以控制。
3. 胎儿较小、前次分娩会阴完整的经产妇。

四、操作步骤

1. **麻醉**　多采用会阴神经局部浸润麻醉（图15-1）和会阴神经阻滞麻醉（图15-2）。
2. **会阴侧斜切开术的切开与缝合**

（1）**切开**：术者以左手示、中指伸入阴道内，撑起左侧阴道壁，右手持会阴切开剪刀，使剪刀切线与会阴后联合中线向旁侧呈45°，于宫缩时，剪开会阴4~5cm。若会阴高度膨隆则需向外旁开60°~70°。若会阴体短则以阴唇后联合上0.5cm处为切口起点（图15-3）。

（2）**缝合**：①暴露阴道黏膜切口顶端，自切口顶端上方0.5cm处开始，用2-0号可吸收线，间断或连续缝合阴道黏膜下组织，直到处女膜环，并对齐创缘（图15-4）；②以同样线间断缝合肌层，达到止血和关闭无效腔的目的。缝针不宜过密，应注意恢复解剖关系（图15-5）；③缝合皮肤：多采用可吸收线连续皮内缝合，也可用0号丝线间断缝合（图15-6）。

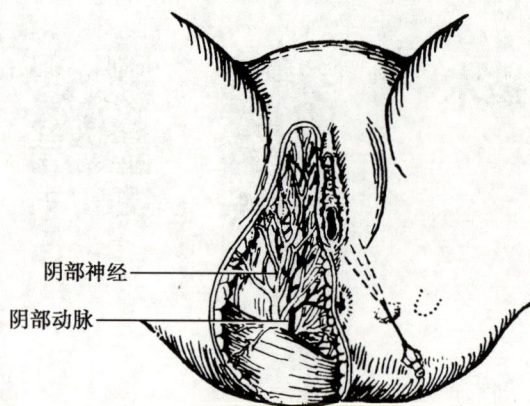

阴部神经 ——

阴部动脉 ——

图 15-1　会阴神经局部浸润麻醉

图 15-2　会阴神经阻滞麻醉

准备会阴
切开姿势

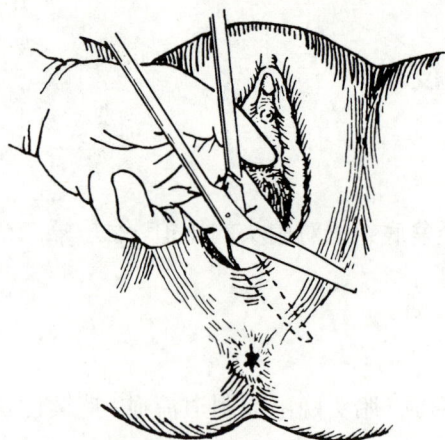

图 15-3　会阴左侧斜切开

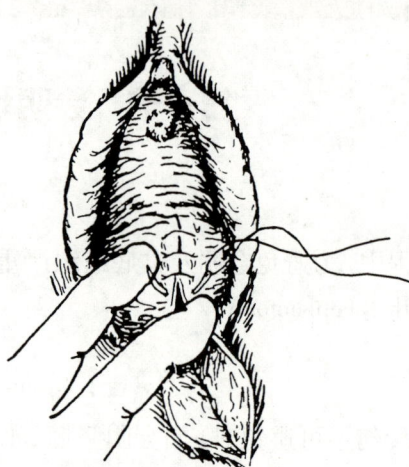

图 15-4　缝合阴道黏膜

会阴缝合后
伤口

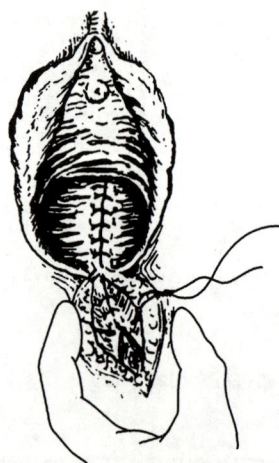

图 15-5　缝合肌层

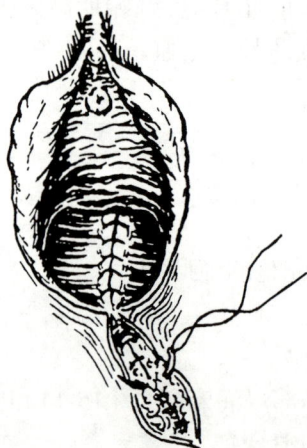

（1）

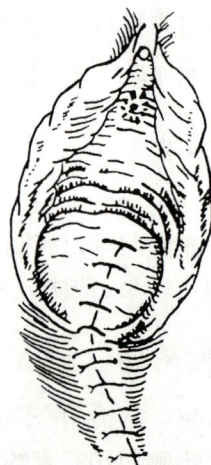

（2）

图 15-6　缝合皮下脂肪及皮肤

3. 会阴正中切开术的切开与缝合

（1）**切开**：局部浸润麻醉后，沿会阴联合正中点向肛门方向垂直切开，长 2~3cm，注意不要损伤肛门括约肌。

（2）**缝合**：①用 2-0 号可吸收线，间断或连续缝合阴道黏膜及黏膜下组织。②缝合皮下脂肪及皮肤，同会阴侧斜切开术缝合②、③。

五、护理措施

1.术前准备
(1)**心理准备**：向产妇说明会阴切开术的目的，取得产妇积极配合。

(2)**体位准备**：传统的方法产妇取屈膝仰卧位或截石位，近年来主张侧卧位、蹲位、趴位等自由体位。

2.术后护理
(1)**保持会阴清洁干燥**：术后嘱产妇健侧卧位，保持外阴清洁、干燥，及时更换会阴垫。术后3d内，每日进行会阴擦洗2次，每次大小便后，用温水清洗外阴并擦干。

(2)**伤口观察与处理**：术后每日查看伤口有无渗血、红肿、硬结及脓性分泌物等感染征象。外阴伤口肿胀伴疼痛明显者，24h内可用95%酒精湿敷或冷敷，24h后可用50%硫酸镁纱布湿热敷，或进行超短波或红外线照射，1次/d，15min/次。

(3)**拆线**：缝线于术后3d拆线。若皮内缝合不用拆线。若发现感染，应及时拆线，彻底清创、引流。

第二节　胎头吸引术

一、目的

胎头吸引术（vacuum extraction）是利用负压原理，将胎头吸引器放置并吸附于胎头顶部，按分娩机制牵引吸引器，配合产力，协助胎儿娩出的一种助产技术。达到缩短第二产程，减少母儿并发症、降低剖宫产率的目的。

二、胎头吸引器种类及结构

1.硅胶喇叭形胎头吸引器　形似喇叭，胎头端直径5.5cm，内表面有许多均匀一致的小孔和隆突，可使负压均匀地分布于胎头上并增加与胎头间的摩擦力。临床较多使用硅胶喇叭形胎头吸引器（图15-7）。扁圆形胎头吸引器（图15-8）和锥形金属空筒（直角或牛角形）胎头吸引器（图15-9）临床少用。

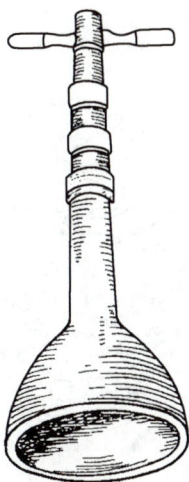

图 15-7　硅胶喇叭形胎头吸引器

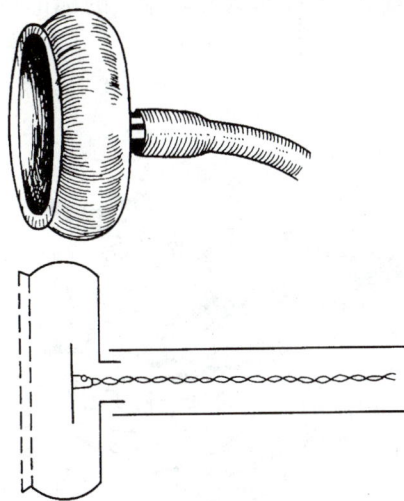

图 15-8　扁圆形胎头吸引器

2. 橡皮导管　为一橡胶管，连接胎头吸引器和抽吸器。

3. 抽吸器　可用胎头吸引器泵或 50ml 注射器代替，前者产生负压较快，且有压力表，压力恒定，并可随时调整负压。

三、适应证

1. 子宫收缩乏力等原因导致第二产程延长者。

2. 产妇有并发症或合并症，不宜屏气用力，轻度胎儿窘迫且宫口开全，需尽快结束分娩者。

3. 持续性枕后位、枕横位，需要协助旋转胎头并牵引助产者。

4. 必备条件　①无头盆不称，顶先露，活胎；②胎膜已破，宫口已开全，宫缩协调；③头先露，双顶径已达坐骨棘以下 3cm。

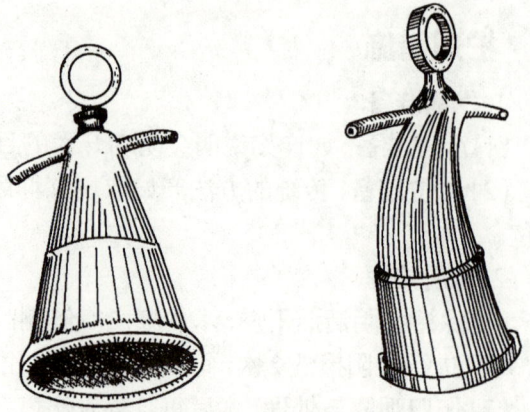

（1）锥形胎头吸引器　（2）牛角形胎头吸引器

图 15-9　锥形胎头吸引器及牛角形胎头吸引器

四、禁忌证

1. 头盆不称，胎位异常（颜面位、额位、横位、臀位）。

2. 产道畸形、阻塞，子宫颈癌。

3. 子宫脱垂术后，尿瘘修补术后。

4. 孕周＜34 周。

五、操作步骤

1. 产妇取截石位，常规消毒外阴，铺巾，导尿排空膀胱。

2. 阴道检查确认宫口开全，阴道口见胎头，已破膜，明确胎位。

3. 初产妇会阴体较长或会阴部坚韧者，应行会阴侧切术。会阴条件好时可以不行会阴侧切术。

4. 将胎头吸引器口缘涂以润滑油，以左手示、中两指撑压阴道后壁，右手持胎头吸引器将开口端上缘沿阴道后壁送入并抵达胎儿顶骨后部（图 15-10），继而左手示、中指掌面向外拨开阴道右侧壁、前壁、左侧壁，使胎头吸引器开口端侧缘滑入阴道内，与胎头顶部紧贴。调整胎头吸引器横柄与胎头矢状缝一致，作为旋转胎头的标记（图 15-11）。

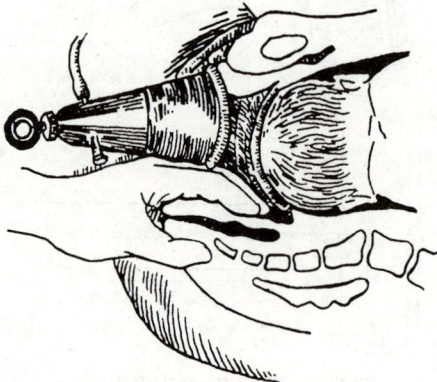

图 15-10　放置胎头吸引器

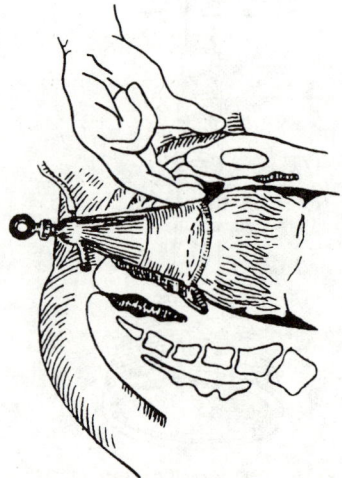

图 15-11　检查胎头吸引器附着位置

5. 抽吸负压　用橡胶导管连接胎头吸引器泵或 50ml 注射器,抽吸 150~200ml 空气即可(图 15-12)。

6. 牵引　胎头与胎头吸引器衔接紧密后,沿产轴方向缓慢牵引(图 15-13)。当胎头枕部达耻骨联合下缘,可触及胎儿颌骨时撤下吸引器,随之按分娩机制娩出胎体。

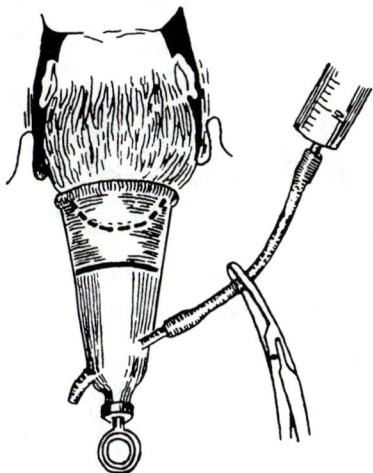

图 15-12　抽吸空气形成负压

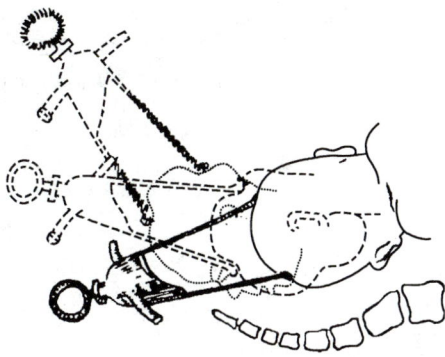

图 15-13　胎头牵引

六、护理措施

1. 术前准备

(1)**心理准备**:向产妇及家属说明胎头吸引术的目的,取得产妇积极配合。

(2)**体位准备**:产妇取截石位,常规消毒外阴、导尿及阴道检查。

(3) 开放静脉通路。

(4) 牵拉胎头吸引器前,检查胎头吸引器有无漏气,胎头吸引器负压要适当,压力过大容易使胎儿头皮受损,压力不足容易滑脱,发生滑脱,虽可重新放置,但不应超过 2 次,牵引时间不应超过 20min,否则改行产钳术或剖宫产术。

2. 术后护理

(1)(2) 同会阴切开缝合技术的术后护理(1)(2)。

(3) 必要时术后留置导尿管 24~48h,保持尿管通畅。能自行排尿者,应尽早拔除尿管。

(4)**新生儿护理**:①密切观察新生儿头皮产瘤大小、位置,有无头皮血肿及头皮损伤,防止帽状腱膜下血肿;②密切观察新生儿面色、反应、肌张力等,警惕颅内出血;③新生儿静卧 24h,避免搬动,生后 3d 内禁止洗头;④遵医嘱给予新生儿维生素 K_1 1mg 肌内注射,防止出血。

(5)**拆线**:同会阴侧切开缝合技术的术后护理。

第三节　产　钳　术

一、目的

产钳术(obstetric forceps delivery)是利用产钳作为牵引力,牵拉胎头,娩出胎儿的助产技术,达到缩短第二产程,减少母儿并发症、降低剖宫产率的目的。

二、产钳的分类及构造

1. 产钳的分类　根据操作时胎头在骨盆内的位置可分为出口产钳、低位产钳、中位产钳和高位产钳。目前临床仅行出口产钳术及低位产钳术。低位产钳术适用于胎头双顶径已达坐骨棘以下 3cm，骨质最低部已达盆底。出口产钳术适用于胎头双顶径达骨盆底，先露部在阴道口。

2. 产钳的构造 目前常用的是短弯型产钳和臀位后出头产钳（臀位回转钳，长柄长钳）（图 15-14）。

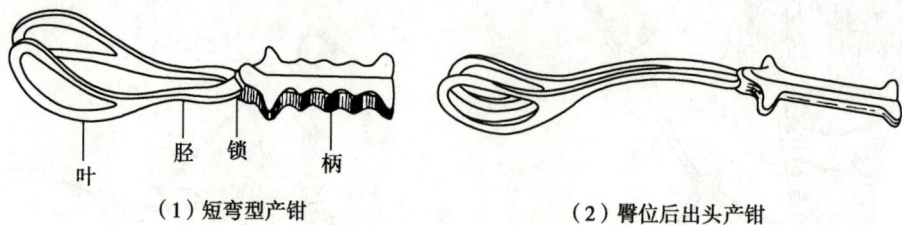

（1）短弯型产钳　　　　（2）臀位后出头产钳

（标注：叶　胫　锁　柄）

图 15-14　产钳构造

三、适应证

1. 子宫收缩乏力等原因导致第二产程延长者。
2. 产妇有并发症或合并症，不宜屏气用力，轻度胎儿窘迫且宫口开全，需尽快结束分娩者。
3. 胎头吸引术失败者。
4. 臀先露后出胎头娩出困难者。
5. 剖宫产娩出胎头困难者。

6. 必备条件 ①同胎头吸引术；②胎头先露必须明确，适用于顶先露或额前位。臀位产钳只用于牵拉后出胎头。

四、禁忌证

1. 绝对和相对头盆不称，胎头没有衔接。胎方位异常，如颏后位、额先露、高直位或其他异常胎位。
2. 严重的胎儿窘迫，估计短时间内不能结束分娩者。
3. 畸形儿、死胎应采用毁胎术。
4. 宫口未开全。

五、操作步骤

1. 产妇取截石位，常规消毒外阴，铺巾，导尿。行单侧或双侧阴部神经阻滞麻醉，根据会阴条件判断是否行会阴侧切术。
2. 阴道检查，明确胎位及施术条件，检查产钳是否完好。
3. **放置产钳** ①先把钳叶扣合，分清上、下两面，左、右钳叶。然后用润滑油涂抹钳叶外面；②放置左叶产钳，左手握持左钳柄放置于胎头左侧（图 15-15）；③放置右叶产钳，右手垂直握持右钳柄放置胎头右侧，将右钳叶达左侧对称的位置（图 15-16）。
4. **扣合钳锁** 如两钳叶放置位置正确，则锁易于对合（图 15-17）。
5. **检查钳叶位置** 手伸入阴道内，检查钳叶是否放置于胎耳前，钳叶有无夹住宫颈组织及其他软产道。并试牵引产钳，确定位置正确后即可正式牵引（图 15-18）。

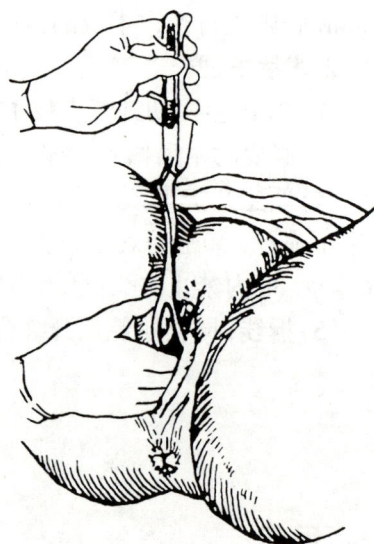

图 15-15　放置左叶产钳

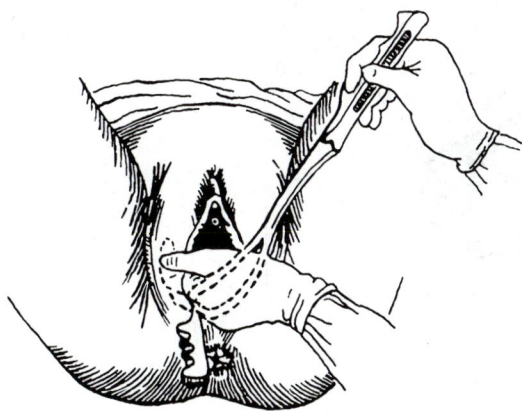

图 15-16　放置右叶产钳

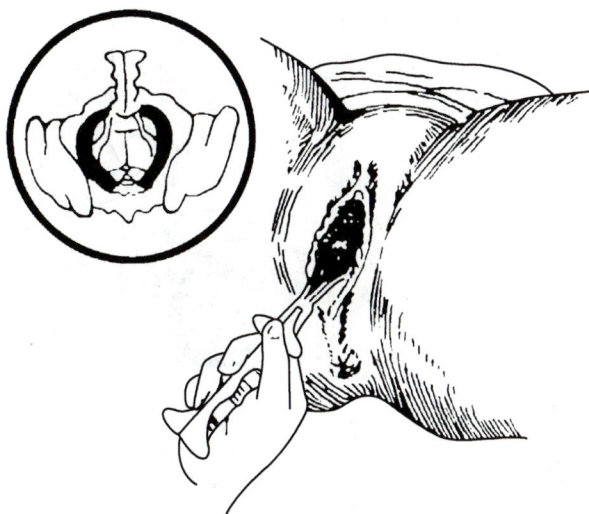

图 15-17　扣合钳锁

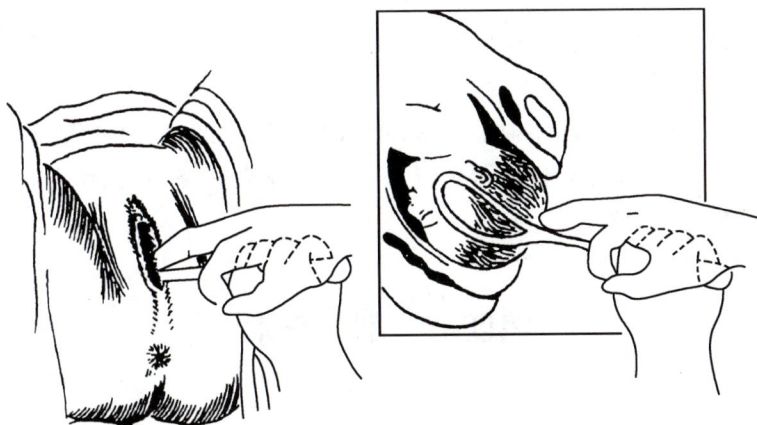

图 15-18　试牵产钳

　　6. 牵引　术者左手掌面朝上，示、中指由钳柄下面钩住横突，另一只手掌面朝下，示、中指由钳柄上面钩住横突。宫缩时使用臂力向下、向外，按产轴方向进行牵引（图 15-19）。宫缩间歇时，将锁扣稍放松，以缓解产钳对胎头的压力。

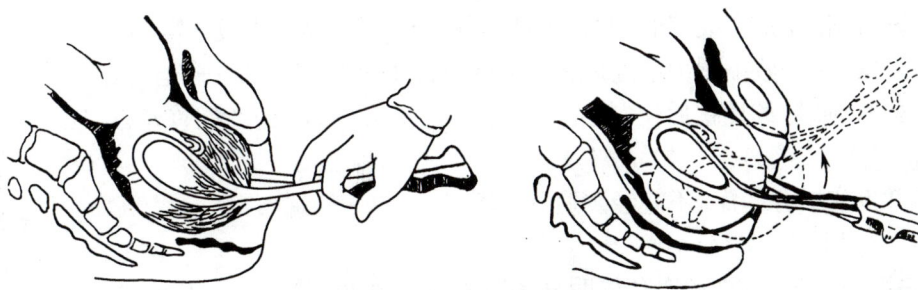

图 15-19　按产轴方向牵引

　　7. 撤出产钳　当看到胎儿颌骨时即松解锁扣，撤出右钳叶，左钳叶随上提胎头时滑出（图 15-20），随之按分娩机制娩出胎体。

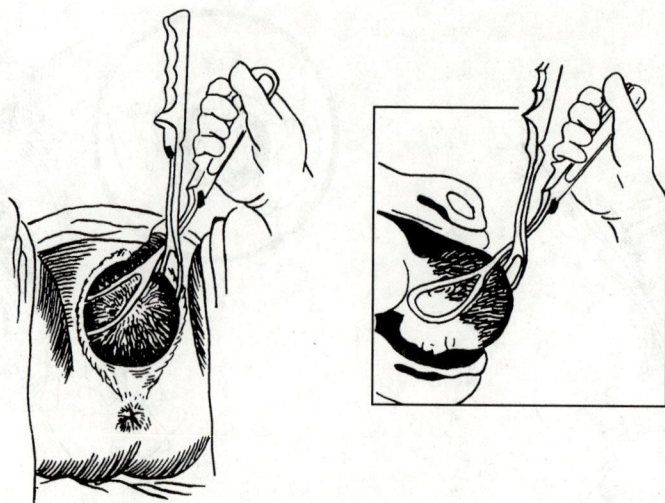

图 15-20 撤出产钳

六、护理措施

1. 术前准备 备产钳,余同胎头吸引术。

2. 术后护理

(1)**预防出血**:胎儿娩出后立即注射缩宫素,胎盘娩出后立即检查是否完整;仔细检查软产道,尤其是宫颈、阴道壁是否裂伤,侧切口是否延裂,一经确定,立即修补,以免引起出血及感染。

(2)其余术后护理同胎头吸引术。

第四节 剖宫产术

一、目的

剖宫产术(cesarean section)是指妊娠满 28 周及以上,经切开腹壁及子宫壁取出胎儿及其附属物的手术,是解决难产最终的手段,同时也是有母儿合并症、并发症,不能经阴道分娩产妇的有效分娩方式。

二、适应证

1. 母体方面

(1)**产道异常**:骨盆狭窄或畸形,明显头盆不称,软产道异常,瘢痕子宫等。

(2)**产力异常**:子宫收缩乏力经处理无效或强直性子宫收缩致胎儿窘迫者。

(3)**胎位异常**:如持续性枕后位、枕横位不能经阴道分娩者,初产妇臀先露,应适当放宽指征。

(4)妊娠并发症或合并症,不宜经阴道分娩者。

(5)**其他**:珍贵儿等。

2. 胎儿方面 胎儿窘迫、胎盘功能明显减退或脐带脱垂、羊水过少不能在短时间内从阴道分娩者。

ER 15-6

剖宫产术
进行中

三、操作步骤

1. 子宫下段剖宫产术 妊娠晚期或临产后,经腹切开子宫下段娩出胎儿及附属物的手术。子宫

下段肌层菲薄,其弹性、韧性、伸展性均好,且血窦少,肌层交叉分布,切口易于扩大且术后愈合好。

2. 子宫体部剖宫产术 可在妊娠的任何时期实施。操作简便,易掌握,手术时间短。子宫体部切口出血较多,易发生粘连,术后预后差,再次妊娠易发生子宫破裂。

3. 腹膜外剖宫产术 剖宫产术各步骤未进入腹腔,均在腹膜外进行,需分离推开膀胱暴露子宫下段,手术复杂。可避免手术对腹腔内脏器功能干扰及感染扩散,且术后恢复快,故对于胎膜早破、严重宫腔感染者尤为适用。但未进入产程者或紧急抢救产妇及胎儿时不宜采用。

4. 手术步骤 以子宫下段剖宫产术为例。

(1)取平卧位,或左侧倾斜10°~15°,消毒手术野、铺巾。

(2)下腹正中切口或下腹横切口,打开腹壁及腹膜腔,弧形切开子宫下段的膀胱腹膜反折,分离并下推膀胱,暴露子宫下段。

(3)**切开子宫**:在子宫下段前壁正中做一小横切口,用两示指向左右两侧钝性撕开延长切口约10cm,刺破胎膜。

(4)取出胎儿、胎盘及胎膜。

(5)缝合子宫切口及腹膜反折。

(6)清理腹腔,清点敷料及器械无误。缝合腹壁各层直至皮肤。

四、护理措施

1. 术前准备

(1)**心理准备**:告知产妇及家属剖宫产的目的,耐心解答有关疑问,缓解其焦虑。

(2)当日清晨禁食,备皮,留置尿管,药敏试验,根据医嘱交叉配血、备血。急诊剖宫产立即禁食禁水。

(3)禁用呼吸抑制剂,以防新生儿窒息。

(4)测量生命体征,听胎心,备好新生儿窒息抢救的用品。

2. 术后护理

(1)观察产妇生命体征、子宫收缩及阴道出血情况,产后24h产妇取半卧位,以利于恶露排出。

(2)术后6~12h进流质饮食,根据胃肠道功能恢复情况改半流质、普食。术后按需给予补液及抗生素预防感染。

(3)鼓励产妇尽早下床活动,留置导尿管24h,拔管后注意能否自行排尿。保持外阴清洁。

(4)鼓励产妇母乳喂养;指导避孕,至少避孕2年;指导产妇产后保健操,促进骨盆肌及腹肌张力恢复,避免腹部皮肤过度松弛;产后42d去医院做健康检查。

第五节 经阴道后穹隆穿刺术

一、目的

经阴道后穹隆穿刺术(transvaginal culdocentesis)可以抽出积聚在直肠子宫陷凹的腹腔内积血、积液、积脓,行肉眼观察、化验、病理检查,也用于取卵。

二、适应证

1. 疑有腹腔内出血时,如异位妊娠、卵巢黄体破裂等。

2. 疑盆腔内有积液、积脓时,可做穿刺抽液检查以了解积液性质,还可进行盆腔脓肿的穿刺引流及局部注射药物。

3. 在B超引导下经阴道后穹隆穿刺取卵，用于各种助孕技术。

三、禁忌证

1. 盆腔严重粘连，直肠子宫陷凹被较大肿块完全占据，并已凸向直肠。
2. 疑有肠管与子宫后壁粘连。
3. 临床高度怀疑恶性肿瘤。
4. 异位妊娠准备采用非手术治疗时应避免穿刺，以免引起感染。

四、操作步骤

妇女排空膀胱，取截石位，常规消毒外阴，铺巾。阴道窥器充分暴露宫颈及阴道后穹隆并消毒。用宫颈钳钳夹宫颈后唇向前提拉，充分暴露阴道后穹隆，再次消毒。用穿刺针在后穹隆中央或稍偏病侧，距离阴道后壁与宫颈后唇交界处稍下方，平行宫颈管刺入（图15-21）。当穿刺针穿过阴道壁，有落空感（进针深2~3cm）后立即抽吸，必要时改变穿刺针方向和深度，如无液体抽出，可边退针边抽吸。抽吸完后拔针，取出宫颈钳，用棉球压迫片刻，血止后取出阴道窥器。

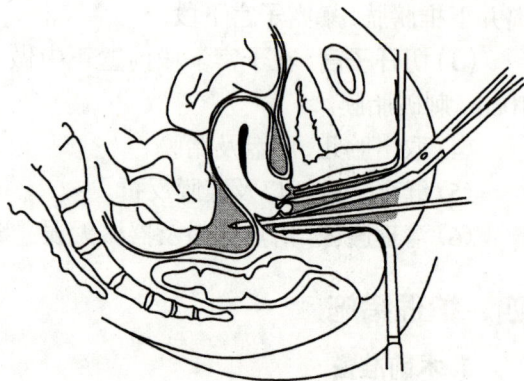

图15-21 经阴道后穹隆穿刺术

五、护理措施

1. 术中应严密观察妇女生命体征变化，重视妇女主诉。
2. 穿刺时注意进针的方向或深度，避免伤及盆腔脏器。
3. 注意观察抽出液的性状、颜色，是否凝集。如抽出血液鲜红、凝集则为血管内血液；如暗红、不凝集则为腹腔内出血，抽出的液体及时送检。
4. 注意观察阴道出血情况，保持外阴清洁。

第六节　经腹壁羊膜腔穿刺术

一、目的

羊膜腔穿刺术（amniocentesis）指在中、晚期妊娠时用穿刺针经腹壁、子宫壁进入羊膜腔抽取羊水供临床分析诊断，或注入药物或生理盐水用于治疗。

二、适应证

1. 治疗

（1）胎儿异常或死胎需做羊膜腔内注药引产终止妊娠。

（2）胎儿未成熟需行羊膜腔内注入地塞米松以促进胎儿肺成熟。

（3）羊水过多，胎儿无畸形，需放出适量羊水以改善症状，延长孕期；羊水过少，胎儿无畸形，可间断向羊膜腔内注入适量生理盐水，预防胎盘和脐带受压，防止胎肺发育不良或胎儿窘迫。

（4）胎儿生长受限者，可向羊膜腔内注入氨基酸等促进胎儿发育。

（5）母儿血型不合需给胎儿输血。

2. 产前诊断

（1）需行羊水细胞染色体核型分析、染色体检查以明确胎儿性别。

（2）诊断或评估胎儿遗传病可能。

（3）羊水生化测定，了解胎儿宫内成熟度及胎盘功能。

三、禁忌证

1. 用于产前诊断时　①孕妇有流产征兆；②术前24h内两次体温高于37.5℃。

2. 用于羊膜腔内注射药物引产时　①心、肝、肺、肾疾病在活动期或功能严重异常；②各种疾病的急性阶段；③急性生殖道炎症；④术前24h内两次体温高于37.5℃。

四、操作步骤

　　孕妇排尿后取仰卧位，常规消毒腹部皮肤，铺无菌孔巾。用腰穿针或专用羊水穿刺针垂直刺入腹壁。穿刺时有两次落空感时表示已达羊膜腔，拔出针芯即有羊水溢出，抽取所需羊水量或直接注药。将针芯插入穿刺针内，迅速拔针，敷以无菌干纱布，压迫5min后胶布固定（图15-22）。

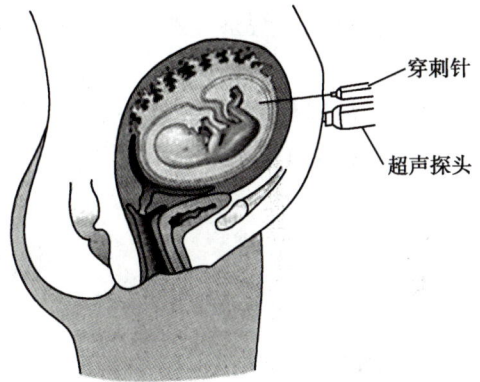

图15-22　经腹壁羊膜腔穿刺术

五、护理措施

　　1. 孕周选择　胎儿异常引产者，宜在孕16~26周之内；产前诊断者，宜在孕16~22周，此时子宫轮廓清楚，羊水量相对较多，易于抽取，不易伤及胎儿，且羊水细胞易存活，培养成功率高。

　　2. 穿刺部位的选择　术前行B超，对胎盘及羊水暗区定位并做标识，穿刺尽量避开胎盘，选择羊水量较多的暗区进行。常取子宫底下2~3横指中线或两侧囊性感明显部位作为穿刺点。

　　3. 中期妊娠引产术前准备　测血压、脉搏、体温，进行全身检查及妇科检查，注意宫颈发育情况，有无盆腔肿瘤、子宫畸形；测血、尿常规，出凝血时间，血小板计数和肝功能等。

　　4. 医护人员应严密观察受术者穿刺后有无副作用。

第七节　诊断性刮宫

一、目的

　　诊断性刮宫（diagnostic curettage）简称诊刮，是刮取子宫内膜和内膜病灶行活组织检查，作出病理学诊断。怀疑同时有宫颈管病变时，需对宫颈管及宫腔分别进行诊断性刮宫，简称分段诊刮。

二、适应证

　　1. 证实或排除子宫内膜癌、子宫颈管癌，或其他病变如流产、子宫内膜炎等。

　　2. 在月经周期后半期确切了解子宫内膜改变，有无子宫内膜结核。

　　3. 治疗及诊断宫腔内组织残留或异常子宫出血。

三、禁忌证

　　滴虫、白念珠菌感染或细菌感染所致急性阴道炎、宫颈炎，急性或亚急性盆腔炎性疾病。

四、操作步骤

妇女排尿后取截石位。常规消毒后铺无菌孔巾。双合诊查清子宫位置、大小及附件情况。阴道窥器暴露宫颈，消毒宫颈及宫颈管，钳夹宫颈前唇，用子宫探针探测宫腔深度及方向（若分段诊刮，需先扩张宫颈后，自宫颈内口至外口顺序刮宫颈管一周，再探宫腔）。扩张宫颈，然后刮匙进入宫腔刮取子宫内膜。

五、护理措施

1. 术前向妇女讲解诊断性刮宫的目的和过程。做好术前输液、配血的准备。
2. 刮宫前 5d 禁止性生活。指导妇女深呼吸、转移注意力等技巧，以减轻疼痛。
3. 若不孕症或异常子宫出血妇女应选在月经前或月经来潮 6h 内刮宫。
4. 协助医生观察并挑选刮出的可疑病变组织，宫颈、宫腔组织分别放入标本瓶中及时送检并做好记录。
5. 术后保持外阴清洁，2 周内禁止性生活及盆浴。
6. 嘱妇女 1 周后到门诊复查并了解病理检查结果。

第八节　输卵管通液术

一、目的

输卵管通液术（hydrotubation）用于检查输卵管是否通畅，同时具有一定的治疗功效。

二、适应证

1. 不孕症，男方精液正常，疑有输卵管阻塞者。
2. 检验和评价输卵管绝育术、输卵管再通术或输卵管成形术的效果。
3. 对输卵管黏膜轻度粘连有疏通作用。

三、禁忌证

1. 内、外生殖器急性炎症或慢性炎症急性、亚急性发作。
2. 月经期或有不规则阴道出血。
3. 可疑妊娠。
4. 严重的全身性疾病，如心、肺功能异常等，不能耐受手术。
5. 体温高于 37.5℃。

四、操作步骤

妇女取截石位，双合诊了解子宫位置、大小，常规消毒后铺无菌孔巾。阴道窥器充分暴露宫颈，再次消毒阴道后穹隆及宫颈，钳夹宫颈前唇。用 Y 形管将宫颈导管与压力表、注射器相连，压力表应高于 Y 形管水平，以免液体进入压力表。将注射器与宫颈导管相连，并使宫颈导管内充液体（庆大霉素 8 万 U、地塞米松 5mg、透明质酸酶 1 500U、注射用水 20ml），温度以接近体温为宜，缓慢推注液体，注意宫颈导管紧贴宫颈外口，防止液体外漏。观察推注时阻力大小、液体是否回流、妇女下腹部是否疼痛等。

五、护理措施

1. 月经干净 3~7d 进行检查为宜，术前 3d 禁止性生活。

2. 术前向妇女讲解输卵管通液术的目的、步骤。行输卵管造影术前，应询问其过敏史，并做碘过敏试验。便秘者应行清洁灌肠，以保持子宫正常位置。

3. 检查时液体应加温至接近体温，以免引起输卵管痉挛。

4. 注意妇女反应，发现异常，立即处理。

5. 术后 2 周内禁止性生活及盆浴。

第九节　生殖道细胞学检查

一、目的

女性生殖道细胞指阴道、宫颈管、子宫、输卵管的上皮细胞。检查女性生殖道脱落的上皮细胞，既可反映体内性激素水平，又可协助诊断生殖系统不同部位恶性肿瘤及观察其治疗效果。

二、适应证

1. 早期宫颈癌的筛查，30 岁以上已婚妇女应每年检查 1 次。

2. 宫颈炎症需除外癌变者。

3. 卵巢功能检查，适用于卵巢功能低下、异常子宫出血、性早熟等妇女。

4. 怀疑宫颈管恶性病变者。

5. 胎盘功能检查，适用于妊娠期间怀疑胎盘功能减退的孕妇。

三、禁忌证

1. 生殖器官急性炎症。

2. 月经期。

四、操作步骤

1. **阴道涂片**　已婚妇女：在阴道上 1/3 段侧壁，用无菌干燥棉签轻轻刮取分泌物及浅层细胞（避免混入深层细胞影响诊断），薄而均匀地涂在载玻片上，置于 95% 酒精溶液中固定。未婚妇女：用无菌棉签先在 0.9% 生理盐水溶液中浸湿，将棉签深入阴道，在其侧壁上 1/3 处轻卷后，取出棉签横放于玻片上，向一个方向滚涂，置于 95% 酒精溶液中固定。

2. **宫颈刮片**　在宫颈外口鳞状上皮与柱状上皮交界处，以宫颈外口为圆心，用木质小刮板轻轻刮取一周，避免损伤组织引起出血，影响涂片质量和检查结果。

3. **子宫颈刷片**　先将子宫颈表面分泌物拭净，将"细胞刷"置于子宫颈管内，达子宫颈外口上方 1cm 左右，在子宫颈管内旋转数圈后取出，旋转"细胞刷"将附着于小刷子上的标本均匀地涂布于玻片上或洗脱于保存液中。液基细胞学（liquid-based cytology）特别是用液基薄层细胞学检查（thin-prep cytologic test，TCT）所制备单层细胞涂片效果清晰，阅片容易，与常规制片方法比较，改善了样本收集率并使细胞均匀分布在玻片上。此外，该技术一次取样可多次重复制片，并可供作高危型 HPV 检测和自动阅片。

4. **宫腔吸片**　选择直径 1~5mm 型号塑料管，一端连于无菌的注射器，另一端送入宫腔内达宫底部，上下左右转动，轻抽注射器，将吸出物涂片、固定、染色。取

ER 15-9

宫颈刷

出吸管时停止抽吸，以免将宫颈管内容物吸入。亦可用宫腔灌洗法，用注射器将 10ml 无菌生理盐水注入宫腔，余步骤同前。

五、护理措施

1. 术前向妇女讲解有关生殖道脱落细胞学检查的目的和过程。

2. 检查前 2d 内禁止性交、行阴道检查及阴道内放置药物。

3. 取标本时动作应轻、稳、准，以免损伤组织引起出血。若阴道分泌物较多，应先用无菌干棉球轻轻擦拭后，再取标本。

4. 涂片须均匀，向一个方向涂抹，禁忌来回涂抹，以免破坏细胞。

5. 载玻片应作好标记，放入装有 95% 酒精固定液标本瓶中并及时送检。

6. 嘱妇女 1 周后到门诊复查并了解检查结果。

（曹 宏）

思考题

1. 李女士，初产妇，26 岁，临产 16h，阴道检查：宫口开全 2h，胎先露达坐骨棘下 2cm，骨产道正常，枕后位，胎心 122 次/min。

请思考：

(1) 此时选择何种分娩方式最恰当？

(2) 如有困难，是否还可以有其他考虑。

2. 赵女士，28 岁，G_2P_1，在会阴侧切下足月分娩一活男婴。产后第 1 日，主诉会阴伤口轻微疼痛。生命体征：体温 36.5℃，脉搏 80 次/min，呼吸 20 次/min，血压 110/80mmHg。查体：会阴侧切伤口无红肿、无渗血、无脓性分泌物。

请思考：

(1) 应指导产妇采取哪种体位最恰当？

(2) 该产妇会阴侧切术后的护理措施有哪些？

3. 王女士，30 岁，已婚。生育史：1-0-1-1，宫内节育器避孕。因"停经 45d，阴道少量出血 1d 伴下腹隐痛 8h"就诊。体检：意识清楚，心肺(−)，生命体征正常，尿妊娠试验弱阳性。

ER 15-10

练习题

请思考：

(1) 针对王女士简单而可靠的辅助检查方法是什么？

(2) 该诊疗技术的目的是什么？

第十六章 | 母婴护理常用护理技术

教学课件

思维导图

学习目标

1. 熟悉：母婴护理常用护理技术的目的和适应证。
2. 具备规范完成常用护理技术操作并开展相关健康教育的能力。

第一节　会阴擦洗

一、目的

保持会阴及肛门部清洁；促进舒适和会阴伤口愈合；预防生殖系统、泌尿系统逆行感染。

二、适应证

适用于产后 1 周内或会阴有伤口者；长期有阴道流血、流液者；留置尿管者。

三、操作前准备

1. **操作人员准备**　着装整洁、无长指甲、洗手。
2. **物品准备**　速干手消毒剂、0.5% 碘伏消毒液、一次性擦洗包（盘 2、镊子 2、棉球 22、纱布 2）或长棉签、一次性手套、治疗巾、会阴垫、备水温计、温水、冲洗壶、便盆。
3. **环境准备**　室温 22~24℃，关闭门窗，拉上隔帘，保护产妇隐私。
4. **产妇准备**　说明操作目的，嘱排空膀胱，取得产妇配合。

四、操作步骤

1. 携用物至床旁，进行产妇身份识别。说明操作目的，告知注意事项，取得产妇配合。
2. 关闭门窗，拉上床旁隔帘，保护产妇隐私。
3. 协助脱去对侧裤腿，盖在近侧腿部，取屈膝仰卧位暴露外阴，双腿略外展，臀下垫一次性会阴垫，放置便盆。
4. 将一次性擦洗包或盛有消毒液棉球的换药盘置于产妇两腿间近会阴部。
5. 护士戴一次性手套，取用无菌长棉签蘸取消毒液（或两手各持一把无菌镊子或无菌止血钳，一把用于传递消毒棉球，另一把进行擦洗）。一般擦洗 3 遍。擦洗的顺序为：第 1 遍，按自上而下、由外向内的原则，依次擦洗阴阜、对侧大腿内侧 1/3、近侧大腿内侧 1/3、大阴唇、小阴唇、尿道口、阴道口、会阴、臀部、肛门，初步清除会阴部的分泌物和血迹。第 2 遍，按自上而下、由内向外的原则，依次擦洗会阴伤口（若无伤口省去此步骤）、尿道口、阴道口、小阴唇、大阴唇、阴阜、对侧大腿内侧 1/3、近侧大腿内侧 1/3。第 3 遍，擦洗顺序同第 2 遍。
6. 用干纱布擦干会阴及伤口，协助产妇更换会阴垫。

7. 脱手套,协助穿好裤子,整理床单位,采取舒适卧位,若有会阴伤口,嘱其取健侧卧位。

8. 整理用物,洗手,做好记录。

五、注意事项

1. 注意观察会阴部及伤口有无红肿、有无分泌物及其性质、伤口愈合情况,如发现异常及时报告医生,配合处理并做好记录。

2. 留置尿管者,反复擦洗尿道口,注意观察尿管是否通畅、尿液颜色及性状,尿管避免脱落或折叠。

3. 会阴部血迹较多者,应酌情增加擦洗频次,直至擦洗干净。

4. 擦洗会阴时,一根长棉签(或棉球)限用1次。

ER 16-3
会阴擦洗

第二节　会阴湿热敷

一、目的

利用热源和药物直接接触患区,促进局部血液循环,改善组织营养,增强局部白细胞吞噬作用,加速组织再生,以达到消炎、止痛作用。使陈旧性血肿局限,有利于外阴伤口的愈合。

二、适应证

会阴部水肿者;会阴部陈旧性血肿者;会阴部伤口发生硬结及早期感染者。

三、操作前准备

1. **操作人员准备**　着装整洁、无长指甲、洗手。

2. **物品准备**　同会阴擦洗。另准备治疗碗、会阴湿热敷溶液(50%硫酸镁溶液,95%酒精)、无菌干纱布数块、一次性治疗巾、凡士林软膏、棉签、红外线灯、必要时备热水袋(水温约50℃)。

3. **环境准备**　室温 22~24℃,关闭门窗,拉上隔帘,保护产妇隐私。

4. **产妇准备**　说明操作目的,嘱排空大小便,取得产妇配合。

四、操作步骤

1. 携用物至床旁,进行产妇身份识别。说明操作目的,告知注意事项,取得产妇配合。

2. 关闭门窗,拉上床旁隔帘,保护产妇隐私。

3. 协助脱去对侧裤腿,盖在近侧腿部,取屈膝仰卧位暴露外阴,略外展,臀下垫一次性会阴垫,按会阴擦洗或会阴冲洗方法清洁会阴。

4. 把所需溶液倒入治疗碗内,将纱布适度浸湿(全部浸湿,取出时不滴水),用镊子将纱布放于需要湿热敷部位,然后用红外线灯照射(或用热水袋放于湿热敷部位,但需垫上棉垫防止烫伤),持续热敷时间 15~30min。

5. 脱手套、洗手,整理用物。

6. 热敷完毕,撤去红外线灯(或热水袋)、湿热敷纱布等。

7. 协助产妇更换卫生垫,穿好裤子,协助取舒适卧位。若有会阴伤口,协助取健侧卧位。

8. 整理用物,洗手,做好记录。

五、注意事项

1. 湿热敷温度为 41~46℃，避免湿热敷温度过高导致局部组织烫伤，在湿热敷的过程中，应观察热敷部位局部状况，尤其是休克、虚脱、昏迷及术后感觉不敏感者，评价热敷效果。

2. 湿热敷的面积为病损范围 2 倍。

3. 湿热敷时间 15~30min 为宜，2 次 /d。

4. 对有创伤口进行热敷时，严格执行无菌操作，热敷后及时伤口换药，防止感染。

ER 16-4
会阴湿热敷

第三节　乳房护理技术

一、目的

促进乳汁分泌，保持乳腺管通畅；缓解奶胀，防止乳汁淤积，预防乳腺炎的发生。

二、适应证

发生奶胀、乳汁淤积及乳腺管堵塞时；早产儿、低体重儿或无吸吮能力时，需要挤奶喂养时；产妇或新生儿生病延迟哺乳时。

三、操作前准备

1. **操作人员准备**　着装整洁、无长指甲、洗手。

2. **物品准备**　速干手消毒液、毛巾、脸盆（盛装 50℃左右的温水 2 000ml）、清洁的大口径杯子或广口瓶。

3. **环境准备**　室温 22~24℃，关闭门窗，拉上隔帘，保护产妇隐私。

4. **产妇准备**　说明操作目的，取得产妇配合。评估乳房充盈情况或肿胀程度、乳头有无凹陷和皲裂，乳汁的质和量；对母乳喂养的认知程度、配合程度；新生儿喂养情况、是否母儿分离；建议产妇喝一些热的饮料，如牛奶、汤类。

四、操作步骤

1. 携用物至床边，进行身份识别，协助产妇取舒适体位。

2. 指导产妇清洁双手，先用温热水清洁乳房，然后用热毛巾热敷双侧乳房 3~5min。

3. **按摩乳房**　①螺旋式按摩：指导产妇一手拇指与其余四指分开、于乳房下端 C 字形托住乳房，另一手小鱼际肌按顺时针方向螺旋式按摩乳房，在每一个按摩点按摩数秒再移至另一按摩点，从乳房外侧以环形按摩至乳晕；②用指尖从乳房上方向乳头处轻轻拍打或用梳子梳理按摩乳房。

4. **按摩背部**　产妇取坐位，脱去上衣，稍向前俯屈，双臂交叉放在桌旁，头枕于手臂上，脱去上衣，使乳房松弛、下垂；护士双手握拳，伸出拇指，用双拇指用力点压加小圆周运动，在脊柱两旁从上至下进行按摩，持续 2~3min。

5. **指导挤奶**　挤奶在乳房按摩后进行。

（1）坐位或站位均可，身体微向前倾，以产妇感到舒适为准。

（2）清洁双手，将储奶容器置于乳房下方。

（3）一只手 C 字形托住乳房，另一只手的拇指及示指放在距乳头根部 2~3cm 处，拇指及示指相对，沿乳晕一周的各个方向按照同样方法挤压乳晕，使乳房内的乳汁都被挤出。交替进行。

（4）一侧乳房挤奶 3~5min，待乳汁减少，更换至另一侧乳房，反复数次，尽量将两侧乳房的乳汁全部挤出，20~30min/ 次。

6. 协助喂养新生儿。

7. 整理用物，洗手，做好记录。

五、注意事项

1. 按摩力度要适宜，压力应作用在拇指及示指间乳晕下方的乳房组织，切忌用力过猛。

2. 不牵拉乳头或拍打乳房，不将双手放在整个乳房上按摩。

3. 操作过程中注意给产妇保暖。

第四节　子宫按摩技术

一、目的

促进子宫收缩，减少出血。

二、适应证

产后子宫复旧不良者；产后子宫出血量较多者。

三、操作前准备

1. 操作人员准备　着装整洁、无长指甲、洗手、戴口罩。若行双手按摩子宫法时操作者需按外科手术操作规程消毒手，穿手术衣，戴无菌手套。

2. 物品准备　速干手消毒液、无菌敷料及会阴消毒物品。

3. 环境准备　室温 22~24℃，关闭门窗，拉上隔帘，保护产妇隐私。

4. 产妇准备　了解产妇需求；评估有无产后出血的高危因素、宫底高度、宫体的硬度及阴道出血等；排空膀胱。

四、操作步骤

1. 携用物至床边，进行产妇身份识别。

2. 腹壁按摩子宫法　产妇取屈膝仰卧位或截石位，操作者站于产妇一侧，一手压耻骨联合上方使子宫抬起，另一手置于子宫底部，拇指在前壁，其余 4 指在后壁，均匀而有节律地按摩子宫底（见图 9-2）。

3. 腹壁 - 阴道按摩子宫法

（1）产妇取截石位，行外阴消毒。

（2）操作者刷手、戴无菌手套，站于产妇一侧，一手握拳置于阴道前穹隆，顶住子宫前壁，另一手自腹壁按压子宫后壁，使子宫体前屈。

（3）两手相对紧压子宫并做按摩（见图 9-3）。必要时可由另一人将手置于耻骨联合上缘，按压下腹正中部位，将子宫上推。按压至子宫恢复正常收缩，并能保持收缩状态为止。

4. 整理用物，洗手，记录出血量及按摩效果。

五、注意事项

1. 按摩子宫的力量应从小到大，力量要适度，手法要正确，切忌使用暴力。

2. 按摩时应注意观察产妇的表情、子宫的硬度、子宫底的高度、阴道流血量等，听取产妇主诉，以便及时发现产后出血的征象。

3. 使用镇痛泵者可于按摩前追加镇痛药剂量，减轻疼痛。

4. 如按摩子宫，出血仍不见好转，应及时通知医生处理。

第五节 新生儿沐浴

一、目的

清洁新生儿皮肤，协助皮肤排泄和散热，促进舒适；促进血液循环，加速新陈代谢；活动肢体，观察新生儿全身皮肤情况。

二、适应证

足月儿；32~36 周早产儿、低出生体重儿（体重 2 000g 以上，生命体征稳定，住院期间无须特殊处置者）。

三、操作前准备

1. 操作人员准备 着装整洁、无长指甲、洗手，戴口罩，佩戴防水围裙。

2. 物品准备 ①新生儿：尿布、清洁衣服、包被、毛巾、浴巾等；②治疗盘：速干手消毒液、碘伏、75% 酒精、棉签；③其他：浴盆或专用沐浴池、水温计、热水、沐浴液、洗发液、护臀霜或鞣酸软膏、梳子、磅秤；可播放一些轻柔的音乐。

3. 环境准备 关闭门窗，室温 26~28℃；水温 38~42℃。

4. 新生儿准备 了解新生儿喂奶情况；评估新生儿病情、精神、体温、呼吸及全身皮肤情况。说明操作目的，取得家长支持与配合。

四、操作步骤

1. 进行新生儿身份识别。

2. 将新生儿放于操作台上，再次进行新生儿身份识别（核对手腕带与脚腕带），解开新生儿包被，脱去衣服及尿布，检查新生儿一般情况：皮肤、有无大小便等。测量体重并记录。

3. 怀抱新生儿，操作者一只手掌及五指托起新生儿头颈部，手拇指与中指将新生儿双侧耳郭反折，以防水进入耳孔；同侧前臂托住新生儿背部，同侧腋下轻轻夹住新生儿臀部及下肢。

4. 新生儿沐浴顺序 头部、颈部、胸部、双侧腋下、双侧上肢、双侧手、双侧腹股沟、双侧下肢、背部、会阴部。

（1）**清洗头部**：操作者另一只手用小方巾从内眦向外眦擦拭双眼，然后擦面部，注意清洁耳后皮肤皱褶处；鼻孔用棉签清洁处理；用新生儿洗发液清洗头部，待冲洗干净后，用小方巾擦干头发（图 16-1）。

（2）**新生儿入盆**：操作者一只手握住新生儿左肩及腋窝处，使其头颈部枕于操作者前臂上；另一只手托起新生儿臀部及下肢，将新生儿轻轻放入水中（图 16-2）。

ER 16-5

新生儿洗头

（3）**清洗头部以外部位**：操作者一只手固定好新生儿，另一只手用小方巾淋湿新生儿全身，涂抹适量新生儿沐浴露，沐浴顺序如上所述。清洗新生儿背部时，操作者另一只手从新生儿前方握住其左肩及腋窝处，使其头颈部俯于操作者右前臂，在清洗过程中，始终将新生儿握牢，观察新生儿皮肤有无异常情况，尤其是新生儿皮肤皱褶处清洗是否到位。

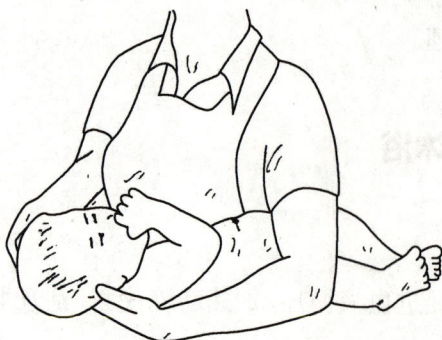

图 16-1　新生儿洗头法

图 16-2　新生儿出入盆法

（4）擦干水渍：将新生儿从水中抱出放置在操作台上，迅速用大浴巾包裹全身并将水分吸干，尤其是颈下、腋下、腹股沟等皮肤皱褶处。必要时涂护臀霜。

5. 消毒脐部　脐带未脱落者，用75%酒精消毒两遍待干。

6. 穿戴好新生儿衣裤及尿布，必要时包裹好。

7. 整理用物，洗手，记录新生儿皮肤、脐部、体重及脐部情况等。

8. 进行新生儿身份识别（核对手腕带与脚腕带），交给产妇或家属时再次进行身份识别，并做好健康教育。

五、注意事项

1. 准备热水时，应先加冷水，再加热水，混匀后测量水温后再行沐浴，避免新生儿烫伤。

2. 沐浴应在喂奶前或喂奶后1h进行，以防呕吐或溢乳。

3. 沐浴操作时动作轻柔，注意保暖；不可用力清洗新生儿头顶部的皮脂结痂，可先涂抹油剂浸润，如液体石蜡、植物油等，待痂皮软化后方可清洗。同时，注意与新生儿保持目光交流，体现人文关怀。

4. 沐浴过程中注意勿将水流入耳、鼻、眼、口腔，同时观察新生儿全身情况，如皮肤、肢体活动、面色、呼吸等，若有异常应立即停止操作，及时报告，并妥善处理。

5. 有感染的新生儿应使用单独沐浴池清洗，或放在最后清洗，并做好终末消毒。

ER 16-6

新生儿沐浴

第六节　新生儿抚触

一、目的

促进母儿情感交流，满足新生儿情感需求；促进新生儿神经系统的发育；加快免疫系统的完善，提高免疫力；加快食物的消化和吸收；减少哭闹，增加睡眠；促进新生儿体重增长和智力发育。

二、适应证

足月儿；妊娠32~36周分娩的早产儿，体重2 000~2 500g，住院期间无特殊情况者。

三、操作前准备

1. 操作人员准备　着装整洁、无长指甲、洗手。

2. 物品准备 速干手消毒液、操作台、毛巾被、尿布、清洁衣裤、润肤油等。

3. 环境准备 关闭门窗，室温 26~28℃，可播放一些轻柔的音乐。

4. 新生儿准备 评估新生儿喂养情况；评估新生儿病情、肌张力、体温及全身皮肤情况。

四、操作步骤

1. 进行新生儿身份识别（核对手腕带与脚腕带）

2. 将新生儿放于操作台上，再次进行新生儿身份识别（核对手腕带与脚腕带），解开新生儿包被，脱去衣服及尿布，检查新生儿面色是否红润、呼吸是否异常、皮肤有无异常、有无大小便等。

3. 操作者温暖双手后，涂抹润肤油。

4. 抚触步骤

（1）**头面部**：①新生儿仰卧，操作者两拇指指腹在新生儿前额中央向两侧慢慢滑动至发际；②两手拇指从下颌部中央向外侧、上方滑动，让上下唇形成微笑状；③操作者一只手轻轻托住新生儿头部，用另一只手的指腹从前额发际向枕后滑动，至后下发际，并停止于两耳后乳突处，轻轻按压；④换手，同法抚触另一侧。

（2）**胸部**：两手掌分别从胸部的外下方（两侧肋下缘）向对侧上方交叉推进，至两侧肩部，在胸部划一个大的交叉，避开新生儿的乳头。

（3）**腹部**：双手交替依次从新生儿的右下腹至上腹向左下腹移动，呈顺时针方向画半圆。在脐带结痂未脱落前不要按摩该区域。

（4）**四肢**：两手交替握住新生儿的一侧上肢从腋窝至手腕轻轻滑行，在滑行的过程中从近端向远端分段挤捏。对侧及双下肢的做法相同。

（5）**手和足**：用拇指指腹从新生儿手掌面或足跟向手指或脚趾方向推进，并从手指或脚趾两侧轻轻提拉每个手指或脚趾。

（6）**背部**：新生儿呈俯卧位，以脊柱为中线，双手交替从头顶顺脊柱垂直向下抚触至臀裂处，然后两手掌分别于脊柱两侧由中央向两侧滑行，从背部上端开始，逐渐下移到臀部。动作结束后，还可将手轻轻抵住新生儿的足底，使新生儿顺势向前爬行，这个动作可以舒缓背部肌肉。操作过程中注意保持新生儿呼吸道通畅。

5. 为新生儿穿好衣裤及尿布，并包裹好。

6. 整理用物，洗手，做好记录。

7. 进行新生儿身份识别（核对手腕带与脚腕带），交给产妇或家属时再次进行身份识别，并做好健康教育。

五、注意事项

1. 新生儿抚触应选择在两次喂奶之间，清醒、不疲倦、不烦躁、沐浴后进行。

2. 抚触时间 15~20min 为宜，2~3 次/d。

3. 抚触时动作轻柔，用力适度，保持语言和目光交流，可播放一些柔和的音乐，体现人文关怀。

4. 抚触过程中注意观察新生儿的反应，如出现哭闹、肌张力增高、兴奋性增加、肤色改变等，应暂停抚触。

5. 若新生儿颅内出血、皮下出血等特殊情况，禁止抚触。

ER 16-7

新生儿抚触

第七节 新生儿脐部护理

一、目的

保持新生儿脐部清洁,防止感染。

二、适应证

新生儿出生后至脐带脱落后 7d。

三、操作前准备

1. **操作人员准备** 着装整洁、无长指甲、洗手。
2. **物品准备** 速干手消毒液、治疗盘(安尔碘、75% 酒精、棉签)。
3. **环境准备** 关闭门窗,室温 24~26℃。
4. **新生儿准备** 了解新生儿喂奶情况。

四、操作步骤

1. 携用物至床旁,进行新生儿身份识别(核对手腕带与脚腕带)。
2. 打开包被,查看有无大小便。
3. 暴露脐部,注意保暖及隐私保护。
4. **消毒脐部 2 遍** 蘸取 75% 酒精棉签沿脐带根部由内向外做环形消毒,消毒范围包括脐带根部、脐带残端及脐部周围皮肤。操作过程中注意观察脐带情况,脐带没脱落之前不可强行剥脱。
5. 整理新生儿衣物,交给产妇或家属时再次进行身份识别,做好健康教育。
6. 整理用物,洗手,记录新生儿脐部情况。

五、注意事项

1. 观察脐部有无异常分泌物,有无出血、渗血、皮肤红肿等异常情况。
2. 若脐带在操作过程中脱落,应注意检查有无出血等情况,保持清洁干燥。
3. 操作时动作轻柔,注意隐私保护,体现人文关怀。

知识拓展

新生儿脐部护理

临床在新生儿脐残端未脱落前可以用碘伏或 75% 酒精消毒。但目前新的观点主张不用碘酊和酒精,仅用棉签蘸生理盐水或注射用水彻底清洁脐部,然后用干燥棉签擦干,脐部不用覆盖。研究证明:新的方法不仅未增加脐部感染概率和延长脐带脱落时间,还可以节约成本,同时不覆盖的脐部有利于观察脐部情况。

ER 16-8 脐部消毒顺序

ER 16-9 脐部护理

第八节　新生儿更换尿布

一、目的

保持臀部皮肤清洁、舒适，预防湿疹。

二、适应证

新生儿尿布变色或需要更换时。

三、操作前准备

1. **操作人员准备**　着装整洁、无长指甲、洗手。
2. **物品准备**　速干手消毒液、一次性尿布、毛巾、温水、盆、消毒植物油、棉签等。
3. **环境准备**　关闭门窗，室温 24~26℃。
4. **新生儿准备**　了解新生儿喂奶情况，新生儿臀部皮肤情况等。

四、操作步骤

1. 携用物至床旁，进行新生儿身份识别。
2. **备清洁尿布**　拉下一侧床栏，将一次性尿布放床边备用。
3. **撤除尿布**　将新生儿包被打开，暴露新生儿下半身，将污湿的尿布打开，一手握住新生儿两脚轻轻提起露出臀部，另一手将污湿的尿布清洁的上端由前向后将会阴部及臀部擦净，然后对折尿布将污湿部分盖住并垫于臀下。注意观察臀部及大小便情况。
4. **清洁会阴部及臀部**　用温水擦洗会阴及臀部（尤其注意女性新生儿大小阴唇处），轻轻用软毛巾吸干水分，取出污湿尿布，卷折放于尿布桶内。
5. **更换尿布**　一手握住新生儿两足轻轻提起露出臀部，另一手将清洁尿布的一端（背侧端）垫于新生儿腰骶部，轻轻放下双足，由两腿间拉出一次性尿布，另一端（腹部端）覆盖下腹部，将尿布两侧翼打开并妥善固定。注意避开脐部，使脐部充分暴露并保持干燥，避免脐部感染。必要时在臀部涂抹消毒植物油。
6. 与产妇或家属进行身份核对，做好健康教育。
7. 整理用物，洗手，记录新生儿臀部及大小便情况。

更换尿布

五、注意事项

1. 使用棉织品或采用一次性尿布，以减少对臀部的刺激。
2. 更换尿布时动作轻柔，减少暴露时间和暴露部位，注意保暖和隐私保护，体现人文关怀。
3. 固定尿布时松紧适度，避免过紧导致新生儿活动受限或擦伤外生殖器，避免过松导致大小便外溢。同时注意观察新生儿病情变化。

更换尿布操作

第九节　新生儿听力筛查术

一、目的

尽早发现有听力障碍的新生儿，并能给予及时干预。减少对语言发育和其他神经精神发育的影响，筛查出可疑听力损伤人群。

二、适应证

出生后 48~72h 的新生儿。

三、操作前准备

1. 工作人员准备 着装整洁、无长指甲、洗手。

2. 用物准备 听力测试仪、棉签、记录单、笔。

3. 环境准备 专用听力室，通风良好，环境噪声低于 45 分贝。

4. 新生儿准备 评估新生儿的一般状态，外耳道情况；新生儿处于自然睡眠状态或哺乳后的安静状态。

四、操作步骤

1. 对新生儿进行身份识别，向家属解释听力筛查的目的和过程，以取得配合，将新生儿推至听力室。

2. 新生儿取平卧位或头高足低位，新生儿保持安静状态 5~10min。

3. 检查新生儿外耳道是否通畅，用干棉签清洁耳道，轻轻将新生儿外耳郭向外下拉，充分暴露耳孔。

4. 将测试仪探头放入新生儿一侧外耳道中，打开听力测试仪，等待显示结果后取出探头，用 75% 酒精消毒探头后放入另一侧外耳道中，显示结果后取出探头并消毒，关闭测试仪。

5. 仪器自行显示结果，即："通过"（pass）或"未通过"（refer）。如未通过，需重复 2~3 次测试。

6. 与产妇或家属进行身份核对，做好健康教育。

7. 整理用物，洗手，记录检查结果。

五、注意事项

1. 新生儿听力筛查应在新生儿安静状态下测试。

2. 筛查通过仅意味着此次筛查未发现异常，还有出现迟发型听力损害的可能，需要跟新生儿家长沟通。

3. 出院前未通过者 42d 内进行复筛，仍未通过者转听力检测中心。有高危因素的新生儿，即使通过筛查仍应注意观察听力变化，3 年内每 6 个月随访 1 次。

4. 确诊为听力损伤的新生儿，应及时到相应专科进行医学干预。

ER 16-12

新生儿听力
筛查术

第十节　新生儿足跟采血术

一、目的

对危害严重并能有效治疗的遗传性、先天性代谢性疾病进行早期筛查，以便早期诊断和治疗。

二、适应证

先天性甲状腺功能减退筛查；红细胞葡萄糖 -6- 磷酸脱氢酶缺乏症的筛查；苯丙酮尿症的筛查。

三、操作前准备

1. **工作人员准备** 着装整洁、无长指甲、洗手。
2. **新生儿准备** 评估新生儿首次哺乳的时间，哺乳情况、新生儿用药情况。
3. **用物准备** 75%酒精、棉签、采血针、锐器盒、棉球、弯盘、无菌手套和采血卡片。
4. **环境准备** 关闭门窗，室温24~26℃。

四、操作步骤

1. 核对医嘱，携用物至床旁、洗手，戴口罩。
2. 与产妇进行新生儿身份识别，向家属解释足跟血采集的目的和过程，以取得配合。必要时将新生儿推至治疗室采血。
3. 取平卧位或头高足低位。解开衣被，暴露新生儿足部，选择足跟内、外侧缘作为采血部位。
4. 再次核对新生儿胸牌和腕带，进行身份识别。
5. 按摩或热敷新生儿足跟，用75%酒精棉签消毒采血部位2遍，直径大于5cm，待酒精自然挥发或用无菌棉球擦掉多余酒精后再开始采血。
6. 左手固定足部，右手持一次性无菌采血针垂直刺入，深度约4mm，因第1滴血含有体液或皮肤碎片，需用无菌干棉签拭除，从第2滴血开始收集。
7. 在距针眼较大范围处挤压，放松再挤压，形成足够大的血滴时，将滤纸片接触血滴（滤纸勿触及周围皮肤），使血自然渗透至滤纸背面，共需收集3个血斑。
8. 采血完毕用无菌棉球轻压采血部位止血。
9. 与产妇或家属进行身份核对，做好健康教育。
10. 整理用物，洗手，登记采血信息，再次核对采血卡片后签字。
11. 将采血卡片放在阴凉处，待其自然晾干后送检。

五、注意事项

1. 新生儿采血时间在出生后72h~7d内进行，对于早产儿、低体重儿、正在治疗疾病的新生儿、提前出院新生儿等未采血者，采血时间一般不超过出生后20d。
2. 每个血斑直径大于8mm，血滴自然渗透，滤纸正反面血斑一致，血斑无污染、无渗血环。
3. 采血部位为足跟内外侧缘。禁止在以下部位采血：足跟中心部、足弓部位、曾经用过的针眼部位、水肿或肿胀部位、脚趾部位、后足跟弯曲部位，以免造成邻近组织如软骨、肌腱、神经等的损伤。

ER 16-13

新生儿足跟
采血

第十一节　暖箱的使用

一、目的

为新生儿创造一个温度和湿度均适宜的环境，以维持新生儿体温的恒定，有利于高危新生儿的生长发育。

二、适应证

主要适用于早产儿、低出生体重儿及体温不稳定的新生儿。

三、操作前准备

1. **工作人员准备**　着装整洁、无长指甲、洗手。
2. **用物准备**　速干手消毒剂、预先清洁消毒婴儿暖箱（图16-3），并检查其性能完好，保证安全。

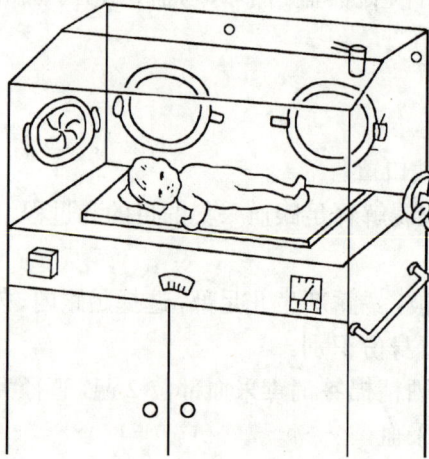

图 16-3　新生儿暖箱

3. **环境准备**　关闭门窗，调节室温 24~26℃。
4. **新生儿准备**　评估新生儿一般情况及全身皮肤情况。

四、操作步骤

1. 核对医嘱，洗手，进行新生儿身份识别。
2. 检查暖箱，提前在暖箱水槽内加入蒸馏水。
3. 接通电源，预热暖箱，以达到所需的温度、湿度。暖箱的温度、湿度应根据新生儿体重及出生日龄而定（见表12-1）。维持暖箱温度在中性温度，湿度在 50%~60%。若新生儿体温不升，箱温设置比新生儿体温高 1℃。
4. 暖箱达到预定温度后，核对新生儿，将新生儿穿单衣、裹尿布放置于暖箱内。若使用暖箱的肤控模式调节箱温，应将温度探头置于新生儿腹部较平坦处，通常用胶布固定，设置肤温在 36~36.5℃。

5. **入箱后护理**

(1) 定时测量体温，根据体温调节箱温，并做好记录，在新生儿体温未升至正常之前应每 30~60min 监测 1 次，体温正常后可每 1~4h 测 1 次，注意保持体温在 36~37℃，并维持相对湿度。

(2) 一切护理操作应尽量在箱内进行，如喂奶、换尿布、清洁皮肤、观察病情及检查等，可从边门或袖孔伸入进行，并尽量减少开门次数和时间，以免箱内温度波动。

6. **出箱条件**

(1) 新生儿体重达 2 000g 或以上，体温正常，或者新生儿在温箱内生活了 1 个月以上，体重虽然不到 2 000g，但一般情况良好。

(2) 在室温 24~26℃ 的情况下，新生儿穿单衣在 32℃ 暖箱内能维持正常体温。

7. 与产妇或家属进行身份核对，做好健康教育。
8. 整理用物，洗手，做好记录。

五、注意事项

1. 掌握暖箱性能，严格执行操作规程，定期检查，保证无故障及安全。观察使用效果，如暖箱发出报警信号,应及时查找原因,妥善处理。

2. 注意保持新生儿体温,使用肤控模式时应注意是否因探头脱落而造成新生儿体温不升的假象,导致箱温调节失控。严禁骤然提高温箱温度,以免新生儿体温上升造成不良后果。可在箱内放置温湿度计,更有利于观察。

3. 工作人员入箱操作、检查、接触新生儿前,必须严格手卫生要求,防止交叉感染。

4. 暖箱的清洁

(1) 每日用消毒液及清水擦拭暖箱内外,若遇奶渍、葡萄糖液等污垢应随时擦去,每周更换暖箱 1 次,以便清洁、消毒,定期细菌培养。

(2) 机箱下面的空气净化垫每月清洗 1 次,如有破损,及时更换。

(3) 新生儿出箱后进行终末清洁消毒。

第十二节　光　疗　法

光疗法(phototherapy)又称光疗,通过一定波长的光线使新生儿血液中脂溶性的未结合胆红素转变为水溶性异构体,易于从胆汁和尿液中排出体外,从而降低胆红素水平。其中以波长 425~475nm 的蓝光最为有效,双面光优于单面光。光疗按照射时间可分为连续光疗和间断光疗,对于黄疸较重的新生儿,一般照射时间较长,但以不超过 4d 为宜。光疗的不良反应常见的有发热、腹泻、皮疹,偶见维生素 B_2 缺乏、低血钙、贫血、青铜症等。

一、目的

降低血清胆红素浓度,治疗新生儿高胆红素血症。

二、适应证

适用于多种原因引起的未结合胆红素增高的新生儿。

三、操作前准备

1. 工作人员准备　着装整洁、无长指甲、洗手。

2. 用物准备　速干手消毒剂、光疗箱或光疗毯、光亮度以单面光 160W 为宜,光疗灯管和反射板应清洁无尘;灯管与新生儿皮肤距离 33~50cm 为宜、遮光眼罩、尿布。

3. 环境准备　关闭门窗,调节室温 24~26℃。

4. 新生儿准备　评估新生儿一般情况及全身皮肤情况。

四、操作步骤

1. 核对医嘱,洗手,进行新生儿身份识别。

2. 光疗前准备　接通电源,检查线路及灯管亮度,湿化器水槽内加水,使箱温升至新生儿中性温度,相对湿度 50%~60%。调节箱内温度:冬季温度保持在 30℃,夏季保持在 28℃。待箱温达到所需温度(一般 28~32℃)方可使用。

3. 入箱　新生儿放入箱前须进行皮肤清洁,禁忌在皮肤上涂粉和油类;剪短指甲;双眼佩戴遮光眼罩,避免光线损伤视网膜;脱去新生儿衣裤,全身裸露,更换尿布,只用长条尿布遮盖会阴、肛门部,男婴注意保护阴囊。将新生儿放入已预热好的光疗箱中,记录开始照射时间(图 16-4)。

4. 光疗　使新生儿皮肤均匀受光,尽量使身体广泛照射。若使用单面光疗箱一般每 2h 翻身 1 次,可以仰卧、侧卧、俯卧交替更换体位。俯卧照射时要有专人巡视,以免发生新生儿窒息。各项治疗、护理尽量在光疗箱内集中进行,避免过多搬动新生儿。

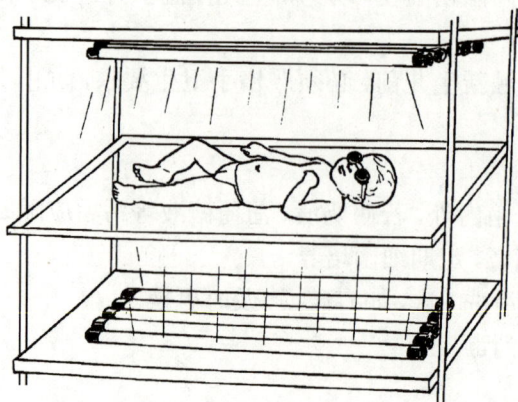

图 16-4 新生儿光疗

5. 观察 观察新生儿精神反应、呼吸、脉搏、皮肤颜色和完整性、大小便、吸吮力、肌张力等,并记录。光疗时应每 2~4h 测体温 1 次或根据病情、体温情况随时测量,根据体温调节箱温,维持新生儿体温在 36~37℃。若光疗时体温超过 37.5℃或低于 35℃,要停止光疗。

6. 出箱 遵医嘱停止光疗。出箱前先将新生儿衣服预热,再给新生儿穿好,切断电源,摘掉护眼罩,抱回病床,并记录出箱时间及灯管使用时间。

7. 与产妇或家属进行身份核对,做好健康教育。

8. 整理用物,洗手,做好记录。

五、注意事项

1. 光疗过程中,新生儿不显性失水增加,应注意喂奶间喂水,保证水分及营养供给,记录出入量。光疗中若新生儿出现烦躁、嗜睡、高热、皮疹、拒乳、呕吐、腹泻及脱水等症状时,应及时与医生联系,妥善处理。

2. 光疗时随时观察箱温是否符合要求,眼罩、会阴遮盖物有无脱落,注意皮肤有无破损。

3. 光疗超过 24h 会造成体内维生素 B_2 缺乏,应注意补充维生素 B_2。高结合胆红素血症的新生儿不宜进行光疗,易致青铜症。

4. 将光疗箱置于温、湿度变化较小,无阳光直射的场所。保持灯管及反射板清洁,蓝光灯管使用 300h 后其能量输出减弱 20%,900h 后减弱 35%,因此灯管使用时间达到设备规定时间必须更换。光疗结束后,关好电源,拔出电源插座,将湿化器水槽内的水倒尽,做好整机的清洁、消毒。

(陈志美)

思考题

1. 产妇李女士,25 岁,G_2P_1,孕 39 周,住院分娩一女婴,出生体重 4 050g,产程顺利,检查胎盘胎膜完整,会阴Ⅱ度裂伤行缝合术,现产后第 2 天,产妇自觉会阴缝合处疼痛,会阴水肿明显,未见阴道壁血肿、硬结及感染征象。

请思考:

(1)采用哪一项母婴常用护理技术可减轻水肿?

（2）为产妇实施该项操作技术时有哪些注意事项？

2. 新生儿圆圆，足月儿，出生时体重 3 300g，身长 50cm，Apgar 评分 1min、5min、10min 评分均为 10 分，外观无异常，现为出生后 6d，经皮测胆红素 310μmol/L。

请思考：

（1）考虑采用哪一项常用护理操作技术可降低此异常情况？

（2）为新生儿实施该项操作技术时有哪些注意事项？

3. 产妇黄女士，孕 38 周，于昨日 8:10 阴道分娩一女婴，重 2 500g，身长 50cm，反应好，母乳喂养好。无会阴撕裂伤，产后子宫收缩好，质硬，阴道流血少，遵医嘱于今日出院，在给产妇做出院指导时，产妇咨询新生儿有关沐浴问题。

ER 16-18

练习题

请思考：

（1）该新生儿出院后可以沐浴吗？

（2）为新生儿进行沐浴操作时有哪些注意事项？

附录一　孕产妇妊娠风险评估与管理工作规范（2017）

孕产妇妊娠风险评估与管理工作规范

孕产妇妊娠风险评估与管理是孕产期保健的重要组成部分。为规范孕产妇妊娠风险评估与管理工作，保障母婴安全，根据《中华人民共和国母婴保健法》《中华人民共和国母婴保健法实施办法》和《孕产期保健工作管理办法》等相关法律法规和规范性文件，制定本规范。

孕产妇妊娠风险评估与管理是指各级各类医疗机构对怀孕至产后 42d 的妇女进行妊娠相关风险的筛查、评估分级和管理，及时发现、干预影响妊娠的风险因素，防范不良妊娠结局，保障母婴安全。

一、工作职责

（一）各级卫生计生行政部门

1. 负责在现有孕产期管理制度中强化孕产妇风险评估与管理工作，制订实施方案。

2. 负责孕产妇妊娠风险评估与管理工作的实施，掌握辖区内孕产妇妊娠风险状况，明确重点人群、关键环节，及时采取干预措施。

3. 负责辖区内孕产妇妊娠风险评估与管理工作的质量控制、评价和监督。

（二）各级妇幼保健机构

1. 掌握辖区内孕产妇妊娠风险整体状况，定期分析，提出干预措施和建议。

2. 受卫生计生行政部门委托，定期对辖区内各级各类医疗机构的孕产妇妊娠风险评估与管理工作进行技术指导和质量控制。

3. 负责辖区内孕产妇妊娠风险评估与管理相关信息的收集、整理、统计、分析、上报及反馈。

4. 组织开展辖区内孕产妇妊娠风险评估与管理业务培训。

（三）各级各类医疗机构

1. 遵照本规范和相关诊疗规范、技术指南等，开展与职责和能力相适应的孕产妇妊娠风险评估与管理工作。

2. 做好孕产妇妊娠风险评估与管理相关信息的采集、登记和统计，并按照要求及时向辖区妇幼保健机构报送。

3. 基层医疗卫生机构应当对首次建册的孕妇进行妊娠风险筛查；对建册孕妇进行随访管理；对产后 42d 内的产妇进行风险评估与管理。

4. 开展助产服务的二级、三级医疗机构应当对孕妇进行妊娠风险筛查和评估分级；根据评估结果，落实妊娠风险管理。

二、工作内容

孕产妇妊娠风险评估包括妊娠风险筛查、妊娠风险评估分级、妊娠风险管理和产后风险评估。

孕产妇妊娠风险评估与管理工作流程图见附件1。

(一) 妊娠风险筛查

首诊医疗机构应当对首次建册的孕产妇进行妊娠风险筛查(孕产妇妊娠风险筛查表见附件2)。孕产妇符合筛查表中1项及以上情形的即认为筛查阳性。

1. 筛查内容 筛查项目分为"必选"和"建议"两类项目。必选项目为对所有孕妇应当询问、检查的基本项目,建议项目由筛查机构根据自身服务水平提供。卫生计生行政部门在制定实施方案时可根据当地实际适当调整必选和建议检查项目。

(1)必选项目:①确定孕周;②询问孕妇基本情况、现病史、既往史、生育史、手术史、药物过敏史、夫妇双方家族史和遗传病史等;③体格检查:测量身高、体重、血压,进行常规体检及妇科检查等;④注意孕妇需要关注的表现特征及病史。

(2)建议项目:血常规、血型、尿常规、血糖测定、心电图检查、肝功能、肾功能;艾滋病、梅毒和乙肝筛查等。

2. 筛查结果处置

(1)对于筛查未见异常的孕妇,应当在其《母子健康手册》上标注绿色标识,按照要求进行管理。

(2)对于筛查结果阳性的孕妇,应当在其《母子健康手册》上标注筛查阳性。筛查机构为基层医疗卫生机构的,应当填写《妊娠风险筛查阳性孕产妇转诊单》(附件3),并告知筛查阳性孕妇在2周内至上级医疗机构接受妊娠风险评估,由接诊机构完成风险评估并填写转诊单后,反馈筛查机构。基层医疗卫生机构应当按照国家基本公共卫生服务规范要求,落实后续随访。

(二) 妊娠风险评估分级

妊娠风险评估分级原则上应当在开展助产服务的二级以上医疗机构进行。

1. 首次评估 对妊娠风险筛查阳性的孕妇,医疗机构应当对照《孕产妇妊娠风险评估表》(附件4),进行首次妊娠风险评估。按照风险严重程度分别以"绿(低风险)、黄(一般风险)、橙(较高风险)、红(高风险)、紫(传染病)"5种颜色进行分级标识。

(1)绿色标识:妊娠风险低。孕妇基本情况良好,未发现妊娠合并症、并发症。

(2)黄色标识:妊娠风险一般。孕妇基本情况存在一定危险因素,或患有孕产期合并症、并发症,但病情较轻且稳定。

(3)橙色标识:妊娠风险较高。孕妇年龄≥40岁或BMI≥28kg/m²,或患有较严重的妊娠合并症、并发症,对母婴安全有一定威胁。

(4)红色标识:妊娠风险高。孕妇患有严重的妊娠合并症、并发症,继续妊娠可能危及孕妇生命。

(5)紫色标识:孕妇患有传染性疾病。紫色标识孕妇可同时伴有其他颜色的风险标识。

医疗机构应当根据孕产妇妊娠风险评估结果,在《母子健康手册》上标注评估结果和评估日期。对于风险评估分级为"橙色""红色"的孕产妇,医疗机构应当填写《孕产妇妊娠风险评估分级报告单》(附件5),在3d内将报告单报送辖区妇幼保健机构。如孕产妇妊娠风险分类为红色,应当在24h内报送。

2. 动态评估 医疗机构应当结合孕产期保健服务,发现孕产妇健康状况有变化时,立即进行妊娠风险动态评估,根据病情变化及时调整妊娠风险分级和相应管理措施,并在《母子健康手册》上顺序标注评估结果和评估日期。

(三) 妊娠风险管理

各级医疗机构应当根据孕妇妊娠风险评估分级情况,对其进行分类管理。要注意信息安全和孕产妇隐私保护。

1. 对妊娠风险分级为"绿色"的孕产妇,应当按照《孕产期保健工作规范》以及相关诊疗指南、技术规范,规范提供孕产期保健服务。

2. 对妊娠风险分级为"黄色"的孕产妇,应当建议其在二级以上医疗机构接受孕产期保健和住院分娩。如有异常,应当尽快转诊到三级医疗机构。

3. 对妊娠风险分级为"橙色""红色"和"紫色"的孕产妇,医疗机构应当将其作为重点人群纳入高危孕产妇专案管理,合理调配资源,保证专人专案、全程管理、动态监管、集中救治,确保做到"发现一例、登记一例、报告一例、管理一例、救治一例"。对妊娠风险分级为"橙色"和"红色"的孕产妇,要及时向辖区妇幼保健机构报送相关信息,并尽快与上级危重孕产妇救治中心共同研究制订个性化管理方案、诊疗方案和应急预案。

(1) 对妊娠风险分级为"橙色"的孕产妇,应当建议其在县级及以上危重孕产妇救治中心接受孕产期保健服务,有条件的原则上应当在三级医疗机构住院分娩。

(2) 对妊娠风险分级为"红色"的孕产妇,应当建议其尽快到三级医疗机构接受评估以明确是否适宜继续妊娠。如适宜继续妊娠,应当建议其在县级及以上危重孕产妇救治中心接受孕产期保健服务,原则上应当在三级医疗机构住院分娩。

对于患有可能危及生命的疾病而不宜继续妊娠的孕产妇,应当由副主任以上任职资格的医师进行评估和确诊,告知本人继续妊娠风险,提出科学严谨的医学建议。

(3) 对妊娠风险分级为"紫色"的孕产妇,应当按照传染病防治相关要求进行管理,并落实预防艾滋病、梅毒和乙肝垂直传播综合干预措施。

(四)产后风险评估与管理

医疗机构在进行产后访视和产后 42 天健康检查时,应当落实孕产妇健康管理服务规范有关要求,再次对产妇进行风险评估。如发现阳性症状和体征,应当及时进行干预。

三、质量控制

(一)国家卫生计生委负责全国孕产妇妊娠风险评估与管理工作质量控制,定期检查、督导和评价,并进行通报。

(二)地方各级卫生计生行政部门应当按照本规范,结合工作实际,制定辖区孕产妇妊娠风险评估与管理工作质量控制方案并组织实施。每年至少进行 1 次工作督查。

(三)各级妇幼保健机构应当至少每半年组织 1 次辖区孕产妇妊娠风险评估与管理工作的质量控制,提出改进措施。每年形成报告报送卫生计生行政部门。

(四)各级医疗机构应当严格执行本规范,建立孕产妇妊娠风险评估与管理工作自查制度,定期进行自查,接受相关部门的质量控制,并落实整改措施。

附件:(一)孕产妇妊娠风险评估与管理工作流程图
　　　(二)孕产妇妊娠风险筛查表
　　　(三)妊娠风险筛查阳性孕产妇转诊单
　　　(四)孕产妇妊娠风险评估表
　　　(五)孕产妇妊娠风险评估分级报告单

（一）孕产妇妊娠风险评估与管理工作流程图

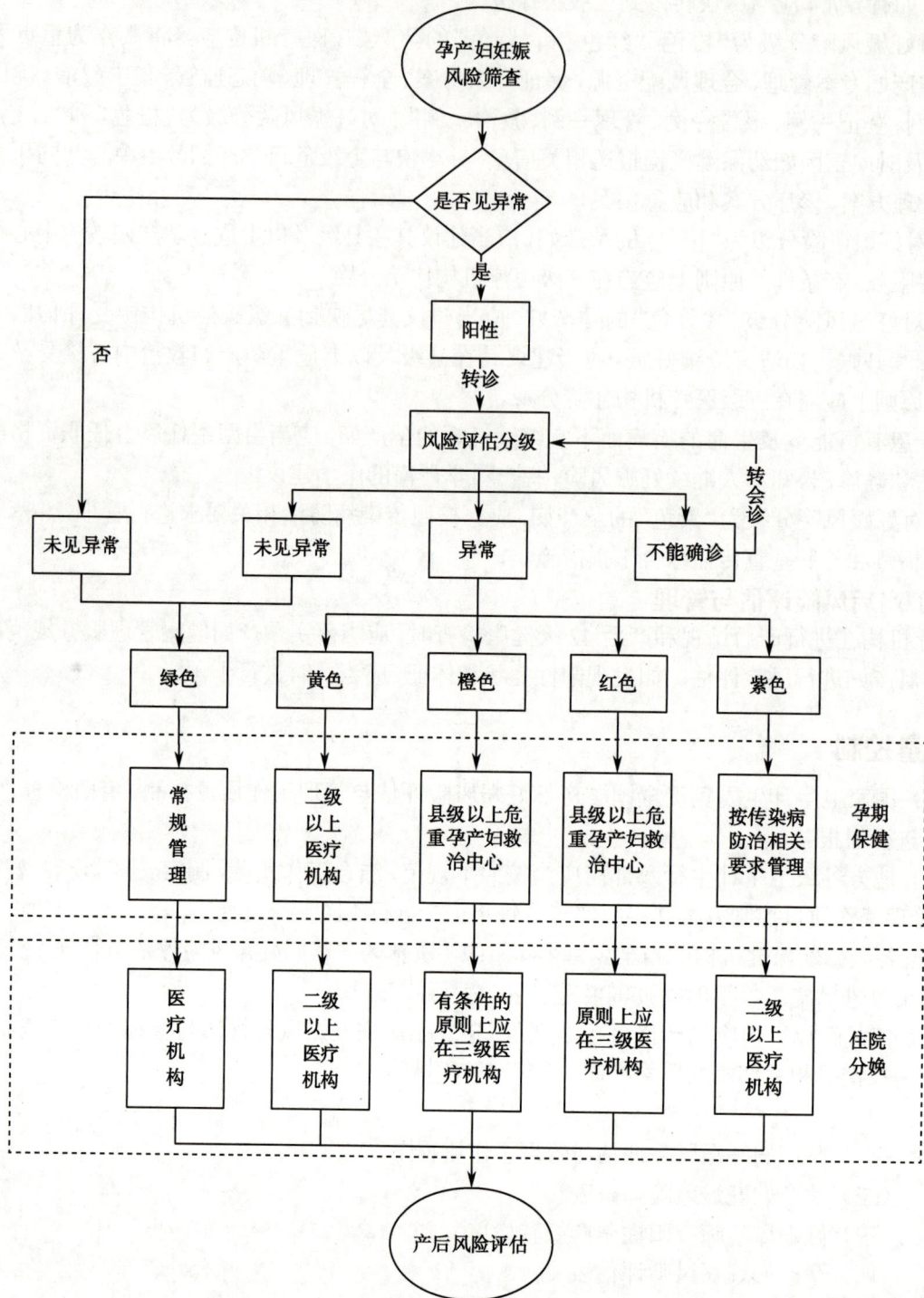

```
                        ┌─────────────┐
                        │  孕产妇妊娠  │
                        │   风险筛查   │
                        └──────┬──────┘
                               │
                               ▼
                        ◇ 是否见异常 ◇
           ┌───────────────┘     │是
           │否                    ▼
           │                  ┌──────┐
           │                  │ 阳性 │
           │                  └──┬───┘
           │                     │转诊
           │                     ▼
           │              ┌───────────┐
           │              │ 风险评估分级 │◄────┐
           │              └─────┬─────┘     │转会诊
           │         ┌─────┬────┴────┬──────┤
           ▼         ▼     ▼         ▼      ▼
        未见异常   未见异常  异常    不能确诊
```

未见异常	未见异常	异常	不能确诊

绿色	黄色	橙色	红色	紫色

孕期保健

常规管理	二级以上医疗机构	县级以上危重孕产妇救治中心	县级以上危重孕产妇救治中心	按传染病防治相关要求管理

住院分娩

医疗机构	二级以上医疗机构	有条件的原则上应在三级医疗机构	原则上应在三级医疗机构	二级以上医疗机构

```
                        ┌─────────────┐
                        │  产后风险评估  │
                        └─────────────┘
```

(二) 孕产妇妊娠风险筛查表

项目	筛查阳性内容
1. 基本情况	1.1 周岁≥35 或≤18 岁 1.2 身高≤145cm，或对生育可能有影响的躯体残疾 1.3 体重指数（BMI）>25kg/m² 或 <18.5kg/m² 1.4 RH 血型阴性
2. 异常妊娠及分娩史	2.1 生育间隔<18 个月或>5 年 2.2 剖宫产史 2.3 不孕史 2.4 不良孕产史（各类流产≥3 次、早产史、围产儿死亡史、出生缺陷、异位妊娠史、滋养细胞疾病史、既往妊娠并发症及合并症史） 2.5 本次妊娠异常情况（如多胎妊娠、辅助生殖妊娠等）
3. 妇产科疾病及手术史	3.1 生殖道畸形 3.2 子宫肌瘤或卵巢囊肿≥5cm 3.3 阴道及宫颈锥切手术史 3.4 宫 / 腹腔镜手术史 3.5 瘢痕子宫（如子宫肌瘤挖除术后、子宫肌腺瘤挖除术后、子宫整形术后、宫角妊娠后子宫穿孔史等） 3.6 附件恶性肿瘤手术史
4. 家族史	4.1 高血压家族史且孕妇目前血压≥140/90mmHg 4.2 糖尿病（直系亲属） 4.3 凝血因子缺乏 4.4 严重的遗传性疾病（如遗传性高脂血症、血友病、地中海贫血等）
5. 既往疾病及手术史	5.1 各种重要脏器疾病史 5.2 恶性肿瘤病史 5.3 其他特殊、重大手术史、药物过敏史
6. 辅助检查*	6.1 血红蛋白<110g/L 6.2 血小板计数≤100 × 10⁹/L 6.3 梅毒筛查阳性 6.4 HIV 筛查阳性 6.5 乙肝筛查阳性 6.6 清洁中段尿常规异常（如蛋白、管型、红细胞、白细胞）持续两次以上 6.7 尿糖阳性且空腹血糖异常（妊娠 24 周前≥7.0mmol/L；妊娠 24 周起≥5.1mmol/L） 6.8 血清铁蛋白<20μg/L
7. 需关注的表现特征及病史	7.1 提示心血管系统及呼吸系统疾病 　7.1.1 心悸、胸闷、胸痛或背部牵涉痛、气促、夜间不能平卧 　7.1.2 哮喘及哮喘史、咳嗽、咯血等 　7.1.3 长期低热、消瘦、盗汗 　7.1.4 心肺听诊异常 　7.1.5 高血压 BP≥140/90mmHg 　7.1.6 心脏病史、心衰史、心脏手术史 　7.1.7 胸廓畸形

项目	筛查阳性内容
7. 需关注的表现特征及病史	7.2　提示消化系统疾病 　　7.2.1　严重食欲减退、乏力、剧吐 　　7.2.2　上腹疼痛，肝脾大 　　7.2.3　皮肤巩膜黄染 　　7.2.4　便血 7.3　提示泌尿系统疾病 　　7.3.1　眼睑水肿、少尿、蛋白尿、血尿、管型尿 　　7.3.2　慢性肾炎、肾病史 7.4　提示血液系统疾病 　　7.4.1　牙龈出血、鼻出血 　　7.4.2　出血不凝、全身多处瘀点瘀斑 　　7.4.3　血小板减少、再障等血液病史 7.5　提示内分泌及免疫系统疾病 　　7.5.1　多饮、多尿、多食 　　7.5.2　烦渴、心悸、烦躁、多汗 　　7.5.3　明显关节酸痛、脸部蝶形或盘形红斑、不明原因高热 　　7.5.4　口干（无唾液）、眼干（眼内有摩擦异物感或无泪）等 7.6　提示性传播疾病 　　7.6.1　外生殖器溃疡、赘生物或水疱 　　7.6.2　阴道或尿道流脓 　　7.6.3　性病史 7.7　提示精神神经系统疾病 　　7.7.1　言语交流困难、智力障碍、精神抑郁、精神躁狂 　　7.7.2　反复出现头痛、恶心、呕吐 　　7.7.3　癫痫史 　　7.7.4　不明原因晕厥史 7.8　其他 　　7.8.1　吸毒史

备注：带 * 的项目为建议项目，由筛查机构根据自身医疗保健服务水平提供。

（三）妊娠风险筛查阳性孕产妇转诊单

姓名_____出生日期_____年龄_____（周岁）孕周_____（周）

证件号码_____

联系电话_____

筛查结果（主要危险因素）

_____

_____

_____

转诊日期_____年_____月_____日

转出机构_____医生签名_____

———————————— 以下由接诊机构填写 ————————————

姓名_____出生日期_____年龄_____（周岁）

孕周_____（周）接诊日期_____年_____月_____日

目前诊断：

_____

_____

_____

妊娠风险评估分级（请在相关项目上打钩）

        □绿色

        □黄色

        □橙色

        □红色

        □紫色

接诊机构_____医生签名_____

（四）孕产妇妊娠风险评估表

评估分级	孕产妇相关情况
绿色（低风险）	孕妇基本情况良好，未发现妊娠合并症、并发症
黄色（一般风险）	**1. 基本情况** 1.1　年龄≥35 岁或≤18 岁 1.2　BMI＞25kg/m² 或＜18.5kg/m² 1.3　生殖道畸形 1.4　骨盆狭小 1.5　不良孕产史（各类流产≥3 次、早产、围产儿死亡、出生缺陷、异位妊娠、滋养细胞疾病等） 1.6　瘢痕子宫 1.7　子宫肌瘤或卵巢囊肿≥5cm 1.8　盆腔手术史 1.9　辅助生殖妊娠 **2. 妊娠合并症** 2.1　心脏病（经心内科诊治无须药物治疗、心功能正常） 　　2.1.1　先天性心脏病（不伴有肺动脉高压的房间隔缺损、室间隔缺损、动脉导管未闭；法洛四联症修补术后无残余心脏结构异常等） 　　2.1.2　心肌炎后遗症 　　2.1.3　心律失常 　　2.1.4　无合并症的轻度的肺动脉狭窄和二尖瓣脱垂 2.2　呼吸系统疾病：经呼吸内科诊治无须药物治疗、肺功能正常 2.3　消化系统疾病：肝炎病毒携带（表面抗原阳性、肝功能正常） 2.4　泌尿系统疾病：肾脏疾病（目前病情稳定肾功能正常） 2.5　内分泌系统疾病：无须药物治疗的糖尿病、甲状腺疾病、垂体泌乳素瘤等 2.6　血液系统疾病： 　　2.6.1　妊娠合并血小板减少（PLT 50~100×10⁹/L）但无出血倾向 　　2.6.2　妊娠合并贫血（Hb 60~110g/L） 2.7　神经系统疾病：癫痫（单纯部分性发作和复杂部分性发作），重症肌无力（眼肌型）等 2.8　免疫系统疾病：无须药物治疗（如系统性红斑狼疮、IgA 肾病、类风湿关节炎、干燥综合征、未分化结缔组织病等） 2.9　尖锐湿疣、淋病等性传播疾病 2.10　吸毒史 2.11　其他 **3. 妊娠并发症** 3.1　双胎妊娠 3.2　先兆早产 3.3　胎儿宫内生长受限 3.4　巨大胎儿 3.5　妊娠期高血压疾病（除外红、橙色） 3.6　妊娠期肝内胆汁淤积症 3.7　胎膜早破 3.8　羊水过少 3.9　羊水过多 3.10　≥36 周胎位不正 3.11　低置胎盘 3.12　妊娠剧吐
橙色（较高风险）	**1. 基本情况** 1.1　年龄≥40 岁 1.2　BMI≥28kg/m²

评估分级	孕产妇相关情况

2. 妊娠合并症

  2.1 较严重心血管系统疾病

    2.1.1 心功能Ⅱ级,轻度左心功能障碍或者 EF 40%~50%

    2.1.2 需药物治疗的心肌炎后遗症、心律失常等

    2.1.3 瓣膜性心脏病(轻度二尖瓣狭窄瓣口 >1.5cm^2,主动脉瓣狭窄跨瓣压差 <50mmHg,无合并症的轻度肺动脉狭窄,二尖瓣脱垂,二叶式主动脉瓣疾病,Marfan 综合征无主动脉扩张)

    2.1.4 主动脉疾病(主动脉直径 <45mm),主动脉缩窄矫治术后

    2.1.5 经治疗后稳定的心肌病

    2.1.6 各种原因的轻度肺动脉高压(<50mmHg)

    2.1.7 其他

  2.2 呼吸系统疾病

    2.2.1 哮喘

    2.2.2 脊柱侧弯

    2.2.3 胸廓畸形等伴轻度肺功能不全

  2.3 消化系统疾病

    2.3.1 原因不明的肝功能异常

    2.3.2 仅需要药物治疗的肝硬化、肠梗阻、消化道出血等

  2.4 泌尿系统疾病:慢性肾脏疾病伴肾功能不全代偿期(肌酐超过正常值上限)

  2.5 内分泌系统疾病

    2.5.1 需药物治疗的糖尿病、甲状腺疾病、垂体泌乳素瘤

    2.5.2 肾性尿崩症(尿量超过 4 000ml/d)等

  2.6 血液系统疾病

橙色(较高风险)

    2.6.1 血小板减少(PLT 30~50 × 10^9/L)

    2.6.2 重度贫血(Hb 40~60g/L)

    2.6.3 凝血功能障碍无出血倾向

    2.6.4 易栓症(如抗凝血酶缺陷症、蛋白 C 缺陷症、蛋白 S 缺陷症、抗磷脂综合征、肾病综合征等)

  2.7 免疫系统疾病:应用小剂量激素(如泼尼松 5~10mg/d)6 个月以上,无临床活动表现(如系统性红斑狼疮、重症 IgA 肾病、类风湿关节炎、干燥综合征、未分化结缔组织病等)

  2.8 恶性肿瘤治疗后无转移无复发

  2.9 智力障碍

  2.10 精神病缓解期

  2.11 神经系统疾病

    2.11.1 癫痫(失神发作)

    2.11.2 重症肌无力(病变波及四肢骨骼肌和延髓部肌肉)等

  2.12 其他

3. 妊娠并发症

  3.1 三胎及以上妊娠

  3.2 Rh 血型不合

  3.3 瘢痕子宫(距末次子宫手术间隔 <18 个月)

  3.4 瘢痕子宫伴中央性前置胎盘或伴有可疑胎盘植入

  3.5 各类子宫手术史(如剖宫产、宫角妊娠、子宫肌瘤挖除术等)≥2 次

  3.6 双胎、羊水过多伴发心肺功能减退

  3.7 重度子痫前期、慢性高血压合并子痫前期

  3.8 原因不明的发热

  3.9 产后抑郁症、产褥期中暑、产褥感染等

评估分级	孕产妇相关情况
红色（高风险）	1. 妊娠合并症 　1.1　严重心血管系统疾病 　　1.1.1　各种原因引起的肺动脉高压（≥50mmHg），如房间隔缺损、室间隔缺损、动脉导管未闭等 　　1.1.2　复杂先天性心脏病（法洛四联症、艾森门格综合征等）和未手术的发绀型心脏病（$SpO_2 < 90\%$）；Fontan 循环术后 　　1.1.3　心脏瓣膜病：瓣膜置换术后，中重度二尖瓣狭窄（瓣口 < $1.5cm^2$），主动脉瓣狭窄（跨瓣压差≥50mmHg）、马方综合征等 　　1.1.4　各类心肌病 　　1.1.5　感染性心内膜炎 　　1.1.6　急性心肌炎 　　1.1.7　风心病风湿活动期 　　1.1.8　妊娠高血压心脏病 　　1.1.9　其他 　1.2　呼吸系统疾病：哮喘反复发作、肺纤维化、胸廓或脊柱严重畸形等影响肺功能者 　1.3　消化系统疾病：重型肝炎、肝硬化失代偿、严重消化道出血、急性胰腺炎、肠梗阻等影响孕产妇生命的疾病 　1.4　泌尿系统疾病：急、慢性肾脏疾病伴高血压、肾功能不全（肌酐超过正常值上限的 1.5 倍） 　1.5　内分泌系统疾病 　　1.5.1　糖尿病并发肾病Ⅴ级、严重心血管病、增生性视网膜病变或玻璃体积血、周围神经病变等 　　1.5.2　甲状腺功能亢进并发心脏病、感染、肝功能异常、精神异常等疾病 　　1.5.3　甲状腺功能减退引起相应系统功能障碍，基础代谢率小于 −50% 　　1.5.4　垂体泌乳素瘤出现视力减退、视野缺损、偏盲等压迫症状 　　1.5.5　尿崩症：中枢性尿崩症伴有明显的多饮、烦渴、多尿症状，或合并有其他垂体功能异常 　　1.5.6　嗜铬细胞瘤等 　1.6　血液系统疾病 　　1.6.1　再生障碍性贫血 　　1.6.2　血小板减少（< $30 \times 10^9/L$）或进行性下降或伴有出血倾向 　　1.6.3　重度贫血（Hb≤40g/L） 　　1.6.4　白血病 　　1.6.5　凝血功能障碍伴有出血倾向（如先天性凝血因子缺乏、低纤维蛋白原血症等） 　　1.6.6　血栓栓塞性疾病（如下肢深静脉血栓、颅内静脉窦血栓等） 　1.7　免疫系统疾病活动期，如系统性红斑狼疮（SLE）、重症 IgA 肾病、类风湿关节炎、干燥综合征、未分化结缔组织病等 　1.8　精神病急性期 　1.9　恶性肿瘤 　　1.9.1　妊娠期间发现的恶性肿瘤 　　1.9.2　治疗后复发或发生远处转移 　1.10　神经系统疾病 　　1.10.1　脑血管畸形及手术史 　　1.10.2　癫痫全身发作 　　1.10.3　重症肌无力（病变发展至延髓肌、肢带肌、躯干肌和呼吸肌） 　1.11　吸毒 　1.12　其他严重内、外科疾病等 2. 妊娠并发症 2.1　三胎及以上妊娠伴发心肺功能减退 2.2　凶险性前置胎盘，胎盘早剥 2.3　红色预警范畴疾病产后尚未稳定
紫色（孕妇患有传染性疾病）	所有妊娠合并传染性疾病—如病毒性肝炎、梅毒、HIV 感染及艾滋病、结核病、重症感染性肺炎、特殊病毒感染（H1N7、寨卡等）

备注：除紫色标识孕妇可能伴有其他颜色外，如同时存在不同颜色分类，按照较高风险的分级标识。

（五）孕产妇妊娠风险评估分级报告单

姓名_____出生日期_____年龄____（周岁）孕周____（周）

证件号码_____

联系电话_____

常住地址_____

初步诊断

_____

_____

_____

评估时间_____年____月____日

评估分级：

□橙色　□红色

报 告 人_____

报告机构_____

报告日期_____

附录二　爱丁堡产后抑郁量表

　　爱丁堡产后抑郁量表（EPDS）是应用广泛的自评量表，包括 10 项内容，根据症状的严重度，每项内容分 4 级评分（0，1，2，3 分），于产后 6~8 周进行，完成量表评定约需 5min。10 个项目分值的总和为总分。得分范围 0~13 分，9~13 分作为诊断标准。总分≥9 分时，为可疑产后抑郁，需加强观察，必要时咨询医生。总分≥13 分时，极有可能是产后抑郁，须立即咨询医生，进一步确诊。"自伤"得分不为 0 分，或有自杀及其他奇怪的想法或行为，须立刻转诊到精神专科。

序号	要点	描述	从未	偶尔	经常	总是
1	心境	我能看到事物有趣的一面，并笑得开心	0 分	1 分	2 分	3 分
2	乐趣	我欣然期待未来的一切	0 分	1 分	2 分	3 分
3	自责	当事情出错时，我会不必要地责备自己	0 分	1 分	2 分	3 分
4	焦虑	我无缘无故感到焦虑和担心	0 分	1 分	2 分	3 分
5	恐惧	我无缘无故感到害怕和惊恐	0 分	1 分	2 分	3 分
6	能力	很多事情冲着我来，使我透不过气	0 分	1 分	2 分	3 分
7	失眠	我很不开心，以致失眠	0 分	1 分	2 分	3 分
8	悲伤	我感到难过和悲伤	0 分	1 分	2 分	3 分
9	哭泣	我不开心到哭	0 分	1 分	2 分	3 分
10	自伤	我想过要伤害自己	0 分	1 分	2 分	3 分

附录三　常用女性用甾体激素避孕药

类别		名称	雌激素含量 /mg	孕激素含量 /mg	剂型	给药途径
短效片		复方炔诺酮片（避孕片1号）	炔雌醇 0.035	炔诺酮 0.6	22 片 / 板	口服
		复方甲地孕酮片（避孕片2号）	炔雌醇 0.035	甲地孕酮 1.0	22 片 / 板	口服
		复方去氧孕烯片（妈富隆）	炔雌醇 0.03	去氧孕烯 0.15	21 片 / 板	口服
		左炔诺孕酮三相片				
		第一相（1~6片）	炔雌醇 0.03	左炔诺酮 0.05	6 片	口服
		第二相（7~11片）	炔雌醇 0.04	左炔诺酮 0.075	5 片	口服
		第三相（12~21片）	炔雌醇 0.03	左炔诺酮 0.125	10 片	口服
长效片		复方炔雌醚片（长效避孕片1号）	炔雌醇 3.0	炔诺孕酮 6.0	片	口服
		三合一炔雌醚片	炔雌醇 2.0	氯地孕酮 6.0 炔诺孕酮 6.0	片	口服
长效针	复方	复方己酸孕酮注射液（避孕针一号）	戊酸雌二醇 5.0	己酸孕酮 250.0	针	肌内注射
		美尔伊避孕注射液	雌二醇 3.5	甲地孕酮 25.0	针	肌内注射
	单方	庚炔诺酮注射液		庚炔诺酮 200.00	针	肌内注射
		醋酸甲羟孕酮避孕针		醋酸甲羟孕酮 150	针	肌内注射
探亲药		炔诺酮探亲避孕片		炔诺酮 5.0	滴丸	口服
		甲地孕酮探亲片1号		甲地孕酮 2.0	片	口服
		炔诺孕酮探亲避孕片		炔诺孕酮 3.0	片	口服
		53 号抗孕片		双炔失碳酯 7.5	片	口服
紧急避孕		左炔诺孕酮		左炔诺孕酮 0.75	2 片 / 板	口服
		米非司酮		米非司酮 10 或 20	片	口服

附录四　对接 1 + X 母婴护理职业技术等级证书（中级技能）要求操作项目

附录 4-2

产妇护理
操作项目

附录 4-1

婴儿护理
操作项目

［1］ 简雅娟. 母婴护理学 [M]. 3 版. 北京：人民卫生出版社，2019.

［2］ 中华人民共和国国家统计局. 中国统计年鉴 2022[M]. 北京：中国统计出版社，2022.

［3］ 谢幸，孔北华，段涛，等. 妇产科学 [M]. 9 版. 北京：人民卫生出版社，2018.

［4］ 王卫平，孙锟，常立文. 儿科学 [M]. 9 版. 北京：人民卫生出版社，2018.

［5］ 崔焱，张玉侠. 儿科护理学 [M]. 7 版. 北京：人民卫生出版社，2022.

［6］ 安力彬，陆虹. 妇产科护理学 [M]. 7 版. 北京：人民卫生出版社，2022.

［7］ 张银萍，秦瑛. 妇幼保健与护理 [M]. 北京：人民卫生出版社，2022.

［8］ 王临虹. 实用妇女保健学 [M]. 北京：人民卫生出版社，2022.

HELLP 综合征（hemolysis；elevated liver function and low platelet count syndrome，HELLP syndrome） 88

A

阿普加评分（Apgar score） 64

爱母分娩行动（mother-friendly birthing care） 2

B

包蜕膜（capsular decidua） 20

边缘性前置胎盘（marginal placenta praevia） 91

不全流产（incomplete abortion） 80

不孕症（infertility） 208

部分性前置胎盘（partial placenta praevia） 91

C

产道（birth canal） 51

产后出血（postpartum hemorrhage，PPH） 141

产力异常（abnormal uterine action） 125

产钳术（obstetric forceps delivery） 217

产褥病率（puerperal morbidity） 152

产褥感染（puerperal infection） 152

产褥期（puerperium） 69

产褥期抑郁症（puerperal depression，PPD） 156

超低出生体重儿（extremely low birth weight infant） 159

持续气道正压通气（continuous positive airway pressure，CPAP） 186

持续性枕横位（persistent occiput transverse position，POTP） 134

持续性枕后位（persistent occiput posterior position，POPP） 134

耻骨弓（arcus pubis） 7

耻骨弓角度（angle of pubic arch） 37

出口横径（transverse outlet，TO） 37

初潮（menarche） 14

初乳（colostrum） 26，70

处女膜（hymen） 8

D

大阴唇（labium majus） 7

大于胎龄儿（large for gestational age infant，LGA） 160

袋鼠妈妈护理（kangaroo mother care，KMC） 177

单纯性扁平骨盆（simple flat pelvis） 131

单卵双胎（monozygotic twins） 99

胆红素脑病（bilirubin encephalopathy） 178

低出生体重儿（low birth weight infant） 159

底蜕膜（basal decidua） 20

骶耻外径（external conjugate，EC） 37

骶岬（sacral promontory） 7

第二产程（second stage of labor） 57

第二产程延长（protracted second stage） 127

第三产程（third stage of labor） 57

第一产程（first stage of labor） 57

电子胎心监护（electronic fetal monitoring，EFM） 40

顶臀长（crown-rump length，CRL） 23

独立期（letting-go phase） 72

对角径（diagonal conjugate，DC） 38

多胎妊娠（multiple pregnancy） 98

E

恶露（lochia） 74

儿童期（childhood period） 12

F

分娩（labor，delivery） 50

分娩机制（mechanism of labor） 55

俯屈（flexion） 55

辅助生殖技术（assisted reproductive technology，ART） 211

复发性流产（recurrent abortion，RA） 81

复合先露（compound presentation） 32

复位（restitution） 56

G

高危儿（high risk infant） 160